国家社会科学基金项目资助（编号 07XZW003）

吴夏平 著

唐代文馆文士朝野迁转与文学互动

中国社会科学出版社

图书在版编目（CIP）数据

唐代文馆文士朝野迁转与文学互动／吴夏平著．—北京：中国社会科学
出版社，2017.12
ISBN 978 - 7 - 5203 - 1631 - 6

Ⅰ.①唐… Ⅱ.①吴… Ⅲ.①文人—人物研究—中国—唐代
②中国文学—古典文学研究—唐代 Ⅳ.①K825.6②I206.2

中国版本图书馆 CIP 数据核字（2017）第 299609 号

出 版 人	赵剑英	
选题策划	刘 艳	
责任编辑	刘 艳	
责任校对	陈 晨	
责任印制	戴 宽	

出 版	中国社会科学出版社	
社 址	北京鼓楼西大街甲 158 号	
邮 编	100720	
网 址	http://www.csspw.cn	
发 行 部	010 - 84083685	
门 市 部	010 - 84029450	
经 销	新华书店及其他书店	

印 刷	北京明恒达印务有限公司	
装 订	廊坊市广阳区广增装订厂	
版 次	2017 年 12 月第 1 版	
印 次	2017 年 12 月第 1 次印刷	

开 本	710×1000 1/16	
印 张	26	
插 页	2	
字 数	381 千字	
定 价	108.00 元	

凡购买中国社会科学出版社图书，如有质量问题请与本社营销中心联系调换
电话：010 - 84083683

目　　录

第一章　导论

21世纪初期的古代文学研究，由于诸种因缘，特别是学科的日益细化和从业者的专门化，使得研究视域更加宏通开阔，理论探索和方法建构亦较开放多元。具体到唐代文学，大致体现为五个方面。其一，思维方式的新变。如何推陈出新？是拾遗补缺，还是系统构建？表征于文学研究，就是思维方式的转变，其本质体现于寻求新的切入点。其二，研究格局的变迁。20世纪总体布局可归纳为作家作品论与文学史研究、文献整理与资料建设、作品选注与文化普及等几个层面。不过，其中已蕴含走向21世纪的新的学术生命力。这就是20世纪80年代前辈学者开创的"社会—文化—文学"新的研究路径。其三，研究方法的多样。最突出的特点是多学科交叉研究，注意在文史哲及其他相关学科的联系中探索知识分子的生活道路、思维方式、心灵状态和社会处境。综合运用社会学、心理学、人类学等学科研究方法，寻求理论突破和思维转型。其四，研究手段的现代化。信息化时代的研究手段具有多种选择可能，其典型特征是充分利用现代科技手段，以达到资源共享的最大限度。古籍数字化影响现代学术的走向。其五，交流合作与个性化研究并重。可以预测，未来研究将在上述诸种力量的合力指引之下前进。本书正是在这样的学术背景下展开的。

第一节　问题的提出

唐代"文馆"到底指什么，关涉研究对象的确立，研究者的表述不尽相同。正史所记，无一统摄性确定概念，而仅出现于专有名词之中，如弘文馆、崇文馆之类。两《唐书》有"三馆"一词，如《旧唐书》卷88"三馆生徒，即令追集"①，《新唐书》卷14"三馆学官座武官后"②，但此"三馆"当指国子学、太学、四门学三个学馆，与文馆概念相去甚远。

较早关注文馆的学者是日本池田温先生，他认为唐代学馆之盛，中古所未见，而学士荣誉，尤著于青史。唐朝官制，政府图书之署有秘书省，国史编纂之府则有史馆，而教授学生之学校亦有国子监，及州、县学。其外更有馆院之设，可谓备矣。唐朝馆院，名称屡改，兴废不常，其名目大致有文学馆、弘文馆、崇文馆、崇玄馆、广文馆、集贤院、翰林院。③照池田温的说法，文馆的范围是很大的，举凡掌管学艺、庋藏图籍、教授生徒、政治辅弼之机构，概应纳入文馆范围。

李德辉认为文馆似不应包括秘书省、史馆、国子监："两汉以降各王朝政权都以'尊儒重学'为名，在掌理图书的秘书省之外设置了各种名目的'馆'，主掌图籍的校理编撰与生徒教授等事，以其多从事著撰文史等务，且馆中所聚都是文人，故统称文馆。它虽然属非常设性文化机构，但其在社会政治文化生活中发挥作用之大，却是一般秘书省、史馆、国子监等文化机构所无法比拟的。"④这样就将文馆与常设性机构区分开来了。

笔者认为，文馆概念所指，与论题的选择有关。研究者所关注的对象和所要解决的问题不同，对文馆的界定大可不必相同。罗时进《唐诗演进论》比较重视文馆与诗歌关系的讨论，如论述唐初文馆与初唐诗风："在初唐诗坛上有四代文馆学士相继主持局面，而四代人恰恰形成四个学士集团，这就是开国初太宗朝文馆学士集团、高宗朝

---

① 《旧唐书》卷88《韦嗣立传》，中华书局1975年点校本，第2867页。
② 《新唐书》卷14《礼乐四》，中华书局1975年点校本，第355页。
③ ［日］池田温：《唐研究论文选集》，中国社会科学出版社1999年版，第190—192页。
④ 李德辉：《唐代文馆制度及其与政治和文学之关系》，上海古籍出版社2006年版，第1页。

文馆学士集团、武后朝的珠英学士集团和中宗朝的景龙学士集团。"①
李福长《唐代学士与文人政治》着重探讨的是学士与政治的关系，
研究的对象依次为秦府文学馆学士、弘文馆学士、北门学士、集贤学
士和翰林学士。②聂永华《初唐宫廷诗风流变考论》，也是从实际研
究需要出发，以宫廷文人作为研究对象。③笔者认为，对唐代文馆的
界定，可以从更宽广的视野出发，但同时必须把握两点，一是与文化
建设和文学发展关系较为密切的馆所，二是中央官方机构，与民间的
地方性的文化机构有别。主要对象应包括国子监、史馆、秘书省、弘
文馆、崇文馆、集贤院、崇玄馆、广文馆等文化馆所。

　　从文馆研究的历史来看，研究者比较重视这样几个问题：一是历
史学视野，关注文馆制度的渊源和流变，着重于制度的梳理和考辨。
二是政治学视野，着力剖析文馆文士与政治之间的关系。三是文馆与
文学的关系，可归结为文馆学士与作家群体、文馆创作与文坛风尚、
文学盛衰与文学嬗变、文馆唱和与诗体发育等方面。已有成果无疑为
进一步研究奠定了比较坚实的基础，但其中的缺失和不足也不容忽
视。由于侧重点不一，研究者往往致力于某一文化机构，"点"多
"面"少，整体性不足。又囿于论题性质，历史学、政治学等研究较
多，在"与文学"之关系的讨论方面尚有较广阔的空间。

　　重新思考已有成果，笔者认为文馆与文学研究空间的拓展，主要
还有赖于思维方式的转变和研究视野的开拓。唐代文士，或在朝，或
在野，其朝野之间的转换势必带动文化的交流和传播，同时对文学进
程也产生重要推动作用。因此，运用多学科交叉研究的方法和理论，
选取文士朝野迁转作为切入点，进一步探究文馆与文学之关系，是较
有价值和意义的。其一，回归文学本位研究。传统研究多在历史学、
政治学等方面揭示文馆的价值，落脚点不在文学。充分利用已有成
果，推进和深化文馆与文学之关系的研究，改变过去的研究思路和学

---

① 罗时进：《唐诗演进论》，江苏古籍出版社 2001 年版，第 4—5 页。
② 李福长：《唐代学士与文人政治》，齐鲁书社 2005 年版。
③ 聂永华：《初唐宫廷诗风流变考论》，中国社会科学出版社 2002 年版。

术格局，在一定程度上具有学术史意义。其二，以现有研究成果为基础，借鉴社会学理论，进行多学科交叉研究，力图在历史文化学和文学社会学层面有所突破，还原文馆文人与唐代文学演进的历史原貌。系统化现有成果的同时，也是对学术方法运用的检测，具有理论探索意义。其三，从近年来国内外研究现状来看，文人生存状态和心理状态日益成为研究热点。学者热衷于从空间分布、科第出身、文化背景等角度来剖析文士的精神风貌，对文士地方流动与生活方式、心理状态之联系则关注不够。因此，从文士朝野迁转来考察文馆文人的精神风尚及其对文学创作的影响，具有一定的开创意义。

第二节   相关学术史

唐代文馆研究的已有成果主要集中在制度、诗歌、文学思想等方面。

一   文馆制度

唐代文馆制度研究的基本文献，主要有《唐六典》《通典》《通志》《文献通考》，以及两《唐书》"官志"等史籍。这些史书，由于成书时代不同，利用时要细致辨析。《唐六典》成书于开元年间，记载唐代官制较早亦较完备，其后载录多取自此书。由于编纂体例原因，该书还对制度渊源进行了考证。不过，此书所载止于开元。中唐以降制度变化，需要从其他史籍中搜集和考辨。

以文馆作为研究对象，以往偏重于历史学和政治学，制度源流自然成为研究热点。就国子监研究来看，最值得一提的是台湾高明士《唐代学制之渊源及其演变》①，任育才《唐代官学教育的改革》《唐代官学体系的形成》② 等，诸文于制度考辨极为翔实。任育才近年又

---

① 高明士：《唐代学制之渊源及其演变》，《台湾大学历史系学报》1977 年（总第 4 期）。

② 任育才：《唐代官学教育的改革》，《台湾兴大历史学报》1998 年（总第 8 期）；《唐代官学体系的形成》，《台湾文史学报》1997 年（总第 28 期）。

有《唐型官学体系之研究》一书出版。① 唐代史馆研究是史学界一个
热门，论著较多。张荣芳《唐代的史馆与史官》一书尤有特色，较
全面地梳理了史馆制度。② 唐代秘书省研究，主要有赵永东《谈谈唐
代的秘书省》③，陆庆夫《唐代秘书述略》④，曹之《唐代秘书省群僚
考略》⑤ 等。李万健《唐代目录学的发展及成就》，主要分析秘书省
在古代目录学发展史上的作用和地位。⑥

　　弘文、崇文二馆的制度性研究，主要散见于诸教育史论著。李锦
绣《试论唐代的弘文、崇文馆生》⑦ 和牛致功《唐代的学士》⑧ 二
文，考辨尤为深入。集贤院的珍贵资料是唐代韦述所撰《集贤注
记》，但原本已佚，现在我们所能看到的只是宋代王应麟《玉海》中
所引的数十条。20 世纪 20 年代，朱偰钩稽排比，撰成《〈集贤记注〉
辑释》⑨，是研究集贤院的基本史料。日本池田温《盛唐之集贤院》
一文，从沿革、省舍、储藏、修纂、故实、职掌、禄廪、官联八个方
面进行了研究。⑩ 郑伟章、赵永东、刘健明、李湜等人分别从其他角
度对集贤院进行了考察。

　　崇玄馆研究相对薄弱，往往置于道举和道教的论述中。讨论广文
馆的文章也不多，廖健琦《唐代广文馆考论》从设立时间、原因和
中唐之后的存否等方面立论，较有新意。⑪ 关于广文馆的性质，高明
士认为："其目的在招收国子监学生之攻读进士科者，有如今日在学

　　① 任育才：《唐型官学体系之研究》，台湾五南图书出版有限公司 2007 年版。
　　② 张荣芳：《唐代的史馆与史官》，台湾私立东吴大学中国学术著作奖助委员会 1984
年版。
　　③ 赵永东：《谈谈唐代的秘书省》，《文献》1987 年第 1 期。
　　④ 陆庆夫：《唐代秘书述略》，《秘书之友》1985 年第 1 期。
　　⑤ 曹之：《唐代秘书省群僚考略》，《图书与情报》2003 年第 5 期。
　　⑥ 李万健：《唐代目录学的发展及成就》，《文献》1995 年第 1 期。
　　⑦ 李锦绣：《试论唐代的弘文、崇文馆生》，《文献》1997 年第 2 期。
　　⑧ 牛致功：《唐代的学士》，《社会科学战线》1987 年第 1 期。
　　⑨ 朱偰：《集贤记注辑释》，《国立中山大学文学史研究所月刊》1934 年第 1 期。
　　⑩ ［日］池田温：《盛唐之集贤院》，载《唐研究论文选集》，中国社会科学出版社
1999 年版，第 190—242 页。
　　⑪ 廖健琦：《唐代广文馆考论》，《南昌大学学报》（人文社会科学版）2004 年第6 期。

校内附设之补习教育。"① 这种说法并不完全合乎事实。招收国子监学生攻读进士科者固然不错，但所谓的补习教育因广文馆自身为一独立教育单位而不能成立，广文馆业进士者的资格亦非补习生。

二　文馆与诗歌

文馆与文学的讨论主要集中在诗歌方面，包括律体律调分析、唱和诗集整理、诗学著作考辨和诗学理论溯源等。

其一，关于律体律调的探讨。较早研究唐诗律体律调的是郭绍虞，收录于《照隅室古典文学论集》中的《永明声病说》《从永明体到律体》《再论永明声病说》《声律说考辨》等文章，主要从五言诗音步角度，说明"古""律"之间的声律问题。② 赵昌平《初唐七律的成熟及其风格溯源》，考定初唐九次重要"七律"应制唱和组诗，结论是七律并不像有些人所说的是五律每句加二字而来的，七律的渊源当是蜕化于骈赋化的歌行。③ 邝健行《初唐五言律体律调完成过程之观察及其相关问题之讨论》，从单句句调不合、失对联数、失黏首数、不合律首数等方面，考察初唐作家虞世南、李百药等 22 人的 519 首接近五律诗歌的声律状况。邝健行认为律调受到重视和探讨，主要是作者顺应文体本身的发展、从事探索的结果，和君主的好文无关。④

20 世纪 90 年代中后期，葛晓音发表了一系列重要文章，分别讨论宫廷文人在初盛唐诗歌艺术发展中的作用、七言歌行的发展以及绝句的发展等问题。其文虽非直接探讨初盛唐诗歌律体律调，但却有借鉴和启发意义。杜晓勤在此方面也进行了积极探索，指出五言律体的形成虽几经波折，但每一次发展都离不开宫廷诗人。如果没有他们对诗歌声律美的不懈追求，没有他们对原有诗歌声律模式的突破与创

---

① 高明士：《唐代学制之渊源及其演变》，《台湾大学历史系学报》1977 年（总第 4 期），第 206 页。

② 郭绍虞：《照隅室古典文学论集》，上海古籍出版社 1983 年版，分见上编第 218—242，327—343 页；下编第 188—217、251—290 页。

③ 赵昌平：《初唐七律的成熟及其风格溯源》，《中华文史论丛》1986 第 4 期。

④ 邝健行：《初唐五言律体律调完成过程之观察及其相关问题之讨论》，《中国文化研究所学报》1990 年（总第 21 期）。

新，五言新体诗的律化进程无疑会更漫长。① 陈铁民进一步提出，律体定型是初唐一批珠英学士和修文馆学士，其功不能全归于沈宋二人。②

其二，唱和诗集的整理。初唐唱和诗集整理主要成果有《翰林学士集》《珠英学士集》《景龙文馆记》。

1. 《翰林学士集》

翰林学士之名，始于玄宗开元二十六年（738），其时改翰林供奉为翰林学士。因此，对于《翰林学士集》的结集和标题，众多学者提出揣测，但以陈尚君和日本森立之的说法为上，森立之疑为许敬宗所撰，陈尚君进一步指出可能为许敬宗别集残卷，理由是集中收录许诗最多，每题皆有其作品，且目录亦以其诗列目。③ 贾晋华在《翰林学士集》的基础上，广引文献，逐一考证太宗朝宫廷诗人群的唱和篇章及文学活动，起于武德九年（626）九月，终于贞观二十三年（649）五月，共考得唱和诗 214 首又 2 断句，文赋 13 首，预唱诗人45 人。④

2. 《珠英集》

《珠英集》又称《珠英学士集》，5 卷，崔融集武后时预修《三教珠英》学士所作诗而成，宋以后散佚。现存敦煌写本 2 卷，分藏英国和法国，编号为斯 2717、伯 3771。该集的整理经历了漫长过程，董康、向达、王重民、项楚、吴其昱、徐俊等学者都做出过重要贡献。徐俊将英、法所藏写本拼接对看，得出法藏伯卷当为英藏斯卷《珠英集》第五卷的部分内容，这样就将二处分藏的残篇连接起来。其考证的重要成果主要有两点：第一，校正历来关于学士人数的记载，明确为 47 人；第二，全面整理校勘现存诗歌，共得 55 首。⑤

---

① 杜晓勤：《从永明体到沈宋体——五言律体形成过程之考察》，《唐研究》1996 年第 2 期。

② 陈铁民：《论律诗定型于初唐诸学士》，《文学遗产》2000 年第 1 期。

③ 傅璇琮：《唐人选唐诗新编》，陕西人民教育出版社 1996 年版，第 3 页。

④ 贾晋华：《唐代集会总集与诗人群研究》，北京大学出版社 2001 年版，第 12—33 页。

⑤ 徐俊：《敦煌诗集残卷辑考》，中华书局 2000 年版，第 548—587 页。

3.《景龙文馆记》

据《新唐书·李适传》、《唐诗纪诗》卷9"李适"条、《唐会要》卷64"宏文馆"条、《直斋书录解题》卷7、《玉海》卷57等记载，中宗景龙二年（708）置修文馆大学士4员、学士8员、直学士12员，以象四时八节十二时，其后被选者不一。他们围绕中宗宴饮优游、频频唱和。身为学士之一的武平一将活动记录下来，并录存唱和作品及诸学士传，编成《景龙文馆记》。较早注意到《文馆记》的是日本学者，如高木正一《景龙の宫廷诗坛と七言律诗の形成》，西村富美子《唐初期の应制诗人》，安东俊六《景龙宫廷文学の创作基盘》等都力图还原宫廷文学活动及其相关背景。① 我国学者的研究主要有陶敏《〈景龙文馆记〉考》②，贾晋华《〈景龙文馆记〉辑校》和《〈景龙文馆记〉与中宗朝学士群》。陶文侧重成书始末及版本流传等文献学方面，贾文则全面辑校了《文馆记》，并对其活动进行编年。

其三，相关诗学著作考辨和诗学理论溯源。初唐三大诗学著作，即上官仪《笔札华梁》、元兢《诗髓脑》、崔融《新定诗体》。此三者始见录于日僧空海所著《文镜秘府论》，后辗转传抄，面目全非，经王梦鸥大力考证，基本上还其原貌。王梦鸥认为宋代《吟窗杂录》所录《魏文帝诗格》即传抄《笔札华梁》而成，以现存于《吟窗杂录》卷6李峤《评诗格》所载"十体""九对"之文字与《文镜秘府论》所引崔氏之语相对照，李峤《评诗格》与崔融《新定诗体》实为同一书，《评诗格》乃后人所伪托李名也。此后所论，陈陈相因，大抵不出王梦鸥所述范围。

王梦鸥不仅考论有关初唐新体诗成立的两种残书，更论及初唐诗学产生之渊源及成因，指出初唐诗学多为适应宫廷之艺文生活而发达，殆与齐梁时代相类似。其诗体既沿袭江左余风，而诗学之所发明者，亦即为齐梁诗体之分析。从分析而创立若干规格，转成唐代试士之圭臬。按其作业，自始即偏向于"缀文"之道，而与吟咏"情志"

① 贾晋华:《唐代集会总集与诗人群研究》，北京大学出版社2001年版，第44页。
② 陶敏:《〈景龙文馆记〉考》，《文史》1999年（总第48期）。

者无直接关系。①

三　其他研究

诗歌之外，文馆与文学的关联性研究，主要集中于唐初所修前代史与文学思想等方面。其中罗宗强《隋唐五代文学思想史》论述尤为详备。曾守正《唐初史官文学思想及其形成》，从内容、成因、评骘三方面来考量初唐史官的文学思想。② 李胜《初唐史家文论特色检讨》则认为，以令狐德棻、魏征为代表的初唐史家的文学见解，表面看来，像是折中调和，实则表现了对文学发展规律的全面认识，较早、也较正确地为光辉灿烂的唐代文学指出了发展方向。③

从文馆角度考察小说和散文的论著较少。拙著《唐代中央文馆制度与文学研究》力图有所突破，对文馆与唐传奇、实录、墓碑文、行状等文体之关联，都进行了相应的探索。拙文《从行状和墓碑文看唐代骈文的演进》④，试图从文馆角度考察分体骈文史。

第三节　文馆中的文学家

为综合考察文馆中的文学家，笔者依据周祖譔主编《中国文学家大辞典·唐五代卷》，陈尚君《唐诗人占籍考》，及拙著《唐代中央文馆制度与文学研究》之附录"唐代文馆文士任职及出身简表"，制作了"文馆文学家数据库"。据笔者所考，在文馆中任职的文人多达2500余人次。⑤ 但这些文人并非都属文学家。这里所说的文学家，主

---

① 王梦鸥：《有关唐代新体诗成立之两种残书》，《中华书苑》第 17 期，台湾"国立"政法大学中国文学研究所 1976 年刊行，第 69—85 页。后收入《初唐诗学著述考》，台湾商务印书馆 1977 年版。

② 曾守正：《唐初史官文学思想及其形成》，《台湾师范大学国文研究所集刊》（第 38 号），台湾师范大学国文研究所 1994 年版。

③ 李胜：《初唐史家文论特色检讨》，《四川师范大学学报》（社会科学版）2001 年第 3 期。

④ 吴夏平：《从行状和墓碑文看唐代骈文的演进》，《文学遗产》2007 年第 4 期。

⑤ 吴夏平：《唐代中央文馆制度与文学研究》，齐鲁书社 2007 年版，第 298—461 页。

要参考唐五代文学家大辞典的说法，"按照中国传统对文学家之理解收录作家，如孔颖达、李善、刘知几、李肇等均在收录之列"，"凡有作品存世者，基本上均予收录"①。本书即取此义。

数据库所列统计项，包括文士姓名、任职馆名、任职职位、任职时间、科第出身、籍贯（郡望）、今地名、所属道、生卒年、作家类型、主要著作、出处等。科第出身主要依据徐松《登科记考》和孟二冬《登科记考补正》。出身未详，系指《登科记考》和《补正》所未考见者。地理出身方面，主要依据《中国文学家大辞典》的取舍原则②，以及陈尚君处理望贯互存的五条标准③。

依据所制作的"文馆文学家数据库"，对文馆中的文学家可获得一个整体性认识，并可从多角度多层面进行计量分析。

一　文学家隶属馆所分布

在任职文馆的 2500 余人次当中，依据上述标准，可称为文学家的共 998 人次。拟作两种分析，一是统计各馆所占的人数和百分比，目的是了解文学家在文馆中的分布情况。二是要将各馆文学家数量与各馆文士的总量对比，由此可知哪些馆所易产文学家，哪些相对较弱。

根据统计，文学家分布情况如下：崇文馆 61 人次，占文馆文学家总量的 6.11%；弘文馆 143 人次，占 14.33%；秘书省 235 人次，占 23.55%；著作局 58 人次，占 5.81%；著作局隶属秘书省，二者

---

①　周祖譔：《中国文学家大辞典·唐五代卷》"凡例"第二、第三条，中华书局1992年版，第1页。

②　周祖譔：《中国文学家大辞典·唐五代卷》"凡例"第七条："籍贯可考者，则书籍贯；籍贯不详而郡望可知者，则书郡望；两者皆不详而出生地可考者则书出生地。三者皆不可考，则书'籍贯不详'。"见该书第2页。

③　望贯互存取舍的原则：（1）望、贯并知者，取贯而舍望。（2）三世居于某地者，即以其地为占籍之所在。（3）记载有分歧者，尽量选取较早或较可征信之一说。（4）仅知为出生地、家居地者，也酌情予以采录。（5）占籍或家居地全无可考，始得以郡望编入。陈尚君《唐代诗人占籍考》，见氏著《唐代文学丛考》，中国社会科学出版社1997年版，第139页。

合计 293 人次，占 29.36%；国子监共 145 人次（其中国子学 24 人次、太学 17 人次、四门学 15 人次），占 14.53%；史馆 173 人次，占 17.33%；集贤院 130 人次，占 13.03%；无领属校书郎、正字 44 人次，广文馆 3 人次，崇玄馆 6 人次，共计 53 人次，占 5.31%。如图 1-1 和图 1-2 所示。

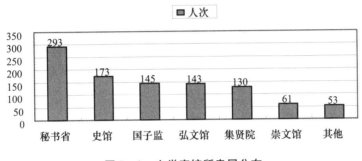

图 1-1　文学家馆所隶属分布

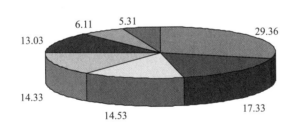

图 1-2　各馆文学家分布比例

在 2500 余人次的文馆文士中，秘书省 902 人次（其中著作局 184 人次），史馆 330 人次，国子监 503 人次（其中国子学 105 人次、太学 54 人次、四门学 44 人次），弘文馆 251 人次，崇文馆 112 人次，集贤院 307 人次，广文馆 12 人次，崇玄馆 10 人次，无领属校书郎、正字 124 人次。将这些数据与上述文馆文学家分布的数据对比，其结果如表 1 - 1 所示。

表 1 - 1　　　　　　　　各馆文学家与文士总人次对比

	弘文馆	崇文馆	史馆	集贤院	秘书省	国子监	其他	总计
文学家人次（人）	143	61	173	130	293	145	53	998
文士总量（人）	251	112	330	307	902	503	146	2551
文学家比例（%）	56.97	54.46	52.42	42.35	32.48	28.83	36.30	39.12

由上表可见，文学家出产的平均值是 39.12%，高于平均值的有弘文馆、崇文馆、史馆和集贤院，这些文化机构是培养文学家的摇篮，其中任职的文人大多有作品存世。低于平均值的有秘书省和国子监，其中任职文人成为文学家的比例不足 1/3。如何看待这种现象？第一，弘文馆学士，本为皇帝陪侍，多文学之士。其职能虽屡经改易，但以文词之士担任其职则始终未变，故文学家较多。崇文馆本是太子学馆，学士选任一如弘文馆，故亦多词章之士。集贤院置于盛唐开元年间，亦为皇帝陪侍近臣，多预宴游娱乐活动，时有诗歌应制之作，故盛产诗人。第二，史馆本是学术机构，纂史属于学术活动。但从其中多文学家的现象不难发现，唐代史馆已发生巨变。这与贞观三年（629）修史职能从秘书省中脱离出来关系颇切。史馆成为独立机构，史臣选任偏重文词，反映出唐代史学观念的变化，从中可以看到"史""文"关系从分流到合流的转变。第三，秘书省在唐之前本是修史兼藏书的机构。贞观三年（629）单独设立史馆后，秘书省仅余庋藏图籍之职。其所辖著作局郎官不预修史，而专掌碑志、祭祝之文。但初盛唐时期著作郎官时有兼任史职者，此后则无一例，这说明以中唐为界，秘书省性质发生彻底改变。中唐以后秘书省职掌图籍，与今日所称之文献整理颇为相似，切近学术。其文学家产出比例不高，或与此有关。第四，国子监中的学官，本以经学教授生徒，学术性更为突出。经学研究是学官主业，因此较少文学之士，亦在情理之中。不过，学官虽以经学研治为主，但也不乏经学与文学二者皆通之

人。特别是武则天执政后,科举考试重诗赋,官学教育亦与时俱进,诗赋之学与经学同等重要。中唐以后学官选任偏于词学,尤为明显。

二 文学家地理分布

数据库录存文学家者共 998 人次,剔除其中重复出现者①,得净人数为 512 人。按今所在地名统计,其中安徽 8 人,北京 1 人,福建 7 人,甘肃 10 人,广东 2 人,河北 73 人,河南 95 人,湖北 9 人,湖南 3 人,江苏 48 人,江西 3 人,山东 20 人,山西 54 人,陕西 97 人,四川 7 人,越南 2 人,浙江 34 人,地理出身不详者 39 人。涉及 16 个省市。按降序排列,如图 1-3 所示。

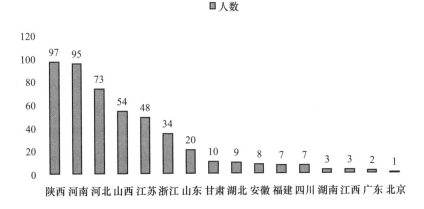

■ 人数

图 1-3 文馆文学家地理分布

这张图对认识文馆文学家有什么意义呢?它从一个侧面反映出整个唐代文化中心区域和边缘区域的疆界。如果参照以下"唐五代文学

---

① 重复出现主要指两种情况。第一种是任职的朝代多,比如崔沔仕武周、中宗、睿宗、玄宗四朝,武周时任秘书省校书郎,睿宗朝任著作郎,玄宗时任职有集贤院修撰、集贤院学士、秘书少监、秘书监,他的主要活动大都在秘书省。第二种是任职的馆所多,比如归崇敬历玄、肃、代、德四朝,仕秘书郎、四门助教、四门博士、集贤校理、集贤学士、国子司业,又兼职史官,他经历的馆所有秘书省、国子监、集贤院和史馆。从任职次数来统计,崔沔共 7 次,归崇敬共 9 次,但在统计地理出身时都只计 1 人次。

家占籍"①，这个问题就更清楚了。

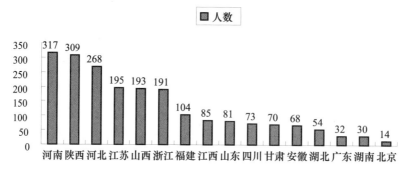

图1-4　唐五代文学家占籍

从以上两图来看，陕西和河南不仅盛产文学家，而且在文馆中任职的文人也多。这是因为此两地是唐代的文化中心。但是，文学家占籍与文学家在文馆中任职是两个事情。也就是说，盛产文学家的地区并不意味着在中央文馆中具有同样的地位。总的来说，陕西、河南、山西、江苏、浙江这五个地方，两种数据保持相对平衡。这些地区不仅文学家多，而且在文馆中也占有优势地位。山东、甘肃、福建、江西这几个地方虽然文学家数量不少，从文馆任职中走出来的文学家却不多，比例失衡。什么原因呢？这可能与文馆文士的选任有关。文士选任，除被选者的科第出身、文学才能等因素之外，还与地理出身有关。其实道理很简单，不同区域有不同的文化传统，文馆任职具有较明显的专业性，易受文化趋同影响；不同区域形成不同的利益集团，文馆选人受地域利益影响。

文馆文学家同其他文学家一样，具有称为文学家的一般通性。但是，文馆文学家又有其职务特性，无论任职还是职务迁转，都会烙上

---

①　此图依据周祖譔主编《中国文学家大辞典·唐五代卷》和陈尚君《唐代诗人占籍考》制作。共得作家3753人，其中籍贯不详者1629人。为便于比对，作家人数在10人以下的，如广西10人、天津3人、宁夏1人、辽宁6人、西藏1人，以及外国籍作家如越南、朝鲜等，未列入图中。

馆职印迹。因此，研究唐代文学，不仅要关注文人地理出身，而且还必须关注职业出身。研究文学家的朝野迁转，也同样如此。但以往的研究比较关注通性，很少注意到个性。① 也就是说，研究者在研究过程中，具有地域文化和作家地理出身的自觉，对作家的职务特征则缺少关注。这也正是本书的研究价值所在。

第四节　朝野迁转与文学互动

文士朝野迁转，包含两层意思：一是社会阶层流动，主要指职务迁转；二是地域空间流动，主要指地理空间变换。角色流动与文学的关系十分密切。

一　社会角色流动

文馆文士的官职变化反映出社会角色的流动。以初唐孙处约为例，其曾任校书郎、著作佐郎、礼部员外郎、考功员外郎、骑都尉、考功郎中、给事中、中书舍人、少司成（国子司业）等官职，兼任五代史学士、弘文馆直学士、弘文馆学士，参与修撰《周史》《续贞观实录》《文馆词林》等文籍。② 其文学成就与任职是密切相关的。文人职务迁转，是其社会阶层流动的体现。一般来说，由底层向上移动，五品是一个重要转折点。在唐代，五品以上官员的职务迁转由朝廷敕授，不再由吏部铨选。孙处约任考功郎中（从五品上）一职，是其社会阶层转变的一个明显标志。

官职变化促使角色转换，从而引起创作变化。以元稹和白居易为例。元、白任职秘书省校书郎期间，创作的总体特点是闲适。但在除

---

① 如陈建华：《十四至十七世纪中国江浙地区社会意识与文学》，学林出版社 1992 年版。曾大兴：《中国历代文学家之地理分布》，湖北教育出版社 1995 年版。李浩：《唐代三大地域文学士族研究》，中华书局 2002 年版。徐永明：《元代至明初婺州作家群研究》，中国社会科学出版社 2005 年版。戴伟华：《地域文化与唐代诗歌》，中华书局 2006 年版。韩结根：《明代徽州文学研究》，复旦大学出版社 2006 年版。

② 周绍良、赵超：《唐代墓志汇编》，上海古籍出版社 1992 年版，第 557—558 页。

左拾遗、历监察御史之后，元稹的诗歌风格发生了显著变化。元和四年（809），元稹任监察御史，曾作《和李校书新题乐府十二首》。诗序云："予友李公垂贶予乐府新题二十首，雅有所谓，不虚为文。予取其病时之尤急者，列而和之，盖十二而已。昔三代之盛也，士议而庶人谤。又曰：事理则词直，世忌则词隐。予遭理世而君盛圣，故直其词以示后，使夫后之人谓今日为不忌之时焉。"① "取其病时之急者，列而和之"，是元稹新的创作倾向。白居易在元和二年（807）至元和六年（811）任翰林学士，期间的创作亦改变此前风格，尤为关注社会和民生。元和四年（809）所作《新乐府序》："其言直而切，欲闻之者深诫也。其事核而实，使采之者传信也。其体顺而肆，可以播于乐章歌曲也。总而言之，为君、为臣、为民、为物、为事而作，不为文而作也。"② 元、白新乐府诗，一诗议一事。这些关注现实、针砭时弊的诗歌，显然与他们的社会角色有关。元稹所任左拾遗承担讽谏职责，而监察御史则负责纠弹。白居易所任翰林学士也具有近侍进谏特点。③

二 地域空间变换

地域空间变换，主要指文士所处地理位置的变化。文士空间移动，主要发生于京城与地方之间。唐代文士由京城到地方，动因主要来自于以下几点：1. 常态迁转。2. 临时差遣。比如图书采访使、黜陟使、廉察使等，有些使职逐渐制度化而成为常态。3. 出镇地方使府。特别是盛唐之后方镇的繁荣促成大量文士出任节度使和观察使。4. 入幕。这是与方镇使府的辟掾置署相联系的，比如岑参、高适等盛唐诗人都有入幕经历，韩愈亦曾佐董晋和张建封之幕。5. 贬谪。这是一条最为常见的流动途径，所流入之地多为边鄙荒凉之处，以岭南和黔中为主。此外，还有其他的流动途径。相对于前文所述阶层流

① 《元稹集》卷24，冀勤点校，中华书局1982年版，第277页。
② 《白居易集》卷3，顾学颉校点，中华书局1979年版，第52页。
③ 参见傅璇琮《从白居易研究中的一个误点谈起》，《文学评论》2002年第2期。

动，文士空间移动重在地域变化。地理空间移动的基本模式包括三个地理空间要素：移出场、移入场和移动路径。移出场是指人或物移出的场所，移入场是指人或物移入的场所，移动路径是指连接移出场和移入场之间的连线。① 以此为观照，文士区域流动对文化交流及文学创作的影响，主要体现在以下诸方面。

其一，从强势文化区移出，势必将先进文化理念输入弱势文化区。所谓强势文化区，主要指长安、洛阳及其周边地区，弱势文化区则是相对于这些区域而言的。如韩愈贬潮州，在兴办教育、改易风俗、传播文化等方面都取得了很大成绩。苏轼《潮州韩文公庙碑》："始潮之人未知学，公命进士赵德为之师，自是潮之人笃于文行，延及齐民，至于今号称易治。"② 精确地概括了韩愈的文化建树。宋璟由国子祭酒贬为广州刺史，向当地百姓传授烧制泥瓦和建筑技术，改善其居住条件。《旧唐书》本传："广州旧俗，皆以竹茅为屋，屡有火灾。璟教人烧瓦，改造店肆，自是无复延烧之患，人皆怀惠，立颂以纪其政。"③ 阳城由国子司业贬为道州刺史，史书记载的第一件功绩即是"禁良为贱"："道州土地产民多矮，每年常配乡户，竟以其男号为'矮奴'。城下车，禁以良为贱。"④ 韩愈、宋璟、阳城等人的事例，很好地说明了文士空间移动与文化传播的关系。

其二，移动路线和移入场的异地风物，往往记录在唱和诗和游记文中，诗文的流传促使地域文化传播。文士进入异地，心态一如杜审言所言之"偏惊物候新"，多着笔于异地风物之新奇。耿湋于大历八年（773）至十一年（776）秋，奉使江淮搜访图书。⑤ 途经江西鄱阳时，曾作《奉和第五相公登鄱阳郡城西楼》，诗云："溢浦潮声尽，钟陵暮色繁。夕阳移梦土，芳草接湘源。封内群甿复，兵间百赋存。

---

① 戴伟华：《地域文化与唐代诗歌》，中华书局 2006 年版，第 18 页。
② 苏轼：《潮州韩文公庙碑》，《苏轼文集》卷 17，中华书局 1986 年版，第 509 页。
③ 《旧唐书》卷 96《宋璟传》，第 3032 页。
④ 《旧唐书》卷 192《阳城传》，第 5133 页。
⑤ 傅璇琮：《唐代诗人丛考》，第 498 页。

童牛耕废亩，壑木绕新村。野步渔声溢，荒祠鼓舞喧。"①所述安史之乱后江南乡村风景，令人耳目一新。沈佺期神龙年间贬逐驩州，曾作《题椰子树》："日南椰子树，香袅出风尘。丛生调木首，圆实槟榔身。玉房九霄露，碧叶四时春。不及涂林果，移根随汉臣。"写他从北方来到南方后的新奇感受。元稹在通州（今重庆通县）曾作诗贻白居易："平地才应一顷余，阁栏都大似巢居。入衙官吏声疑鸟，下峡舟船腹似鱼。市井无钱论尺丈，田畴付火罢耘锄。此中愁杀须甘分，惟惜平生旧著书。""阁栏"句自注："巴人多在山坡架木为居，自号阁栏头也。"② 真实地记录了古代巴人的巢居习俗。游记散文方面，最典型的当然是柳宗元的"永州八记"。这些记载异地民物风情的诗文，在流传过程中就自然地发挥了"诗可以群"的功能，自觉地传播地域文化。

其三，移入场的文士雅集，形成较有影响的区域文化和文学中心。围绕在文学素养较高的府主和主政官员周边，形成新的地域文学群体。如沈传师廉察江西，牛僧孺节度淮南，颜真卿刺湖州等，都是极好的例子。天宝初，秘书正字萧颖士"奉使括遗书赵、卫间，淹久不报，为有司劾免，留客濮阳。于是尹征、王恒、卢异、卢士式、贾邕、赵匡、阎士和、柳并等皆执弟子礼，以次授业，号萧夫子"③。萧颖士到濮阳以后，就形成以他为中心的文人群体。再比如韩愈量移袁州，使得袁州区域文学创作中心的位置更为突出。韩愈与当地文人多有交往，特别是江西使府文人，由此形成以韩愈为核心，包括王仲舒、王绩、陆畅、卢简求、孟简等人在内的文学群体。

其四，文馆文士的送别活动促成大量别诗创作。送别活动包括两种情况，一是文馆文士作为送行主体，是祖饯活动的主动施行者。二是文士作为被送对象，是祖饯活动的受动者。每一次活动，都会为送别诗增添新的内容。不仅如此，别诗的创作还有助于诗艺的提升。正

---

① 《全唐诗》卷269，中华书局1960年版，第2998页。
② 《元稹集》卷21，冀勤点校，中华书局1982年版，第236页。
③ 《新唐书》卷202《萧颖士传》，中华书局1975年点校本，第5768页。

如刘禹锡所言:"两京大道多游客,每逢词人战一场。"① 文士的每一次送别,其实都是诗歌写作的集体竞赛。从这个角度来说,送别诗发挥的不仅是"诗可以群"的交流功能,在推进文化传播和促进诗艺提升方面亦有重要作用。

第五节　基本思路与研究方法

馆职文人在朝野流转中的创作形态既有个性也有共性。据此,本书基本思路如下。首先是身份识别。将文馆文人分成学官、史官、秘书郎官、学士、校书和正字五组,考察制度沿革及选任要求。其次是迁转途径。重点把握各馆文士在京城与地方之间的迁转路径和特点。最后是文学影响。考察文士朝野迁转与文学之间的互动关系,包含以下内容:其一,各馆职本身特性对文人创作的影响;其二,各馆文人在京城任职期间的创作形态;其三,各馆文人在地方任职期间的文学活动,包括他们自身的创作及对当地的影响,以及本土文化对他们的影响;其四,文士朝野迁转对文学思潮和文坛风气的整体作用和影响。

本书所采用的研究方法主要有:一、考据法。主要用以考证文士任职及其区域流动。二、计量学方法。利用数据统计和计量分析获得整体性把握。比如统计某一时期文士出身,可以综合性地了解馆职选任特点。统计不同时期文士迁转路径,可以综合把握迁转特点。将各时期数据加以比较,又可以发现任职要求、迁转方式等方面的变化。三、比较研究。通过不同馆职、地域、时期的比较,以期求得对事物认识的充分及研究结论的合理。

---

① 刘禹锡:《送王司马之陕州》,陶敏、陶红雨:《刘禹锡全集编年校注》,岳麓书社2003年版,第463页。

第二章　学官朝野迁转与文学互动

　　唐王朝在传统教育的基础上建立唐型官学体系，以"六学"为基本组织，以经学为主要教育内容。学官作为官僚体系中的一环，和其他官员一样，在正常的程序中迁入迁出。以研治和传授经学为务的学官，具有作为学术型官员的特色。他们在朝野迁转过程中对文化和文学演进产生的作用和影响也同样具有与众不同的特点。本章从唐代官学体系入手，考述学官地方流动的路径和特点，阐释学官角色变迁与文学之关系，并以韩愈贬谪潮州为例，论述学官地理空间移动及其区域文学影响。

第一节　唐代官学与学官

　　唐型官学体系较为复杂，以下主要从制度沿革的角度予以考论，具体内容包括官学和学官两方面。

一　官学

　　中国古代社会，官学和私学共同为国家提供各级人才。不过，就统治阶层而言，社会各种吏务人选的培养，还应当主要由官学来培育。古代中央官学正式建制始于汉武帝在长安创设的太学，隶属太常。其初衷是为传授经学、独尊儒术。东汉时期对入太学者虽无明确的身份规定，但却给公卿贵族子弟更多的入学机会。三国时期，全国处于割据状态，中央官学虽有其名，但其培养选拔官吏和研习经术的两大功能，因割据局面和士族的兴起而无法有效实现。西晋建立后，门阀士族势力的成长，使"士庶天隔"的社会政治格局成为定式。为适应这种格局，中央官学体制也出现重大变化，主要表现在：一是专为贵胄子弟创设国子学，与太学两存；二是等级入学制的确立，极大地冲淡了太学原有的平民化色彩。晋室南渡，偏隅江左，学术中心下移私学，中央官学职能不举。魏晋南北朝时期，中央官学上不及两汉，下不逮隋唐，而私学却蓬勃发展，与豪强地主日益门阀化有关。中央官学适应不同时期政治和文化统治的需要不断进行调整，这些调整与变化不仅反映了教育体制和文化学术思想的变化，更深刻地反映了社会变化与社会阶层的流动轨迹。①

自汉武帝推行"罢黜百家，独尊儒术"之文教政策以降，历朝莫不以儒术为尊，儒家经典成为施教的基本教材，儒家思想成为众所尊奉的正统思想，儒家所重的"礼教"，也就成为施政和教化的重心。因此将学校置于太常之下，而附庸于"掌礼仪祭祀"②的太常寺，也就理所当然了。可是到了魏晋南北朝，佛、道二教渐兴，儒术反较衰微，人们的思想层面大为扩展。尤其到了隋、唐，出现了统一帝国，各类人才的需求都极为迫切，原来专门培养儒生之学校教育，已不符所需，必须予以扩大和充实。

隋文帝代周而兴，颇好儒术，有意兴学，尝下诏："建国重道，莫先于学，尊主庇民，莫先于礼。……古人之学，且耕且养；今者，民丁非役之日，农亩时候之余，若敦以学业，劝以经礼，自可家慕大道，人希至德，岂止知礼节，识廉耻，父慈子孝，兄恭弟顺者乎？始自京师，爰及州郡，宜祗朕意，劝学行礼。"③于是设国子寺，以"统国子、太学、四门、书、算学"④。可是国子寺作为教育统领机关，依然未脱离太常而独立，直至开皇十三年（593），才有所变化。据杜佑《通典》记载："隋开皇十三年，国子寺罢隶太常，又改寺为

---

① 宁欣、张天虹：《汉唐时期中央官学的演变与社会流动》，《河北学刊》2003年第4期，第164—168页。
② 《后汉书》卷25《百官二》，中华书局1965年点校本，第3571页。
③ 《隋书》卷47《柳机传》附族兄昂传，中华书局1973年点校本，第1278页。
④ 《隋书》卷2《百官下》，第777页。

学。"杜佑又于"国子寺罢隶太常"条下注"凡国学诸官,自汉以下并属太常,至隋始革之"①。马端临《文献通考》卷 41《学校考二》亦云:"隋文帝开皇中令国子寺不隶太常。自前代皆隶太常也。"② 郑樵《通志》卷 59《选举志二》所载与《文献通考》同。③ 马、郑二书虽均未载明改制的具体时间,但所载事实与《通典》同。由此可见,隋开皇十三年(593)实为中国古代教育史上的重要分水岭,宣告中央官学脱离礼乐行政机关的管辖而独立。

可是好景不长,隋文帝晚年深信佛道鬼神,至仁寿元年(601)遂有废学之举。《隋书·高祖本纪》载仁寿元年六月乙丑所下诏令:"国子学唯留学生七十人,太学、四门及州县学并废。"④ 秋七月戊戌,改国子学为太学。《通典》载:"仁寿元年,罢国子学,唯立太学一所,省国子祭酒、博士。置太学博士,总知学事。"⑤ 文帝不久去世,杨广继位。杨广虽屡遭后人唾骂,可是他却对文儒之士爱赏有加,对中央官学的恢复亦有贡献。大业元年(605)闰七月,诏复官学旧制:

> 君民建国,教学为先,移风易俗,必自兹始。……其国子等学,亦宜申明旧制,教习生徒,具为课试之法,以尽砥砺之道。⑥

至大业三年(607),改国子学为国子监,依旧置祭酒一人,为之长,并加置司业一人,为之副。⑦ 国子监之名首见于此,为古代教育制度

---

① 《通典》卷 27《职官典九》,中华书局 1984 年版,第 161 页。
② 《文献通考》卷 41《学校考二》,中华书局 1986 年版,第 391 页。
③ 《通志》卷 59《选举略第二》,浙江古籍出版社 1988 年版,第 722 页。
④ 《隋书》卷 2《高祖本纪下》,第 47 页。
⑤ 《通典》卷 27《职官典九》,第 161 页。
⑥ 《隋书》卷 3《炀帝本纪上》,第 64—65 页。
⑦ 《隋书》卷 28《百官志下》载炀帝即位,多改前制:"国子监依旧置祭酒,加置司业一人,从四品,丞三人,加为从六品。并置主簿、录事各一人。国子学置博士,正五品,助教,从七品,员各一人。学生无常员,太学博士、助教各二人,学生五百人。先是仁寿元年,省国子祭酒、博士,置太学博士员五人,为从五品,总知学事。至是太学博士降为从六品。"第 798—799 页。

的发展奠定了基础。

唐高祖颇好儒臣，欲以儒术创大业振国威。然而在学制上却一反隋制，使已经脱离礼乐机关统辖的中央官学又重新回到旧路上去。《新唐书·百官志三》"国子监"条下原注："武德初，以国子监曰国子学，隶太常寺。"① 但此举并未得到后世认可，唐太宗即位伊始，着手改革教育体制。《旧唐书·职官志一》："贞观元年，改国子学为国子监。分将作为少府监，通将作为三监。"② 太宗将国子监与少府、将作统为三监，可见国子监已不再属于太常寺，而纯为独立的教育行政机关。虽然国子监在龙朔、咸亨、光宅之时名称屡有改易，但其实质并未有多大的变化，终有唐一代，国子监基本上保持行政独立。

二　学官

唐代学官大致上可划分为管理和教学两个层次。中央官学的管理人员，主要有国子祭酒、司业、丞、主簿等。祭酒1人，从三品，主要职掌是：1. 统辖"六学"；2. 训导生徒；3. 掌释奠之礼；4. 掌学官考课；5. 掌生徒学业。国子司业2人，从四品下，主要辅助祭酒的管理工作。国子丞1人，从六品下，掌判监事，凡六学（国子学、太学、四门学、书学、算学、律学）生每岁有业成上于监者，以其业与祭酒、司业试所习业，上尚书礼部。国子主簿1人，从七品下，掌印，句督监事。七学（"六学"及广文馆）生不率教者，举而免之。③

教学方面主要由博士和助教担任。"六学"学官本身的品阶及其教育对象各自不同。国子学：博士，正五品上；助教，从六品上；掌教文武官三品以上及国公子孙，从二品以上曾孙为生者。太学：博士，正六品上；助教，从七品上；掌教文武五品以上及郡县公子孙，从三品曾孙为生者。四门学：博士，正七品上；助教，从八品上；掌

① 《新唐书》卷48《百官志三》，第1266页。
② 《旧唐书》卷42《职官志一》，第1785页。
③ 《旧唐书》卷44《职官志三》，第1891页。《新唐书》卷48《百官志三》，第1265—1266页。

教文武七品以上及伯侯子男子为生者，若庶人子为俊士生者。律学：博士，从八品下；助教，从九品上；掌教文武官八品以下及庶人子为生者。书学和算学博士的品阶均为从九品下，其教育对象与律学同。①

此外，"六学"具体教学内容也有所不同。国子学教习的主要内容：《周礼》《仪礼》《礼记》《毛诗》《春秋左氏传》各60人，暇则习隶书、《国语》《说文》《字林》《三仓》《尔雅》。学生以长幼为序，习正业之外，教吉、凶二礼。太学、四门馆所行用之教材与教法，并同国子学。书、律、算学属于专门学校，使用的教材与所习专业相关。书学以《石经》《说文》《字林》为专业，余字书兼习之。律学以律令为专业，格式法例亦兼习之。算学习《九章》《海岛》《孙子》《五曹》《张邱建》《夏侯阳》《周髀》《缀术》《缉古》等，其《纪遗》《三等数》亦兼习之。②

第二节　学官迁转的特点及影响

一　学官迁转的基本特点

唐代"六学"学官的总数，因为史料原因无法完整统计。不过，依据两《唐书》及出土文献等记载，其总体面貌还是可以把握。本书附录《唐代学官迁转表》，即从姓名、任期、籍贯、科第等方面来考察，可据以了解唐代学官的基本面貌，同时还可由此归纳职务迁转的一般特点。总体来看，国子祭酒和司业的情况记录较为详细，而博士和助教等官员则相对简略。

对唐代学官职务迁转情况的统计分析，主要有孙国栋的《唐代中央重要文官迁转途径研究》③。该书与本书的统计不同之处约有四端。其一，孙著采用三分法，将唐代划分为初中晚三个阶段，本书则采用

---

① 参考《旧唐书》卷44《职官志三》，第1891—1892页；《新唐书》卷48《百官志三》，第1266—1267页。
② 同上。
③ 孙国栋：《唐代中央重要文官迁转途径研究》，上海古籍出版社2009年版，第165—169页。

四分法，分成初盛中晚四个阶段。其二，孙著只统计了国子祭酒和国子司业，本书则进一步对国子博士进行统计分析。其三，孙著据以统计的资料范围仅限于两《唐书》，而本书则扩充到各种资料，特别是墓志等出土文献的利用，统计数据更为精确。其四，对个别材料的理解不同。比如张后胤，《旧唐书》本传说从燕王府司马迁国子祭酒，《新唐书》卷 198 本传则云："帝大悦，迁燕王府司马。出为睦州刺史，乞骸骨，帝见其强力，问欲何官，因陈谢不敢。帝曰：'朕从卿受经，卿从朕求官，何所疑？'后胤顿首，愿得国子祭酒，授之。"[1]睦州刺史到底有没有上任，殊为疑问。孙国栋统计为由刺史而迁祭酒，尚需进一步考证。

先看国子祭酒迁转的基本情况。

表 2 - 1　　　　　　　　　　国子祭酒迁入表

官职名	初唐 高祖—睿宗 618—712	盛唐 玄宗 713—756	中唐 肃宗—敬宗 757—826	晚唐 文宗—哀帝 827—907	合计
宰相	2			2	4
中书侍郎	1				1
散骑常侍		1	1	2	4
吏部尚书	1		1		2
右丞			2		2
户部侍郎			1		1
兵部侍郎			3		3
刑部侍郎			1		1
工部侍郎			1		1
太常卿	1			1	2
大理卿			1		1
太常少卿	1				1
大理少卿			1		1

---

[1]　《新唐书》卷 198《张后胤传》，第 5651 页。

续表

官职名	初唐 高祖—睿宗 618—712	盛唐 玄宗 713—756	中唐 肃宗—敬宗 757—826	晚唐 文宗—哀帝 827—907	合计
秘书监		1	2	2	5
国子司业	1	1		1	3
太子少保	1				1
太子庶子				1	1
太子宾客			1		1
太子右谕德	1				1
亲王师	1				1
王府司马	1				1
御史大夫		1			1
谏议大夫			1		1
刺史	3		3		6
都护			1		1
节度使			1	1	2

表 2 - 2　　　　　　　　　**国子祭酒迁出表**

官职名	初唐 高祖—睿宗 618—712	盛唐 玄宗 713—756	中唐 肃宗—敬宗 757—826	晚唐 文宗—哀帝 827—907	合计
宰相	1		1	1	3
散骑常侍	2	1	2	1	6
吏部尚书			1		1
礼部尚书			1		1
工部尚书			1	1	2
兵部侍郎			1		1
太常卿			2	1	3
太常少卿				1	1
太子宾客		1		2	3
秘书监				1	1

续表

官职名	初唐 高祖—睿宗 618—712	盛唐 玄宗 713—756	中唐 肃宗—敬宗 757—826	晚唐 文宗—哀帝 827—907	合计
右拾遗			1		1
府尹	1		2		3
刺史	5	1	4	1	11
都护			1		1
州长史			1		1
州别驾	1				1
州司户				1	1
观察使			1	1	2
致仕	3				3
卒	3		3		6

　　从以上统计数据来看，国子祭酒的迁转情况大致如下。迁入方面，初盛唐以刺史和国子司业等官职为主，中晚唐则以各省郎官和秘书监居多。这说明学官择取的标准在不断变化，取用的范围也不仅限于京官，地方刺史也是选任对象。迁出方面，初唐主要是迁出到地方为刺史和任散骑常侍等谏职。中晚唐则以尚书和刺史为多。总体来看，由国子祭酒迁出任京官和任地方官的比例大致相当。这反映出国子学官并非长期在京城任职，与地方的交流沟通还是比较频繁的。

　　以下是国子司业迁入和迁出的统计数据。

表 2-3　　　　　　　　　　**国子司业迁入表**

官职名	初唐 高祖—睿宗 618—712	盛唐 玄宗 713—756	中唐 肃宗—敬宗 757—826	晚唐 文宗—哀帝 827—907	合计
谏议大夫	2		2		4
礼部侍郎	1				1
仓部郎中			1		1

官职名	初唐 高祖—睿宗 618—712	盛唐 玄宗 713—756	中唐 肃宗—敬宗 757—826	晚唐 文宗—哀帝 827—907	合计
水部郎中			1		1
侍御史	1				1
国子博士	3				3
著作郎			1		1
少府尹			1		1
刺史	1		2	1	4
给事中	1				1
太常少卿	1				1
太子中允		1			1
起居舍人		1			1
秘书丞		1			1
左司郎中		1			1
幕府僚佐			1		1
大理正				1	1

表 2 - 4   **国子司业迁出表**

官职名	初唐 高祖—睿宗 618—712	盛唐 玄宗 713—756	中唐 肃宗—敬宗 757—826	晚唐 文宗—哀帝 827—907	合计
工部尚书		1			1
中书舍人		1			1
给事中			1		1
散骑常侍			1		1
右丞	1				1
郎中		1			1
御史中丞		1			1
太常少卿				1	1
国子祭酒	2			1	3

续表

官职名	初唐 高祖—睿宗 618—712	盛唐 玄宗 713—756	中唐 肃宗—敬宗 757—826	晚唐 文宗—哀帝 827—907	合计
国子博士		1			1
太子庶子	1	1	1		3
亲王师	1				1
少府尹			1		1
刺史			2	1	3
州司马			1		1
致仕	1				1
卒	3		2		5

　　从上表可以看出，国子司业的迁入，大多从郎中、谏议、国子博士、著作郎等五品清官中择取，较少从地方官员中选任。国子司业的迁出，以国子祭酒和东宫官属为多，亦有少量的地方州刺史和司马。孙国栋认为："有关国子司业的资料虽少，但所得结果与一般迁官的惯例相应，所以大体可以相信。"①

　　再看国子博士的迁转统计数据。

表 2-5　　　　　　　　　国子博士迁入表

官职名	初唐 高祖—睿宗 618—712	盛唐 玄宗 713—756	中唐 肃宗—敬宗 757—826	晚唐 文宗—哀帝 827—907	合计
国子助教	4			1	5
太学助教	1				1
太学博士	1				1
员外郎	1	1	1	1	4
监察御史			1		1

---

　　① 孙国栋：《唐代中央重要文官迁转途径研究》，第169页。

官职名	初唐 高祖—睿宗 618—712	盛唐 玄宗 713—756	中唐 肃宗—敬宗 757—826	晚唐 文宗—哀帝 827—907	合计
司录参军			1		1
广文博士			1		1

表2-6　　　　　　　　　　**国子博士迁出表**

官职名	初唐 高祖—睿宗 618—712	盛唐 玄宗 713—756	中唐 肃宗—敬宗 757—826	晚唐 文宗—哀帝 827—907	合计
给事中	1				1
谏议大夫	2			1	3
国子司业		2	1		3
太子率更令	1				1
员外郎			1		1
郎中			1	1	2
刺史			1	1	2
州司马				1	1

从上表可以看出，国子博士（五品）主要从六品的国子助教、太学博士及员外郎中择取，其迁出多为正五品上阶的谏议大夫或四品的国子司业，亦有迁出为州刺史和司马者。应该说，这也符合唐代官员迁转的一般规律。

二　学官与地方互动的特点

国子学官作为从事管理和教学的施行者，具有较为明显的职业特点。因此，学官的选任就有很突出的专门性。这种专门性在唐初表现得尤为显著。比如贞观时期，故旧宿儒徐文远、陆德明、孔颖达、张后胤、谷那律、盖文达、盖文懿、赵弘安、赵弘志、萧德言等人，均学有专攻，属专门的经学家。随着时间推移和社会变迁，学官选任也发生了变化。主要表现为四个方面：一是学官逐步融入整个官僚体系而官僚化，学术特征日渐减弱。这从上述考察即可看出，无论是重要学官如祭酒和司业，还是一般学官如国子博士，都纳入整个行政系统中加以流转。二是学官虽为清望官，但终究不过是一清闲之职。因此，祭酒和司业往往被当作闲职以"优待"的方式改授。如祭酒李仲思即是从云麾将军守右武卫大将军之职改授的，制文说："或甫及高年，或近婴微疾。营校之任，久以烦卿；优闲之职，期于遂性。"①三是随着科举考试的日益重要，学官选任更加强调文学才能，特别是中唐之后，进士出身者任职学官的比例越来越大。四是学官迁转与地方关系较为密切。从选任对象的地域性质来看，学官多从京官中选拔，但也有一部分从地方官员中选用。学官迁出同样如此，其中一部分继续在京城担任官职，另一部分则迁转为地方官。这四点可视为唐代学官选任的总体特征。

国子学官迁转过程中与地方产生关联，其对象主要集中在品阶较高的国子祭酒、国子司业及国子博士等群体中，而国子助教、太学博士、太学助教、四门博士、四门助教，以及广文博士等，较少与地方发生关联。比如迁入，从目前所考知的情况来看，仅有李商隐由徐州府掌书记迁入太学博士一例。学官迁出任职地方官吏者，在国子助教以下的人员中也很少，仅发现国子助教李绅入为金陵李锜幕从事，太学博士吴武陵出为韶州刺史，太学博士李商隐出为东蜀节度判官等几例。以下分别从迁入和迁出两方面加以考论。

（一）学官由地方迁入的五种情况

国子祭酒和国子司业从地方官中选任的有刺史、都护、节度使、方镇僚佐等，其中刺史最多。又可分为五种情况。

第一种是曾任职学官，但由于各种原因而外出为地方官，入朝继续任职学官。其例较多。如韦嗣立，由许州刺史迁入为国子祭酒。韦嗣立在睿宗即位之初入为中书令，旬日出为许州刺史，原因是韦嗣立

---

① 孙逖：《授程伯献光禄大夫太子詹事李仲思光禄大夫国子祭酒制》，《全唐文》卷309，第1388页。

与韦庶人关系较为亲密。《旧唐书》本传："嗣立与韦庶人宗属疏远,中宗特令编入属籍,由是顾赏尤重。"① 故睿宗登基之后立即肃清,是为贬官。本传又云："以定册尊立睿宗之功,赐实封一百户。开元初,入为国子祭酒。"② 韦嗣立此前曾任职国子祭酒。本传云："无几,嗣立兄承庆入知政事,嗣立转成均祭酒,兼检校魏州刺史。"③ 其由相而入国子祭酒是因为其兄韦承庆拜相,兄弟不可同时为相。祝钦明,由申州刺史迁入为国子祭酒。祝钦明为武周中宗时期大儒,通五经、众史、百家之说,在国子祭酒之前曾任国子博士。《旧唐书》本传："以匦忌日,为御史中丞萧至忠所劾,贬授申州刺史。久之,入为国子祭酒。"④ 《旧唐书》卷7《中宗纪》记为神龙二年(706)七月庚午为萧至忠所劾,九月贬为青州刺史(按:当从本传作"申州刺史")。至于什么原因入朝为国子祭酒,史无明言,当属升迁。阳峤,由右台侍御史—国子司业—尚书右丞—魏州刺史—国子祭酒。按:阳峤,《旧唐书》置于《良吏传》。阳峤出刺魏州,不是贬谪。原因是睿宗即位初分建都督府以统外台,精择良吏,阳峤被选。其由魏州刺史入为国子祭酒,恐怕与曾经担任国子司业有关。《旧唐书》本传："景龙末,累转国子司业。峤恭谨好学,有儒者之风。又勤于政理,循循善诱。及在学司,时人以为称职。奏修先圣庙及讲堂,因建碑前庭,以纪崇儒之事。"⑤ 韩愈,由刑部侍郎—潮州刺史—袁州刺史—国子祭酒。韩愈在元和十四年(819)因上表谏迎佛骨忤旨,贬潮州刺史,量移袁州刺史,十五年九月(820)征为国子祭酒。这一方面是因为宪宗皇帝的恩宥,《旧唐书》本传："宪宗谓宰臣曰:'昨得韩愈到潮州表,因思其所谏佛骨事,大是爱我,我岂不知!然愈为人臣,不当言人主事佛乃年促也。我以是恶其容易。'上欲复用愈,故先语及,观宰臣之奏对。而皇甫镈恶愈狷直,恐其复用,率先对

① 《旧唐书》卷88《韦嗣立传》,第2873页。
② 同上。
③ 同上书,第2869页。
④ 《旧唐书》卷189下《祝钦明传》,第4965页。
⑤ 《旧唐书》卷185下《阳峤传》,第4813页。

曰：'愈终大狂疏，且可量移一郡。'乃授袁州刺史。"① 另一方面，韩愈此前曾三次任职国子学官，贞元十八年（802）任四门博士，元和元年（806）任国子博士，元和七年（812）复为国子博士，所以朝廷任命他为祭酒，不无道理。郭山恽，由括州长史迁入为国子司业。据《旧唐书》本传，郭山恽本为中宗朝大儒，景龙中迁国子司业，景云中左授括州长史，开元初入为国子司业。睿宗即位后，大力打击一批中宗朝官员，如上述李峤和祝钦明等皆是。玄宗登基后，这批人大都重新回朝。所以这些国子学官的命运，是与政治斗争密不可分的。归崇敬，以膳部郎中充吊祭册立新罗使—国子司业—饶州司马—国子司业。归崇敬为代宗德宗时期的大儒，常参议国典大礼。其使新罗有功，迁升国子司业，在任上提出教育和考试改革建议，惜未被采择。据《旧唐书》本传，其贬谪饶州司马是因为国子监餐费账目出现问题，"会国学胥吏以餐钱差舛，御史台按问，坐贬饶州司马"②。他第二次拜国子司业在建中初，当然与他此前的任职国子学官的经历相关。杨敬之，由连州刺史迁入为国子祭酒。《新唐书》本传："坐李宗闵党，贬连州刺史。文宗尚儒术，以宰相郑覃兼国子祭酒，俄以敬之代。"③ 从"文宗尚儒术"可知，杨敬之为国子祭酒与他的经学造诣有关。

　　第二种是由幕职而入朝为京官。发现两例。一例是韦聿由淮南杜佑府迁入为国子司业。据《新唐书》卷158，韦聿元和初入朝为国子司业，这种由幕府而入朝为京官，符合中晚唐时期士人以幕府为津梁的仕进规律。另一例是李商隐由徐州府掌书记迁入为太学博士。《旧唐书》本传："（卢）弘正镇徐州，又从为掌书记。府罢入朝，复以文章干绚，乃补太学博士。"④ 这也是典型的由幕职而入朝为京官之例。

　　第三种是因政治斗争之需要。如宋璟，由宰相—楚州刺史—魏·

① 《旧唐书》卷160《韩愈传》，第4202页。
② 《旧唐书》卷149《归崇敬传》，第4019页。
③ 《新唐书》卷160《杨敬之传》，第4972页。
④ 《旧唐书》卷190下《李商隐传》，第5078页。

兖・冀三州刺史—河北按察使—幽州都督—国子祭酒。按：宋璟由宰相贬为楚州刺史，其因出于奏议太平公主迁移东都。宋璟为相期间，兼任太子右庶子，在太子李隆基与太平公主的斗争中，极力支持太子。《旧唐书》卷96本传："玄宗惧，抗表请加罪于璟等，乃贬璟为楚州刺史。"① 实际上他贬为刺史是一种保全策略。他从刺史逐步过渡到祭酒，可以看到这种策略的内质。

第四种是以学官为闲职而退养。如赵昌，由安南都护迁入为国子祭酒。《旧唐书》卷151本传："贞元七年，为虔州刺史。属安南都护为夷獠所逐，拜安南都护，夷人率化。十年，因屋坏伤胫，恳疏乞还，以检校兵部郎中裴泰代之，入拜国子祭酒。及泰为首领所逐，德宗诏昌问状。昌时年七十二，而精健如少年者，德宗奇之，复命为都护，南人相贺。"② 由此可知，赵昌入为国子祭酒，实为养疾，与学官专门性无关。这主要是跟学官的闲散性质有关。

第五种是正常的职务迁转。如冯审，由桂州刺史、桂管观察使迁入国子祭酒。冯审入为国子祭酒之原因，史无明载，当属正常迁转。苏源明，由东平郡太守迁入为国子司业。苏源明入朝为国子司业之因，史无明言，亦当属正常迁转。裴胄由宣州刺史—汀州司马—少府少监—国子司业。按：据《旧唐书》本传，裴胄由汀州司马入朝为少府少监，本来除官京兆少尹，但"以父名不拜，换国子司业"③。可知其因避讳改任。窦牟由泽州刺史迁入为国子司业。窦牟转为国子司业，《旧唐书》本传及韩愈所为墓志铭，均未明言其因，当属于正常迁转。冯定由郢州刺史入为国子司业。据《旧唐书》本传："宝历二年，出为郢州刺史。长寿县尉马洪沼告定强夺人妻，及将阙官职田禄粟入己费用，诏监察御史李顾行鞫之。狱具上闻，制曰：'冯定经使臣推问，无入己赃私，所告罚钱，又皆公用。然长吏之体，颇涉无仪，刑赏或乖，宴游不节。缘经恩赦，难更科书，犹持郡符，公议不

---

① 《旧唐书》卷96《宋璟传》，第3032页。
② 《旧唐书》卷151《赵昌传》，第4063页。
③ 《旧唐书》卷122《裴胄传》，第3508页。

可，宜停见任。'寻除国子司业、河南少尹。"① 由此可知，冯定任职国子司业有贬官的意思。李揆由睦州刺史迁入为国子祭酒。据《旧唐书》本传，李揆因得罪元载，在元载为相期间一直受打击压抑，"元载以罪诛，除揆睦州刺史，入拜国子祭酒、礼部尚书"②。李揆入朝，当属于升迁性质。

　　以上所列五种情形，只是大致上的归纳，不过由此可以看到地方官入朝任学官的几条途径。总体来看，入朝为官是升迁，但学官性属闲职，又不可一概而论。第一种情形尤为值得注意，因为这些迁转的人员，专职学官居多，因而能反映学官与地方互动的一般特点。

　　（二）学官迁出到地方的四种基本途径

　　国子学官迁出到地方任职亦有几种情形，一是贬谪为地方官，二是升迁为州刺史，三是升任为节度、观察等使，四是入幕为诸从事。

　　第一种情况为贬谪，有以下诸例。郭正一，由国子祭酒迁出为晋州刺史。《旧唐书》本传："则天临朝，转国子祭酒，罢知政事。寻出为晋州刺史，入为麟台监，又检校陕州刺史。"③ 郭正一在任祭酒之前曾拜相，武则天执政后颇不得志。韦嗣立，由成均祭酒迁出为饶州长史。按：韦嗣立受其兄韦承庆牵连贬饶州长史，时间在神龙元年（705）。《旧唐书·韦承庆传》："神龙初，坐附推张易之弟昌宗失实，配流岭表。"④ 祝钦明，由国子祭酒迁出为饶州刺史。贬谪时间在景云初，起因是侍御史倪若水劾奏钦明"素无操行"⑤，于是左授饶州刺史。实际原因是睿宗即位后对前朝官员进行大规模清理，钦明曾是中宗为太子时的侍读，又在中宗朝任过宰相，因此成为新皇帝登基后的受害者。李峤，由国子祭酒迁出为通州刺史。据《旧唐书》本传，中宗即位，李峤以附会张易之兄弟，出为豫州刺史。未行，又贬为通州刺史。睿宗即位，出为怀州刺史，寻以年老致仕。李峤贬通州刺史

　　① 《旧唐书》卷168《冯宿传》附冯定传，第4391页。
　　② 《旧唐书》卷126《李揆传》，第3561页。
　　③ 《旧唐书》卷190中《郭正一传》，第5010页。
　　④ 《旧唐书》卷88《韦承庆传》，第2865页。
　　⑤ 《旧唐书》卷189下《祝钦明传》，第4970页。

和贬怀州刺史的时间都不长。这两次贬谪的人数都比较多，前者是中宗算张易之的老账，被贬者史称"神龙逐臣"。上述韦嗣立贬饶州长史亦由于此。后者是睿宗肃清前朝官宦，遭谪者是为"景云贬官"。上述韦嗣立贬许州刺史，及祝钦明贬饶州刺史与此性质相同。宋璟，由国子祭酒迁出为广州都督。《旧唐书》本传："寻拜国子祭酒，兼东都留守。岁余，转京兆尹，复拜御史大夫，坐事出为睦州刺史，转广州都督，仍为五府经略使。"① 据此知是贬官。徐浩，由国子祭酒迁出为庐州长史。《旧唐书》本传："除国子祭酒，坐事贬庐州长史。"② 郭山恽，由国子司业出为括州长史。《旧唐书》本传，郭山恽由国子司业贬为括州长史，与政治斗争有关。归崇敬，由国子司业迁为饶州司马。据《旧唐书》本传，其贬谪饶州是因为国子监餐费账目问题，"会国学胥吏以餐钱差舛，御史台按问，坐贬饶州司马"③。阳城，由国子司业迁出为道州刺史。《旧唐书》本传：阳城因坐裴延龄事下迁国子司业，"有薛约者，尝学于城，性狂躁，以言事得罪，徙连州，客寄无根蒂。台吏以踪迹求得之于城家。城坐台吏于门，与约饮酒诀别，涕泣送之郊外。德宗闻之，以城党罪人，出为道州刺史"④。知其遭贬。韩愈由国子博士迁为潮州刺史，量移袁州刺史。吴武陵，由太学博士迁出为韶州刺史，再贬为潘州司户参军。《新唐书》本传："久之，入为太学博士。……后出为韶州刺史，以赃贬潘州司户参军。"⑤ 由太学博士而为韶州刺史，当为升迁，后因赃事升而复贬。

第二种情况是升任为地方官，多为州刺史。如王缙，由国子祭酒迁出为凤翔尹。《旧唐书》本传："寻入拜国子祭酒，改凤翔尹、秦陇州防御使。"⑥ 当属升迁。乔琳，由国子祭酒转任怀州刺史。《旧唐

---

① 《旧唐书》卷96《宋璟传》，第3032页。
② 《旧唐书》卷137《徐浩传》，第3760页。
③ 《旧唐书》卷149《归崇敬传》，第4019页。
④ 《旧唐书》卷192《阳城传》，第5133页。
⑤ 《新唐书》卷203《吴武陵传》，第5792页。
⑥ 《旧唐书》卷118《王缙传》，第3416页。

书》本传："入为大理少卿、国子祭酒。出为怀州刺史。"① 据《旧唐书》卷 39《地理志》，怀州为雄州。冯伉，由国子祭酒转任为同州刺史。《旧唐书》本传："顺宗即位，拜尚书兵部侍郎。改国子祭酒，为同州刺史。入拜左散骑常侍，复领太学。"② 当属正常职务迁转。不过，冯伉系贞元元和时期大儒，尝著《三传异同》三卷，所以从同州回来之后，复领太学。杨汉公，由国子祭酒转任同州刺史。《新唐书》卷 175 本传："稍迁国子祭酒。宣宗擢为同州刺史。"据此，知为升迁。本传又云给事中郑裔绰反对，上奏："同州，太宗兴王地。陛下为人子孙当精择守长付之，汉公既以墨败，陛下容可举剧部私贪人?"③ 可见，同州刺史为剧要之职。裴耀卿由国子主簿转任长安令，再迁济州刺史。《旧唐书》本传："及睿宗升极，拜国子主簿。开元初，累迁长安令。长安旧有配户和市之法，百姓苦之。耀卿到官，一切令出储蓄之家，预给其直，遂无奸偽之弊，公私甚以为便。在职二年，宽猛得中。及去官，县人甚思咏之。十三年，为济州刺史。其年，车驾东巡，州当大路，道里绵长，而户口寡弱，耀卿躬自条理，科配得所。时大驾所历凡十余州，耀卿称为知顿之最。又历宣、冀二州刺史，皆有善政，入为户部侍郎。"④ 据此可知，裴耀卿因有善政，故升迁。张次宗，由国子博士转任舒州刺史。《旧唐书》本传："改礼部员外郎，以兄文规为韦温不放入省出官，次宗坚辞省秩，改国子博士兼史馆修撰。出为舒州刺史，卒。"⑤ 当属正常迁转。

第三种情况是转任节度、观察等使。如孔戣，由国子祭酒转任广州刺史、岭南节度使。《旧唐书》本传："入为大理卿，改国子祭酒。（元和）十二年，岭南节度使崔咏卒，三军请帅，宰相奏拟皆不称旨。因入对，上谓裴度曰：'尝有上疏论南海进蚶菜者，词甚忠正，此人何在，卿第求之。'度退访之。或曰祭酒孔戣尝论此事，度征疏

① 《旧唐书》卷 127《乔琳传》，第 3576 页。
② 《旧唐书》卷 189 下《冯伉传》，第 4978 页。
③ 《新唐书》卷 175《杨汉公传》，第 5249 页。
④ 《旧唐书》卷 98《裴耀卿传》，第 3080 页。
⑤ 《旧唐书》卷 129《张次宗传》，第 3613 页。

进之。即日授广州刺史,兼御史大夫、岭南节度使。"① 李逊,由国子祭酒转任许州刺史,充忠武节度、陈许濮蔡等州观察处置等使。《旧唐书》本传:李逊在任职国子祭酒之前,曾任节度、观察等使,属于军政要员,其任国子祭酒在元和十三年(778),时间很短,主要因为出使东平无果,回来任京兆尹,改任国子祭酒,当属微贬。元和十四年(779)即转任要职。高重,由国子祭酒转任鄂岳观察使。《新唐书》本传:"敬宗慎置侍讲学士,重以简厚惇正,与崔郾偕选,再擢国子祭酒。文宗好《左氏春秋》,命分列国各为书,成四十篇。与郑覃刊定《九经》于石。出为鄂岳观察使,以美政被褒。"② 裴胄,由国子司业转任湖南观察都团练使。李麟,由国子祭酒转任河东太守、河东道观察使。《旧唐书》本传:"(天宝)十一载,迁银青光禄大夫、国子祭酒。十四年七月,以本官出为河东太守、河东道采访使,为政清简,民吏称之。其年冬,禄山构逆,朝廷以麟儒者,恐非御侮之用,仍以将军吕崇贲代还。"③

第四种情况是由国子学官入幕。如窦庠,由国子主簿入为浙西节度副使。《旧唐书》本传:"释褐国子主簿。吏部侍郎韩皋出镇武昌,辟为推官。皋移镇浙西,奏庠为节度副使、殿中侍御史,迁泽州刺史。"④ 李绅,由国子助教入为使府从事。《旧唐书》本传:"元和初,登进士第,释褐国子助教,非其好也。东归金陵,观察使李锜爱其才,辟为从事。绅以锜所为专恣,不受其书币;锜怒,将杀绅,遁而获免。锜诛,朝廷嘉之,召拜右拾遗。"⑤ 李商隐,由太学博士入为东蜀节度判官。《旧唐书》本传:"府罢入朝,复以文章干绚,乃补太学博士。会河南尹柳仲郢镇东蜀,辟为节度判官、检校工部郎中。"⑥

---

① 《旧唐书》卷154《孔戣传》,第4098页。
② 《新唐书》卷95《高重传》,第3843页。
③ 《旧唐书》卷112《李麟传》,第3339页。
④ 《旧唐书》卷155《窦庠传》,第4122页。
⑤ 《旧唐书》卷173《李绅传》,第4497页。
⑥ 《旧唐书》卷190下《李商隐传》,第5078页。

以上大致罗列四种情况，由此可知国子学官与地方之间的联系。还有一个比较特殊的例子，就是上述赵昌由安南都护入为国子祭酒养疾，后又续出为安南都护，这与他原本为武将有关。

三　学官的地方善政

国子学官从京城转任地方官职，在文化交流和地方建设等方面都起到了重要作用。由于史书对学官地方任职情况的记载往往一笔带过，因此很难全面把握。不过，从有限的记录中还可以管中窥豹，得其大概。总体来看，学官到地方任职，可以用"善政"加以概括，无论是升迁还是贬谪，大都政绩可嘉。比如高重由国子祭酒转为鄂岳观察使，《新唐书》本传云"以美政被褒"[1]。再如裴耀卿历宣、冀二州刺史，《旧唐书》本传亦称"皆有善政"[2]。归纳起来，学官到地方任职，主要有以下四方面贡献。

其一，传播知识教授技能。地方百姓囿于见闻，知识不广，在生产生活方面都很受限制。从京城迁转来的学官，多有丰富的知识和生活技能。技能的传授，在一定程度上改善了偏远地区人民的生存状况。比如，宋璟自国子祭酒贬为广州刺史，传授当地百姓烧制泥瓦和建筑技术，改善居住条件，使他们免受火灾祸患，当地人为此立碑纪颂。正如《旧唐书》本传所云："广州旧俗，皆以竹茅为屋，屡有火灾。璟教人烧瓦，改造店肆，自是无复延烧之患，人皆怀惠，立颂以纪其政。"[3]

其二，打抑豪强维护公平。地方豪强剥削百姓，富商巨贾囤积居奇哄抬物价，这种现象在唐代也是比较普遍的。国子主簿裴耀卿转任长安令期间，推行多种举措打击无良商人，平抑物价，保护百姓利益。《旧唐书》本传："及睿宗升极，拜国子主簿。开元初，累迁长安令。长安旧有配户和市之法，百姓苦之。耀卿到官，一切令出储蓄

---

① 《新唐书》卷95《高重传》，第3843页。
② 《旧唐书》卷98《裴耀卿传》，第3080页。
③ 《旧唐书》卷96《宋璟传》，第3032页。

之家，预给其直，遂无奸僦之弊，公私甚以为便。在职二年，宽猛得中。及去官，县人甚思咏之。”①

其三，赎释奴婢移风易俗。唐代的奴隶问题比较严重，特别是在福建、黔中和岭南等偏僻之地尤为突出。唐律虽然规定“略人，略卖人为奴者绞”②，但事实上这种现象仍然普遍存在。韩愈从袁州回朝后所进《应所在典帖良人男女状》：

> 右，准律不许典帖良人男女作奴婢驱使。臣往任袁州刺史日，检责州界内，得七百三十一人，并是良人男女。准律计佣折直，一时放免。原其本末，或因水旱不熟，或因公私债负，遂相典帖，渐以成风。名目虽殊，奴婢不别，鞭笞役使，至死乃休。既乖律文，实亏政理。袁州至小，尚有七百余人；天下诸州，其数固当不少。今因大庆，伏乞令有司重举旧章，一皆放免。③

“袁州至小，尚有七百余人；天下诸州，其数固当不少”，说明当时人口贩卖情况的严重性。解救或赎买奴婢成为地方主政者的要事，像阳城在道州、李德裕在剑南、韦丹在容州、柳宗元在柳州，都遇到这个问题。国子学官到地方任职，在赎释奴婢方面堪为代表者，主要有韩愈、孔戣和阳城等人。

韩愈在袁州释放奴婢之举，已如上文所引。其实不止在袁州，其在潮州刺史任上同样有这样的举措。皇甫湜《韩愈神道碑》：“掠卖之口，计庸免之，未相直，辄与钱赎。及不还，著之赦令。转刺袁州，治袁州如潮。”④ 孔戣在广州刺史任上，做了很多好事。其中赎放奴婢一事受到时人称赞。《旧唐书》本传：“戣刚正清俭，在南海，请刺史俸料之外，绝其取索。先是帅南海者，京师权要多托买南人为

---

① 《旧唐书》卷98《裴耀卿传》，第3080页。
② 长孙无忌：《唐律疏议》卷20，中华书局1983年版，第369页。
③ 《韩昌黎文集校注》卷8，第640页。
④ 皇甫湜：《韩愈神道碑》，《全唐文》卷687，第7038页。

奴婢，羧不受托。至郡，禁绝卖女口。……韩愈在潮州，作诗以美之。"①阳城转任道州刺史，史书记载的第一件功绩即是"禁良为贱"。《旧唐书》本传："道州土地产民多矮，每年常配乡户，竟以其男号为'矮奴'。城下车，禁以良为贱。"②

其四，黜免税赋稳定人口。唐代偏远地区由于开发较迟，生产亦较落后，百姓生活艰辛。为了稳定当地户口，地方官员大多从减免赋税着手。阳城从国子司业任上贬为道州刺史，释赎奴婢之外，所做的另一件重要事情就是黜免税赋。关于这次抗税过程，本传记载较为详细：

> 赋税不登，观察使数加诮让。州上考功第，城自署其第曰："抚字心劳，征科政拙，考下下。"观察使遣判官督其赋，至州，怪城不出迎，以问州吏。吏曰："刺史闻判官来，以为有罪，自囚于狱，不敢出。"判官大惊，驰入谒城于狱，曰："使君何罪！某奉命来候安否耳。"留一二日未去，城因不复归馆；门外有故门扇横地，城昼夜坐卧其上，判官不自安，辞去。其后又遣他判官往按之，他判官义不欲按，乃载妻子行，中道而自逸。③

传记颇为生动，具有戏剧性。阳城似乎很无赖，但仔细想来，其实是机智和幽默的表现，亦是无奈之举。不管怎样，他通过这种方式最终达到了抗税目的，为当地百姓的稳定提供了保障。

国子学官到地方任职大多有"善政"之誉，究其原因，恐怕与学官这个职业有关。一般来说，学官更多地接受儒家传统文化的熏陶，强烈的责任感往往外化为善行。学官大多重视教育，具有弘道的自觉意识。唐初经学家如孔颖达、盖文懿、盖文达、谷那律等人不必多讲。中宗朝韦嗣立，曾任国子祭酒，人称"逍遥公"，也非常关注教

---

① 《旧唐书》卷154《孔羧传》，第4098页。
② 《旧唐书》卷192《阳城传》，第5133页。
③ 同上。

育，曾上书武则天请求广开庠序。睿宗时阳峤任国子祭酒，大力引荐名儒，严格要求学生。《旧唐书》本传："时学徒渐弛，峤课率经业，稍行鞭筀，学生怨之，颇有喧谤，乃相率乘夜于街中殴之。上闻而令所由杖杀无理者，由是始息。"① 冯审任国子祭酒，曾上书文宗，请求磨去国子监《孔子碑》篆额"大周"二字，而代之以"大唐"，这在当时认为是很有意义的一件事情。② 归崇敬在大历年间任国子司业，曾多次上书代宗，建议改革学制和考试制度。③ 所有这些，无不表明学官强烈而自觉的社会责任意识，而这种儒家情怀，可能正是学官任职地方继有善政的精神源泉。

第三节　学官社会角色变迁及其与文学之关系

按照西方社会角色理论，唐代学官具有规定性和开放性两种社会角色。学官享有一定权利的同时也要承担相应义务，即为规定性角色。就学官的品秩、俸禄、教授诸生等权利和义务来说，整个唐代变化都不大。但从开放性角色来看，学官从初唐至晚唐的变化非常明显。他们经历了从经学家、思想家到文学家的转变。学官社会角色变迁与文学之间的关联性，当从与之相关的文教思想、科举考试、社会效用等方面来考察。

欲辨明学官与文学演进之关系，不唯明了置学崇儒之现象本身，当于其崇教之本质加以探究。一般而言，学官的主要职责在于教授诸生，传道、授业、解惑三者并重。学官社会角色缘何会发生改变，与以下诸问题密切相关：学什么？谁来教？有何用？考什么？怎样考？其中关涉经学、教育、科举、选士等典章制度和社会风尚。朝廷对待经学的态度决定了经学发展的命运，同时也决定了学官规定性社会角色的内涵。科考中经学的地位反过来又对学官开放性社会角色起作

---

① 《旧唐书》卷185下《阳峤传》，第4813—4814页。
② 《旧唐书》卷168《冯宿传》附冯审传，第4392页。
③ 《旧唐书》卷149《归崇敬传》，第4016—4019页。

用，比如，学官的选任往往受士子好恶趋向影响。作用于学官社会角色变迁的力量是多方面的，但最主要的还是朝廷对待经学的态度。如此一来，新的问题产生了，那就是：其一，朝廷对待经典的态度发生了什么样的变化；其二，朝廷对待经典的态度何以发生变化。明乎此，则学官社会角色如何变迁、何以变迁等问题就十分清楚了。以下从六个方面论述学官社会角色变化及其与文学之间的关联性。

一　"通经致用"与唐初学官社会角色

通经致用发生的时间，大概在《诗》《书》《礼》《易》《春秋》诸书被尊称为经典之后。这种现象在汉代非常突出。顾颉刚论及汉朝通经致用时说："现在，如有人拿了许多经书堆在我们的面前，问有什么用处，那么，我们可以干脆答道：用处不大。因为《诗经》里的诗已不能唱了；《易经》里的占卜是我们不信的；《礼经》和《礼记》中许多琐碎的礼节，看着也头痛；《春秋》中的褒贬予夺，完全为了统治阶级的尊严，这不是现代的伦理；《尚书》里记的说话，动不动叫着上帝和祖先，我们的理智也提不起这种信仰了。……上面说的，只是现代的我们的话；如果把这番意思说给汉人听，他们决不会了解。他们以为无论什么大道理都出在经书里，而且这种道理有永久性，所谓'天不变，道亦不变'，经是道的记载，所以也不变了。……他们的应用方术，简单地举出几个例，就是所谓'以春秋决狱，以禹贡治河，以三百五篇当谏书'。"① 关于汉人的"通经致用"，早在顾颉刚之前，就已有学者论及。苏轼曾在所拟除官制书中说："帝尧之世，伯夷以《三礼》折民；西汉之隆，仲舒以春秋决狱。"② 明代学者任浚也说："汉博士以五经待诏，每国有大政大疑，则各以所名一经奏断。而朝廷称制决焉，隽京兆处卫太子事，虽复引义不精，而犹能援古决疑，仓卒定变。况其果能以禹贡治河，以春秋折狱，以三百篇当谏书，以周礼致太平，以论语半部佐定天下者哉？则

---

① 顾颉刚：《秦汉的方士与儒生》，上海人民出版社 1962 年版，第 73—74 页。
② 苏轼：《苏颂刑部尚书》，《苏轼文集》卷 39，第 1109 页。

其穷经致用，执此以往，有不可胜用者矣?"① 充分肯定经典的价值和作用。

不仅汉朝如此，唐人也同样是以"通经致用"的态度来对待经典。顾颉刚说汉人之所以重经，是因为他们的目的是要"致用"。那么，唐人是否也是以经典来决狱、治水和当谏书呢? 我们认为，汉唐两朝在"通经致用"的精神上是一致的。唐人和汉人一样，认为一切大道理都隐含在经书里面。唐人师汉，唐初尤为明显。唐太宗总结历史教训，往往将宋齐梁陈隋诸朝视为反面教材，而把汉朝当作学习的榜样。如贞观二年（628），太宗问黄门侍郎王珪："近代君臣治国，多略于前古，何也?"王珪说："古之帝王为政，皆志尚清静，以百姓之心为心。近代则唯损百姓以适其欲，所任用大臣，复非经术之士。汉家宰相，无不精通一经，朝廷若有疑事，皆引经决定，由是人识礼教，治致太平。近代重武轻儒，或参以法律，儒行既亏，淳风大坏。"太宗深然其言。② 王珪的解释可归纳为正反两点：一是近代以来所用大臣非经术之士，因之国祚短暂；二是汉代宰相无不精通一经，故致兴盛。王珪引经据典以谏太宗，意思是说当今用人宜以经术之士为先；国家若要长治久安，汉朝实在是师法对象。这一事例正好表明唐人效法汉人的事实，从中亦知唐初重经的原因。

说到底，通经还是与政治紧密相关的，为政之要，唯在得人，用非其才，必难致治。所谓才与不才的标准到底该如何确定呢? 贞观二年（628），李世民和群臣讨论这个问题，提出当以德行和学识为本，得到一致赞同。谏议大夫王珪说："人臣若无学业，不能识前言往行，岂堪大任。汉昭帝时，有人诈称卫太子，聚观者数万人，众皆致惑。隽不疑断以蒯聩之事。昭帝曰：'公卿大臣，当用经术明于古义者，此则固非刀笔俗吏所可比拟。'"③ 王珪所引事例，正是汉人通经致用

---

①　任浚：《十三经注疏序》，《山东通志》卷35，文渊阁四库全书本。

②　《贞观政要》卷1，上海古籍出版社1978年版，第14页。

③　《贞观政要》卷7，第219—220页。

中的"以春秋决狱"①。王珪用此典故，旨在说明人才的择取，首要条件是要有好的学识和德行。唐人认为只要熟读经书，就可以从中学会管理国家事务的基本理论。这种理论并不等同于具体的实践技能，而是具有普遍意义的指导原则。太宗身体力行，依经治国。关于这一点，据《贞观政要》的记载，可以举出以下数例。如依经不避讳：

　　（武德）九年六月己巳，令曰："依礼，二名不偏讳。近代已来，两字兼避，废阙已多，率意而行，有违经典。其官号、人名、公私文籍，有'世民'两字不连续者，并不须讳。"②

　　太宗初即位，谓侍臣曰："准《礼》，名，终将讳之，前古帝王，亦不生讳其名，故周文王名昌，《周诗》云：'克昌厥后。'春秋时鲁庄公名同，十六年《经》书：'齐侯、宋公同盟于幽。'唯近代诸帝，妄为节制，特令生避其讳，理非通允，宜有改张。"因诏曰："依《礼》，二名义不偏讳，尼父达圣，非无前指。近世以来，曲为节制，两字兼避，废阙已多，率意而行，有违经语。今宜依据礼典，务从简约，仰效先哲，垂法将来。其官号人名，及公私文籍，有'世'及'民'两字不连读，并不须避。"③

　　依经决狱：

---

　　① 《汉书》卷71《隽不疑传》："始元五年，有一男子乘黄犊车，建黄旐，衣黄襜褕，著黄冒，诣北阙，自谓卫太子。公车以闻，诏使公卿、将军、中二千石杂识视。长安中吏民聚观者数万人。右将军勒兵阙下，以备非常。丞相、御史、中二千石至者并莫敢发言。京兆尹不疑后到，叱从吏收缚。或曰：'是非未可知，且安之。'不疑曰：'诸君何患于卫太子！昔蒯聩违命出奔，辄距而不纳，《春秋》是之。卫太子得罪先帝，亡不即死，今来自诣，此罪人也。'遂送诏狱。天子与大将军霍光闻而嘉之，曰：'公卿大臣当用经术明于大谊。'由是名声重于朝廷，在位者皆自以不及也。"《汉书》，中华书局1965年点校本，第3037—3038页。
　　② 《旧唐书》卷2，第29—30页。
　　③ 《贞观政要》卷7，第224—225页。

贞观十四年，戴州刺史贾崇以所部有犯十恶者，被御史劾奏。太宗谓侍臣曰："昔陶唐大圣，柳下惠大贤，其子丹朱甚不肖，其弟盗跖为巨恶。夫以圣贤之训，父子兄弟之亲，尚不能使陶染变革，去恶从善。今遣刺史，化被下人，咸归善道，岂可得也。若令缘此皆被贬降，或恐递相掩蔽，罪人斯失。诸州有犯十恶者，刺史不须从坐，但令明加纠访科罪，庶可肃清奸恶。"①

依经不赦：

贞观七年，太宗谓侍臣曰："天下愚人者多，智人者少，智者不肯为恶，愚人好犯宪。凡赦宥之恩，惟及不轨之辈。古语云：'小人之幸，君子之不幸。''一岁再赦，善人喑哑。'凡养稂莠者伤禾稼，惠奸宄者贼良人，昔'文王作罚，刑兹无赦。'……夫谋小仁者，大仁之贼，故我有天下已来，绝不放赦。"②

依经不伐：

贞观十八年，太宗将伐高丽，其莫离支遣使贡白金。黄门侍郎褚遂良谏曰："莫离支虐杀其主，九夷所不容，陛下以之兴兵，将事吊伐，为辽东之人，报主辱之耻。古者讨弑君之贼，不受其赂。昔宋督遗鲁君以郜鼎，桓公受之于大庙，臧哀伯谏曰：'君人者将昭德塞违。今灭德立违，而寘其赂器于大庙，百官象之，又何诛焉！武王克商，迁九鼎于雒邑，义士犹或非之。而况将昭违乱之赂器，置诸大庙，其若之何？'夫《春秋》之书，百王取则，若受不臣之筐篚，纳弑逆之朝贡，不以为愆，将何致伐？臣

---

① 《贞观政要》卷8，第249页。
② 同上书，第250页。

谓莫离支所献，自不合受。"太宗从之。①

按：太宗从褚遂良之谏不伐高丽，与汉宣帝听从萧望之之谏不伐匈奴
事同出一辙。《汉书·萧望之传》："五凤中匈奴大乱，议者多曰匈奴
为害日久，可因其坏乱举兵灭之。诏遣中朝大司马车骑将军韩增、诸
吏富平侯张延寿、光禄勋杨恽、太仆戴长乐问望之计策，望之对曰：
'《春秋》晋士匄帅师侵齐，闻齐侯卒，引师而还，君子大其不伐丧，
以为恩足以服孝子，谊足以动诸侯。前单于慕化乡善称弟，遣使请求
和亲，海内欣然，夷狄莫不闻。未终奉约，不幸为贼臣所杀，今而伐
之，是乘乱而幸灾也，彼必奔走远遁。不以义动兵，恐劳而无功。宜
遣使者吊问，辅其微弱，救其灾患，四夷闻之，咸贵中国之仁义。如
遂蒙恩得复其位，必称臣服从，此德之盛也。'上从其议，后竟遣兵
护辅呼韩邪单于定其国。"② 太宗将经书作为行政决策的理论依据，
是唐初"通经致用"的最好表征。吴兢把依经治国的事例载入史册，
可见在他看来这些言行值得后世帝王效法。

　　太宗深信通经足以致用，在人才选拔方面亦以通经与否作为依
据。贞观二年（628），"大收天下儒士，赐帛给传，令诣京师，擢以
不次，布在廊庙者甚众。学生通一大经已上，咸得署吏"③。通一大
经便可从政，固然与草创阶段人才紧缺相关，由此亦可见朝廷对待经
学的态度与制定选士标准的关系。朝廷态度和选士标准是一种导向，
影响士子知识择取。在朝廷"通经致用"思想指导下，经书得以重
新整理和疏解，耆老宿儒得以重用，经学家的社会地位日益上升，青
年士子用心向学。这一片繁荣景象正是"通经致用"思想的社会
反响。

　　朝廷对待经书的"致用"态度对学官社会角色有什么影响呢？下
面试以贞观十二年至十六年学官（638—642）为例来进行分析。

---

　　① 《贞观政要》卷8，第254页。
　　② 《汉书》卷78，第3279页。
　　③ 《贞观政要》卷7，第215页。

据《旧唐书·孔颖达传》及《册府元龟》等相关记载，孔颖达贞观十二年（638）拜祭酒，受诏撰《五经义疏》，贞观十五年（641）乃成。今依《五经正义序》孔颖达所列同撰《五经义疏》人姓名，析出撰定《五经正义》诸儒。

总领：国子祭酒孔颖达；《易疏》：太学博士马嘉运、太学助教赵乾叶；《书疏》：太学博士王德韶、前四门助教李子云；《诗疏》：太学博士王德韶、四门博士齐威；《礼记疏》：国子司业朱子奢、国子助教李善信、太学博士贾公彦、太常博士柳士宣、魏王东阁祭酒范义頵、魏王参军事张权；《春秋左氏传疏》：国子博士谷那律、故四门博士杨士勋、四门博士朱长才。①

贞观十六年，敕赵弘智与孔颖达等覆更详审《五经正义》。考《五经正义序》，此次复审人员除前修疏人外，根据需要增加了一部分。② 综合修疏和复审等记录，我们似乎可以还原当时国子监学官任职的大致情形。除为前四门助教李子云、太常博士柳士宣、太常博士马嘉运、魏王东阁祭酒范义頵、魏王参军事张权等人之外，其余诸人都是当时任职于国子监的学官。

国子祭酒：孔颖达；国子司业：朱子奢；国子学：博士谷那律、助教李善信；太学：博士贾公彦、博士马嘉运、博士王德韶、助教赵乾叶、助教随德素、助教周元达；四门馆：博士齐威、博士杨士勋、

① 以上参考孟二冬《登科记考补正》卷1，第21页。

② 根据孔颖达《五经正义序》，参与复审人员如下，《易正义》十四卷：至十六年，又奉敕与前修疏人及给事郎、守四门博士、上骑都尉臣苏德融等对敕使赵弘智覆更详审。《书正义》二十卷：至十六年，又奉敕与前修疏人及通直郎、行四门博士、骁骑尉臣朱长才，给事郎、守四门博士、上骑都尉臣苏德融，登仕郎、守太学助教、云骑尉臣随德素，儒林郎、守四门助教、云骑尉臣王士雄等对敕使赵宏智覆更详审。《诗正义》四十卷：至十六年，又奉敕与前修疏人及给事郎、守太学助教、云骑尉臣赵乾叶，登仕郎、守四门助教、云骑尉臣贾普耀等对敕使赵宏智覆更详正。《礼记正义》七十卷：至十六年，又奉敕与前修疏人及儒林郎、守太学助教、云骑尉臣周元达，儒林郎、守四门助教、云骑尉臣赵君赞，儒林郎、守四门助教、云骑尉臣王士雄等对敕使赵宏智覆更详审。《春秋左氏传正义》三十六卷：至十六年，又奉敕与前修疏人及朝散大夫、行太常博士、上骑都尉臣马嘉运，朝散大夫、行太学博士、上骑都尉臣王德韶，给事郎、守四门博士、上骑都尉臣苏德融，登仕郎、守太学助教、云骑尉臣随德素等对敕使赵宏智覆更详审。

博士朱长才、博士苏德融、助教王士雄、助教贾普耀、助教赵君赞。

　　从以上记载来看，赵弘智总领《五经义疏》的更覆详审。《旧唐书》本传说他精通《三礼》《史记》《汉书》，预修《六代史》，参与《艺文类聚》的修撰。高宗时曾讲论《孝经》，服膺诸儒。因名声躁著，转任国子祭酒。弘智参与五经复审时的身份并非学官，大概是弘文馆学士①，约于贞观二十一年（647）摄国子司业。② 此可存而不论。以下从两《唐书》本传及相关记载，对此处其他学官的专长、经历及著作进行简单的说明。

　　孔颖达：犹明《左传》、郑氏《尚书》、王氏《易》《毛诗》《礼记》、兼善算历。历太学助教、国子博士、给事中、国子司业、太子右庶子，仍兼国子司业、国子祭酒、侍讲东宫。修五礼、《五经正义》。

　　朱子奢：博览文史、善属文。历国子助教、国子博士、谏议大夫、弘文馆学士、国子司业。

　　谷那律：历国子博士、谏议大夫，兼弘文馆学士。

　　贾公彦：熟习三礼，主要著作有《周礼义疏》《仪礼义疏》。

　　马嘉运：少为沙门，明于三论。还俗，精儒业。历越王东阁祭酒、太学博士，兼弘文馆学士、崇文馆学士、国子博士。

　　王德韶：精《春秋左氏传》。

　　齐威：精《毛诗》③。

　　李善信、赵乾叶、随德素、周元达、杨士勋、朱长才、苏德融、王士雄、贾普耀、赵君赞诸人，两《唐书》均无传。要之，各以其长从事相应经书的义疏和复审。

　　疏解经书是朝廷文教政策之下学官所应承担的义务。从工作的性

---

　　① 《旧唐书》卷188《赵弘智传》："贞观中，累迁黄门侍郎，兼弘文馆学士。"第4922页。

　　② 《新唐书》卷15："（贞观）二十一年，……中书侍郎许敬宗等奏……会皇太子释奠，自为初献，以祭酒张后胤亚献，光州刺史摄司业赵弘智终献。"第374页。

　　③ 王德韶、齐威，两《唐书》无传。此据《旧唐书》卷189上《李玄植传》："时有赵州李玄植，又受《三礼》于公彦，撰《三礼音义》行于代。玄植兼习《春秋左氏传》于王德韶，受《毛诗》于齐威，博涉汉史及老、庄诸子之说。"第4950页。

质来看，唐代学官可分行政管理和教学人员两种，国子监祭酒、司业、主簿、丞之类从事管理，国子、太学、四门之博士助教进行教学。从规定性社会角色来看，他们所应承担的义务就是对国子监学生进行教育和辅导。其经书讲解的形式大抵有两种：直讲和问难。

　　一般来说，讲解经书不能固守前见，应有自己独到的见解。如太学博士王恭教授《三礼》时，"皆别立义证，甚为精博。盖文懿、文达等皆当时大儒，罕所推借，每讲《三礼》，皆遍举先达义，而亦畅恭所说"①。此种教育方法，受前代影响甚深。徐文远曾于梁时被虏于长安，听大儒沈重讲学："时有大儒沈重讲于太学，听者常千余人。文远就质问，数日便去。或问曰：'何辞去之速？'答曰：'观其所说，悉是纸上语耳，仆皆先已诵得之。至于奥赜之境，翻似未见。'"文远不满沈重照本宣科，故数日便去。到他自己在隋大业中做国子博士时，"所讲释，多立新义，先儒异论，皆定其是非，然后诘驳诸家，又出己意，博而且辨，听者忘倦"②。因多新义，故听众忘倦，达到较好的讲学效果。

　　问难最普遍的形式是"三教论衡"。如《旧唐书·陆德明传》："高祖亲临释奠，时徐文远讲《孝经》，沙门惠乘讲《波若经》，道士刘进喜讲《老子》，德明难此三人，各因宗指，随端立义，众皆为之屈。"③也有专就某一论题进行答辩的，如武德六年（623），"高祖幸国学，观释奠，遣文远发《春秋》题，诸儒设难蜂起，随方占对，皆莫能屈"④。不过，这种自由论辩到了太宗、高宗时似乎开始发生变化。贞观十四年（640）三月丁丑，太宗幸国子学，亲观释奠。祭酒孔颖达讲《孝经》，太宗问颖达曰："夫子门人，曾、闵俱称大孝，而今独为曾说，不为闵说，何耶？"孔颖达对曰："曾孝而全，独为曾能达也。"李世民似乎对这样的回答不满意，制旨驳斥，说："诸儒各生异意，皆非圣人论孝之本旨也。孝者，善事父母，自家刑国，

---

　　① 《旧唐书》卷73《王恭传》，第2603页。
　　② 《旧唐书》卷189上《徐文远传》，第4943页。
　　③ 《旧唐书》卷189上《陆德明传》，第4945页。
　　④ 《旧唐书》卷189上《徐文远传》，第4944页。

忠于其君，战陈勇，朋友信，扬名显亲，此之谓孝。具在经典，而论者多离其文，迥出事外，以此为教，劳而非法，何谓孝之道耶！"①此后，论辩开始流于形式，因为李唐需要的是统一和稳定，而非层出不穷的"义理"。比如永徽初，高宗令赵弘智于百福殿讲《孝经》，弘智演畅微言，备陈五孝。学士等难问相继，弘智酬应如响。高宗令略陈此经切要者。弘智对曰："昔者天子有诤臣七人，虽无道不失其天下。微臣颛愚，愿以此言奏献。"帝甚悦。② 论难成了歌功颂德的手段和变相谏净的工具，失去了原始解经真意。讲授和疏解经书可以说是学官最基本的工作。此外，他们也参与议礼、编撰刊正国家典籍等事务，这些都是规定性社会角色的表现。他们在开放性社会角色中又有哪些表现呢？从以上所录仕履来看，专职学官并不多。学官只是他们某一时期的职业，其他任职约有以下两个特点：一是任谏官，二是兼任弘文馆、崇文馆学士。

关于谏官，可以举出数例：

孔颖达本是秦府文学馆学士，贞观初任职给事中。史载其曾借解经之机向李世民进谏：太宗尝问曰："《论语》云：'以能问于不能，以多问于寡，有若无，实若虚。'何谓也？"颖达对曰："圣人设教，欲人谦光。己虽有能，不自矜大，仍就不能之人求访能事。己之才艺虽多，犹以为少，仍就寡少之人更求所益。己之虽有，其状若无。己之虽实，其容若虚。非唯匹庶，帝王之德，亦当如此。夫帝王内蕴神明，外须玄默，使深不可测，度不可知。《易》称'以蒙养正，以明夷莅众'，若其位居尊极，炫耀聪明，以才凌人，饰非拒谏，则上下情隔，君臣道乖。自古灭亡，莫不由此也。"太宗深善其对。③

谷那律贞观中为谏议大夫。他的进谏，最有名的一次是谏太宗出

①　参看《旧唐书》卷24。太宗驳斥的理由是："朕闻《家语》云：曾晳使曾参锄瓜，而误断其本，晳怒，援大杖以击其背，手仆地，绝而复苏。孔子闻之，告门人曰：'参来勿内。'既而曾子请焉，孔子曰：'舜之事父母也，使之，常在侧；欲杀之，乃不得。小棰则受，大杖则走。今参于父，委身以待暴怒，陷父于不义，不孝莫大焉。'由斯而言，孰愈于闵子骞也？"第917页。

②　《旧唐书》卷188《赵弘智传》，第4922页。

③　《旧唐书》卷73《孔颖达传》，第2601—2602页。

猎。史载:"从太宗出猎,在途遇雨,因问:'油衣若为得不漏?'那律曰:'能以瓦为之,必不漏矣。'意欲太宗不为畋猎。太宗悦,赐帛二百段。"①

朱子奢贞观初任职谏议大夫,曾对高祖迁葬庙制和太宗封禅仪礼提出好的建议。又据《旧唐书·郑朗传》,子奢曾面谏太宗不可私览国史:"昔太宗欲览国史,谏议大夫朱子奢云:'史官所述,不隐善恶。或主非上智,饰非护失,见之则致怨,所以义不可观。'"②这对保护国史的客观真实来说,意义重大。

盖文达本为秦府文学馆学士。贞观十年(636),迁谏议大夫,兼弘文馆学士。十三年(639),除国子司业。

关于学官兼任学士,太宗时期兼任弘文馆学士者有:朱子奢、盖文达、赵弘智、刘伯庄、马嘉运、谷那律、贾公彦、侯孝遵诸人,约占此期学官的1/5。其中盖文达、刘伯庄、马嘉运又兼任崇文馆学士。如果从儒学方面来统计,则他们的比例更高。《旧唐书·儒学传》记贞观时期儒者20人,其中11人曾兼弘文馆学士,占55%;曾兼崇文馆学士者8人,占40%。

太宗以儒者兼任"二馆"学士及任职谏官,表明太宗对学官的器重和对经学的重视。这种态度影响学官开放性角色的内涵,也就是说他们不仅以经学家的角色从事教育,同时也以政治家等角色参与国家管理。

二 "通经致用"与唐初科举考试及文学之关系

"通经致用"思想影响唐初人才选拔。选士与学官的社会角色有着密切的联系。朝廷通过学校教育培养人才,其最终目的还是要通过这些人才来治理国家。因此,科举考试就成为学校教育与教育之用的社会实践之间的一座桥梁,是联系两者的纽带。从科考内容和倾向可以了解教育导向,亦可了解社会效用对教育的反作用。

---

① 《旧唐书》卷189上《谷那律传》,第4962页。
② 《旧唐书》卷173《郑朗传》,第4493页。

唐初明经、进士主要考试形式是试策。试策到底考什么呢？兹录贞观元年（627）试题于下，以见大概：

策进士问："狱市之寄，自昔为难，宽猛之宜，当今不易。缓则物情恣其诈，急则奸人无所容。曹相国所以殷勤，路廷尉于焉太息。韦弦折衷，历代未闻，轻重深浅，伫听嘉议。"

问："棘津登辅，不因阶于尺木；莘郊作相，岂凭于累迁。盖道有攸存，时无可废。爰暨浇讹，必循班序，先容乃器，因地拔萃。共相沿袭，遂成标准。今圣上务切悬津，心摇启蕬。虽衣冠华胤，已乔迁于周列，而衡泌幽人，旱遥集于魏鼎。岂英灵不孕于山泽，将物理自系于古今？无蔽尔辞，切陈其致。"①

此二策，一问用刑当宽当猛，一问贤才何以求致。平心而论，这些问题都是当务之急，非常实在。现存应试人上官仪之对策，条分缕析，提出自己的见解和看法。上官仪认为用刑"当采韦弦于往古，施折衷于当今"，不宽不猛，因时制宜。而人才的汲引有赖于明君是否能"藏器须时，虚襟待物"②。这些对策和经书有密切关联，上官仪在分析讨论这些问题时，引经据典，如对用刑策说"自皋陶不嗣，恣生长往，甫侯设法，徒有说于轻重，子产铸书，竟无救于衰败"。因此，得出这样一个结论："是知风俗淳厚，草艾而可惩；主僻时昏，黥凿而犹犯。"所以用刑应宽猛折中。应试者以经史事例来佐证论点，应是对策的实用性技巧。这样一来，策试问答就与经典发生关联，不熟悉经书就无法答策。由此可以推想，学官在教授经典之时，不仅讲解本旨，而且还要结合实际应用。

唐初文学风气和考试制度相关联的另一重要事件，是贞观二十年（646）张昌龄录取一事。张昌龄到底是否于此年进士及第，诸家说

---

① 孟二东：《登科记考补正》卷1，第9页。
② 上官仪对策均见孟二东《登科记考补正》卷1，第11—12页；另《全唐文》卷155，分别题为《对用刑宽猛策》《对求贤策》。

法不同。徐松认为张及第当于此年，并引诸书以证：

> 《旧书·文苑传》："张昌龄，冀州南宫人。弱冠以文词知名。本州欲以秀才举之，昌龄以时废此科已久，固辞。乃充进士贡举，及第。"
>
> 《新书》卷四四："太宗时，冀州进士张昌龄、王公谨有名于当时，考功员外郎王师旦不署以第。太宗问其故，对曰：'二人者，皆文采浮华，擢之将诱后生而弊风俗。'其后，二人者卒不能有立。"
>
> 《唐会要》卷七六"贡举中"进士条：二十二（徐松作"二十"）年九月，考功员外郎王师旦知举，时进士张昌龄、王公瑾并有俊才，声振京邑，而师旦考其文策全下，举朝不知所以。及奏等第，太宗怪无昌龄等名，因召师旦问之。对曰："此辈诚有文章，然其体性轻薄，文章浮艳，必不成令器。臣若擢之，恐后生相效，有变陛下风雅。"帝以为名言，后并如其言。

徐氏按云："《旧书》明言昌龄及第，《文苑英华》亦载其文。潘昂霄《金石例》载张昌龄召见，试《息兵诏》，又言昌龄为昆邱道记室，《平龟兹露布》为士所称，则又及第后任幕职之证也。《会要》《新书》皆非事实，今从《旧书》。王公瑾即王公治，'治'避讳为'理'，讹为'瑾'耳。"

岑仲勉不同意徐松之见："《记考》一，贞观二十年著张昌龄，云：'《旧书》明言昌龄及第，《文苑英华》亦载其文。潘昂霄《金石例》载张昌龄召见，试《息兵诏》。'又言：'昌龄为昆邱道记室，《平龟兹露布》为士所称，则又及第后任幕职之证也。《会要》《新书》皆非事实，今从《旧书》。'余按昌龄无进士及第之确证，拙著《唐史余沈》已尝言之，徐氏以《会要》《新书》不可信，则未知唐人记载如《封氏闻见记》《谭宾录》固已如此云云也。昂霄元人，不过转拾旧乘，试《息兵诏》本因献《翠微宫颂》，充昆邱道记室更非必须进士其人，是岂足为昌龄及第之凭信耶？徐证之强者，厥为《英华》录昌龄对策，然刘蕡制科不第，其文尚传，似未能据此而尽排唐人旧说也。"①在《唐史余渖》中，岑氏引宋人《册府元龟》卷97及《资治通鉴》卷198相关记载，认为徐松之说当可质疑。②今按：徐岑二家之论，似以岑说较长。又昌龄献《翠微宫颂》得以试《息兵诏》一事，唐代上书拜官事极为普遍，以此来证明昌龄及第颇嫌不足。而《新书》本传亦言昌龄"更举进士，与王公治齐名，皆为考功员外郎王师旦所绌"③。张昌龄之所以被黜落，盖昌龄时有文名，词采浮艳，朝野皆知。考官王师旦不敢录取，是担心由此造成不良社会影响。太宗虽有所奇怪，但并未因此责备王师旦，可知朝廷对王师旦的处理方法还是持肯定态度的。

那么，张昌龄的对策到底是不是文采浮艳呢？《文苑英华》卷497录其"刑狱用舍策"，即第二道策问答卷：

对：两仪亭育，蓄严刑于积阴；四序平分，降明罚于秋序。是知观象设教，圣人所以胜残；因物造端，懿后由其立辟。故妫川受命，士师陈九德之歌；瑶山载刑，吕侯训百锾之典。然则激扬神化，鼓舞皇偕（原注：疑），资粉泽而弘风，俟德刑而振俗。是故六辔在御，飞龙之驾可期；九罭不施，奔鲸之害斯兆。纵使业优倦领，道迈曾巢，齐饮啄于鹢居，绝往来于犬吠，犹未可长悬三礼，永摈五刑，削兹噬嗑之科，专行忠信之薄。况今时推纂圣，运属升皇，犹劳丹浦之诛，尚漏青丘之罪。伯夷典礼，与猾夏而同科；司寇祥刑，共春官而联事。自可远稽九代，近命三驱，释刀锯于凶魁，休甲兵于原野。然后施（原注：疑作弛）威象阙，展事天宗，继美娲皇，追风火燧。石渠未灭，岂待（原注：一作得）轺议寝刑，中岳既封，自可专循大礼。谨对。

---

① 以上均据孟二冬《登科记考补正》卷1，第30页。
② 岑仲勉：《唐史余渖》卷1"张昌龄"条，中华书局2004年版，第25—28页。
③ 《新唐书》卷201《张昌龄传》，第5734页。

此对策同时人一样，亦引经据典，藏用故实。王师旦所言"文体轻薄"，主要指其好大言，喜偶对，如两仪、四序、九德、百锾、六辔、九罭、三礼、五刑、九代、三驱。也就是说张昌龄使事用典，只求形式技巧而无实质内容，目的是炫耀文采。这和太宗所说的"咸有词华"正好相应。而太宗似乎对这种"浮艳"文风甚为赞赏，由此可以推知进士试开始倾向词采，而非义理和实用。进士对策的重"词华"倾向，直接导致了武周初期开始的科举考试改革。玄宗开元二十五年（737）进士试由一场试制改为三场试制，从起初的止试策变为帖经、试诗赋、试策。其中反映出来的是两种力量的对抗，一种是不切实用的华丽文风，另一种是强调经书的现实意义。同时，也可以看到"通经致用"思想在唐代的一贯性。

唐处进士试策情形具如上述，而明经试又怎样呢？兹录《登科记考》所载口试明经题，以见其概：

（贞观十八年）三月乙丑，有鄜州所举孝廉，赐坐于御前，帝问曰："历观往古圣帝明王，莫不得一奉天，必以黎元为本。隆邦建国，亦以政术为先。天以气变物，莫知其象；君以术化人，不显其机。气以隐质为虚，术以潜通为妙，运之无为，施之无极。故能清风荡万域，长辔控八方，不令而行，不言而信。欲尊其术，未辨其方，想望高才，以陈良策。"孝廉等问之无对。

又令皇太子问之曰："夫子何以为曾参说《孝经》？"孝廉答曰："夫子以弟子之中参最孝，所以为说。"太子曰："《礼记》云：公明仪问曾子，曰：'夫孝子先意承志，喻父母于善。参直养而已，安能为孝？'据此言之，参未云孝。"又问："《礼》云：居处不庄，非孝也。事君不忠，非孝也。莅官不敬，非孝也。朋友不信，非孝也。战阵无勇，非孝也。五者不遂，灾及于亲。此五孝施用，若为差等？"孝廉不能答。①

---

① 孟二冬：《登科记考补正》卷1，第25页。

太宗所问是如何无为而治，皇太子所问是如何以孝治国。这些问题，要求应试者能够充分利用经典来解决实际问题，真正做到"通经致用"。但是，应试者似乎只知死记硬背，不能变通，亦无深思，无法回答提问，与"通经致用"初衷相去甚远。

三 高宗武周时期学官地位

关于高宗武周时期官学教育，历来贬斥者居多。如《旧唐书·儒学传》：

> 高宗嗣位，政教渐衰，薄于儒术，尤重文吏。于是醇醲日去，毕竟日彰，犹火销膏而莫之觉也。及则天称制，以权道临下，不吝官爵，取悦当时。其国子祭酒，多授诸王及驸马都尉。[1]准贞观旧事，祭酒孔颖达等赴上日，皆讲《五经》题。至是，诸王与驸马赴上，唯判祥瑞按三道而已。至于博士、助教，唯有学官之名，多非儒雅之实。是时复将亲祠明堂及南郊，又拜洛，封嵩岳，将取弘文、国子生充斋郎行事，皆令出身放选，前后不可胜数。因是生徒不复以经学为意，唯苟希侥幸。二十年间，学校顿时隳废矣。[2]

《新唐书·儒学传》亦云："高宗尚吏事，武后矜权变，至诸王驸马皆得领祭酒。初，孔颖达等始署官，发《五经》题与诸生酬问，及是，惟判祥瑞案三牒即罢。"[3] 按：高宗登极伊始，尚能遵父祖遗训，崇学重教。后来情形发生变化，倒不能完全归咎于皇帝，因社会风气由重经转向崇文，并非帝王一人所能左右。经学地位的下降，原因是多方面的。最重要的是年轻士子开始思考通经是否真能"致用"：应试经验告诉他们，明经所试"墨策"并不比进士试"时务策"难度

---

① 《旧唐书》这种说法似可商榷。据今所考，高宗武周时期以王或驸马都尉出任国子祭酒者，似乎只有李重福、武三思，并不如五代史臣所说的"多授诸王及驸马都尉"。

② 《旧唐书》卷189上《儒学传》，第4942页。

③ 《新唐书》卷198《儒学传》，第5636页。

低；社会阅历警示他们，明经社会地位不如进士。既然如此，他们当然会遵循趋利避害的原则，避实就虚了。这样一来，朝廷虽然花大力气来整治学校教育，但是考试制度跟不上去，一切徒劳。高宗显庆二年（657），黄门侍郎刘祥道以选举渐弊而建言：

> 儒为教化之本，学者之宗。儒教不兴，风俗将替。今庠序遍于四海，儒生溢于三学。诱掖之方，理实为备，而奖进之道，事或未周。但永徽已来，于今八载，在官者以善政粗闻，论事者以一言可采，莫不光被纶音，超升不次。而儒生未闻恩及，臣故以为奖进之道未周。①

"庠序遍于四海，儒生溢于三学"，说明高宗初期学校还是兴盛的。可是，穷经之学子，其待遇远远不如那些"在官者"和"论事者"。真正研读经书的人却处于弱势地位，这种事实无法唤起年轻人读经的积极性。为了改变经学被冷落的局面，调露二年（680），考功员外郎刘思立建言明经、进士二科并加帖经。② 其建议受到朝廷重视，永隆二年（681）八月，朝廷下诏改革考试制度，最终结果是：明经增加试帖，进士增加试杂文。明经先试帖，通过以后才可以进入下一轮试策；进士先试杂文，通过以后才可以进入试策。③ 根据杜佑《通典》的说法，刘思立建议明经和进士都要帖经，可是朝廷再三权衡之后还是决定明经帖经而进士暂时无须帖经，只须加试杂文。进士帖经作为正规的考试制度确立下来，要等到开元二十五年（737）。

　　进士和明经考试制度的改革，直接导致"经""文"分流，与初期"通经致用"相乖，其结果便是治经者愈少，而专文者愈多。进士社会地位的提升，更加剧了经学的衰微。所以，数年之后的官学状况，正如陈子昂在嗣圣元年（684）所指斥的，"堂宇芜秽，殆无人

---

①　《旧唐书》卷81《刘祥道传》，第2752页。
②　《通典》卷15《选举三》，第83页。
③　陈飞：《唐代试策考述》，中华书局2003年版，第33—43页。

踪，诗书礼乐，罕闻习者"①。陈子昂措辞严厉，指责不习礼乐是本末倒置，但对武则天丝毫不起作用。因为武则天正是要通过科举考试，大量起用下层知识分子。武氏滥授官职，虽被讽为"补阙连车载，拾遗平斗量"，但她不为所动。据说当时有位书生沈全交，对这种选人方法极为不满，居然敢骂武则天是眇眼瞎，说"糊心存抚使，眯目圣神皇"，武则天对此也不过一笑了之。②

武则天对待经学的态度导致官学衰落。圣历二年（699）十月，凤阁舍人韦嗣立上疏："国家自永淳以来，国学废散，胄子弃缺。时轻儒学之官，莫存章句之选。贵门后进，竞以侥幸升班，寒族常流，复因凌替弛业。考试之际，秀茂罕登，驱之临人，何以从政？又垂拱已后，文明在辰，盛典洪休，日书月至，因籍际会，入仕尤多。陛下诚能下明制，发德音，广开庠序，大敦学校，三馆生徒，即令追集，王公已下子弟，不容别求仕进，皆入国学，伏膺训典。崇饰馆庙，尊尚儒师，盛陈奠菜之仪，宏敷讲说之会，使士庶观听，有所发扬，引奖道德，于是乎在。则四海之内，靡然向风矣。"③ 从韦嗣立的言论中不难看出，他之所以迫切建议武则天广开庠序，说到底还是因为官学的直接受益者是那些"王之诸子，卿大夫、士之子，及国之俊选"。国子教育一旦衰败，直接受损的就是这些王公子孙。韦嗣立考虑的还是这些旧贵族的既得利益。这从他所说垂拱之后"因籍际会"，寒士"入仕尤多"的话中也可以看出来。但武则天的变革正是要重新分配利益，从而达到打压李唐旧贵族的目的。所以，国子监教育的恢复之争，说到底其实还是利益之争，也正是世族与寒族争战的明证。在武则天看来，经学成了世家大族的文化象征，经师或经学家则是世族的代表。当经学成为世族文化之代表，而适逢武周正要革其命之际，经学家的命运就可想而知了。

---

① 陈子昂：《谏政理书》，《陈伯玉文集》卷9，四部丛刊初编本。
② 《资治通鉴》卷205，"长寿元年，春，一月，丁卯"条下，中华书局1956年版，第6477页。
③ 《册府元龟》卷604《学校部·奏议第三》，景印文渊阁《四库全书》第912册，上海古籍出版社1987年版，第574页。

　　高宗初期恪守祖训,学官保留了部分太宗朝的名师硕儒,如赵弘智、令狐德棻、王德韶、贾公彦、范义頵、齐威、罗道琮、周元达、随德素、赵君赞诸人,他们大都参与了《五经正义》的修纂或复审。到了武则天实际掌握政权时期,开始有新的力量加入进来。他们是科举考试的受益者,如先后担任国子监最高行政长官国子祭酒的郭正一、李峤、韦嗣立等都是进士出身。检两《唐书·儒学传》,武后时期的经学家不多,而以经学家身份出任学官的更少,只有王元感、沈伯仪几人而已。这些非经学家出身者担任学官,可以推想他们是无法和孔颖达之类专治经学者相比的,因此他们不可能像孔颖达、赵弘智等人在释奠时开题讲论了。正如五代史臣所说的那样,“诸王与驸马赴上,唯判祥瑞按三道而已”。他们所做的事情当然还是解经,但已不再像太宗时那样可以随意论说了。史载王元感“读书不废昼夜,所撰《书纠谬》《春秋振滞》《礼绳愆》等凡数十百篇,长安时上之,丐官笔楮写藏秘书。有诏两馆学士、成均博士议可否。祝钦明、郭山恽、李宪等本章句家,见元感诋先儒同异,不怿,数沮诘其言,元感缘罅申释,竟不诎。魏知古见其书,叹曰:‘《五经》指南也。’而徐坚、刘知几、张思敬等惜其异闻,每为助理,联疏荐之,遂下诏褒美,以为儒宗。拜太子司议郎兼崇贤馆学士。……元感初著论三年之丧以三十有六月,讥诋诸儒。凤阁舍人张柬之破其说,……当世谓柬之言不诡圣人,而元感论遂废”①。从祝钦明、郭山恽、李宪等人对待王元感所著诸书的态度可以看出,稍有创见的经解是难容于时的。从张柬之因循前说,不敢因时创新,更能体会到经学统一之后难以发展的困境。

四　玄宗时期经学的窘境与学官的尴尬

　　玄宗时期,学校教育从武则天的废散中恢复过来。表面上看来,玄宗似乎很重视经学和崇重学官。如《旧唐书·儒学传》:“玄宗在东宫,亲幸太学,大开讲论,学官生徒,各赐束帛。及即位,数诏州

---

① 《新唐书》卷199《王元感传》,第5666—5668页。

县及百官荐举经通之士。又置集贤院，招集学者校选，募儒士及博涉
著实之流。"①《新唐书·儒学传》："玄宗诏群臣及府郡举通经士，而
褚无量、马怀素等劝讲禁中，天子尊礼，不敢尽臣之。置集贤院部分
典籍、乾元殿博汇群书至六万卷，经籍大备，又称开元焉。"②似乎
玄宗要尊崇祖训，以儒术治理天下了。实际上，如果通览玄宗对待儒
术和文学的态度，不难发现，玄宗崇儒并不是肺腑之论，而只是将儒
术和经书作为炫耀之资。不能否认玄宗登极之初的励精图治，他以一
种前所未有的姿态来对待通经之士。但是，在开元十三年（725）
后，天下文儒都归于集贤院，儒术成了有学问的代名词，成了装点门
面的饰物。开元、天宝时期与学官有关的问题可归结为以下五个
方面。

其一，真正的儒师很少参与国子教育。检两《唐书·儒学传》，
就会发现那时所谓的儒者，很少真正从事国子教育。他们往往长时间
在秘书省、集贤院任职。如尹知章"后秘书监马怀素奏引知章就秘书
省与学者刊定经史"③。尹知章的学生孙季良，"开元中，为左拾遗、
集贤院直学士"④。马怀素开元初以秘书监总领秘书省图籍的整理。⑤
元行冲充使检校集贤，再迁太子宾客，以弘文馆学士的身份继续秘书
图籍和丽正殿四部书的整理工作。⑥ 被誉为"五总龟"之一的殷践
猷，"授秘书省学士，用曹州司法参军，兼丽正殿学士"⑦。褚无量为
一代儒宗，在玄宗登基之后做了国子祭酒，可惜开元七年（719）去
世了，死得太早。⑧

其二，国子监学生出路不好。开元十七年（729）三月，国子祭
酒杨场进言："唐兴，二监举者千百数，当选者十之二，考功覆校以

---

① 《旧唐书》卷189上《儒学传》，第4972页。
② 《新唐书》卷198《儒学传》，第5637页。
③ 《旧唐书》卷189下《尹知章传》，第4974页。
④ 《旧唐书》卷189下《尹知章传》附孙季良传，第4975页。
⑤ 《新唐书》卷199《马怀素传》，第5681页。
⑥ 《新唐书》卷200《元行冲传》，第5691页。
⑦ 《新唐书》卷199《殷践猷传》，第5683页。
⑧ 《新唐书》卷200《褚无量传》，第5689页。

第，谓经明行修，故无多少之限。今考功限天下明经、进士岁百人，二监之得无几，然则学徒费官稟，而博士滥天禄者也。且以流外及诸色仕者岁二千，过明经、进士十倍，胥史浮虚之徒，眊先王礼义，非得与服勤道业者挈长短、绝轻重也。"① 按照杨玚的说法，唐初约有20%的国子监生徒都能顺利参加科举考试，大约一年有一二百人可以获得科第出身，而开元年间进士、明经的总数只有百来人，除去各州县所贡，"两监惟得一二十人"②。杨玚抱怨这些研读经典的国子监学生竟然比那些流外和诸色人等的出仕要难得多。国子监本来是为国家培养和输送人才的机构，但是事实却是"学徒费官稟，而博士滥天禄"。这样的状况使得那些学生根本无心向学。

其三，学生读经兴趣不高。开元八年（720）三月，国子司业李元瓘上言："《三礼》《三传》及《毛诗》《尚书》《周易》等，并圣贤微旨。生徒教业，必事资经远，则斯道不坠。今明经所习，务在出身，咸以《礼记》文少，人皆谙读。《周礼》经邦之轨则，《仪礼》庄敬之楷模，《公羊》《谷梁》历代宗习，今两监及州县以独学无友，四经殆绝。既事资训诱，不可因循。其学生望请各量配作业，并贡人预试之日，习《周礼》《仪礼》《公羊》《谷梁》，并请帖十通五许其入策。"③ 学生大都选择文字较少的小经，以致文字稍多的经书无人问津。造成这种局面的原因，主要还是明经出身者出路不佳。诚如杨玚所言："明经进士，服道日久，请益无倦，经策既广，文辞极难。监司课试，十已退其八九，考功及第十又不收其一二。若长以为限，儒风渐坠，小道将兴，若以出身人多，应须诸色都减，岂在独抑明经、进士也。"④ 教育和考试之间严重乖离，学生不读经，亦在情理之中。

其四，学术思想进一步统一，经学似已成门户之争利器。玄宗

---

① 《新唐书》卷130《杨玚传》，第4496页。
② 《册府元龟》卷604《学校部·奏议三》，景印文渊阁《四库全书》第912册，上海古籍出版社1987年版，第579页。
③ 同上。
④ 同上。

《孝经注序》："近观《孝经》旧注，踳驳尤甚，至于迹相祖述，殆且百家，业擅专门，犹将十家。希升堂者，必自开户，攀逸驾者，必骋殊轨辙。是道隐小成，言隐浮伪，且传以通经为义，义以必当为主，至当归一，精义无二。安得不剪其繁芜，而撮其枢要也。"①玄宗提出对待经学思想的"十六字方针"：至当归一、精义无二、剪其繁芜、撮其枢要。无须疑经，只要依照前人的解释进行演说。关于经学进一步统一的问题，还可以举出两例。

开元七年（719）四月七日刘知几应诏上《孝经注议》，列出十二条理由证明《孝经》非郑玄所注，指出《老子》河上公注不如王弼。尚书礼部上奏反驳。按说这种辩论对经学发展是一件好事，应加以鼓励。可是，同年五月五日下诏："间者诸儒所传，颇乖通议。敦孔学者，冀郑门之息灭；尚今文者，指古传为诬伪，岂朝廷并列书府，以广儒术之心乎！其河、郑二家，可令依旧行用。王、孔所注，传习者稀，宜存继绝之典，颇加奖饰。"②虽然刘知几说得非常有理，但从"岂朝廷并列书府，以广儒术之心乎"一语中，不难看出朝廷并不希望出现多种学说并存的局面。因此，玄宗表面似乎在敦经励学，其实骨子里还是希望经学能够进一步统一在皇权之下。

如果说刘知几事件所反映派性斗争的痕迹还不够明显的话，那么，开元十四年（726）元行冲事件就很清楚了。《唐会要》卷77："（开元）十四年八月六日，太子宾客元行冲等撰《礼记义疏》五十卷成，奏上之。先是，右卫长史魏光乘上言：'今《礼记》章句踳驳，故太师魏征更编次改注，堪立学传授。'上遽令行冲集学者撰义疏，将立学官。行冲于是引国子博士范行恭、四门助教施敬本检讨刊削。及疏成，右丞相张说驳奏曰：'今之《礼记》，是前汉戴德、戴圣所编。历代传习，已向千年，著为经教，不可刊削。至魏之孙炎，始改旧本，以类相比，有同抄书。先儒所引，竟不行用。贞观中，魏徵因孙炎所修，更加厘改，兼为之注。虽加赏赐，其书竟亦不行。今

---

① 《全唐文》卷41，第444页。
② 《唐会要》卷77"论经义"条，中华书局1955年版，第1405—1410页。

行冲等奉敕撰疏，勒成一部，欲与先儒义章句隔绝。若欲行用，窃恐未可。'上然其奏，遂留其书，贮于内府，竟不得立学。行冲怨诸儒排己，退而著论以自释也。"① 张说非议的理由是元著"欲与先儒章句隔绝"，这在他看来是行不通的。张说认为只要恪守先儒章句之学就够了，无须别作新解。此等抱残守缺的做法无疑是很迂腐的。可是从当时经学统一的大环境来说，张说似乎在执行朝廷的文教政策，其非议亦有合理之处。如果张说是真的在执行文教政策，倒应予以理解和同情。可是，事实真相是这样吗？《册府元龟》对此事亦有记载："（开元）十四年，通事舍人王嵒上疏请改撰《礼记》，削去旧文，而以今事编之，诏付集贤院学士详议。右丞相张说曰：'《礼记》汉朝所编，遂为历代不刊之典，今去圣久远，恐难改易，今之五礼仪注，贞观、显庆两度所修，前后颇有不同，其中或未折衷，望与学士等更讨论古今，删改行用。'制从之。"② 在张说的支持下，王嵒的建议得以实施。于是，张说命令集贤院学士徐坚、李锐、施敬本等人检撰，历年不成。张说卒后，萧嵩代为集贤院学士知院事，令起居舍人王邱撰成，开元二十年（732）上奏，是为《开元礼》。元行冲重新疏解《礼记》，于王嵒编撰新礼，两事性质虽不全同，但张说对待元、王的态度，前后不一致则相当明显。面对这种情况，元行冲发出"诸儒排己"的感叹。刘知几和元行冲两件事情，不正表明经学已成为门派之争的利器？

其五，为救官学生徒离散，不得不采取相应措施。一是生徒选拔范围放宽。开元二十一年（733）五月敕："诸州县学生，年二十五已下，八品九品子若庶人，生年二十一已下，通一经已上，及未通经，精神通悟，有文词史学者，每年铨量举选，所司简试，听入四门学，充俊士。"③ 未通一经者也可入选四门学，说明生徒选拔范围已放宽。二是增加进士试难度。开元二十五年（737），进士考试增加

---

① 《唐会要》卷77"论经义"条，第1410页。参考《新唐书》卷200《元行冲传》。
② 《册府元龟》卷564《掌礼部·制礼第二》，景印文渊阁《四库全书》第912册，上海古籍出版社1987年版，第24页。
③ 《唐会要》卷35"学校"条，第634页。

帖经，由二项试制改为三项试制。进士帖经，是为了增加进士考试的难度。明经帖经，由原来帖十通六改为帖十通五，"取粗有文理者与及第"①，考试难度降低。此一升一降，正好反映出官学生徒在科举考试中的弱势。三是设置广文馆。入监学习者多为公卿子弟，他们的失利势必带来新举措的产生。天宝九载（750），朝廷为改变这种情况而专设广文馆，作为专门教育机构，帮助参加进士考试的落第者。按照《唐摭言》的说法，"斯亦救生徒之离散也"②。如果再不采取措施，国子监可能又要回到武周时期的废散状态了。

从以上所述五个方面来看，盛唐经学毫无疑问处于窘境。与之相关的学官，其地位亦难免尴尬。朝廷重文轻经的态度和立场，使得国子监学生在科举考试中处于劣势。加之以社会上对进士的认同和尊崇，益发使得这些学生不愿读经。传统的经学讲解已不能满足他们考试的需求，因之学官务必转型。转型的初步尝试表现在天宝中期广文馆的设置。这预示着传统学官的开放性角色必须改变，他们要从经学家、思想家、政治家等角色转换到文章家或诗人中去。这些转变在盛唐还不十分明显，巨型转变要等到"安史之乱"后的中晚唐。

五 中晚唐学官角色的转换

"安史之乱"后，唐代社会发生巨大变化。中唐君臣虽不无中兴之愿，但他们采取的方法依然不出太宗、玄宗藩篱，还是以"通经致用"作为工具。国家教育方面，依然以《五经正义》作为统一教材，并没有太大变化。科举考试一如既往地强调经学的重要性。明经试根据形势需要，偶尔做局部调整，加进《论语》《孝经》等经典。进士试曾有过文宗朝"大和改制"的巨大革新举措，但最终没有成功。"大和改制"的主要内容是停试诗、赋、策，改成和明经试相差不大的帖经、问义和议论。主要目的是通过改制来加强经学，削弱进士试的文学性。改制是在"牛李党争"的背景之下提出来的，集中体现

---

① 《通典》卷15《选举三》，第83页。
② 王定保：《唐摭言》卷1，中华书局1959年版，第8页。

了围绕经学与文学而展开的党派之间的利益之争。① 而改制的失败，不仅证明进士试重文学已成为不可扭转的社会风气，亦充分表明官学教育与考试制度严重脱节这一事实。

青年士子的经学水平一落千丈，到了分不清《春秋左氏传》和《春秋公羊传》的程度。正如戴伟华所指出的："元和二年乡贡进士朱说言撰《董楹墓志》时云长子岌'精《春秋》何论，皆尽正义'，到宝历元年乡贡进士董交为其兄董子复撰墓志时，云其父岌'好读书，业《左氏春秋》何论'，韩愈元和十二年和殷侑讨论过《公羊春秋》，其《答殷侍御书》云，韩愈自己得到殷侑新注《公羊春秋》，非常高兴，'况近世公羊学几绝，何氏注外，不见他书'。董交的父亲治东汉何休的《春秋公羊解诂》，儿子竟不明《左氏春秋》《公羊春秋》的差别，混为一谈，所谓有家学者尚且如此，何况一般士人！"② 从这位董姓年轻人分不清《左传》和《公羊传》的情况来看，经学已经衰落到十分严重的程度。这位董氏虽不是国子监生徒，但亦由此可见社会上对经学鄙薄的一般风气。

官学教育重经学和考试重文学，二者相互背离。这种矛盾仅凭广文馆的设置是难以解决的。因此，学官社会角色的转型就势在必行了。据笔者统计，自肃宗至哀帝，学官共192人次，其中进士出身者有77人次，约占40%，若加上部分出身未详者，比例应该更大。这也就是说，差不多有一半的学官是进士出身。按理来讲，明经出身者担任学官应更符合职务特点，可是在这192人次的学官当中，已明确考知出身明经者只有14人次，比例少到7%。而玄宗朝学官共84人次，其中明确考知进士出身者11人次，明经出身者9人次，二者所占的比例相差不大。③ 与盛唐相比较，中晚唐学官中的进士出身和明经出身人数比例相差过于悬殊。这种现象表明中晚唐学官在出身层面

　　① 参考陈飞《唐代试策考述》第4章。
　　② 戴伟华：《从贞元、元和墓志谈韩愈研究中的三个问题》，《华南师范大学学报》（社会科学版）2002年第4期。
　　③ 参考吴夏平《唐代中央文馆制度与文学研究》之附录《唐代文馆文士任职及出身简表》。

已经开始转换。

将中晚唐学官和《中国文学家大辞典·唐五代卷》所收录的文学家对看,此期学官中相当一部分人,至少在我们今天看来,他们的开放性社会角色应是文学家或史学家,著名者如于休烈、卫中行、包佶、吴武陵、张籍、李绅、李商隐、李翱、杨巨源、杨汉公、苏源明、陈京、欧阳詹、柳公权、韩昶、裴佶、归崇敬、李藩、段安节、蒋将明、归登、韩愈等。如果将这些人物和贞观年间的学官相比较的话,他们之间的区别是十分明显的。唐初的学官至少还算得上是经师,大都能列入《儒学传》。而中晚唐学官中不但经学家寥寥无几,就连专门的经师也不是很多,而列入《文艺传》者不少。从儒学到文艺的巨大转变,正是他们社会角色变迁的表征。由此可以推想,后期学官不仅要讲解经书,恐怕还要教授诗赋等杂文的创作方法。学生的学习内容除了经典之外,诗赋等杂文的练习可能还要占得多些。

六　学官社会角色与诗歌创作

经由上述考察,基本明了有唐一代国子监学官社会角色转换和变迁的过程。这种现象和文学之关系,以诗歌为例,约略有以下诸端。

其一,唐人角色意识浓厚,学官亦不例外。他们的诗歌创作往往在诗题中详列所司职务。如《全唐诗》卷88张说《奉酬韦祭酒嗣立偶游龙门北溪忽怀骊山别业呈诸留守之作》,此诗属酬和之作。据《全唐诗》卷91,同和者还有魏奉古、崔日知、崔泰之等人。韩愈曾作《雨中寄张博士籍侯主簿喜》,从诗题可知当时张籍任国子博士,侯喜任国子主簿。杜甫《戏简郑广文虔,兼呈苏司业源明》,姚合《寄国子杨巨源祭酒》等均是。

其二,学官的日常活动进入诗歌创作领域。韩愈任四门博士时,曾记录国子监学官三月上巳日集会情形。其《上巳日燕太学听弹琴诗序》云:

> 与众乐之之谓乐,乐而不失其正,又乐之尤也。四方无斗争金革之声,京师之人,既庶且丰,天子念致理之艰难,乐居安之

闲暇，肇置三令节，诏公卿群有司，至于其日，率厥官属，饮酒
以乐，所以同其休、宣其和、感其心、成其文者也。三月初吉，
实惟其时，司业武公于是总太学儒官三十有六人，列燕于祭酒之
堂。樽俎既陈，肴羞惟时，残胾序行，献酬有容。歌风雅之古
辞，斥夷狄之新声，褒衣危冠，与与如也。有一儒生，魁然其
形，抱琴而来，历阶以升，坐于樽俎之南，鼓有虞氏之《南风》，
赓之以文王宣父之操，优游夷愉，广厚高明，追三代之遗音，想
舞雩之咏叹，及暮而退，皆充然若有得也。武公于是作歌诗以美
之，命属官咸作之，命四门博士昌黎韩愈序之。①

原来德宗贞元四年（788）九月，诏令正月晦日、三月三日、九月九
日三节日，宜任文武百官选胜地追赏为乐。五年（789）正
月，诏二月一日为中和节，代正月晦日，备三令节数。因此，三月三日朝廷文
武机构各相组织，游燕赋诗为乐。国子学官在行政长官司业的带领
下，聚会于祭酒之堂，赏酒、听琴、赋诗。所谓"歌风雅之古辞，斥
夷狄之新声"，表明他们的音乐艺术立场。所谓"武公于是作歌诗以
美之，命属官咸作之"，正说明由此节日带来的文学创作活动。

　　另外，国子学官最常见的礼仪是观释奠礼。观释奠礼也在学官的
笔下呈现出来，如滕珦元和七年（812）为太学博士，其《释奠日国
学观礼闻雅颂》："太学时观礼，东方晓色分。威仪何棣棣，环蹈又
纷纷。古乐从空尽，清歌几处闻。六和成远吹，九奏动行云。圣上尊
儒学，春秋奠茂勋。幸因陪齿列，聊以颂斯文。"② 此诗将释奠时的
静和肃穆气氛，以及释奠的礼仪规范记录下来，具有一定的史料
价值。

　　其三，学官的社会交往和生存状态进入诗歌创作。举凡宴会游
赏、生老病死、相逢别离、职位升降、觐省归朝等等的欢乐痛苦都引
起诗人们的关注和同情，给予他们创作的激情。如祝贺升迁，皇甫曾

---

① 《韩昌黎文集校注》卷4，第239—240页。
② 《全唐诗》卷253，第2857页。

和权德舆祝贺国子博士柳某兼领太常博士的诗歌，诗题同为《国子柳博士兼领太常博士，辄申贺赠》。同情左迁，如韩愈自职方郎中降为国子博士，卢仝作《常州孟谏议座上闻韩员外职方贬国子博士有感》五首。刘禹锡对杨归厚因进谏贬为太学博士，寄予深切同情："洛阳本自宜才子，海内而今有直声。为谢同僚老博士，范云来岁即公卿。"① 因觐省归朝等赠别，如唐彦谦《送樊琯司业归朝》，刘禹锡《洛中送崔司业使君扶侍赴唐州》《送国子令狐博士赴兴元觐省》，曹唐《送康祭酒赴轮台》。酬酢唱和的，如李逢吉《酬致政杨祭酒见寄》，刘禹锡《酬国子崔博士立之见寄》《酬杨司业巨源见寄》，萧颖士《仰答韦司业垂访五首》，元稹《酬杨司业十二兄早秋述情见寄》，张籍《和陆司业习静寄所知》，姚合《酬张籍司业见寄》等。这种见寄之作，占他们交往诗中的大部分。他们往往在诗歌中互诉思念之情，感叹人世艰辛，共赏奇文逸事。另外，还有一部分挽歌和哭诗，如张说《崔司业挽歌二首》，沈佺期《哭苏眉州崔司业二公》，僧无可《哭张籍司业》等。

其四，国子监学生情态。关于这一类诗歌最多的是太学生科考有成，送其及第归家的。如钱起《送张参及第还家》："大学三年闻琢玉，东堂一举早成名。借问还家何处好，玉人含笑下机迎。"② 此诗借用苏秦故事，贺其一举成名，衣锦还乡。李频祝贺太学生吴康仁及第南归之诗说："因为太学选，志业彻春闱。首领诸生出，先登上第归。③"喜悦之情，溢于言表。郑谷《送太学颜明经及第东归》："平楚干戈后，田园失耦耕。艰难登一第，离乱省诸兄。树没春江涨，人繁野渡晴。闲来思学馆，犹梦雪窗明。"④ 成功之后的喜悦、未来的热情和希望、科考艰难的痛楚、衣锦还乡的愿望等在这些诗歌里都被充分展示出来。另外，还有反映学生日常心理的，如储光羲在太学读书时作《太学贻张筼》一诗："璧池忝门子，俄顷变炎凉。绿竹深虚

---

① 瞿蜕园：《刘禹锡集笺证》外集卷5，上海古籍出版社1989年版，第1301页。
② 《全唐诗》卷239，第2688页。
③ 《全唐诗》卷589，第6839页。
④ 《全唐诗》卷674，第7708页。

馆，清流响洞房。园林在建业，新友去咸阳。中夜鼓钟静，初秋漏刻长。浮云开太室，华盖上明堂。空此远相望，劳歌还自伤。"① 可见国子监读书的枯燥和寂寞。这些诗歌，展示出生徒的读书和生活情状。

其五，学官社会角色变迁在诗歌领域中的反映。按理说国子监学官和生徒的主要任务就是传授和研习经典，但实际生活并非完全如此。从前后期学官社会角色的变化来看，可能前期经书的研习所占比例大些，后期诗赋杂文的练习多一点。我们以中晚唐为例，来讨论角色转换与文学之关联。先来看学官，学官的名声地位，按理来讲，应以学术水平作为衡量标尺，可事实却与此相反。李频《和太学赵鸿博士归蔡中》："得禄从高第，还乡见后生。田园休问主，词赋已垂名。"② 李频赞美太学博士赵鸿，不是说他如何精通经典，而是说"词赋已垂名"。可见社会对学官的评判一般是以文学才能来进行的。对教师是如此，对学生亦是如此。国子监生徒需要参加科举考试，才能获得出身。前文已论述及第所引起的诗歌酬赠活动，其所誉美者并非如何通经。刘长卿《送孙莹京监擢第归蜀觐省》："适贺一枝新，旋惊万里分。礼闱称独步，太学许能文。"③ "能文"成为赞词。贾岛《送朱休归剑南》亦云："剑南归受贺，太学赋声雄。"④ 令贾岛佩服的不是儒学经术，而是他的诗名。曾在太学读书的韦应物，直接说瞧不起那些死读经书的："少年游太学，负气蔑诸生。"⑤ 储光羲亦曾就读太学，在他印象中太学令人留恋的并不是如何讨论经典，而是题诗献赋。十年之后，在他寄给当时同窗的诗中，依然念念不忘"含采共朝暮，知言同古先。孟阳题剑阁，子云献甘泉。"⑥

从以上论述可以得出这样一些结论。

---

① 《全唐诗》卷 139，第 1417 页。
② 《全唐诗》卷 589，第 6836 页。
③ 《全唐诗》卷 148，第 1514 页。
④ 《全唐诗》卷 573，第 6673 页。
⑤ 《全唐诗》卷 188，第 1925 页。
⑥ 《全唐诗》卷 138，第 1397 页。

其一，以"安史之乱"为界，唐代国子学官社会角色发生着较为明显的变化。前期担任学官者大多还是经学家，能够从事教授经典的本质工作。特别是太宗、高宗朝，学官地位较高，从事教育的同时还兼任行政职务。但自武周革命以降，学校隳散，直至玄宗朝才有所改变。虽然如此，担任学官者大多还是明经出身的硕学耆儒。中唐之后，这种情况发生显著改变，学官地位低下，担任学官者大多是进士出身的寒士，如欧阳詹、吴武陵、韩愈者皆是，而其开放性社会角色转换为思想家或文学家。

其二，造成这种情况的原因是多方面的。首先，学官地位的高低取决于朝廷对待经典的态度，朝廷重经术则学官地位高，反之亦然。总体来看，太宗、高宗以"通经致用"治教，武则天始重用新近进士，好文采而轻经术之风经玄宗至德宗、宪宗，日甚一日。其间虽不无有识之士试图改革，但均不果。其次，科举考试制度朝着不利于官学教育的方向发展。唐初约 60 年间的试策，刺激了举子们习经的热情，经学家相应地得到社会的认可和崇重。考试制度变革后，试策外尚需试诗赋，经学家地位迅速下降。这是很残酷的现实。再次，因职业训练的原因，经师大多只会释经而不会写诗，或写得不好，而中晚唐学官的选任，一方面要有相当的儒学素养，另一方面还要求会做文章，会诗歌创作。因此，韩愈、李商隐等人被选为学官，不仅因为政治因素，更因其符合学官选任需要。最后，考试对教育产生导向作用，同时也影响时代风气。由于考试制度的变化，学生用功的方向也相应地发生改变，"习经无用"之风蔓延，逐渐取替端严厚朴之儒风。这样一来，学生不习经导致经学下移和逐步私人化，私学超越中央官学，学官社会地位一落千丈。

其三，学官社会角色变迁与文学之关联，主要表现在这样几方面。第一，当学官主要以经学家的身份出现时，就疏释经书来说，其本职工作更多地与逻辑思维或理性思维相联系，而与文学创作的形象思维关联不够密切。以《诗经正义》为例，重在用《诗》，而非作诗。第二，当科考重策论而朝廷又崇重经术之士时，学官在一定程度上抑制了文学的想象空间。为了与朝廷文教政策相一致，他们过于看重所谓的经学素养，而忽视甚至轻视文学艺术的表现形式，"学者之文"与"文人之文"分流。第三，当学官主要是以文学家身份出现时，学生无疑能获得文学方法和技巧的指导，但这种双边活动与官学教育的本义相去甚远，因而也成为官学教育趋向没落的标志。第四，仅就学官与诗歌而言，学官与其他官职一样，在较为明显的自我角色意识之下，将与本职活动相关的各种活动纳入诗歌创作领域，比如，日常生活、社会交往、学生情状等都成为诗歌写作的题材。第五，学官社会角色变迁的形式，就开放性角色而言，历时性地发生了从经学家到思想家、文学家的变化。但从另外一个角度来看，还有一种形式，就是任职的地理空间发生变化。由于职务迁转，他们不得不从京城移至地方，或者从地方迁入京城。朝野互动带给文学的作用和影响，可能要比角色变迁大得多。

第四节　韩愈贬潮与区域文学影响

　　韩愈曾多次任职国子学官，又有贬谪潮州兴学崇教的经历，可视为唐代学官与地方文学互动的典范。

　　韩愈仕历，京城长安之外，还有哪些地方？影响如何？从登进士第后的第一任官职，即30岁佐汴州董晋幕算起，大致有汴州、徐州、阳山（36—38岁）、江陵（38—39岁）、洛阳（40—44岁）、潮州（52岁）、袁州（53岁）。从京城与地方文学互动来看，则韩公贬官潮州，对促进当地文化发展效果最明显，影响也最大。原因约有四点：一是52岁被贬潮州，已届知天命之年，思想成熟。二是在潮州虽为贬官，但却是主政一方的州刺史，与幕府掌书记、县令、法曹参军等职务不同。三是文化落差越大，影响力则越大。潮州在当时是最为偏僻的地区之一，远离京城，文化落后，因而更能彰显影响力量。四是韩公在潮州有意识地推行一系列教育措施，扩大了个人影响。总体来看，前面三种均属于硬性方面的因素，换句话说，韩愈之外的其他官员只要符合这三个条件，一般来说也会产生相类似的效果。关键是第四种原因，韩愈为什么会积极采取教育举措呢？关于这个问题，韩愈在《请置乡校牒》中已做出回答："孔子曰：导之以政，齐之以刑，则民免而无耻；不如德礼为先，而辅以政刑也。夫欲用德礼，未有不由学校师弟子者。此州学废日久。进士明经，百十年间，不闻有业成贡于王庭，试于有司者。人吏目不识乡饮酒之礼，耳未尝闻《鹿鸣》之歌。忠孝之行不劝，亦县之耻也。夫十室之邑，必有忠信；今此州户有万余，岂无庶几者邪？刺史县令不躬为之师，里闾后生无所从学。"① 意思是说改变愚昧落后的最好方式是推行德和礼，而教育则是推行德礼的必由路径。另外，潮州在韩愈到来之前从未有进士明经，也是由于教育落后所导致的。因此大力推行教育，可以说是一举多得。应当说，韩愈所发之论并非高妙，是一般官吏都能想得到和讲得出的。但是与空发议论不同，韩愈是主动自觉地实施。皇甫湜对韩文公的这段经历是这样评价的："大官谪为州县，薄不治务，先生临之，若以资迁。"② 唐代大官贬为地方官佐，一般都不大过问地方政务，为什么韩愈与众不同？这与韩愈曾经任职国子学官联系极为密切。

一 韩愈国子学官任职

韩愈一生四任国子学官：贞元十八年（802），35 岁，任四门博士；元和元年（806）至二年（807），即 39 岁到 40 岁，任职国子博士；元和七年（812），45 岁，复为国子博士；元和十五年（820），53 岁，拜国子祭酒。在元和十四年（819）被贬谪潮州之前，也已做过三次学官，历经四五个年头。韩愈文章中也反映出他任职国子学官的情况。他关注教育比较早，曾写过《子产不毁乡校颂》，盛赞"既乡校不毁，而郑国以理"③。在任职期间，写作过较多的与职务相关的文章。比如探论师道的《师说》，自嘲的《进学解》。有写给太学生的送别序文，比如《送陈密序》即送别"太学生陈密"④，《送牛堪

---

① 《韩昌黎文集校注》文外集上卷，第 691—692 页。
② 皇甫湜：《韩愈神道碑》，《全唐文》卷 687，第 7038 页。
③ 《韩昌黎文集校注》卷 2，第 67 页。
④ 《韩昌黎文集校注》卷 4，第 242 页。

序》谓"堪，太学生也；余，博士也。博士师属也，于其登第而归，将荣于其乡也，能无说乎"①，《赠张童子序》云"夫少之与长也异观：少之时，人惟童子之异，及其长也，将责成人之礼焉。成人之礼，非尽于童子所能而已也，然则童子宜暂息乎其已学者，而勤乎其未学者可也"②。亦撰写太学生传记，如《太学生何蕃传》。国子学官期间所撰公文有《请复国子监生徒状》《国子监论新注学官牒》等。最多的是给同事写作的墓志铭文和祭文，如《欧阳生哀辞》和《题哀辞后》记四门助教欧阳詹。《国子助教河东薛君墓志铭》和《祭薛助教文》记国子助教薛公达，谓"同官太学，日得相因"③。《唐故国子司业窦公墓志铭》和《祭窦司业文》记国子司业窦牟。《祭侯主簿文》祭国子主簿侯喜。《施先生墓铭》记太学博士施士丐。《故太学博士李君墓志铭》记太学博士李于。《四门博士周况妻韩氏墓志铭》记四门博士周况之妻等。这些文章既是韩愈任职国子学官的明证，同时也反映了任职期间的社会交往。那么，韩愈任职学官的社会角色具有哪些特征呢？以下从三方面予以分析。

其一，深邃而独特的教育思想。韩愈被贬谪潮州之前历官已 22 年，任职中央学官占去 1/4 的时间。在长达四五年的学官经历中，使他亲身体会到教育的重要性，曾提出许多关于教育的重要思想。比如《师说》中的"古之学者必有师。师者，所以传道授业解惑也。人非生而知之，孰能无惑，惑而不从师，其为惑也终不解矣"，"弟子不必不如师，师不必贤于弟子，闻道有先后，术业有专攻"，等等。虽然他在《进学解》中自嘲，但更多的是肯定"焚膏油以继晷，恒兀兀以穷年"的持之以恒的重要性。他认为"业精于勤荒于嬉，行成于思毁于随"，即学业的精深在于勤奋，嬉戏游乐必然荒废学业；品行的端正在于独立思考，随波逐流必然导致品行堕落。韩愈在学习方法方面也有很好的见解。比如，他指出"论事者必提其要，纂言者必

---

① 《韩昌黎文集校注》卷 4，第 247 页。
② 同上书，第 251 页。
③ 《韩昌黎文集校注》卷 5，第 310 页。

钩其玄",读书一定要抓住要点。学业的精深要以广博的知识为基础,"细大不捐","俱收并蓄,待用无遗"。要在博的基础上求得精深,做到"沉浸浓郁,含英咀华"。又在《马说》一文中,用伯乐识别千里马作比喻来阐发识别和扶植人才的道理。他认为"世有伯乐,然后有千里马。千里马常有,而伯乐不常有"。人才并不缺乏,关键在于有慧眼发现人才的"伯乐",否则有人才也会被湮没。

其二,强烈的师道观念。柳宗元在《答韦中立论师道书》中,表达了对韩愈"强为人师"的同情:

> 孟子称"人之患在好为人师"。由魏晋氏以下,人益不事师。今之世,不闻有师,有,辄哗笑之,以为狂人。独韩愈奋不顾流俗,犯笑侮,收召后学,作《师说》,因抗颜而为师。世果群怪聚骂,指目牵引,而增与为言辞。愈以是得狂名,居长安,炊不暇熟,又挈挈而东,如是者数矣。①

并列举具体事例,以证明人心不古和师道艰难:"抑又闻之,古者重冠礼,将以责成人之道,是圣人所尤用心者也。数百年来,人不复行。近有孙昌胤者,独发愤行之。既成礼,明日造朝,至外廷,荐笏,言于乡士曰:'某子冠毕。'应之者咸怃然。京兆尹郑叔则怫然,曳笏却立,曰:'何预我耶。'廷中皆大笑。天下不以非郑尹而快孙子,何哉独为所不为也。今之命师者大类此。"② 对于"耻于从师"的风气,韩愈本人是这样陈述的:"古之圣人,其出人也远矣,犹且从师而问焉;今之众人,其下圣人也亦远矣,而耻学于师。""爱其子,择师而教之;于其身也,则耻师焉,惑矣。""巫医乐师百工之人,不耻相师。士大夫之族,曰师曰弟子云者,则群聚而笑之。问之,则曰:'彼与彼年相若也,道相似也,位卑则足羞,官盛则近

---

① 柳宗元:《答韦中立论师道书》,《柳河东集》卷34,上海人民出版社1974年版,第541页。

② 同上书,第542页。

谀。'呜呼！师道之不复，可知矣。"① 这些有感于当时"耻于从师"现象的话语，具有强烈的纠偏补弊的现实针对性。

柳宗元的哀叹和韩愈的感慨，其实都是在相同的社会背景中生成的，那就是中唐以降儒学的生存困境。元稹在《白氏长庆集序》中指出："贞元末，进士尚驰竞，不尚文，就中六籍尤摈落。"② 可见儒家经典在当时不为士子所重。从韩愈《论佛骨表》"焚顶烧指，百十为群，解衣散钱，自朝至暮，转相仿效，惟恐后时，老少奔波，弃其业次"③ 中，可以看出佛教的兴盛。从其《故太学博士李君墓志铭》中服药炼丹者之众可以看到道教的兴盛。④ 韩愈欲昌明儒学，则必须排斥佛老。他私下与张籍讨论儒学传播问题时，张籍主张著书立说，但韩愈不同意这个观点，推诿著书只能遗之后来而无补当世。韩云："仆自得圣人之道而颂之，排前二家有年矣。不知者以仆为好辩也；然从而化者亦有矣，闻而疑者又有倍焉。"⑤ 又说："今夫二氏之所宗而事之者，下乃公卿辅相，吾岂敢昌言排之哉？择其可语者诲之，犹时与吾悖，其声哓哓。若遂成其书，则见而怒之者必多矣，必且以我为狂为惑。""今夫二氏行乎中土也，盖六百年有余矣。其植根固，其流波漫，非所以朝令而夕禁也。"⑥ 可见当时不能公开宣扬排斥佛老。但韩愈要建立道统，必须宣扬自己的学说，于是采取了相关策略。

其三，宣扬儒家文化的策略。陈寅恪尝撰《论韩愈》一文，胪为六门：一曰建立道统，证明传授之渊源。二曰直指人伦，扫除章句之

---

① 《韩昌黎文集校注》卷1，第43页。
② 《元稹集》卷51，第554页。
③ 《韩昌黎文集校注》卷8，第615页。
④ 韩愈《故太学博士李君墓志铭》："余不知服食说自何世起，杀人不可计，而世慕尚之益至，此其惑也！在文书所记及耳闻相传者不说，今直取目见亲与之游而以药败者六七公，以为世诫。工部尚书归登、殿中御史李虚中、刑部尚书李逊、逊弟刑部侍郎建、襄阳节度使工部尚书孟简、东川节度御史大夫卢坦、金吾将军李道古，此其人皆有名位，世所共识。"这些大臣都在秘制丹药，可见道教外丹在当时的流行。《韩昌黎文集校注》卷7，第554页。
⑤ 《韩昌黎文集校注》卷2，第132页。
⑥ 同上书，第135页。

烦琐。三曰排斥佛老、匡救政俗之弊害。四曰呵诋释迦，申明夷夏之大防。五曰改进文体，广收宣传之效用。六曰奖掖后进，期望学说之流传。① 笔者认为，第一点即"古文运动"之理论准备，意从"法理"上证明其正统性。第三、第四点即文学运动当下的功用，具有强烈的功利色彩。第二、第五、第六点即推进文学运动的方法和策略。前贤论"古文运动"之所以成功，一方面是因为萧颖士、李华、梁肃、独孤及、元结、柳冕诸人引领文体革新的失败。他们理论脱离实践，违背了文学自身发展的内在逻辑。前人失败为后来者提供了借鉴。另一方面，是因为韩愈等人更加注重方法策略，明确提出文学理论，注重文章的实用性，使之与现实更加密切。

　　韩愈能较为成功地宣扬孔孟之道，得益于他的互惠互利思想。此种思想由来已久，任四门博士时作《与于襄阳书》即云："士能享大名显当世者，莫不有先达之士负天下之望者为之前焉；士之能垂休光照后世者，亦莫不有后进之士负天下之望者为之后焉。莫为之前，虽美而不彰；莫为之后，虽盛而不传。是二人者，未始不相须也。"②《与邢尚书书》又云："布衣之士身居穷约，不借势于王公大人则无以成其志；王公大人功业显著，不借誉于布衣之士无以广其名也：是故布衣之士虽甚贱而不谄，王公大人虽甚贵而不骄，其事势相须，其先后相资也。"③ 所谓"相须"者，即各取所需、实现共生。

　　在这种思想的支配下，韩愈采取的传道手段主要有两条，即好为人师和乐于汲引。这二者之间又是相辅相成缺一不可的。韩愈认为所谓道德者，其本出于仁义，所谓人性者，虽有善恶之分，但善恶又分为上中下三等，上者可教而下者可制，是故仁义道德亦可由教化所致，而为人师者，不仅在于授业解惑，更要传道。韩愈的好为人师不仅有其理论基础，更重要者乃是出于对现实的忧虑和反思。中唐以后，儒业不振，学馆形同虚设。其任四门博士时，曾上《请复国子监

---

　　① 陈寅恪：《金明馆丛稿初编》，生活·读书·新知三联书店 2001 年版，第 319—322 页。

　　② 《韩昌黎文集校注》卷 3，第 184 页。

　　③ 同上书，第 201—202 页。

生徒状》："国家典章，崇重庠序；近日趋竞，未复本源。至使公卿子孙，耻游太学；工商凡冗，或处上庠。"① 可见士子耻于从学，并非耸人听闻的危言。对于"耻于从师"的不良风气，韩愈不断反思，《进士策问》可见一斑：

> 问：古之学者必有师，所以通其业，成就其道德者也。由汉氏已来，道德日微，然犹时有授经传业者；及于今，则无闻矣。德行若颜回，言语若子贡，政事若子路，文学若子游，犹且有师；非独如此，虽孔子亦有师，问礼于老聃，问乐于苌弘是也。今之人不及孔子颜回远矣，而且无师；然其不闻有业不通道德不成者，何也？②

韩愈的发问，不仅是策问进士，也是个人对社会现象的思虑。孔子及其门人高于今人远矣，何故圣人有师而今之人反而耻于从师呢？要之，闻道有先后，术业有专攻，何人不可为师？因此，韩愈为推行孔孟之道，必须逆时而动，要勇于为师、好为人师。

与好为人师紧密相连的是与人为善、乐于汲引。唐代无论是举人还是选官，引荐之人是非常重要的。韩愈引致后辈，为求科第，多有投书请益者，人谓"韩门弟子"。如贞元十八年（802），中书舍人权德舆典贡举，陆傪佐助。韩愈为四门博士，荐侯喜等 10 人于陆傪，尉迟汾、侯云长、沈杞、李翊等皆是年登科，侯喜十九年（803）、刘述古二十一年（805）、李绅元和元年（806）、张后余张弘元和二年（807），亦相继登科。③ 除积极引荐参考举子之外，韩愈还经常抓住机会，推举朋辈，对好友张籍、孟郊、侯喜、樊宗师等人，更是不遗余力。如樊宗师，因孟郊之葬，称其尽力经营，荐之于郑馀庆。后又荐之于故相袁滋，荐之于朝廷。宗师死，为其撰墓志铭，极所称

---

① 《韩昌黎文集校注》卷 8，第 589 页。
② 《韩昌黎文集校注》卷 2，第 108 页。
③ 《韩昌黎文集校注》卷 3，第 198—200 页。

道。① 与人为善、乐于汲引，常能团结同道，有利于形成积极力量。好为人师、善为人师，常能宣讲孔孟之道，有利于"道"的传播。

在传播儒道的方式上，韩愈不仅采用口头宣讲的方式，而常是利用一切可以利用的机会。唐人重视离别，送行时的聚会是传道的好时机。韩愈往往抓住这样的机会，在送人序文中宣扬孔孟之道。如《送陈秀才序》："读书以为学，缵言以为文，非以夸多而斗靡也；盖学所以为道，文所以为理耳。"② 可见韩公善于把握时机以推行其说。《送王秀才序》首言孔子之学因门人弟子性情不同而有所区分，孟子得其真传。由此引入王秀才好孟子，因以劝导："故学者必慎其所道，道于杨墨老庄佛之学，而欲之圣人之道，犹断港绝潢以望至于海也。"③ 意思是说，由孟子可到孔子，由杨墨诸学则不可到。此类送行甚多，如《送牛堪序》《送何坚序》《送陈密序》等皆是。

相对于送行，国子学官任职更有利于推行其说。按照唐代官学制度，学官不仅要教学而且要组织考试，并将考试成绩上报礼部，择其优者推荐参加礼部试。因此，国子监生欲求得科考机会，不仅要于学业上刻苦努力，也需要学官的赞誉和推举。在这种制度之下，韩愈任职国子学官，对其传道更为有利。如元和七年（812），韩愈坐柳涧事复为太学博士，时有太学生陈商请求速化之术，"所问则名，所慕则科"。韩愈借此机会，告之以言寡尤行寡悔之说，晓之以"古之学者惟义之问"④ 等道理。

二 学官职务性格与文学书写

韩愈任职国子学官期间的诗文创作，体现学官职务特性者，主要有以下几方面。

其一，物质生活之贫乏。《进学解》一文，将国子博士穷酸之相描摹得很生动，虽为游戏之文，所言却是实际情形。韩愈作于四门博

---

① 《韩昌黎文集校注》卷2，第72页。
② 《韩昌黎文集校注》卷4，第260页。
③ 同上书，第261页。
④ 《韩昌黎文集校注》卷3，第177页。

士任期内的《与于襄阳书》云："愈今者惟朝夕刍米仆赁之资是急，不过费阁下一朝之享而足也。"① 又《秋雨联句》云："儒宫烟火湿，市舍煎熬忺。卧冷空避门，衣寒屡循带。"② 写秋雨之季学官之寒苦。元和四年（809）韩愈为国子博士，尝致祭于国子助教薛公达，亦云学不见施设，禄不足以活身。又《崔十六少府摄伊阳以诗及书见投因酬三十韵》："三年国子师，肠肚习藜苋。况住洛之涯，鲂鳟可罩汕。肯效屠门嚼，久嫌弋者篡。谋拙日焦拳，活计似锄铲。男寒涩诗书，妻瘦剩腰襻。为官不事职，厥罪在欺谩。行当自劾去，渔钓老葭菼。"③ 生计艰难，以致想到要隐退了。

其二，学官职务闲散。《游青龙寺赠崔大补阙》："思君携手安能得？今者相从敢辞懒。由来钝骏寡参寻，况是儒官饱闲散。"④ 于此可见学官清闲无事。元和元年（806），大理评事崔立之以言事黜官，望公汲引。韩愈《赠崔立之评事》："频蒙怨句刺弃遗，岂有闲官敢推引。"⑤ 长庆元年（821），韩愈为国子祭酒，作《南内朝贺归呈同官》："问之朝廷事，略不知东西。况于经籍深，岂究端与倪。……所职事无多，又不自提撕。"⑥

国子学官的闲散特点，可以参看姚合《和李绅助教不赴看花》："笑辞聘礼深坊住，门馆长闲似退居。太学官资清品秩，高人公事说经书。年华未是登朝晚，春色何因向酒疏。且看牡丹吟丽句，不知此外复何如。"⑦ 这反映了闲散几乎成为唐代学官的共性。

正因为学馆职事闲散，韩愈才能够在任期内发奋读书。《秋怀诗十一首》其三："学堂日无事，驱马适所愿。茫茫出门路，欲去聊自

---

① 《韩昌黎文集校注》卷3，第185页。
② 《韩昌黎诗系年集释》卷5，钱仲联集释，上海古籍出版社1984年版，第473页。
③ 《韩昌黎诗系年集释》卷6，第702页。
④ 《韩昌黎诗系年集释》卷5，第563页。
⑤ 同上书，第569页。
⑥ 《韩昌黎诗系年集释》卷12，第1222页。
⑦ 《全唐诗》卷501，第5693页。

劝。还归阅书史，文字浩千万。"① 其四："清晓卷书坐，南山见高棱。"② 其六："尘埃慵伺候，文字浪驰骋。"③ 其七："不如求文字，丹铅事点勘。"④ 其八："退坐西壁下，读诗尽数编。"⑤ 于此可见韩愈为国子学官时期发奋读书之情状。

另外，国子学官虽然生活清苦，但也有一定的娱乐活动。如前述《上巳日燕太学听弹琴诗序》记载了德宗所置三令节，国子监学官于三月上巳日群聚祭酒之堂，听琴赋诗之风习。《送侯参谋赴河中幕》："幸同学省官，末路再得朋。东司绝教授，游宴以为恒。秋渔荫密树，夜博然明灯。雪径抵樵叟，风廊折谈僧。陆浑桃花间，有汤沸如烝。三月崧少步，踯躅红千层。洲沙厌晚坐，岭壁穷晨升。沈冥不计日，为乐不可胜。"⑥ 元和四年（809），韩愈为国子博士，侯继为助教，同官学省。此诗作时韩愈为都官员外郎分司东都，侯继离东都赴河中幕，韩愈作诗送别，回忆尝同官时之垂钓、夜博、优游、赏花、卧谈之情景，乐不可胜。

其三，学官升迁艰难。贞元十八年（802），韩愈为四门博士，作《施先生墓铭》："先生年六十九，在太学者十九年。由四门助教为太学助教，由助教为博士；太学秩满当去，诸生辄拜疏乞留：或留或迁，十九年不离太学。"⑦ 此当与欧阳詹《上郑相公书》所记相参看，亦可作之注脚。欧阳生云："四门助教，限以四考，格以五选，十年方易一官也。自兹循资历级，然得太学助教，其考选年数，又如四门。若如之，则二十年矣。自兹循资历级，然得国子助教，其考选年数，又如太学。若如之，则三十年矣。三十年间，未离助教之官。"⑧ 可见学官铨调之艰难。

---

① 《韩昌黎诗系年集释》卷5，第545页。
② 同上书，第547页。
③ 同上书，第551页。
④ 同上书，第552页。
⑤ 同上书，第554页。
⑥ 《韩昌黎诗系年集释》卷6，第715—716页。
⑦ 《韩昌黎文集校注》卷6，第351—352页。
⑧ 欧阳詹：《上郑相公书》，《全唐文》卷596，第6025页。

其四，国子监生徒情状。韩愈为国子学官期间的创作，不仅反映个人生活，而且也记录了当时国子监学生的情状。如《太学生何蕃传》写这位学生领袖是如何的受人敬重，又如何的骨气清高。而《短灯檠歌》则将儒生穷酸相勾画得淋漓尽致，又将世态之炎凉一并勒出："太学儒生东鲁客，二十辞家来射策。夜书细字缀语言，两目眵昏头雪白。此时提携当案前，看书到晓那能眠。一朝富贵还自恣，长檠高张照珠翠。嗟嗟世事无不然，墙角君看短檠弃。"①

其五，学官思想状况。国子学官生活虽清贫，铨调亦艰难，但在韩愈看来，骨气、志向非贫贱所能移易。贞元十八年（802）作《夜歌》："静夜有清光，闲堂仍独息。念身幸无恨，志气方自得。乐哉何所忧？所忧非我力。"《韩昌黎诗系年集释》引"方世举注"："闲堂独息，当是十八年为四门博士之时，不以家累自随也。参调无成，始获一官，何遽自得？然以一身较之天下，则一身为可乐，而天下为可忧。其时伾、文渐得宠，殷忧方大。而身居卑末，又非力之所能为，故托于《夜歌》以见意。"② 元和元年（806）闰六月，韩愈官国子博士，与孟郊联句："儒庠恣游息，圣籍饱商榷。危行无低回，正言免呀喔。"③ 以诗明志，劝勉大家要直道而行，不要屈节事人。

三　韩愈的学官自觉意识

韩愈在元和十四年（819）正月十四日贬潮州，于三月二十五日到州视事，十月二十四日准例量移袁州刺史，在任实际时间为七月余。④ 到任不久，即着手建立学校，聘请当地秀才赵德为教师，并慷慨捐出俸禄作为办学资金。其《潮州请置乡校牒》详细记载了当时的情况：

> 此州学废日久。进士明经，百十年间，不闻有业成贡于王

---

①　《韩昌黎诗系年集释》卷5，第525页。
②　《韩昌黎诗系年集释》卷2，第151页。
③　《韩昌黎诗系年集释》卷4，第450页。
④　参考《潮州刺史谢上表》和《袁州刺史谢上表》。

庭，试于有司者。人吏目不识乡饮酒之礼，耳未尝闻《鹿鸣》之
歌。忠孝之行不劝，亦县之耻也。夫十室之邑，必有忠信；今此
州户有万余，岂无庶几者邪？刺史县令不躬为之师，里间后生无
所从学。

　　尔赵德秀才：沈雅专静，颇通经，有文章，能知先王之道，
论说且排异端而宗孔氏，可以为师矣。请摄海阳县尉，为衙推
官，专勾当州学，以督生徒，兴恺悌之风。刺史出己俸百千以为
举本，收其赢余，以给学生厨馔。①

韩愈兴学举措对潮州的影响，后人评价甚高。东坡《潮州韩文公庙
碑》说："始潮之人未知学，公命进士赵德为之师，自是潮之人笃于
文行，延及齐民，至于今号称易治。"② 清康熙二十三年（1684），两
广总督吴兴祚题韩文公祠诗云："文章随代起，烟瘴几时开。不有韩
夫子，人心尚草莱。"③ 在潮州期间，韩愈还曾"以正音为潮人诲"④，
即积极从事语言规范化的工作。于此一端，也可见其兴学育才、推动
文教之苦心。

　　不过，潮州兴学开创者并非韩愈，常衮已于德宗期间在潮州兴学
教士。南宋王十朋曾说潮州"龙虎成名，功实归于常衮"。嘉靖《潮
州府志》也说："衮，京兆人，德宗初以宰相贬潮州刺史，兴学教
士。"⑤ 常衮对潮州学校和学风的开创之功无疑是不可抹杀的，但是，
比较韩愈和常衮二人兴学动机，则发现前者是有着强烈而明显的自觉
意识，而后者则是一种自发行为。

　　常衮于大历十四年（779）五月贬为潮州刺史，九月十一日到
州。⑥ 建中元年（780）五月迁福建观察使，在潮州不足一年时间。

---

① 《韩昌黎文集校注》文外集上卷，第691—692页。
② 苏轼：《潮州韩文公庙碑》，《苏轼文集》卷17，第509页。
③ 曾楚楠：《韩愈在潮州》，文物出版社1993年版，第3页。
④ 曾楚楠：《韩愈在潮州》引《永乐大典》卷5343所记宋元《三阳志》，第15页。
⑤ 曾楚楠：《韩愈在潮州》，第14页。
⑥ 常衮：《潮州刺史谢上表》，《全唐文》卷417，第4270页。

常衮一生的仕历大致是这样的：生于玄宗开元十七年（729），天宝十四年（755）进士及第。登第后由太子正字累授补阙、起居郎。宝应二年（763）选为翰林学士考功员外郎中知制诰。广德元年（763）以右补阙充翰林学士，不久任考功员外郎。永泰元年（765）迁中书舍人。大历元年（766）迁礼部侍郎，连续三年主科考。大历十二年（777）四月壬午拜相，与杨绾一起掌朝纲。大历十四年（779）五月唐德宗即位，闰五月甲戌贬为河南少尹，旋又贬为潮州刺史。建中元年（780）五月迁福建观察史。建中四年（783）正月卒于任上。享年54岁，追赠为尚书左仆射。① 常衮在贬谪潮州之前曾任宰相，官高位重，但与韩愈相比缺少任职国子学官的经历。常衮到潮州后的兴学，是一位有良知的知识分子在儒家文化熏陶下的一种文化实践活动，反映的是普通官僚地方治理的传统。其举措是劝农兴学传统治理方式的延续，故可视为一种自发行为。正如他自己所说的："谨当宣扬圣化，慰抚海隅，少安疲甿，以展微效。"② 常衮迁任福州刺史后，同样以兴办教育的方式作为地方治理的一种手段。与潮州兴学相比，常衮在福州的教育创置更为后人崇敬。《新唐书》本传："建中初，杨炎辅政，起为福建观察使。始，闽人未知学，衮至，为设乡校，使作为文章，亲加讲导，与为客主钧礼，观游燕飨与焉，由是俗一变，岁贡士与内州等。……其后闽人春秋配享衮于学官云。"③ 常衮卒后十余年，韩愈作《欧阳生哀辞》亦云："今上初，故宰相常衮为福建诸州观察使，治其地。衮以文辞进，有名于时，又作大官，临莅其民，乡县小民有能诵书作文辞者，衮亲与之为客主之礼，观游宴飨，必召与之。时未几，皆化翕然。"④ 到宋代，人们还在传颂着他的功绩。如戴栩《蔡尚书挽词》："闽地祠常衮，词臣说仲舒。香名五十

---

① 参看《旧唐书》卷12《德宗纪》，同书卷119《常衮传》，《新唐书》卷150《常衮传》。

② 常衮：《潮州刺史谢上表》，《全唐文》卷417，第4270页。

③ 《新唐书》卷150，第4810页。

④ 《韩昌黎文集校注》卷5，第301页。

载，终竟道如初。"① 王义山《送允中斋王参政入闽》："未到三山声已雷，此行正好趁海开。榜文争看乖崖押，士类欢呼常衮来。"② 李石《黎州鹿鸣宴》："圣化如时雨，吾门自教风。文翁来蜀郡，常衮在闽中。"③ 陈普《儒家秋》："礼乐斯民开治教，闽中常衮蜀文翁。"④ 从常衮在潮州和福州的举措来看，推行教育、兴学教士系其治理地方社会的惯用方式，这与儒教传统是相符的。从上述韩愈的国子学官角色意识和角色特征来看，他在潮州兴办教育，是在强烈而自觉的意念驱使之下的行为。可以说，韩愈在潮州大力推行教育，甚至捐出自己的俸禄来创办学校，是他长期思考的教育理念的一次具体实践。正因为如此，他才不遗余力地兴学崇教。与常衮相比，韩愈的举措或许也受传统的影响，但此前长时间的任职国子学官，使得他的行为要比常衮更为自觉，更为有意识。

四　对潮州区域文学的影响

韩愈七个月来的工作对潮州的影响，除兴学崇教之外，还表征于其他各种具体事务的治理。⑤ 而文学上的互动互通，则主要通过与地方文人交往，以及韩文传播等途径来实现。

其一，与地方文人交往。韩愈从长安到潮州再到离潮赴袁，写过很多诗文，记载了行程和心情。其间诗歌 30 余首，如《左迁至蓝关示侄孙湘》《武关西逢配流吐蕃》《路傍堠》《次邓州界》《食曲河驿》《过南阳》《题楚昭王庙》《泷吏》《题临泷寺》《晚次宣溪辱韶

---

① 北京大学古文献研究所：《全宋诗》卷 2945，第 56 册，北京大学出版社 1998 年版，第 35105 页。

② 《全宋诗》卷 3354，第 64 册，第 40092 页。

③ 《全宋诗》卷 1987，第 35 册，第 22290 页。

④ 《全宋诗》卷 3647，第 69 册，第 43759 页。

⑤ 此外，还有祭鳄、释奴、劝农等转移一地风俗之举。释奴一事，后人评价尤高。李翱《故正议大夫行尚书吏部侍郎上柱国赐紫金鱼袋赠礼部尚书韩公行状》："疏入，贬潮州刺史。移袁州刺史，百姓以男女为人隶者，公皆计佣以偿其直而出归之。"《全唐文》卷 639，第 6460 页。皇甫湜《韩愈神道碑》："洞究海俗，海夷陶然，遂生鲜鱼稻蟹，不暴民物。掠卖之口，计庸免之，未相直，辄与钱赎。及不还，著之赦令。转刺袁州，治袁州如潮。"《全唐文》卷 687，第 7038 页。

州张端公使君惠书叙别酬以绝句二章》《过始兴江口感怀》《赠别元十八协律六首》《初南食贻元十八协律》《宿曾江口示侄孙湘二首》《柳柳州食虾蟆》《琴操十首》《量移袁州张韶州端公以诗相贺因酬之》《别赵子》等。① 文14篇：《论佛骨表》《潮州刺史谢上表》《贺册尊号表》《鳄鱼文》《潮州谢孔大夫状》潮州祭神文（五篇）《与大颠师书》（三篇）《潮州请置乡校牒》。从这些诗文当中，可以知道韩愈贬谪潮州的交往和心态。从地域上来看，他交往的文人可以分为两种，一是潮州本土文人，一是潮州之外的其他地方的文人。

韩愈与潮州本土文人的交往，最频繁的是赵德秀才和大颠和尚。赵德与韩愈关系非常密切，赵德不仅是韩愈在潮延请的州学教师，而且他还对韩愈文章进行辑录选编，对韩文在潮州的传播做出贡献。

韩愈与大颠和尚的交往，保存下来的文字有《与大颠师书》三通。第一通说造访大颠未见，已具舟逢迎，希望与和尚见一面。第二、第三两通是写信召请大颠到城内叙谈。关于韩愈和大颠的往来，后人猜测纷纭，认为韩愈一方面排斥佛老，另一方面又与僧人来往频繁，是理路不清自相矛盾。韩愈《与孟尚书书》中明言自己与大颠的交往，实出于孤闷无聊，与崇佛无关。其书云："有人传愈近少信奉释氏，此传之者妄也。潮州时，有一老僧号大颠，颇聪明，识道理，远地无可与语者，故自山召至州郭，留十数日。实能外形骸，以理自胜，不为事物侵乱。与之语，虽不尽解，要自胸中无滞碍，以为难得，因与来往。及祭神至海上，遂造其庐。及来袁州，留衣服为别。乃人之情，非崇信其法，求福田利益也。"② 照韩愈自己所说，他与大颠的交往，就是普通文人之间的来往。大颠师虽为僧人，但同时又是潮州本土少有的读书人之一，在偏远的潮州，能与这样一位读书人交流，也是韩愈解脱苦闷的一种方式。另外，韩愈作为地方官员，其与大颠往来，亦可视为地方性事务管理。从这个角度来看，他们之间的交往，沟通了京城与潮州两地文化。

---

① 参看钱仲联《韩昌黎诗系年集释》。
② 《韩昌黎文集校注》卷3，第212页。

　　除赵德和大颠外，韩愈在贬潮期间，还与其他地方文人有所交往，如柳州的柳宗元，桂林的元集虚、裴行立，广州的孔戣，漳州的韩泰，长安的贾岛、刘叉、张籍等人。这种文人间的互动，传递的不只是同情和安慰，也有各地迥异的名物风情，对于拓宽见闻来说，是大有裨益的。比如，桂管观察使裴行立，韩愈非常感激，在诗中写道："巉巉桂林伯，矫矫义勇身。生平所未识，待我逾交亲。遗我数幅书，继以药物珍。药物防瘴疠，书劝养形神。"① 韩愈到达潮州后，对饮食非常关注，经常写诗告知朋友。在写给元集虚的诗中，对潮州物产大感惊异："鲎实如惠文，骨眼相负行。蚝相粘为山，百十各自生。蒲鱼尾如蛇，口眼不相营。蛤即是虾蟆，同实浪异名。章举马甲柱，斗以怪自呈。其余数十种，莫不可叹惊。"② 他还告诉远在柳州的柳宗元自己吃蛤蟆的情形："虾蟆虽水居，水特变形貌。强号为蛙哈，于实无所校。虽然两股长，其奈脊皴皰。跳踉虽云高，意不离污淖。鸣声相呼和，无理只取闹。"③

　　他还和广州刺史孔戣、漳州刺史韩泰互通音信。韩愈和孔戣的关系较好，孔戣对他关爱有加，特别照顾。韩愈《潮州谢孔大夫状》："伏奉七月二十七日牒：以愈贬授刺史，特加优礼，以州小俸薄，虑有阙乏，每月别给钱五十千，以送使钱充者。开缄捧读，惊荣交至；顾己量分，惭惧益深。欲致辞为让，则乖伏属之礼；承命苟贪，又非循省之道。进退反侧，无以自宁。"④ 孔戣在广州禁绝贩卖奴婢，敢于拒绝权要托请，韩愈曾写诗称颂。《旧唐书》孔戣本传："戣刚正清俭，在南海，请刺史俸料之外，绝其取索。先是帅南海者，京师权要多托买南人为奴婢，戣不受托。至郡，禁绝卖女口。先是准诏祷南海神，多令从事代祠。戣每受诏，自犯风波而往。韩愈在潮州，作诗以美之。"⑤ 贬潮期间，韩愈与漳州的韩泰也有所交往。元和十五年

---

① 《韩昌黎诗系年集释》卷 11，第 1129 页。
② 同上书，第 1132 页。
③ 同上书，第 1138 页。
④ 《韩昌黎文集校注》韩昌黎遗文，第 730 页。
⑤ 《旧唐书》卷 154，第 4098 页。

（820），韩愈自袁州召为国子祭酒，曾举韩泰自代："臣在潮州之日，与其州界相接，臣之政事，远所不如。乞以代臣，庶为允当。"① 远在长安的亲朋好友如贾岛、刘叉、张籍等人，也不断寄诗慰抚。如贾岛《寄韩潮州愈》："此心曾与木兰舟，直到天南潮水头。隔岭篇章来华岳，出关书信过泷流。峰悬驿路残云断，海浸城根老树秋。一夕瘴烟风卷尽，月明初上浪西楼。"② 贾岛又寄诗韩湘："过岭行多少，潮州涨满川。花开南去后，水冻北归前。望鹭吟登阁，听猿泪滴船。相思堪面话，不著尺书传。"③ 刘叉亦有寄诗，可见殷殷劝慰之情："古人皆执古，不辞冻饿悲。今人亦执古，自取行坐危。老菊凌霜葩，狞松抱雪姿。武王亦至明，宁哀首阳饥。仲尼岂非圣，但为互乡嗤。寸心生万路，今古梦若丝。逐逐行不尽，茫茫休者谁。来恨不可遏，去悔何足追。玉石共笑唾，驽骥相奔驰。请君勿执古，执古徒自隳。"④ 贬潮期间，韩愈好友张籍的岳父胡珦去世，张籍专门派人到潮州请韩撰制碑文。此事载于《唐故中散大夫少府监胡良公墓神道碑》："公婿广文博士吴郡张籍，以公之族出、行治、历官、寿年为书，使人自京师南走八千里，至闽南两越之界上请为公铭刻之墓碑于潮州刺史韩愈。"⑤

其二，韩文在潮州的传播。韩愈到达潮州不久，就延请赵德权摄海阳县尉，专门负责督办潮州州学。韩愈对赵德的初步印象是"沈雅专静，颇通经，有文章，能知先王之道，论说且排异端而宗孔氏，可以为师矣"⑥。韩愈离开潮州时，曾想携赵德同赴袁州，盛赞赵德："我迁于揭阳，君先揭阳居。揭阳去京华，其里万有余。不谓小郭中，有子可与娱。心平而行高，两通诗与书。婆娑海水南，簸弄明月珠。"⑦ 赵德对韩文的收集整理下了很大功夫，对韩文在潮州的传播

① 《韩昌黎文集校注》卷 8，第 627 页。
② 贾岛著、李嘉言校：《长江集新校》卷 9，河南大学出版社 2008 年版，第 128 页。
③ 《长江集新校》卷 7，第 105 页。
④ 《全唐诗》卷 395，第 4445 页。
⑤ 《韩昌黎文集校注》卷 7，第 466 页。
⑥ 《韩昌黎文集校注》文外集上卷，第 691—692 页。
⑦ 《韩昌黎诗系年集释》卷 11，第 1175 页。

起到了无可替代的作用。其《文录序》值得全部迻录：

> 昌黎公，圣人之徒欤！其文高出，与古之遗文不相上下。所履之道，则尧舜禹汤、文、武、周、孔、孟轲、扬雄所授受服行之实也；固已不杂其传，由佛及聃、庄、杨之言，不得干其思，入其文也；以是光于今，大于后，金石燋铄，斯文灿然；德行道学文庶几乎古。蓬茨中，手持目览，饥食渴饮，沛然满饱，顾非适诸圣贤之域而谬志于斯，将所以盗其影响。僻处无备，得以所遇次之为卷，私曰《文录》，实以师氏为请益依归之所云。①

一般认为，韩愈文集是在他死后由其门人李汉编纂而成。实际上早在李汉之前，韩愈尚在人世时，已有赵德的选本。洪兴祖《韩子年谱》谓："赵德秀才，即叙退之文章七十二篇为文录者。"知《文录》共收韩文 72 篇。方崧卿《韩集举正序》称："校订韩集，旁取赵德《昌黎文录》《文苑英华》《唐文粹》，参互证征。"可见南宋淳熙年间，《昌黎文录》犹有传本。清潘祖荫《滂喜斋藏书记》卷 3："宋刊小字本《昌黎先生集》后有影写绍兴己未刘昉序一页，略言：大观初，先大夫曾集京浙闽蜀刊本及赵德旧本，参以石刻订正之，以郡昌黎庙香火钱刊行。"② 赵德私录韩文，原本是用来模仿学习的。韩愈到达潮州后，赵德有了更多当面请益的机会。基于这个事实，甚至可以推想：赵德抄本《昌黎文录》，或许得到韩愈的亲自校订，故后人极为看重。不管如何，韩愈入潮及赵德编选《昌黎文录》，对韩文在潮州的传播起到了非常重要的作用，促进了区域之间文化的交流沟通。

由以上可以看出，韩愈在潮州并非寂寞，也不自我封闭，而是积极和朋友联系交往。正是这种开放的心态，文化交流传播才有可能。一方面，他将京城长安的各种信息传播到偏远的潮州，另一方面，也

---

① 《韩昌黎文集校注》，上海古籍出版社 1987 年版，第 756 页。
② 以上均据曾楚楠《韩愈在潮州》，第 21 页。

将潮州富有地域特色的风俗人情介绍到其他地方，从而使人们对潮州有了更为深入的了解。

韩愈曾多年任职国子学官，贬谪潮州后所关注的视角与其他贬官有所不同。他的自觉兴办州学，大力推进教育，即其学官社会角色在地方事务治理中的表征。但同时，他又是贬谪者，与其他贬官亦有相通之处，比如情绪的失落，对异地风物的惊讶，等等，均是一位遭贬者心态的体现。

五　对袁州区域文学的影响

韩愈自潮州量移袁州，时在元和十四年（819）十月二十四日，约十五年（820）一月到袁，九月赴京任国子祭酒，在袁州的时间实际不到一年。韩愈任职袁州刺史，促使区域文化中心的形成，有两方面的表现，一是教育中心，二是文学中心。

第一，区域教育中心。皇甫湜《韩愈神道碑》："转刺袁州，治袁州如潮。"① 韩愈在袁州赎释奴婢之外，亦有兴学之举，创办了类似于书院之类的讲学之所。民国《宜春县志》："左迁来袁阳，矫矫贤刺史。惠政纪丰碑，书院自公始。"②明代胡应麟有《重修昌黎书院落成因为义塾得长句》诗。韩愈在袁州创办教育，影响深远，当地人曾建祠以祀。许子绍《李卫公文集后序》："元和十五年公尝为袁州刺史，……文公之去袁也，崇庙貌以祠之，列丰碑以记之。其文集之行于世者又锓本于郡序。"③

唐代江西地区的进士中举名额，据统计总数为 65 名，其中袁州 26 名，占 40%。在进士试竞争异常激烈的情形下，袁州产生如此众多的进士，令人深思。以韩愈刺袁为界，此前只有 5 名进士，而之后

---

①　《全唐文》卷687，第7038页。

②　谢安祖修、苏玉贤纂：民国《宜春县志》，《中国地方志集成》本，江苏古籍出版社1996年版，第754页。

③　同上书，第698页。

却有 21 名之多。① 这种成就当然不能归功于韩愈一人，因为此后李德裕等人贬袁，也有很重要的推动作用，另外还要考虑其他各种因素。但是，韩愈的影响显然是十分重大的。这可以从以下两个例子看出。一是黄颇，会昌三年（843）进士。民国《宜春县志》："黄颇，字无颇，好为洪奥文章，蹉跎一十三载，韩愈为州刺史，颇师之。"②《唐摭言》卷 4："韩文公名播天下，李翱、张籍皆升朝，籍北面师之。……后愈自潮州量移宜春郡，郡人黄颇师愈为文，亦振大名。"③据《全唐文》小传，黄颇官至监察御史，存文一篇《受命于天说》，《全唐诗》卷 552 存诗三首。黄颇入京之后，俨然成为袁州籍同乡的首领。其《闻宜春诸举子陪郡主登河梁玩月》云："一年秋半月当空，遥羡飞觞接庾公。……虽向东堂先折桂，不如宾席此时同。"④袁州举子潘唐下第后回乡，黄颇钱别。潘唐酬诗云："圣代澄清雨露均，独怀惆怅出咸秦。……一从此地曾携手，益羡江头桃李春。"⑤二是卢肇和易重。民国《宜春县志》："袁州状元，在唐有卢、易，或云韩退之之教也。"⑥卢肇，《全唐文》小传云会昌三年（843）进士第一。除著作郎，迁仓部员外郎，充集贤院直学士。咸通中出为歙州刺史。历宣、池、吉三州卒。《全唐文》卷 768 存其文 14 篇，其中影响最大者当属《海潮赋》。《全唐诗》卷 551 存诗一卷。《宋史·艺文志》著录《愈风集》十卷。易重，会昌五年（845）进士第一。《全唐诗》存其诗一首。《寄宜阳兄弟》："六年雁序恨分离，诏下今朝遇已知。上国皇风初喜日，御阶恩渥属身时。内庭再考称文异，圣主宣名奖艺奇。故里仙才若相问，一春攀得两重枝。"⑦此诗当为及第后作，喜色溢于言表。从诗中可以看出他的及第对当地举子极大的

---

① 陈金凤：《江西通史》（隋唐五代卷），江西人民出版社 2008 年版，第 240—242 页。

② 谢安祖修、苏玉贤纂：民国《宜春县志》，第 540 页。

③ 王定保：《唐摭言》卷 4，第 52 页。

④ 《全唐诗》卷 552，第 6395 页。

⑤ 《全唐诗》卷 562，第 6529 页。

⑥ 谢安祖修、苏玉贤纂：民国《宜春县志》，第 540 页。

⑦ 《全唐诗》卷 557，第 6458 页。

激励。

除上述直接影响外，韩愈在袁州的崇教活动，对后来治袁官吏起到了楷模作用。同治《宜春县志》卷四："袁自韩文公昌明道学，嗣是守郡者类以造就人才为中心，……昔韩昌黎自岭南移守于此，教化既洽，州民交口颂之。"在韩愈的影响下，袁州的好学重举之风更盛。①

第二，区域文学中心。在韩愈之前，任职袁州的官吏有崔融、李适之、房琯、李揆、李景略、赵蕃、李嘉祐等文人。他们对袁州文化发展做出了贡献，特别是大历年间李嘉祐任袁州刺史长达四五年，逐渐形成以袁州为中心的区域文化中心。韩愈的到来，使这个区域的文学特色更为明显，形成以韩愈为中心的文学群体。首先，韩愈本人在袁州期间，写作了大量的诗文，特别是散文，约20余篇。较为著名的有《祭柳子厚文》《柳子厚墓志铭》《南海神庙碑》《新修滕王阁记》《与孟简书》《祭湘君夫人文》等。其次，韩愈入袁和离袁，均有大量的友人酬赠之作。友人所写赠诗，或有遗佚，韩愈的酬答诗则记录了他们之间的酬酢往复。如入袁时有《从潮州量移袁州张韶州端公以诗相贺因酬之》，离开袁州时有《自袁州还京行次安陆先寄随州周员外》等。复次，韩愈在袁州期间，与江西地区的文人，特别是洪州的文人多有交往。元和十五年（820）至长庆三年（823），江西使府府主为王仲舒。王氏与韩愈交情至深，其幕僚如王绩、陆畅、卢简求等人与韩愈常有诗书往来。王仲舒重修滕王阁，请韩愈为之作记。此外，吉州司户孟简与韩愈交往也比较频繁。韩愈入袁途经吉州，孟简热情接待，离开袁州时，又邀至萧洲受道药。②韩愈在袁州还与京城等其他地方的文人来往，比如，柳宗元去世，刘禹锡千里驰书，韩愈为柳宗元撰写了墓志铭和祭文。

综上所述，韩愈量移袁州，从文化传播学的角度来看，对促进当地教育和文学的发展都起到了十分重要的作用。

---

① 陈金凤：《江西通史》（隋唐五代卷），第 239 页。
② 戴伟华：《地域文化与唐代诗歌》，第 237 页。

本章小结

　　一、唐代官学制度，承自前代而益完善。教育理念、教材、教学等方面，与之前相比，均较稳定有序。最为重要的是，唐代教育与科举考试关系非常密切，考试在一定程度上左右了教育导向。但二者之间又有很明显的张力，体现出国家需要与个人发展的不协调性。

　　二、学官选任受政治大环境影响。大体来讲，前期重经学，后期重文学。这与科举考试的变化在整体上是相应的。因此，学官社会地位也呈现出前高后低的动态变化。总体上来说，朝廷"通经致用"的立场是一以贯之的。但这种文教政策，难免受到社会风气等各种因素影响，重经与崇文相互纠缠。

　　三、学官的社会流动，表现出两种情形，一是阶层变化，一是空间移动。这是因为，唐代学官被纳入整个官僚体系运转之中。学官的身份，不仅是学者，而且还是官员。因此，职务升黜体现出阶层变化，京城与地方之间的流动，体现出空间移动。空间移动的方式，主要有正常职务迁转、贬谪、出使、入幕等。

　　四、学官朝野迁转，促进文化互动。学官作为文化载体，把京城文化输入偏远地区，与此同时，学官本身也受地方文化影响。这样一来，由于任职地理位置的变化而获得改变的事物，包括学官、京城、地方三者。京城和地方，作为两种不同的文化源，以学官为媒介，得到交流互动。在强弱不同的文化区域之间，弱势文化区的改变更为明显。比如，在韩愈贬谪潮州、量移袁州过程中，潮、袁两地的变化更大。韩愈本人也发生变化，对潮、袁两州的风物人情有直接体认。这种直接体验与从其他途径获得的间接经验是完全不同的。唐诗中有不少风物描写，如《瀛奎律髓》专列风土一类。仔细体味这些诗歌，发现其中有不少作品是异地风物想象，作者根本未曾到过所写之地。因此，这类作品在传达异地信息时，总有一层隔膜。韩愈对潮、袁两州的体验是直接的，因其实录，故真切动人。

　　五、学官朝野迁转，体现出学官的职务性格特点。最突出的一点是推动当地文教事业的发展。韩愈任职学官时间较长，学官的身份意识较为强烈，因此可视为学官朝野迁转的典型。在与常衮的比较中，可以看到学官迁转与其他官职迁转的区别，主要表现为自觉与自发的不同。

第三章　史官朝野迁转与文学互动

唐代重视修史，太宗贞观年间就纂成二十四史中的八部史书，此后国史的修撰也连绵不辍。史官社会地位崇高，士人均以能预修国史为荣。因此，史官的选任尤为严格。史官的身世具有明显的家族特征。"不虚美、不隐恶"的史官传统，促使泛谏净意识的形成，这种意识对史传文学产生重要影响。史官地方流动途径主要有贬谪、入幕、出使等几种。史官与地方的互动，在史学人才培养、诗风转移、区域文学中心的形成等方面产生影响。同时，史官空间移动还在一定程度上作用于山水散文的创作，史学成为游记文体的重要渊源。

第一节　史官选任的学识要求及家族特征

贞观三年（629）之前，国史修撰隶属秘书省著作局，著作郎、佐郎领其事。贞观三年，太宗下诏修五代史，以成高祖未就之事业。太宗一改前代制度，将修史之职从秘书省转移至中书省，别置秘书内省。自此秘书省著作局始罢史职。① 史馆人员的建置有因袭前代的一面，但太宗将修史转移至中书省，故制度又有创新。《旧唐书》卷43"史馆"下详记其沿革：

> 史官：史官无常员，如有修撰大事，则用他官兼之，事毕

① 《旧唐书》卷43《职官志二》，第1852—1853页；又《新唐书》卷47《百官志二》，第1214页。

日停。

监修国史：下注："贞观已后，多以宰相监修国史，遂成故事也。"

修撰直馆：天宝已后，他官兼领史职者，谓之史馆修撰，初入为直馆也。元和六年，裴垍奏："登朝官领史职者，并为修撰，未登朝官入馆者，并为直馆。修撰中以一人官高者判馆事，其余名目，并请不置。"从之。

楷书手二十五人，典书四人，亭长二人，掌固六人，装潢直一人，熟纸匠六人。①

根据地位和职务，大体上可分为监修国史、一般史官（修撰、直馆）和其他勤杂人员三个层次。关于勤杂人员的记载，两《唐书》稍有出入。《新唐书·百官二》"史馆"条之下，注曰："有令史二人，楷书十二人，写国史楷书十八人，楷书手二十五人，典书二人，亭长二人，掌固四人，熟纸匠六人。"②《新唐书》所记，员额方面典书与掌固各递减二员，人员设置方面无《旧唐书》所载的装潢直，却多出了令史、楷书和写国史楷书。这些杂员并非史书修撰的主体，因而其地位相应地处于下层。

唐代史官任职，主要有文学性和家族性两大特征。

一　史官选任的学识要求

中国古代史官，素以不虚美不隐恶为传统。唐代史官同样以此作为选任标准。武周时期，监修国史朱敬则曾上《请择史官表》：

国之要者，在乎记事之官。是以五帝元风，资其笔削；三王盛事，藉以垂名。此才之难，其难甚矣。……伏以陛下圣德鸿业，诚可垂范将来，傥不遇良史之才，则大典无由而就也。且董

① 《旧唐书》卷43《职官志二》，第1852—1853 页。
② 《新唐书》卷47《百官志二》，第1214 页。

狐南史，岂知生于往代，而独无于此时？在乎求与不求，好与不好尔！今若访得其善者，伏愿勖之以公忠，期之以远大，更超加美职，使得行其道，则天下幸甚。①

朱敬则希望能择得如董狐南史之类的良史，能够是非分明、抗节直书。对于良史，朝廷亦多加赏赐。贞观时期，史官修《高祖实录》《太宗实录》，例有赏赉。后吴兢、刘知几撰《睿宗实录》，又重修《则天中宗实录》，姚崇亦请玄宗恩赏："子玄等始末修撰，诚亦勤劳，叙事纪言，所缘虽重，承恩赏赐，固不在多。子元、吴兢望各赐物一百段。"② 对于那些阿附权贵、贪财曲笔之不良史官，如有发现则一概摒退。张鷟《监修国史刘济状称修史学士李吉甫多行虚饰不据实状有善不劝有恶不惩得财者入史无财者删削褒贬不实非良史之体》：

> 纪功纪过，沮诵肇之于前；系月系时，迟任踪之于后。莫不惩恶劝善，激浊扬清，千载睹其昏明，一字成其褒贬。吉甫缇紬藏室，握椠词林，遵直笔于南史，跨高踪于东观。理须抑扬训诰，斟酌典谟，辨而不华，质而不俚。退而隐恶，慕周舍之坚贞；进不虚美，追扬雄之故事。何得文随意曲，笔逐情偏，非左氏之三家，有刘公之一弊。密会王道之辈，闻而不言；潜济生人之徒，舍而不录。阿附宰相，贵虚饰以佞一时；谄事明君，尚虚名而夸六国。贪述冠冕，遗卫霍之元勋；竞叙婚姻，忘良平之上策。有青蚨之锱，则倍事抑扬；乏黄鸟之金，则辄加删削。就腐刑于汉室，便作谤书；求斛米于梁州，辄成佳传。毁誉在己，高下由心。异班彪之正色，乖董狐之直道；有奸雄之性，无良史之才。徒紊国经，宜从屏退。③

---

① 《全唐文》卷170，第1735页。
② 姚崇：《请褒赏刘子玄吴兢奏》，《全唐文》卷206，第2080页。
③ 《全唐文》卷173，第1764页。

按：张鷟，字文成，约武周时人，唐传奇《游仙窟》作者。据此所载监修国史刘济及史官李吉甫之事，可见唐代对史官的择录是非常严格的。

上述引文说明一件事实，唐代史官选用的首要条件就是要具备耿亮之节、正直之心，要能劝善惩恶，据实褒贬。这在任命监修国史的制敕文中，也有直接反映。玄宗择监修国史，称宋璟、苏颋"在公闻山甫之颂，抗直有史鱼之节。王言斯典，曾是献替，君举必书，亦惟褒贬"①；张说"出忠入孝，匡俗佐时"②。德宗称齐抗"君举必书，宏厥史职"③。宣宗称魏謩"直道事主，宏国佐时"④。僖宗称萧遘"有仲山补衮之助，抱子房借箸之谋"⑤。对监修国史的要求，在忠亮之节外，强调的是学术涵养和史学修养。如玄宗时张说"多识前志，学于旧史"⑥；敬宗时牛僧孺"文探典谟，学贯流略"⑦；宣宗时崔慎由"器识淹通，风鉴明秀"⑧。此即刘知几所谓的"学"，这与监修国史负责修史工作、裁断疑难是相关的。监修国史之"才"，也是非常重要的一个因素，在朝廷任命制文中，一般居于"识""学"之后。如张说"文成微婉，词润金石"；齐抗"文合大雅，行归中庸"；崔慎由"宏览典坟，博通理道，亟更显重，雅有风教"；宣宗时萧邺"词焕丹青，道润金璧"⑨。

普通史官专事修撰。因此，对他们的任职要求，更重在才学。如常衮《授陆鼎史馆知修撰制》云其"终始于学，以致其道，先儒未详，多所究博。秉南史之遗直，补东观之阙文，左右谏曹，所宜迭

---

① 唐玄宗：《命宋璟苏颋修国史制》，《全唐文》卷22，第253页。
② 苏颋：《张说监修国史等制》，《全唐文》卷253，第2559页。
③ 唐德宗：《授齐抗兼修国史制》，《全唐文》卷50，第549页。
④ 唐宣宗：《授令狐绹太清宫使魏謩监修国史裴休集贤殿大学士制》，《全唐文》卷79，第830页。
⑤ 唐僖宗：《授萧遘监修国史韦昭度集贤殿大学士制》，《全唐文》卷86，906页。
⑥ 唐玄宗：《命张说修国史诏》，《全唐文》卷28，第318页。
⑦ 唐敬宗：《授牛僧孺集贤殿大学士监修国史制》，《全唐文》卷68，第713页。
⑧ 唐宣宗：《授崔慎由监修国史萧邺集贤殿学士制》，《全唐文》卷80，第835页。
⑨ 同上书，第837页。

处。鸿都讲艺，亦在论思"①。授荀尚史馆修撰的制文中，说荀尚能够远承荀卿、荀悦儒史之业，深得述作之意。② 穆宗时高锴担任史馆修撰，元稹所撰制文称其"富有文章，优于行实，捃拾匡益，殆无阙遗。前以东观择才，因而命锴，视其所以，足见书词"③。元稹授独孤朗充史馆修撰制文，称朗"属词可观"④。白居易称史馆修撰独孤郁"粲然文藻，秀出于众"⑤。白氏所撰《授沈传师左拾遗史馆修撰制》：

> 京兆府鄠县尉沈传师：庶职之重者，其史氏欤？历代以来，甚难其选。非雄文博学，辅之以通识者，则无以称命。今兹命尔，其有旨哉。昔谈之书，迁能修之；彪之史，固能终之。惟尔先父，尝撰《建中实录》，文质详略，颇得其中。尔宜继前志，率前修，无忝尔父之官之职。可左拾遗史馆修撰。⑥

白氏所谓"雄文博学"，"文质详略，颇得其中"，是对沈既济、传师父子史学才能的肯定。制文虽由白居易草成，而实际代表的是朝廷的态度。元和中，韩愈由太学博士改为比部郎中，并充史馆修撰，其制文云：

> 敕：太学博士韩愈，学术精博，文力雄健，立词措意，有班、马之风，求之一时，甚不易得。加以性方道直，介然有守，不交势利，自致名望。可使执简，列为史官，记事书法，必无所

---

① 常衮：《授陆鼎史馆知修撰制》，《全唐文》卷412，第4223页。
② 常衮：《授荀尚史馆修撰制》，《全唐文》卷412，第4223页。
③ 元稹：《授高锴守起居郎依前充史馆修撰何士乂尚书水部员外郎制》，《全唐文》卷649，第6478页。
④ 元稹：《授独孤朗尚书都官员外郎韦瓘守右补阙同充史馆修撰制》，《全唐文》卷649，第6579页。
⑤ 白居易：《独孤郁守本官知制诰制》，《全唐文》卷660，第6712页。
⑥ 白居易：《授沈传师左拾遗史馆修撰制》，《全唐文》卷660，第6713页。

苟。仍迁郎位，用示褒升。可依前件。①

制文所云"学术精博，文力雄健，立词措意，有班、马之风"，是对韩愈才学的肯定，而"性方道直，介然有守"是对其品节的肯定。刘知几所谓才、学、识者，于此可见。

二　史官任职的家族特征

唐代史官的选任，除有上述学识要求之外，还具有十分明显的家族特征，如彭城刘氏、洛阳独孤氏、华原令狐氏、义兴蒋氏、河东柳氏、吴兴沈氏、苏州吴郡归氏等史官家族。他们在唐代官方史书的修纂中发挥着重要作用。

（一）彭城刘氏彭城房：刘胤之、刘子玄、刘贶、刘餗、刘敦儒

彭城刘氏彭城房一支，在唐代史学发展中占有十分重要的地位。其中影响最大的当然是刘子玄。早在刘子玄之前，其族祖刘胤之与孙万寿、李百药等人为忘年之交，高宗永徽初年与令狐德棻、杨仁卿等修撰国史，封阳城县男。②刘子玄本名知几，后因避李隆基讳改为子玄。子玄与其兄知柔都很有才学，年轻时就较有名气。知几进士及第后授获嘉县主簿。证圣年间上书《思慎赋》，得到苏味道和李峤等人的赞赏。武周长安中迁转为左史，后擢拔为中书舍人。中宗景龙初年，转为太子中允。睿宗景云中，迁为太子左庶子。玄宗开元初，迁左散骑常侍。在史馆修史前后达20余年。著《刘氏家史》15卷、《刘子玄集》30卷等。最有影响的是《史通》20卷，该书总结史学经验，系统地提出了相关史学理论，得到朱敬则、吴兢等人的积极支持。刘子玄有六子：贶、餗、汇、秩、迅、迥，他们在学术上都有成就。刘贶："博通经史，明天文、律历、音乐、医算之术，终于起居郎、修国史。撰《六经外传》三十七卷、《续说苑》十卷、《太乐令

---

① 白居易：《韩愈比部郎中史馆修撰制》，《全唐文》卷661，第6723页。
② 《旧唐书》卷190上《刘胤之传》，第4994页。

壁记》三卷、《真人肘后方》三卷、《天宫旧事》一卷。"① 刘餗：
"右补阙、集贤殿学士、修国史。著《史例》三卷、《传记》三卷、
《乐府古题解》一卷。"②刘觊生浃，浃生敦儒，为起居郎，达礼好
古，有祖风。③

（二）洛阳独孤氏：独孤郁、独孤朗

洛阳独孤郁、独孤朗兄弟先后担任史馆修撰。其父独孤及在天宝
年间与萧颖士、李华齐名，所撰《仙掌铭》为时所称。独孤郁贞元
十四年（798）进士及第，文风绍续乃父，得到中书舍人权德舆的赞
誉，以女妻之。元和五年（810），兼任史馆修撰。迁考功员外郎，
充史馆修撰、判馆事，预修《德宗实录》。独孤郁之弟独孤朗，元和
十五年（820）兼史馆修撰。史载："其年十二月，（李）景俭朝退，
与兵部郎中知制诰冯宿、库部郎中知制诰杨嗣复、起居舍人温造、司
勋员外郎李肇、刑部员外郎王镒等同谒史官独孤朗，乃于史馆饮酒。
景俭乘醉诣中书谒宰相，呼王播、崔植、杜元颖名，面疏其失，辞颇
悖慢。"④独孤朗俨然成为众人首领。此事曾轰动一时，同在史馆饮
酒者皆贬官。⑤ 白居易尝上疏论辩，作《论左降独孤朗等状》。⑥

（三）华原令狐氏：令狐德棻、令狐峘、令狐绹、令狐滈

华原令狐氏从事修史，发轫于令狐德棻。令狐氏世居敦煌，为河
西大族。令狐德棻在武德年间尝受诏与陈叔达、庾俭撰《周书》，事
未行。贞观三年（629）太宗下诏修撰前代史，"德棻仍总知类会梁、
陈、齐、隋诸史"⑦。令狐德棻先后预修"五代史"、《晋书》《氏族

① 《旧唐书》卷102《刘子玄传》，第3174页。
② 同上。
③ 《新唐书》卷132《刘子玄传》，第4523页。
④ 《旧唐书》卷171《李景俭传》，第4456页。
⑤ 按：《旧唐书》卷168《独孤郁传》云朗"出为漳州刺史"，实误。据《旧唐书》
卷171《李景俭传》，贬漳州刺史者为李景俭，因元稹作相，景俭尚未到漳州，即改为楚州
刺史。据《全唐文》卷668白居易《论左降独孤朗等状》，独孤朗所贬官为富州刺史（在
今广西境内）。
⑥ 白居易：《论左降独孤朗等状》，《全唐文》卷668，第6796页。
⑦ 《旧唐书》卷73《令狐德棻传》，第2598页。

志》《五代史志》等史书，贡献巨大。正如刘昫等所赞誉的："令狐德棻贞度应时，待问平直。征旧史，修新礼，以畅国风；辨治乱，谈王霸，以资帝业。'元首明哉，股肱良哉'，其斯之谓欤！"① 德棻五代孙令狐峘，进士及第，代宗初年杨绾引入史馆预修国史。《旧唐书》本传云："自华原尉拜右拾遗，累迁起居舍人，皆兼史职，修《玄宗实录》一百卷、《代宗实录》四十卷。著述虽勤，属大乱之后，起居注亡失，峘纂开元、天宝事，虽得诸家文集，编其诏策，名臣传记十无三四，后人以漏落处多，不称良史。……贞元中，李泌辅政，召拜右庶子、史馆修撰。性既僻异，动失人和。在史馆，与同职孔述睿等争忿细故，数侵述睿。述睿长者，让而不争。无何，泌卒，窦参秉政，恶其为人，贬吉州别驾。久之，授吉州刺史。……元和三年，峘子太仆寺丞丕，始献峘所撰《代宗实录》四十卷。初，峘坐李泌贬，监修国史奏峘所撰实录一分，请于贬所毕功。至是方奏，以功赠工部尚书。"② 令狐楚自言为令狐德棻后裔，其子令狐绹大和四年（830）进士及第，开成年间兼史馆修撰。令狐绹子滈亦进士及第，释褐长安尉、集贤校理。咸通二年（861），迁右拾遗、史馆修撰。③

（四）常州义兴蒋氏：蒋乂、蒋係、蒋伸、蒋偕

常州义兴蒋氏家族的史学渊源，可推溯至著名的史学家吴兢。吴兢与刘子玄、韦述在盛唐史学界鼎足为三，以所著《贞观政要》扬名后世。《旧唐书·蒋乂传》："乂，史官吴兢之外孙，以外舍富坟史，幼便记览不倦。七岁时，诵庾信《哀江南赋》，数遍而成诵在口，以聪悟强力，闻于亲党间。"④蒋乂亦为史学奇才："弱冠博通群籍，而史才尤长。其父在集贤时，以兵乱之后，图籍溷杂，乃白执政，请携乂入院，令整比之。宰相张镒见而奇之，乃署为集贤小职。乂编次逾年，于乱中勒成部帙，得二万余卷，再迁王屋尉，充太常礼院修撰。贞元九年，转右拾遗，充史馆修撰。……元和二年，迁兵部

① 《旧唐书》卷73《令狐德棻传》，第2604页。
② 《旧唐书》卷149《令狐峘传》，第4011—4014页。
③ 《旧唐书》卷172《令狐楚传》，第4459—4469页。
④ 《旧唐书》卷149《蒋乂传》，第4026页。

郎中。与许孟容、韦贯之等受诏删定制敕，成三十卷，奏行用。改秘书少监，复兼史馆修撰。寻奉诏与独孤郁、韦处厚同修《德宗实录》。……乂居史任二十年，所著《大唐宰辅录》七十卷、《凌烟阁功臣》《秦府十八学士》《史臣》等传四十卷。"① 蒋乂五子：係、伸、偕、仙、佶，均得其沾溉。蒋係："太和初授昭应尉，直史馆。二年，拜右拾遗、史馆修撰，典实有父风。与同职沈传师、郑澣、陈夷行、李汉等受诏撰《宪宗实录》。四年，书成奏御，转尚书工部员外，迁本司郎中，仍兼史职。"② 蒋伸："登进士第，历佐使府。大中初入朝，右补阙、史馆修撰，转中书舍人，召入翰林为学士。"③ 蒋偕："有史才，以父任历官左拾遗、史馆修撰，转补阙。咸通中，与同职卢耽、牛丛等受诏修《文宗实录》。"④

（五）河东柳氏：柳芳、柳冕、柳璟

河东柳芳，尝与韦述同修国史。《旧唐书·柳登传》："父芳，肃宗朝史官，与同职韦述受诏添修吴兢所撰《国史》；杀青未竟而述亡，芳绪述凡例，勒成《国史》一百三十卷。上自高祖，下止乾元，而叙天宝后事，绝无伦类，取舍非工，不为史氏所称。然芳勤于记注，含毫罔倦。属安、史乱离，国史散落，编缀所闻，率多阙漏。上元中坐事徙黔中，遇内官高力士亦贬巫州，遇诸途。芳以所疑禁中事，咨于力士。力士说开元、天宝中时政事，芳随口志之。又以《国史》已成，经于奏御，不可复改，乃别撰《唐历》四十卷，以力士所传，载于年历之下。芳自永宁尉、直史馆，转拾遗、补阙、员外郎，皆居史任，位终右司郎中、集贤学士。"⑤ 柳芳子冕："字敬叔。博学富文辞，且世史官，父子并居集贤院。历右补阙、史馆修撰。"⑥ 柳登子璟："初，璟祖芳精于谱学，永泰中按宗正谱牒，自武德已来

---

① 《旧唐书》卷149《蒋乂传》，第4026—4028页。
② 同上书，第4028页。
③ 同上书，第4029页。
④ 同上。
⑤ 同上书，第4030页。
⑥ 《新唐书》卷132《柳登传》，第4537页。

宗枝昭穆相承，撰皇室谱二十卷，号曰《永泰新谱》，自后无人修续。璟因召对，言及图谱事，文宗曰：'卿祖尝为皇家图谱，朕昨观之，甚为详悉。卿检永泰后试修续之。'璟依芳旧式，续德宗后事，成十卷，以附前谱，仍诏户部供纸笔厨料。五年，拜中书舍人充职。"①

（六）吴兴沈氏：沈既济、沈传师

沈既济，《旧唐书·沈传师传》载："博通群籍，史笔尤工，吏部侍郎杨炎见而称之。建中初，炎为宰相，荐既济才堪史任，召拜左拾遗、史馆修撰。"② 其子传师："擢进士，登制科乙第，授太子校书郎、鄠县尉，直史馆，转左拾遗、左补阙，并兼史职。迁司门员外郎、知制诰，召充翰林学士。历司勋、兵部郎中，迁中书舍人。性恬退无竞，时翰林未有承旨，次当传师为之，固称疾，宣召不起，乞以本官兼史职。俄兼御史中丞，出为潭州刺史、湖南观察使。……初，传师父既济撰《建中实录》十卷，为时所称。传师在史馆，预修《宪宗实录》未成，廉察湖南，特诏赍一分史稿，成于理所。"③

（七）苏州吴郡归氏：归崇敬、归登

苏州吴郡归崇敬、归登父子相续入馆修史。《旧唐书·归崇敬传》："天宝末，对策高第，授左拾遗，改秘书郎。迁起居郎、赞善大夫，兼史馆修撰，又加集贤殿校理。以家贫求为外职，历同州、润州长史，会玄宗、肃宗二帝山陵，参掌礼仪，迁主客员外郎。又兼史馆修撰，改膳部郎中。"④ 其子归登："字冲之。……贞元初，复登贤良科，自美原尉拜右拾遗。……后迁兵部员外郎，充皇子侍读，寻加史馆修撰。"⑤

以上列举了唐代较有声望的七大修史家族，从中可以了解史官家族的身世特征。唐代史官家族特征的成因，大致可归为以下几点。其

---

① 《旧唐书》卷149《柳登传》，第4033页。

② 《旧唐书》卷149《沈传师传》，第4034页。

③ 同上书，第4037页。

④ 《旧唐书》卷149《归崇敬传》，第4014—4015页。

⑤ 同上书，第4019—4020页。

一，史学作为家学在家族中传承，是史官家族特征形成的学术原因。上述诸例中，史学的传承大都发生于父子兄弟之间，就是最好的明证。五代史臣对常州义兴蒋氏一族的评议，亦可见一斑："蒋氏世以儒史称，不以文藻为事，唯伸及係子兆有文才，登进士第，然不为文士所誉。与柳氏、沈氏父子相继修国史实录，时推良史，京师云《蒋氏日历》，士族靡不家藏焉。"① 另外，史官修国史与修家谱有若干相似之处，以家学出任史官，驾轻就熟，有其便利之处。其二，保护既得利益之需要。修国史向来是士人最高的人生理想，担任史官或修史可以提高门第声望，加强儒术传家门风，保持其学术官员地位。其三，政治上进一步扩张的需要。史官还可以通过修史为自己家族谋得更辉煌的记录，以利于进一步提升家族政治地位。如义兴蒋氏之蒋伸大中末由史官升任宰相，即其著例。② 因此，研究唐代史官迁转与文学互动关系，史官的家族特征是一个不容忽视的重要现象。

第二节　史官地方流动及其文学影响

唐代史馆史官以他官兼任，主要馆职有监修国史、兼修国史、史官修撰和直史馆等。这些史职都是职事官，他们还要带一个阶官作为俸禄之寄并用以迁转，所带的阶官也就是他们的本官。据统计，唐代史馆史官任职共计330人次③，其迁出后多任职京官，继续在长安工作，亦有部分迁转到地方任职。史官迁出的途径主要有官僚体系中的正常迁转，以及贬谪、入幕、出为诸使等方式。另外，史官有时也受朝廷临时差遣，作为使者出使邻邦或其他地区。以往对唐代史官的研究，主要围绕史官文化、史学史、史学与文学之关系等展开。对于史官的职务迁转，也有一定关注，比如，张荣芳《唐代的史馆与史官》，集中研究史官职务的迁入与迁出，但关注的焦点是史官出入的

---

① 《旧唐书》卷149《蒋乂传》，第4029页。
② 同上。
③ 吴夏平：《唐代中央文馆制度与文学研究》，第432—454页。

品阶升降和职务变化，对于史官向地方的流动，则尚无注意。史官从京城向地方流动，是一个既有事实。从这个史实出发进行考察，可以进一步认识史官与政治、史官与唐代文学之间的关系。

一　史官地方流动路径

（一）正常迁转

史官所带的阶官，或者说本职官，是唐代官僚体系中的重要一环。从迁转途径上来说，他们也像其他官员一样有正常的迁转需要。从史料记载来看，史官由京城迁转到地方，有以下诸例。如刘胤之出为楚州刺史："永徽初，累转著作郎、弘文馆学士，与国子祭酒令狐德棻、著作郎杨仁卿等，撰成国史及实录，奏上之，封阳城县男。寻以老，不堪著述，出为楚州刺史。"① 张大素出为怀州长史："龙朔中历位东台舍人，兼修国史，卒于怀州长史。"② 徐彦伯出为卫州刺史："神龙元年，迁太常少卿，兼修国史，以预修《则天实录》成，封高平县子，赐物五百段。未几，出为卫州刺史，以善政闻，玺书劳勉。"③ 裴坦转任楚州刺史："坦及进士第，沈传师表置宣州观察府，召拜左拾遗、史馆修撰。历楚州刺史。"④ 张次宗出为舒州刺史："次宗最有文学，稽古履行。开成中，为起居舍人。……改礼部员外郎，以兄文规为韦温不放入省出官，次宗坚辞省秩，改国子博士兼史馆修撰。出为舒州刺史，卒。"⑤ 李涣，大中十二年（858）二月以库部员外郎、史馆修撰出为长安令。⑥ 裴格，天祐二年（905）五月甲申以长安尉、直史馆出为符离尉。⑦ 从上述情况来看，这些史官迁转到地方任职，都属于官僚系统中的正常职务迁转。

① 《旧唐书》卷 190 上《刘胤之传》，第 4994 页。
② 《旧唐书》卷 68《张公谨传》附张大素传，第 2507 页。
③ 《旧唐书》卷 94《徐彦伯传》，第 3006 页。
④ 《新唐书》卷 182《裴坦传》，第 5375 页。
⑤ 《旧唐书》卷 129《张延赏传》附张次宗传，第 3613 页。
⑥ 《旧唐书》卷 18 下《宣宗纪》，第 644 页。
⑦ 《旧唐书》卷 20 下《哀帝纪》，第 796 页。

（二）贬谪

唐代士人几乎都遭受过贬谪，这也是人生常态。但史官遭贬谪者似乎更严重。其原因正如五代史臣所言："前代以史为学者，率不偶于时，多罹放逐，其故何哉？诚以褒贬是非在于手，贤愚轻重系乎言，君子道微，俗多忌讳，一言切己，嫉之如仇。所以峘、荐坎壈于仕涂，沈、柳不登于显贯，后之载笔执简者，可以为之痛心！"① 这番评议有一定道理，盖史臣所拥有的舆论权力影响到他们的命运。唐代史官仕途多舛，时遭贬逐，与他们的职业特点和性格特征莫不相关。以下史官的遭遇便是最好的明证。

朱敬则贬庐州刺史："（神龙）二年，侍御史冉祖雍素与敬则不协，乃诬奏云与王同皎亲善，贬授庐州刺史。经数月，洎代到，还乡里，无淮南一物，唯有所乘马一匹，诸子徒步从而归。"② 刘子玄贬安州都督府别驾："（开元）九年，长子贶为太乐令，犯事配流。子玄诣执政诉理，上闻而怒之，由是贬授安州都督府别驾。……子玄至安州，无几而卒。"③ 归崇敬贬饶州司马："（大历中）会国学胥吏以餐钱差舛，御史台按问，坐贬饶州司马。"④ 杨炎贬道州司马："元载自作相，常选擢朝士有文学才望者一人厚遇之，将以代己。……载亲重炎，无与为比。载败，坐贬道州司马。"⑤ 令狐峘贬衡州别驾："建中初，峘为礼部侍郎，炎为宰相，不念旧事。有士子杜封者，故相鸿渐子，求补弘文生。炎尝出杜氏门下，托封于峘。峘谓使者曰：'相公诚怜封，欲成一名，乞署封名下一字，峘得以志之。'炎不意峘卖，即署名托封。峘以炎所署奏论，言宰相迫臣以私，臣若从之，则负陛下，不从则炎当害臣。德宗出疏问炎，炎具言其事，德宗怒甚，曰：'此奸人，无可奈何！'欲决杖流之，炎苦救解，贬衡州别驾。迁衡

①　《旧唐书》卷149，第4038页。
②　《旧唐书》卷90《朱敬则传》，第2915页。
③　《旧唐书》卷102《刘子玄传》，第3173页。
④　《旧唐书》卷149《归崇敬传》，第4019页。
⑤　《旧唐书》卷118《杨炎传》，第3419页。

州刺史。"① 按：据《旧唐书·德宗纪上》，令狐峘所贬官为郴州司马。② 柳冕贬巴州司户参军："冕，字敬叔。博学富文辞，且世史官，父子并居集贤院。历右补阙、史馆修撰。坐善刘晏，贬巴州司户参军。"③ 按：柳冕贬谪时间，据《旧唐书·德宗纪上》当在建中元年（780）二月。④ 于邵贬桂州长史："天宝末进士登科，书判超绝，授崇文馆校书郎。……寻拜谏议大夫、知制诰，再迁礼部侍郎、史馆修撰，为三司使。以撰上尊号册，赐阶三品，当时大诏令，皆出于邵。顷之，与御史中丞袁高、给事中蒋镇杂理左丞薛邕诏狱。邵以为邕犯在赦前，奏出之，失旨，贬桂州长史。"⑤ 王彦威贬河南少尹："以本官兼史馆修撰。……兴平县人上官兴，因醉杀人亡窜，吏执其父下狱，兴自首请罪，以出其父。京兆尹杜悰、御史中丞宇文鼎，以其首罪免父，有光孝义，请减死配流。彦威与谏官上言曰：'杀人者死，百王共守。若许杀人不死，是教杀人。兴虽免父，不合减死。'诏竟许决流。彦威诣中书投宰相面论，语评气盛。执政怒，左授河南少尹。"⑥

　　上述贬官当中，最突出的应该是令狐峘，先后三次遭贬。一贬郴州司马，前文已述。二贬吉州别驾，史载："贞元中，李泌辅政，召拜右庶子、史馆修撰。性既僻异，动失人和。在史馆，与同职孔述睿等争忿细故，数侵述睿。述睿长者，让而不争。无何，泌卒，窦参秉政，恶其为人，贬吉州别驾。久之，授吉州刺史。"⑦ 三贬衢州别驾："齐映廉察江西，行部过吉州。故事，刺史始见观察使，皆戎服趋庭致礼；映虽尝为宰相，然骤达后进，峘自恃前辈，有以过映，不欲以

---

① 《旧唐书》卷149《令狐峘传》，第4013页。
② 《旧唐书》卷12《德宗纪上》：建中元年二月"甲寅，贬史馆修撰、礼部侍郎令狐峘郴州司马"。第325页。
③ 《新书》卷132《柳登传》，第4537页。
④ 《旧唐书》卷12《德宗纪上》：建中元年二月甲寅，贬"右补阙柳冕巴州司户"。第325页。
⑤ 《旧唐书》卷137《于邵传》，第3766页。
⑥ 《旧唐书》卷157《王彦威传》，第4155—4156页。
⑦ 《旧唐书》卷149《令狐峘传》，第4013—4014页。

戎服谒。入告其妻韦氏，耻抹首趋庭。谓峘曰：'卿自视何如人，白头走小生前，卿如不以此礼见映，虽黜死，我亦无恨。'峘曰'诺'，即以客礼谒之。映虽不言，深以为憾。映至州，奏峘纠前政过失，鞫之无状，不宜按部临人，贬衢州别驾。"①三次贬逐都与他的耿介性格相关。

（三）入幕

史官出为诸府从事，也是他们地方流动的一条重要途径。发现有以下诸例。

崔元受入幕为判官："元受登进士第，高陵尉，直史馆。元和初，于皋谟为河北行营粮料使。元受与韦岵、薛巽、王湘等皆为皋谟判官，分督供馈。"②郑亚入幕为元帅判官："（会昌三年）十一月，邠宁奏党项入寇。……乃以兖王岐为灵、夏等六道元帅兼安抚党项大使，……史馆修撰郑亚为元帅判官，令赍诏往安抚党项及六镇百姓。"③刘崇龟入幕为节度判官，赵崇为观察判官：僖宗乾符中，诏郑从谠为河东节度，兼行营招讨等使，诏许自择参佐，于是奏请"兵部员外郎、史馆修撰刘崇龟为节度判官，前司勋员外郎、史馆修撰赵崇为观察判官。……开幕之盛，冠于一时"④。

（四）出为诸使

由史官出为方镇使府，发现张说和沈传师两例。《旧唐书·张说传》："开元七年，检校并州大都督府长史，兼天兵军大使，摄御史大夫，兼修国史，仍赍史本随军修撰。"⑤"开元八年十二月二十日诏：'右羽林将军检校并州大都督府长史燕国公张说，多识前志，学于旧史，文成微婉，词润金石。可以昭振风雅，光扬轨训。可兼修国史，仍赍史本就并州随军修撰。"⑥"（开元九年）拜兵部尚书、同中

---

① 《旧唐书》卷149《令狐峘传》，第4014页。
② 《旧唐书》卷163《崔元略传》附崔元受传，第4163页。
③ 《资治通鉴》卷247"会昌三年"，第7993页。
④ 《旧唐书》卷158《郑从谠传》，第4170页。
⑤ 《旧唐书》卷97《张说传》，第3052页。
⑥ 《唐会要》卷63"在外修史"条，第1098页。

书门下三品，仍依旧修国史。明年，又敕说为朔方军节度大使，往巡五城，处置兵马。"① 由此可知，张说曾两次出为镇帅同时兼任史职，并随军修史。沈传师，《新唐书》本传："遂以本官兼史职。俄出为湖南观察使。"② 沈传师在湖南观察使任上，亦随军修史。

（五）充使

史官有时还肩负朝廷使命，作为使者出使周边其他国家。如归崇敬使新罗。《旧唐书·归崇敬传》："又兼史馆修撰，改膳部郎中。……大历初，以新罗王卒，授崇敬仓部郎中、兼御史中丞，赐紫金鱼袋，充吊祭、册立新罗使。"③ 归崇敬这次出使体现了他的器度和操守："至海中流，波涛迅急，舟船坏漏，众咸惊骇。舟人请以小艇载崇敬避祸，崇敬曰：'舟中凡数十百人，我何独济？'逡巡，波涛稍息，竟免为害。故事，使新罗者，至海东多有所求，或携资帛而往，贸易货物，规以为利。崇敬一皆绝之，东夷称重其德。使还，授国子司业，兼集贤学士。"④

另一位以史官充使的是张荐。张荐精于史传之学，得到颜真卿和李涵的赏识。史载："荐少精史传，颜真卿一见叹赏之。天宝中，浙西观察使李涵表荐其才可当史任，乃诏授左司御率府兵曹参军。既至阙下，以母老疾，竟不拜命。母丧阕，礼部侍郎于邵举前事以闻，召充史馆修撰，兼阳翟尉。朱泚之乱，变姓名伏匿城中，因著《史通先生传》。德宗还宫，擢拜左拾遗。贞元元年冬，上亲郊。时初克复，簿籍多失，礼文错乱，乃以荐为太常博士，参典礼仪。"⑤ 张荐一生三次充任使者，两入回纥，一入吐蕃，最后死在出使吐蕃途中。第一次是送咸安公主入回纥："（贞元）四年，回纥和亲，以检校右仆射、刑部尚书关播充使，送咸安公主入蕃，以荐为判官，转殿中侍御史。使还，转工部员外郎，改户部本司郎中。十一年，拜谏议大夫，仍充

---

① 《旧唐书》卷97《张说传》，第3053页。
② 《新唐书》卷132《沈传师传》，第4541页。
③ 《旧唐书》卷149《归崇敬传》，第4016页。
④ 同上。
⑤ 《旧唐书》卷149《张荐传》，第4024页。

中馆修撰。"① 第二次是入回纥充吊祭使："时裴延龄恃宠，潜毁士大夫。荐欲上书论之，屡扬言未果。延龄闻之怒，奏曰：'谏官论朝政得失，史官书人君善恶，则领史职者不宜兼谏议。'德宗以为然。荐为谏议月余，改秘书少监。延龄排摈不已，会差使册回纥毗伽怀信可汗及吊祭，乃命荐兼御史中丞，入回纥。"② 第三次是充吊祭使入吐蕃："（贞元）二十年，吐蕃赞普死，以荐为工部侍郎、兼御史大夫，充入吐蕃吊祭使。涉蕃界二千余里，至赤岭东被病，殁于纥壁驿，吐蕃传其枢以归。顺宗即位，凶问至，诏赠礼部尚书。"③ 张荐三次出使西域，得到后人高度评价："荐自拾遗至侍郎，仅二十年，皆兼史馆修撰。三使绝域，皆兼宪职。以博洽多能，敏于占对被选。"④

二　史官地方流动的文学影响

从上述五种途径可知史官地方流动的过程和特点，史官地方流动对文学产生的影响，主要表现在：一是通过培养史学人才影响史传文写作；二是有影响力的史官在地方任职，促进区域文学中心的形成；三是史官的出使，在一定程度上推动诗歌创作，转变诗歌风格。

（一）培养史学人才

史学人才的培养主要来自于史官在外修史。贞观三年（629）太宗别立史馆，玄宗时又将史馆移置于禁中，目的都是要对修史进行控制，以便左右舆论导向。所以，从制度上来说，史官修史都必须在史馆进行。但事实上，史官在外修史时有发生。据记载，最先在外修史的史官是张说。前引《旧唐书·张说传》："开元七年，检校并州大都督府长史，兼天兵军大使，摄御史大夫，兼修国史，仍赍史本随军修撰。"⑤ 据《唐会要》卷63记载，张说在外修史得到玄宗的许可："开元八年十二月二十日诏：'右羽林将军检校并州大都督府长史燕

---

① 《旧唐书》卷149《张荐传》，第4024页。
② 同上。
③ 同上。
④ 同上书，第4025页。
⑤ 《旧唐书》卷97《张说传》，第3052页。

国公张说，多识前志，学于旧史，文成微婉，词润金石。可以昭振风雅，光扬轨训。可兼修国史，仍赍史本就并州随军修撰'。"①

继张说之后在外修史的史官是吴兢。史载："（开元）十四年七月十六日，太子左庶子吴兢上奏曰：'臣往者长安景龙之岁，以左拾遗起居郎兼修国史，……潜心积思，别撰《唐书》九十八卷，《唐春秋》三十卷，用藏于私室。虽绵历二十余年，尚刊削未就。但微臣私门凶衅，顷岁以丁忧去官，自此便停知史事。窃惟帝载王言，所书至重，倘有废绝，实深忧惧。于是弥纶旧纪，重加删缉。虽文则不工，而事皆从实。断自隋大业十三年。迄于开元十四年春三月。即皇家一代之典，尽在于斯矣。既将撰成此书于私家，不敢不奏。又卷轴稍广，缮写甚难，特望给臣楷书手三数人，并纸墨等，至绝笔之日，当送上史馆。'于是敕兢就集贤院修成其书，俄又令就史馆。及兢迁荆州司马，其书未能就。兢所修草本，兢亦自将。上令中使往荆州取得五十余卷。其纪事疏略，不堪行用。"② 贞元年间，史官令狐峘在吉州修国史。《旧唐书·令狐峘传》："贞元中，李泌辅政，召拜右庶子、史馆修撰。性既僻异，动失人和。在史馆，与同职孔述睿等争忿细故，数侵述睿。述睿长者，让而不争。无何，泌卒，窦参秉政，恶其为人，贬吉州别驾。久之，授吉州刺史。……元和三年，峘子太仆寺丞丕，始献峘所撰《代宗实录》四十卷。初，峘坐李泌贬，监修国史奏峘所撰实录一分，请于贬所毕功。至是方奏，以功赠工部尚书。"③ 穆宗长庆三年（823）六月，沈传师在湖南观察使任修史。《新唐书》本传："遂以本官兼史职。俄出为湖南观察使。方传师与修《宪宗实录》，未成，监修杜元颖因建言：'张说、令狐峘在外官论次国书，今藁史残课，请付传师即官下成之。'诏可。"④《唐会要》卷63"在外修史"条，详载杜元颖所上奏疏："长庆三年六月，中书侍郎平章事监修国史杜元颖奏：'臣去年奉诏，命各据见在史官，分

---

① 《唐会要》卷63"在外修史"条，第1098页。
② 同上书，第1098—1099页。
③ 《旧唐书》卷149《令狐峘传》，第4013—4014页。
④ 《新唐书》卷132《沈传师传》，第4541页。

修《宪宗实录》。今缘沈传师改官，若更求人，选择非易。沈传师当
分虽搜罗未周，条目纪纲，已粗有绪。窃以班固居乡里，而继成《汉
书》；陈寿处私家，而专精《国志》。玄宗国史，张说在本镇兼修；
代宗编年，令狐峘自外郡奏上。远考前代，近参本朝，皆可明征，实
有成例。其沈传师一分，伏望勒就湖南修毕，先送史馆，与诸史官参
详，然后闻奏。庶使官业责成，有始终之效；传闻撼实，无同异之
差.'制可。"①

　　从张说到沈传师，先后有四位史官在外修史，而且多在外任上完
成修史任务。比如，吴兢在荆州司马任上所修之史，朝廷派人取回
50余卷。所谓"纪事疏略，不堪行用"，只不过是后来史官的一种偏
见而已。实际上，吴兢作为盛唐时期与刘知几、韦述鼎足而三的重要
史官，其对唐史修纂的贡献是十分重大的。令狐峘先后在吉州和衢州
修成《代宗实录》四十卷。沈传师在湖南长沙也完成了《宪宗实录》
中的一部分。这些成果，显然不只是他们三个人的功劳。在修史过程
中，应得到其他文人的支持和帮助。反过来看，修史工作也是对史学
人才的培养。可以杜佑修《通典》为例。依据杜佑本人献书时所说
的"自顷缵修，年逾三纪"② 来看，《通典》修纂过程是漫长的，大
约有30余年。王鸣盛根据李翰《通典序》及杜佑《自序》，考察
《通典》成书经过，认为杜佑动笔作《通典》在大历之始，时杜佑从
事浙西韦元甫幕。其大致过程是这样的：大历元年（766）至三年
（768），杜佑为浙西韦元甫幕僚，始作《通典》。大历三年（768）至
六年（771），杜佑为淮南韦元甫幕僚，《通典》初稿成，李翰为之作
序。大历六年（771）至贞元六年（790），杜佑或对《通典》作局部
改易。贞元六年（790）至十七年（801），杜佑节镇淮南，系统改定
《通典》并上献朝廷。③ 从大历元年（766）至贞元十七年（801），
时间刚好是36年，与杜佑自己所说的"年逾三纪"刚好吻合。杜佑

① 《唐会要》卷63"在外修史"条，第1099—1100页。
② 《旧唐书》卷147《杜佑传》，第3983页。
③ 参考戴伟华《唐代使府与文学研究》，广西师范大学出版社1998年版，第60页。

献书时称"图籍实多，事目非少，将事功毕，罔愧乖疏"①，既是谦辞，也是实情，从各种文献中搜罗排比，只靠杜佑一人的力量显然不够。因此说《通典》成于众人之手，大致不错。《通典》的修纂，成为杜佑培养史学人才的一个平台。这为史官在外修史培养史学人才提供了一个侧面例证。

（二）促进区域文学发展

史官迁转至地方，以其影响力推动当地文学创作，促进区域文学中心形成，可以沈传师为例。沈氏于长庆三年（823）六月镇湖南，《旧唐书·穆宗纪》："宰相监修图史杜元颖奏：史官沈传师除镇湖南，其本分修史，便令将赴本任修撰。从之。"②《旧唐书》本传："传师在史馆，预修《宪宗实录》未成，廉察湖南，特诏赍一分史稿，成于理所。"③按：沈传师出任湖南观察使，时间在长庆三年（823）至宝历二年（826）间，前后4年。沈氏在长沙，曾作《次潭州酬唐侍御姚员外游道林岳麓寺题示》一诗，记录了他和幕僚唐持、姚向等人在湖南的一次游历经过，从一个侧面反映了幕府生活。其诗曰：

> 承明年老辄自论，乞得湘守东南奔。为闻楚国富山水，青嶂逦迤僧家园。含香珥笔皆眷旧，谦抑自忘台省尊。不令执简候亭馆，直许携手游山樊。忽惊列岫晓来逼，朔雪洗尽烟岚昏。碧波回屿三山转，丹槛缭郭千艘屯。华镳蹀躞绚砂步，大斾彩错辉松门。樛枝竞骛龙蛇势，折干不灭风霆痕。相重古殿倚岩腹，别引新径萦云根。目伤平楚虞帝魂，情多思远聊开樽。危弦细管逐歌飘，画鼓绣靴随节翻。铄金七言凌老杜，入木八法蟠高轩。嗟余潦倒久不利，忍复感激论元元。④

---

① 《旧唐书》卷147《杜佑传》，第3983页。
② 《旧唐书》卷16《穆宗纪》，第502页。
③ 《旧唐书》卷149《沈传师传》，第4037页。
④ 《全唐诗》卷466，第5303页。

沈传师在湖南，其幕僚主要有周墀、李馀、唐持、姚向、杨敬之等。①
这些文士，经过沈传师精挑细选而来，均有诗才。《新唐书》本传：
"传师性夷粹无竞，更二镇十年，无书贿入权家。初拜官，宰相欲以
姻私托幕府者，传师固拒曰：'诚尔，愿罢所授。'故其僚佐如李景
让、萧寘、杜牧，极当时选云。"② 由此可见一斑。李馀与沈传师、
白居易为诗友。白居易曾作《醉送李协律赴湖南辟命因寄沈八中
丞》："富阳山底樟亭畔，立马停舟飞酒盂。曾共中丞情缱绻，暂留
协律语踟蹰。紫微星北承恩去，青草湖南称意无。不羡君官羡君幕，
幕中收得阮元瑜。"③ 李协律即李馀，沈八中丞即沈传师。李馀入幕，
贾岛亦作诗送行。《送李馀往湖南》："昔去候温凉，秋山满楚乡。今
来从辟命，春物遍涔阳。岳石挂海雪，野枫堆渚樯。若寻吾祖宅，寂
寞在潇湘。"④ 杨敬之与诗人李涉相知。李涉《送杨敬之倅湖南》：
"久嗟尘匣掩青萍，见说除书试一听。闻君却作长沙傅，便逐秋风过
洞庭。"⑤ 可见沈传师廉察湖南，和幕僚形成了一个区域文学创作群
体。这个群体不仅在湖南互相唱和，而且以长沙为中心向周边辐射。

（三）推动诗歌创作转变

唐代史官的身份有时是多重的，既是史家，又是诗人。张说就是
这样一位典型。他从京城转移至地方，特别是在开元十年（722）作
为朔方军节度大使往巡五城，对他个人和当时诗坛都是一次较为重要
的事件，也对诗歌进程产生了积极影响。《旧唐书》本传："（开元九
年）拜兵部尚书、同中书门下三品，仍依旧修国史。明年，又敕说为
朔方军节度大使，往巡五城，处置兵马。"⑥ 张说出巡时，玄宗主持
过一次盛大的欢送诗会。《全唐诗》保存了大量的送别诗歌。玄宗
《送张说巡边》："端拱复垂裳，长怀御远方。股肱申教义，戈剑靖要

---

① 戴伟华：《唐方镇文职僚佐考》，天津古籍出版社1994年版，第495—496页。
② 《新唐书》卷132《沈传师传》，第4541页。
③ 《全唐诗》卷443，第4964页。
④ 《全唐诗》卷572，第6645页。
⑤ 《全唐诗》卷477，第5435页。
⑥ 《旧唐书》卷97《张说传》，第3053页。

荒。命将绥边服，雄图出庙堂。三台入武帐，八座起文昌。宝胄匡韩
主，华宗辅汉王。茂先惭博物，平子谢文章。尽节恢时佐，输诚御寇
场。三军临朔野，驷马即戎行。鼓吹威夷狄，旌轩溢洛阳。云台先著
美，今日更贻芳。"① 此外，还有崔日用（卷46）、宋璟（卷64）、崔
泰之（卷91）、源乾曜（卷107）、徐坚（卷107）、胡皓（卷108）、
韩休、许景先、王丘、苏晋、崔禹锡、张嘉贞、卢从愿、袁晖、王光
庭、徐知仁、席豫（以上卷111）、贺知章（卷112）、王翰（卷
156）等人的诗歌。

　　张说于巡边之际，创作不少诗篇。如《巡边在河北作》："去年
六月西河西，今年六月北河北。沙场碛路何为尔，重气轻生知许国。
人生在世能几时，壮年征战发如丝。会待安边报明主，作颂封山也未
迟。"② 诗风高亢，表达了建功立业忠心报国的壮烈情怀。再如另一
首《巡边在河北作》："抚剑空馀勇，弯弧遂无力。老去事如何，据
鞍长叹息。故交索将尽，后进稀相识。独怜半死心，尚有寒松直。"③
诗风较为低沉，主要写年老力衰的感伤，似乎遇到了什么烦心事，又
好像是在向谁表白内心的贞直。两首诗较好地反映了张说巡边期内的
不同心绪，对我们进一步认识诗人的内心世界是很有帮助的。

　　由上述可知，唐代史馆史官本任职于京城长安，但由于各种原
因，比如，职务迁转、贬谪、出使、入幕等，使得他们在京城与地方
之间流动。这种流动，在史学人才培养、推进区域文学发展、改变诗
歌创作风格等方面都产生了较为广泛的影响。研究史官地方流动，改
换以往静态视角，对检视史官与政治、史学与文学的互动关联，具有
十分重要的意义。

　　上述结论为地域文学研究提供了一种新的思路。地域文学的形
成，从源头上来说，不仅包括本区域的文人群体，而且应当将考察视
野拓展至地方与京城之间的文学和文化的互动上来。同时，上述研

---

① 《全唐诗》卷3，第40页。
② 《全唐诗》卷86，第940页。
③ 同上书，第931页。

究，还为区域之间文化融通的研究提供了一个新的视角。文人群体作为文化的载体和传播者，他们在不同区域间流动，这就要求在研究过程中，不仅要看到文化流动的一面，还要照顾不同文人群体各自特性的一面，要区分他们不同的职业和社会身份。

研究史官的地方流动还有一个意义，就是以此作为切入点，结合史职特色，通过史官贬谪这个角度来观察政治兴衰。据笔者统计，初盛唐史官贬谪至地方者不到 10 人次，中晚唐则有 20 人次之多。史官贬谪与其他官员的贬谪有不同之处。史官的本职工作是修国史，秉承"不隐恶，不虚美"的史学精神，对有唐一代国史进行客观叙述。唐朝对皇权的制约，有三种基本力量，三省制度及宰相分权之外，尚有舆论监督。舆论的制约力量主要来自史官和谏官。唐代史官通过史笔实现对皇权的约控，其言论具有"泛谏诤"特点。唐设史馆，集体修史，刘知几曾对其批评，认为功成则归于监修国史，不成则无人担责。所以史官修史，"十羊九牧"，生态恶劣，因修史而得罪者往往有之。朱敬则、刘知几、吴兢、令狐峘等人之贬皆为著例。但从初盛与中晚的比较来看，唐朝前期的言论相对开放和包容，而后期则在管控方面有所加强。越是开放包容，皇权越高。越是强调管控，皇权则越加衰落。这与唐代政治大势恰好吻合。

第三节　史官谏诤意识与文学表达

关于谏诤的起源，已无直接文史资料可以考据。但后人有许多关于谏的传说，大致可以推溯到尧、舜、禹时代。《管子·桓公问》："黄帝立明台之议者，上观于贤也。尧有衢室之问者，下听于人也。舜有告善之旌，而主不蔽也。禹立谏鼓于朝，而备讯矣。汤有总街之庭，以观人诽也。武王有灵台之复，而贤者进也。"① 《淮南子·主术训》："尧立诽谤之木，舜设敢谏之鼓。"② 《艺文类聚》卷 19《晋·

---

① 颜昌峣：《管子校释》卷 18，岳麓书社 1996 年版，第 452 页。
② 何宁：《淮南子集释》卷 9，中华书局 1998 年版，第 691 页。

孙楚反金人铭》："尧悬谏鼓，舜立谤木。"① 以上三说虽在具体细节上有差别，但我们仍可看出：（1）谏的现象在尧舜时代已经存在。（2）谏现象当时是被杰出政治领袖用来建立开明的舆论制度、进言制度的，因而自其产生之日起，就已归属于舆论范围。有人认为，尧舜时代一直为老庄学派及历来君王推崇为清明的政治时代，显然与尧舜妥善地处理了通过进谏反映的民意分不开。②

一　史官谏诤意识的形成

史官谏诤意识的形成，可从三方面来考察：一是史官对于史书社会功用的认识，二是对其修史本职工作性质的认识，三是文学传统的影响。

第一，对于史书社会功用的认识。影响史官认识史书社会功用最大者莫过于《春秋》。孔子作《春秋》的意图，在孟子、荀子、司马迁等人论述中，逐步形成较为一致的看法，那就是借"微言大义"和春秋笔法寄寓褒贬。孟子认为："世衰道微，邪说暴行有作，臣弑其君者有之，子弑其父者有之。孔子惧，作《春秋》。《春秋》，天子之事也。是故孔子曰：'知我者其惟《春秋》乎！罪我者其惟《春秋》乎！'"又云："昔者禹抑洪水而天下平，周公兼夷狄、驱猛兽而百姓宁，孔子成《春秋》而乱臣贼子惧。"③ 孟子这段议论，对《春秋》作意做了最明确的表述，认为《春秋》是救世之书，是孔子针对乱臣贼子横行无忌局面力图拨乱反正之书。《荀子·劝学》："《礼》之敬文也，《乐》之中和也，《诗》《书》之博也，《春秋》之微也，在天地之间者毕矣。"④ 又《儒效》："《春秋》言是，其微也。"杨倞注"《春秋》之微也"："微谓褒贬沮劝。"⑤ 大约是指《春秋》在遣词造句之中暗寓政治是非善恶的肯定和批判。亦即微言大义之

---

① 欧阳询：《艺文类聚》卷 19，上海古籍出版社 1965 年版，第 348 页。
② 邱江波：《从舆论学角度看中国古代谏诤现象》，《社会科学家》1991 年第 3 期。
③ 杨伯峻：《孟子译注》卷 6，中华书局 1962 年版，第 155 页。
④ 王先谦：《荀子集解》卷 1，中华书局 1988 年版，第 12 页。
⑤ 王先谦：《荀子集解》卷 4，第 133 页。

"微"，强调《春秋》具有褒贬社会的功用。司马迁《太史公自序》："夫《春秋》上明三王之道，下辨人事之纪，别嫌疑，明是非，定犹豫，善善恶恶，贤贤贱不肖，存亡国，继绝世，补敝起废，王道之大者也。"① 这种认识对后世影响很大，历代学者都强调《春秋》"正名分""寓褒贬"的笔伐功能。唐初修五代史，高祖和太宗明确提出纂修史书的劝诫目的。高祖《修魏周隋梁齐陈史诏》："考论得失，究尽变通，所以裁成义类，惩恶劝善，多识前古，贻鉴将来。"② 太宗《修晋书诏》："彰善瘅恶，振一代之清芬；褒德惩凶，备百王之令典。"③

　　唐德宗建中初年，杨炎为宰相，荐沈既济为史馆修撰。此前吴兢撰《国史》，为武则天立本纪，沈既济大不以为然，奏议非之："史氏之作，本乎惩劝，以正君臣，以维家邦。前端千古，后法万代，使其生不敢差，死不忘惧。纬人伦而经世道，为百王准的，不止属辞比事，以日系月而已。故善恶之道，在乎劝诫；劝诫之柄，存乎褒贬。是以《春秋》之义，尊卑轻重升降，几微仿佛，虽一字二字，必有微旨存焉。"④ 按史氏之作，不只是为了记事，不只是"属辞比事，以日系月"，而是要"本乎惩劝""为百王准的"。沈既济反对修唐史的时候为武则天立本纪，理由正是史有奖善惩恶的功能，为武氏立本纪，就等于承认她妄改国号为合法。沈既济所强调的史的这种功能，与《春秋》是一样的。为了达到"惩恶"的目的，唐史自不应为武氏立本纪。

　　第二，对史官职责的认识。唐初史官在《隋书·经籍志》总序中表达了对史官传统的种种认识，最重要的是对君权的制约。上古史官组织严密，虽有太史、小史、内史、外史、御史之分，但各司其职，又统领于太史。对于君王，则"君举必书"，"言则左史书之，动则

① 司马迁：《史记》卷130，中华书局1959年点校本，第3297页。
② 《全唐文》卷2，第32页。
③ 《全唐文》卷8，第94页。
④ 《旧唐书》卷149《沈传师传》，第4034页。

右史书之"①。系统性的制度建构，实质上都是为了控制王权。有时史官为此付出生命，比如，晋赵穿弑灵公，太史董狐临危不惧。齐崔杼弑庄公，齐太史兄弟、南史等人不畏死。只有这样，才有可能通过修史来实现对王权的制衡。

第三，文学渊源。皮锡瑞曾提出汉人"以三百五篇当谏书"，周予同引《汉书》王式传以证，认为昌邑王师王式，式"以三百五篇朝夕授王，至于忠臣孝子之篇，未尝不为王反复诵之也；至于危亡失道之君，未尝不为王深陈之也"，即皮氏意之所指。② 汉人以《诗》为谏书，充分发挥了文学的社会干预功能。此虽为用《诗》之发，但对后来文学创作亦有重要启发作用。《诗大序》强调诗歌的政治和伦理价值，对史家有十分重要的影响，成为史家谏诤传统的文学渊源。

二　泛谏诤意识对唐传奇的影响

唐代史官对社会的批判，主要通过政论文、史评、讽喻诗及传奇小说等来表达。本书以唐传奇为例加以阐述。

宋赵彦卫说："唐之举人，多先藉当世显人，以姓名达之主司，然后以所业投献；逾数日又投，谓之温卷，如《幽怪录》《传奇》等皆是也。盖此等文备众体，可以见史才、诗笔、议论。"③ 此条材料多为引用，以明传奇文体之结构。关于史才、诗笔、议论的关系，陈寅恪认为："赵氏所谓'文备众体'中，'可以见诗笔'（原注：赵氏所谓诗笔系与史才并举者。史才指小说中叙事之散文言。诗笔即谓诗之笔法，指韵文而言。其笔字与六朝人之以无韵之文为笔者不同。）之部分，白氏之诗当之。其所谓'可以见史才''议论'之部分，陈氏之传当之。"④ 按陈寅恪所谓白氏之诗与陈氏之传，系指白居易

---

① 《隋书》卷32，第904页。

② 皮锡瑞：《经学历史》，周予同注释，中华书局1959年版，第90页。

③ 赵彦卫：《云麓漫钞》卷8，中华书局1996年版，第135页。

④ 陈寅恪：《元白诗笺证稿》第1章《长恨歌》，收入《隋唐制度渊源略论稿》（外二种），河北教育出版社2002年版，第324页。

《长恨歌》及陈鸿《长恨歌传》。陈寅恪又曾论唐代小说与古文运动之关系，撰《韩愈与唐代小说》一文。历来关于传奇的研究，多注重其产生由来及其与文学运动的关系，对于"史才"则只言其然而不言其所以然。传奇之"史才"，在兴寄褒贬方面所显露出来的历史意识，以及在篇目命名和篇章结构上，与史传撰著之史才是相通的，但传奇毕竟是文学作品，与纪实之史传并不能完全等同。

（一）"史才"释义

较早肯定传奇"史才"者，约为唐时李肇。《唐国史补》："沈既济撰《枕中记》，庄子寓言之类，韩愈撰《毛颖传》，其文尤高，不下史迁，二篇真良史才也。"[①] 李肇所言沈既济韩愈，乃是传奇创作中的佼佼者，实可为史才之代表。又二人均曾为史官，沈既济撰《建中实录》，韩愈撰《顺宗实录》，都是唐史实录名篇。古代对于史才的最早解释者，似为孟子："王者之迹熄而《诗》亡，《诗》亡然后《春秋》作。晋之《乘》，楚之《梼杌》，鲁之《春秋》，一也。其事则齐桓、晋文，其文则史。孔子曰：'其义则丘窃取之矣。'"[②] 孟子提出事、文、义三者，当为著史者所应具有的才能。但孟子的理论不甚明晰，真正自觉提出关乎史官才能理论的是刘知几。史载刘知几领国史且三十年，官虽徙，职常如旧。礼部尚书郑惟忠尝问："自古文士多，史才少，何耶？"对曰："史有三长：才、学、识。世罕兼之，故史者少。夫有学无才，犹愚贾操金，不能殖货；有才无学，犹巧匠无楩柟斧斤，弗能成室。善恶必书，使骄君贼臣知惧，此为无可加者。"时以为笃论。[③] 刘知几所谓才、学、识三者，是彼此联系的。李肇所言沈既济韩愈真良史才，显然也是指综合才能。若分开来讲，则史识是最为重要的。司马迁所云"究天人之际，穷古今之变，成一家之言"，史识是排在第一位的，即是说要"学"穷古今之变、"才"成一家之言，而最终达到"识"究天人之际，即如章学诚所言："非

---

① 李肇：《唐国史补》卷下"韩沈良史才"条，古典文学出版社1957年版，第55页。
② 《孟子译注》卷8，第192页。
③ 《新唐书》卷132《刘子玄传》，第4522页。

识无以断其义，非才无以善其文，非学无以练其事。"①

如前所述，中国史学本于《春秋》。孔子修《春秋》，专事褒贬，但又隐约其辞。这一点同《诗》《骚》比兴手法相类似。《诗》《骚》以恶禽臭物比谗佞，以灵修美人以媲君王，与《春秋》显而微、志而晦的手法同出一辙。因此，良史之才并非以记诵为学、以辞采为才、以击断为识，而是既要关注现实、针砭是非，更要烛隐显幽、微言大义。因此，史学之才与传奇"史才"存在暗中潜换的关联。胡应麟《少室山房笔丛》："至唐人乃作意好奇，假小说以寄笔端。"②鲁迅曾引用此语，认为"传奇者流，源盖出于志怪，然施之藻绘，扩其波澜，故所成就乃特异，其间虽亦或托讽喻以纾牢愁，谈祸福以寓惩劝，而大归则究在文采与意想，与昔之传鬼神明因果而无他意者，甚异其趣矣"③。胡应麟和鲁迅所言，揭出唐人借小说以事褒贬、寓鉴诫的事实。

"假小说以寄笔端"，是言传奇有寓意也。卞孝萱曾将唐传奇之寓意分为七类：第一类，不置褒贬，由人评说，如《兰亭记》等。第二类，指名道姓，攻击对方，如《补江总白猿传》《周秦行纪》等。第三类，影射时事，寄托愤慨如《枕中记》《南柯太守传》等。第四类，借题发挥，控诉不平，如《毛颖传》《李娃传》等。第五类，以古喻今，开悟皇帝，如《长恨歌传》《柳毅传》等。第六类，歌颂侠义，鞭挞逆臣，如《红线》《聂隐娘》等。第七类，耸人听闻，以求功名，如《说石烈士》《拾甲子年事》等。④ 其中第三、第四、第五、第六类寓有关注现实、针砭时弊的历史精神。这是唐代，特别是中唐以后传奇小说的主流倾向。因此，唐传奇之"史才"，从内部结构来看，不仅指散文部分的敷陈铺排，还包括议论部分的说理；从整体而言，正如史书"春秋笔法"之微言大义，唐传奇则"借小说以寄笔端"，二者载体不一，但所彰显的历史精神则是相

---

① 章学诚撰、叶瑛校注：《文史通义校注》卷3，中华书局1985年版，第219页。
② 胡应麟：《少室山房笔丛》卷36，上海书店出版社2001年版，第371页。
③ 鲁迅：《中国小说史略》，上海古籍出版社1998年版，第44—45页。
④ 卞孝萱：《唐传奇新探》"引言"，江苏教育出版社2001年版，第3页。

通的。

（二）史学传承

唐代史官家族大致可以分为两大类，一类纯以修史为务，如柳氏、刘氏、蒋氏与独孤氏等，另一类纯为政治前途与家门世风而任史官，如裴氏、郑氏、韦氏与李氏等。为政治及家风而出任史官者，其目的不完全在修史，修史只不过是使他们政治生涯得以顺利攀升以及家门世风能够长久昌盛的手段，因此，从学术的角度来讲，这一类的史官固然也有相当的经学素质及史学涵养，但是，他们却不是学术继承创新的中心，只不过为了政治上的地位以及社会上的声誉，在唐代学术大环境下，他们亦不得不有所学习传承。而真正将史学作为一门学问加以研究创新并推动唐代政治文化前行的，是那些纯以修史为务的史家们。传奇小说的创作者亦可分两类，一是有过任职史官经历，如沈既济、韩愈等人，一是虽不为史官，但却时时以修史为己任，有着强烈的历史意识，如陈鸿、元稹、白居易等人。

刘知几《史通》提出的史学理论，得到当时史学界如徐坚、朱敬则、刘允济、薛谦光、元行冲、吴兢、裴怀古等人的积极响应。① 玄宗时期，刘知几、吴兢、韦述鼎足为三。吴兢同刘知几之交在于神通，而韦述则得其表亲大儒元行冲之沾溉。② 史学由盛唐向中唐发展的关捩人物是萧颖士。韦述于萧颖士为先进，对萧器重有加。史载韦述尝荐萧颖士自代③，而萧氏亦盛赞韦述为"谯周、陈寿之流"④。萧颖士又与刘知几之子刘迅关系密近。⑤ 刘迅绍续家风，尝续成《诗》《书》《春秋》《礼》《乐》五说。⑥ 观萧颖士交游韦述、刘迅，则知萧氏上承刘氏学说。

① 浦起龙：《史通通释》卷10，上海古籍出版社1978年版，第289页。

② 《旧唐书》卷102《吴兢传》，同卷《韦述传》，第3182—3185页。

③ 《新唐书》卷202《萧颖士传》，第5768页。

④ 《旧唐书》卷102《韦述传》，第3184页。

⑤ 《新唐书》卷142《柳浑传》："浑母兄识，字方明，知名士也。工文章，与萧颖士、元德秀、刘迅相上下。"第4673页。又《新唐书》卷194《元德秀传》："李华兄事德秀，而友萧颖士、刘迅。"第5565页。

⑥ 《新唐书》卷132《刘子玄传》附刘迅传，第4524页。

史载萧颖士尝"奉使括遗书赵、卫间,淹久不报,为有司劾免,留客濮阳。于是尹征、赵匡、柳并等皆执弟子礼,以次授业,号萧夫子"。萧颖士乐闻人善,以推引后进为己任,如皇甫冉、陆渭等数十人,由萧氏奖目,皆为名士。天下推为知人,誉称萧功曹。其子萧存,字伯诚,亮直有父风。能文辞,与韩会、沈既济、梁肃、徐岱等交游。"韩愈少为(萧)存所知,自袁州还,过存庐山故居……为经赡其家。"① 观萧颖士结交掖奖,知其下开肃、代风气之先。

据上所述,得萧颖士浸润者,在传奇创作者中有沈既济、韩愈诸人。中唐传奇作家之间,相互濡染亦为寻常。史载元稹曾为甄济家事移书韩愈,"甄(逢)常以父母不得在国史,欲诣京师自言。元和中,袁滋表(甄)济节行与权皋同科,宜载国史。有诏赠济秘书少监。而逢与元稹善,稹移书于史馆修撰韩愈。……由是父子俱显名"②。可见元稹和韩愈之间的关系也是非同一般的。元稹同白居易诗文唱和密切,故有"元白"之称。韩愈同柳宗元同为文坛复古运动的领袖,史称"韩柳"。白居易尝赞刘禹锡为"诗豪",关系密切,呼为"刘白"。素有"短李"之称的李绅在元和诗坛上亦占一席,与元稹、白居易交往频繁,共同开创新乐府创作的风气。白行简为白居易之兄弟,蒋防与元稹、李绅亦过往甚密。《新唐书·于敖》:"元和初,(敖)拜监察御史,五迁至右司郎中。进给事中、左拾遗。庞严为元稹、李绅所厚,与蒋防俱荐为翰林学士。李逢吉诬绅罪逐之,而出严为信州刺史,防汀州刺史。敖封还诏书。"③ 可见他们的交往,不仅是由于社交及政治的需要,在学术以及文学领域中,亦有颇为相似的地方。

中唐传奇作家历史意识的形成,既有学术上的递续承传,也有社会变迁诸种因素。面对满目疮痍之现实,悬想贞观、开元之盛况,中唐有识之士于慨叹之际也不断反思。他们假小说以寄笔端,追寻强国

---

① 《新唐书》卷202《萧颖士传》,第5768—5771页。

② 《新唐书》卷194《甄济传》,第5568页。

③ 《新唐书》卷104《于志宁传》附于敖传,第4009页。

富民之术。唐代又素以修史为贵，既有薛元超不得修国史"三恨"之叹①，亦有韦安石"史官兼制生死"之誉②，更有李浚一门三为史官之喜③。因此，那些有史才但又不得为史官者，遂私撰史传以自励。他们甚至把后人目为小说的传奇当成史传来创作，传奇小说的审美标准向史传看齐，遂于传奇中申明王道、寄寓劝诫。其例甚多。如陈鸿《大统纪序》云："臣少学乎史氏，志在编年。贞元丁酉岁登太常第，始闲居遂志，乃修《大纪》三十卷，正统年代，随甲子纪年，书事条贯兴废，举王制之大纲。天地变裂，星辰错行，兴帝之理，亡后之乱，毕书之。通讽谕，明劝戒也。"④ 又《庐州同食馆记》："昔左邱明传经，因事书事，鸿因蔡州道及诸侯之税，因同食馆及路君之政，亦《春秋》之旨。"⑤ 又《新唐书·艺文志》"小说家类"有陈鸿《开元升平源》一卷，内容虽已亡佚，但观其题，当是写史一类，而归入小说家类，其文体当与《长恨歌传》属同一类。其为文之长，盖在以史写事。再如白行简《三梦记并序》在叙述三种怪异之梦后说："《春秋》及子史言梦者多，然未有载此三梦者。世人之梦亦众矣，亦未有此三梦。岂偶然耶？抑亦必前定耶？予不能知。今备记其事以存录焉。"⑥ 观行简论及《春秋》，又曰备记其事以存录，可知历史意识深厚。李公佐《谢小娥传》备叙故事之后亦曰："余备详前事，发明隐文，暗与冥会，符于人心。知善不录，非《春秋》之义

---

① 刘𫘧《隋唐嘉话》卷中："薛中书元超谓其所亲曰：'吾不才，富贵过分，然生平有三恨：始不以进士擢第，不得娶王姓女，不得修国史。'"中华书局1979年版，第28页。

② 《新唐书》卷115《朱敬则传》，第4220页。

③ 李浚《慧山寺家山记》："我家之盛，尝二为相三为史官。高祖中书令谥文宪，仪凤中为中书令，如意中为鸾台左相。先公丞相赠太尉谥文肃，会昌中为左仆射门下相。仪凤在相，监修国史。会昌在相，监修国史。乾符四年，浚自秘书省校书郎为丞相荥阳公独状奏入直史馆，会己亥岁春，有事白相府，乞假东出函谷关数千里。"《全唐文》卷816，第8591页。检《新书》卷106《李敬玄传》、卷181《李绅传》，知敬玄尝于咸亨二年（671）为侍中，监修国史，李绅武宗朝为相，亦监修国史。

④ 陈鸿：《大统纪序》，《全唐文》卷612，第6179页。

⑤ 陈鸿：《庐州同食馆记》，《全唐文》卷612，第6181页。

⑥ 白行简：《三梦记并序》，《全唐文》卷692，第7102页。

也，故作传以旌美之。"①《旧唐书·李绅传》："绅六岁而孤，母卢氏教以经义。"②《太平广记》卷 27《唐若山》，说李绅常司业于华山，山斋粮尽，绅徒步出谷，求粮于远道，见一道士。道士笑问绅曰："颇知唐若山乎？"对曰："常览国史，见若山得道之事，每景仰焉。"③观李绅幼时读经史，成年问学亦常阅国史，其史学知识和历史意识亦与此相关。

《新唐书·艺文志》"类书类"录有白居易《经史事例》30 卷，即后世所谓《白氏六帖》者。此书杂钞有关经史之事，分门别类。又元稹《元氏类集》300 卷，亦属类书，此书当也是丛书的杂钞，其中亦有关乎史事者。不过，这只能说明元白二人对经史的爱好而已，其历史意识，当从别处求取。白居易《赠樊著作》："君为著作郎，职废志空存。虽有良史才，直笔无所申。何不自著书，实录彼善人。编为一家言，以备史阙文。"④白居易对当时国史修撰的不实非常愤怒，因此劝著作佐郎樊宗师自著实录，以备史阙。白氏对那些忠直之士如阳城、元稹、庾氏、孔戡等不能入国史痛加诋斥，认为贤者入史，名教乃彰，可见白居易的史学理念。白诗既出，元稹继作。元稹《和乐天赠樊著作》："如何至近古，史氏为闲官。但令识字者，窃弄刀笔权。由心书曲直，不使当世观。贻之千万代，疑言相并传。人人异所见，各各私所遍。以是曰褒贬，不如都无焉。"⑤元诗慨叹近世史官窃弄笔权，曲直由心。各以一己之私是非褒贬，若流传出去，一定贻误后世。于此可见元、白的历史观和史学意识。

《柳宗元集》载有《与韩愈史官书》《与史官韩愈致段秀实太尉逸事书》《答元饶州论〈春秋〉书》《与吕道州温论非国语书》《答吴武陵论非国语书》。这些书信是柳氏对当时史学反思的集结。《段

① 李公佐：《谢小娥传》，《全唐文》卷 725，第 7469 页。
② 《旧唐书》卷 173《李绅传》，第 4497 页。
③ 《太平广记》卷 27"唐若山"条引《仙传拾遗》，中华书局 1961 年版，第 178 页。
④ 《全唐诗》卷 424，第 4660 页。
⑤ 《全唐诗》卷 397，第 4459 页。

太尉逸事状》："或恐尚逸坠，未集太史氏"①，表明贤者入史的观念。《非国语序》："其说多诬淫，不概于圣。余惧世之学者溺其文采而沦于是非，是不得由中庸以入尧、舜之道。本诸理，作《非国语》。"②柳宗元认为观史书在于由中庸以入尧舜之道，而非耽嗜文辞。这些无疑都是柳氏史学意识的表征。

综观以上所论，中唐传奇小说的创作者无不具有强烈的历史感和深厚的历史知识，对传奇创作产生了重要影响。

（三）历史笔法

据程国赋统计，唐五代小说以"传"命名的共 25 种，以"记"或"纪"命名的 21 种，以"志"命名的 4 种，以"录"命名的 15 种。③ 这些数据可以作为唐五代小说历史化的直接证据之一。唐代单篇传奇多以"传"为名，将传奇小说与史传文联系起来。在笔法上，传奇也从史传文中汲取营养，借鉴史传文的历史笔法。历史笔法的借鉴当从两方面来看，一方面，传奇在叙事结构、叙述方式等方面直接继承史传。在叙事结构上，史传一般在开头介绍传主的姓名、籍贯、出身，语气平缓，叙述简约。其叙述方式，基本按照顺叙法记载传主一生经历，即以人物生平经历作为贯穿全文的线索，述其奇遇、经历和结局。这些都为传奇所借鉴。如陈鸿《长恨歌传》，追述杨贵妃由入宫到赐死本末，其故事本为唐人所乐道，流传甚广，而陈鸿却是第一个以小说方式来表达者。但传奇毕竟不等同于历史，《长恨歌传》用了将近一半篇幅来写杨贵妃死后与玄宗重叙旧情。这些在正史中是无法出现的，而传奇小说采录民间传说，错综安排，使其更加吸引读者。

另一方面，传奇作品借鉴史传论赞模式，往往在开头或结尾添上一段议论文字。如《长恨歌传》故事结束后，仍不忘写上"意

① 《柳河东集》卷 8，第 113 页。
② 《柳河东集》卷 44，第 746 页。
③ 按：程国赋《论唐五代小说的历史化倾向》，主要依据汪辟疆《唐人小说》、程毅中《唐代小说史话》所列唐五代小说篇目，从单篇传奇和小说集两个方面进行统计。《南京师大学报》（社会科学版）2002 年第 2 期。

者不但感其事，亦欲惩尤物，窒乱阶，垂于将来者也”[①] 一段规谏性的话。沈既济《枕中记》（《太平广记》作《吕翁》）则借卢生梦醒之后与老翁的对话来劝世：卢生欠伸而寤，见方偃于邸中，顾吕翁在傍，主人蒸黄粱尚未熟，触类如故，蹶然而兴曰：“岂其梦寐耶？”翁笑谓曰：“人世之事，亦犹是矣。”生然之，良久谢曰：“夫宠辱之数，得丧之理，生死之情，尽知之矣。此先生所以窒吾欲也，敢不受教。”[②] 白行简《李娃传》推崇节行，赞叹李娃：“节行如是，虽古先烈女，不能逾也。”[③] 许尧佐《柳氏传》亦有一段议论：“向使柳氏以色选，则当熊辞辇之诚可继；许俊以才举，则曹柯渑池之功可建。夫事由迹彰，功待事立。惜郁堙不偶，义勇徒激，皆不入于正。斯岂变之正乎？盖所遇然也。”[④] 房千里《杨娼传》慨叹娼妓之义行：“夫娼以色事人者也，非其利则不合矣。而杨能报帅以死，义也；却帅之赂，廉也。虽为娼，差足多乎！”[⑤] 李公佐《南柯太守传》（《太平广记》作《淳于棼》）讥笑世之竞趋者以劝勉后人，说：“虽稽神语怪，事涉非经，而窃位著生，冀将为戒。后之君子，幸以南柯为偶然，无以名位骄于天壤间云。前华州参军李肇赞曰：‘贵极禄位，权倾国都。达人视此，蚁聚何殊。’”[⑥] 传奇议论的公允与否，见仁见智。而此种摭议论于小说之中的创作模式，则无疑是对历史传记附加史臣论赞结构的借鉴。

要之，传奇以“传”“纪”命名，又借鉴史传论赞以议论，既是唐代传奇小说的一大特色，也是它与史传相互联系的一种表现。

---

① 陈鸿：《长恨歌传》，《文苑英华》卷797，中华书局1966年版，第4201页。按：《太平广记》卷486陈鸿《长恨歌传》未载此段。

② 沈既济：《吕翁》，《太平广记》卷82，第528页。

③ 白行简：《李娃传》，《太平广记》卷484，第3991页。

④ 许尧佐：《柳氏传》，《太平广记》卷485，第3997页。

⑤ 房千里：《杨娼传》，《太平广记》卷491，第4033页。

⑥ 李公佐：《淳于棼》，《太平广记》卷475，第3915页。

第四节　唐代游记文体的史学渊源

元结等人的山水游记作品，开创了唐代山水散文创作。柳宗元"永州八记"，标志着中国古代山水散文进入新阶段。究其成因，以地记为代表的地理学著作是其直接源头，唐代重史以及中唐以来历史意识的兴起，是其产生的重要文化生态。

一　地记：从政治到审美

《史通》论史官建置："盖史之建官，其来尚矣。昔轩辕氏受命，仓颉、沮诵实居其职。至于三代，其数渐繁。案《周官》《礼记》，有太史、小史、内史、外史、左史、右史之名。太史掌国之六典，小史掌邦国之志，内史掌书王命，外史掌书使乎四方，左史记言，右史记事。"① 可见上古史官分工的大致情况。所谓"小史掌邦国之志"，也就是说小史负责王畿之外区域的记录。史官对郡国之地进行考察和记载，主要目的是为了辨风俗和齐政教。《隋书·经籍志》："昔者先王之化民也，以五方土地，风气所生，刚柔轻重，饮食衣服，各有其性，不可迁变。是故疆理天下，物其土宜，知其利害，达其志而通其欲，齐其政而修其教。故曰广谷大川异制，人居其间异俗。《书》录禹别九州，定其山川，分其圻界，条其物产，辨其贡赋，斯之谓也。"② 《汉书·地理志下》："凡民函五常之性，而其刚柔缓急，音声不同，系水土之风气。故谓之风；好恶取舍，动静亡常，随君上之情欲，故谓之俗。孔子曰：移风易俗，莫善于乐。言圣王在上，统理人伦，必移其本，而易其末，此混同天下一之乎中和，然后王教成也。"③ 可见地方相关记录，对国家治理有极为重要的价值。周王朝对各地方进行详细记录，是稳定和维护政治秩序的需要。这个看法来

---

① 浦起龙：《史通通释》卷11《史官建置》，第304页。
② 《隋书》卷33《经籍二》，第987页。
③ 《汉书》卷28下《地理下》，第1640页。

源于建官分职："夏官司险，掌建九州之图，周知山林川泽之阻，达其道路。地官诵训，掌方志以诏观事，以知地俗。春官保章，以星土辨九州之地，所封之域，以观袄祥。夏官职方，掌天下之图地，辨四夷八蛮九貉五戎六狄之人，与其财用九谷六畜之数，周知利害，辨九州之国，使同其贯。司徒掌邦之土地之图与其人民之教，以佐王扰邦国，周知九州之域，广轮之数，辨其山林川泽丘陵坟衍原隰之名物，及土会之法。然则其事分在众职，而冢宰掌建邦之六典，实总其事。太史以典逆冢宰之治，其书盖亦总为史官之职。"① 汉初，地理图籍的政治意义依然很明显，"萧何得秦图书，故知天下要害"②。司马迁和班固强调地志的知识性，同时也非常重视其政治意义："武帝时，计书既上太史，郡国地志，固亦在焉。而史迁所记，但述河渠而已。其后刘向略言地域，丞相张禹使属朱贡（按："贡"应作"赣"）条记风俗，班固因之作《地理志》。其州国郡县山川夷险时俗之异，经星之分，风气所生，区域之广，户口之数，各有攸叙，与古《禹贡》《周官》所记相埒。"③ 班固说撰《汉书·地理志》的目的，主要是周知各地物情风俗："汉承百王之末。国土变改，民人迁徙，成帝时刘向略言其地分，丞相张禹使属颍川朱赣条其风俗，犹未宣究，故辑而论之。"④ 据此可知，《汉书·地理志》政治意义大于知识价值。

　　汉代以后，情况发生变化。"是后载笔之士，管窥末学，不能及远，但记州郡之名而已。"⑤ 魏晋南北朝时期，地记撰作越来越多。举其大者，总志如挚虞依《禹贡》《周官》，作《畿服经》。陆澄聚160 家之说，依其前后远近，编成《地理书》。任昉又增陆澄之书 84 家，谓之《地记》。顾野王抄撰众家之言编为《舆地志》。另有成书于隋代的《诸郡物产土俗记》151 卷，《区宇图志》129 卷，《诸州图经集》100 卷。地方志中的名作，据《隋书·经籍志》史部，则有陆

---

① 《隋书》卷 33《经籍二》，第 987 页。
② 同上。
③ 同上书，第 988 页。
④ 《汉书》卷 28 下《地理下》，第 1640 页。
⑤ 《隋书》卷 33《经籍二》，第 988 页。

机《洛阳记》1 卷，山谦之《吴兴记》3 卷，刘损《京口记》2 卷，山谦之《南徐州记》2 卷，贺循《会稽记》1 卷，盛弘之《荆州记》3 卷，雷次宗《豫章记》1 卷，谯周《三巴记》1 卷，陆翙《邺中记》2 卷，宗居士《衡山记》1 卷，谢灵运《游名山志》1 卷，谢灵运《居名山志》1 卷，常宽《蜀志》1 卷，庾仲雍《湘州记》2 卷，庾仲雍《江记》5 卷，庾仲雍《汉水记》5 卷，李氏《益州记》3 卷，郭仲产《湘州记》1 卷，鲍至《南雍州记》6 卷，李叔布《齐州记》4 卷等。

四库馆臣对魏晋南北朝地记创作的兴盛，曾有一番评价："自古名山大泽，秩祀所先，但以表望封圻，未闻品题名胜。逮典午而后，游迹始盛。六朝文士，无不托兴登临。史册所载，若谢灵运《居名山志》《游名山志》之类，撰述日繁。"① 指出文士托兴登临是六朝地记创作繁盛的重要原因。此处还可以补充几条材料，如《隋书·经籍志》著录"《荆州记》三卷，宋临川王侍郎盛弘之撰"，"《南州异物志》一卷，吴丹阳太守万震撰"，"《吴郡记》二卷，晋本州主簿顾夷撰"，这些地记，多为作者亲历亲闻，与"托兴登临"正符。若联系"名山大泽，祭祀所先"，以及班固所论地志与政教之关系，似乎可以这样说：地志的发展，经历了由政教（祭祀也是政教的重要内容）到审美的变化。

在上述众多晋宋地记中，最具审美价值的当然是郦道元的《水经注》和杨衒之的《洛阳伽蓝记》。以往论述山水散文渊源，推溯至《水经注》。但不可忽视的一点是，《水经注》是在晋宋地记全面繁荣的大背景之下出现的。王立群曾论述地记对晋宋山水散文的影响，认为以《水经注》为代表的山水作品，受到以盛弘之《荆州记》和袁山松《宜都山川记》为代表的地记的影响。主要表现形式是郦道元直接引述或加以改造后约述。② 此期地记最大特点是山水审美意识增

---

① 永瑢：《四库全书总目》卷 71《徐霞客游记提要》，中华书局 1965 年版，第 630 页。

② 王立群：《晋宋地记与山水散文》，《文学遗产》1990 年第 1 期。

强。以《宜都山川记》和《荆州记》为例：

> 《太平御览》卷六〇引《宜都山川记》：对西陵南岸有山，其峰孤秀。人自山南上至顶，俯临大江如萦带，视舟舻如凫雁。①
>
> 《艺文类聚》卷七引《荆州记》：衡山有三峰极秀。一峰名芙蓉峰，最为竦桀。自非清霁素朝，不可望见。峰上有泉飞派，如一幅绢。分映青林，直注山下。②
>
> 《太平御览》卷四一引《荆州记》：九疑山盘基数郡之界，连峰接岫，竞秀争高。含霞卷雾，分天隔日。③
>
> 《太平御览》卷五三引《荆州记》：旧云，自二峡取蜀数千里中，恒是一山，此盖好大之言也。唯三峡七百里中，两崖连山，略无阙处。重岩叠峰，隐天蔽日。自非停午夜分，不见日月。至于夏水襄陵，沿洄阻绝。或王命急宣，有时云朝发白帝，暮至江陵，其间一千二百里，虽乘奔御风，不为疾也。春冬之时，则素湍绿潭，回清到影。绝巘多生怪柏，悬泉瀑布飞其间。清荣峻茂，良多雅趣。每晴初霜旦，林寒涧肃，常有高猿长啸，属引凄异，空岫传响，哀转久绝。故渔者歌曰：巴东三峡巫峡长，猿鸣三声泪沾裳。④

这些地记中的山水描写有几个特点：一是语言清新秀丽，二是注重细节描绘，三是情感健朗优雅。此对后世山水文学影响较大。《洛阳伽蓝记》以描写佛寺为主，但亦蕴含作者对洛阳盛况不再的惋恋，以及对北魏滥造佛寺的不满。

二　唐代山水游记生成的史学环境

唐代地志之作，也较为繁荣。据《新唐书·艺文二》，总志主要

---

① 《太平御览》卷60，中华书局1960年版，第289—290页。
② 欧阳询：《艺文类聚》卷7，第133页。
③ 《太平御览》卷41，第198页。
④ 《太平御览》卷53，第259页。

有：魏王泰等《括地志》550 卷，李吉甫《元和郡县图志》54 卷。地方志有：邓行俨《东都记》30 卷，王方庆《九嵕山志》10 卷，邓世隆《东都记》30 卷，韦机《东都记》20 卷，韦述《两京新记》5 卷，李仁实《戎州记》1 卷，卢鸿《嵩山记》1 卷，马温《邺都故事》2 卷，刘公锐《邺城新记》3 卷，张周封《华阳风俗录》1 卷，张文规《吴兴杂录》7 卷，房千里《南方异物志》1 卷，孟琯《岭南异物志》1 卷，刘恂《岭表录异》3 卷，余知古《渚宫故事》10 卷，吴从政《襄沔记》3 卷，张氏《燕吴行役记》2 卷，韦宙《零陵录》1 卷，张密《庐山杂记》1 卷，张容《九江新旧录》3 卷，莫休符《桂林风土记》3 卷，段公路《北户杂录》3 卷，林谞《闽中记》10 卷，袁滋《云南记》5 卷，李繁《北荒君长录》3 卷，樊绰《蛮书》10 卷，窦滂《云南别录》1 卷，佚名《云南行记》1 卷，徐云虔《南诏录》3 卷。此外，对周边国家的载录主要有：许敬宗等《西域国志》60 卷，裴矩《西域图记》3 卷，顾愔《新罗国记》1 卷，张建章《渤海国记》3 卷，戴斗《诸蕃记》1 卷，达奚通《海南诸蕃行记》1 卷，高少逸《四夷朝贡录》10 卷，吕述《黠戛斯朝贡图传》1 卷。

唐代地志的繁荣，与当时的史学大环境密切相关。

其一，朝廷对修史的重视。不仅反映在修前代史和修国史上，如贞观年间修前代史，完成二十四史中的八部。国史则由史馆专门负责。也反映在对前代史书的注释上，如颜师古注《前汉书》，李贤等注《后汉书》。唐前期对史学的重视，还表现在地志的修纂上。如魏王李泰主持编修《括地志》，高宗李治令许敬宗等人撰《西域国志》60 卷。《新唐书·艺文志二》："高宗遣使分往康国、吐火罗，访其风俗物产，画图以闻。诏史官撰次，许敬宗领之，显庆三年上。"①

其二，地志的发达还蕴含了史学家的忧患意识。特别是中唐以来，国家内外交困使那些有良知的文士非常忧虑。修地志的目的就是要解决这些实际问题。最为典型的是李吉甫编纂《元和郡县图志》。其《元和郡县图志序》云：

---

① 《新唐书》卷 58《艺文志二》，第 1055—1056 页。

　　圣人虽设险，而未尝恃险。施于有备之内，措于立德之中。其用常存，其机不显，弛张开阖，因变制权，所以财成二仪，统理万物。故汉祖入关，诸将争走金帛之府，惟萧何收秦图书，高祖所以知山川阨塞，户口虚实。……天宝之季，王途暂艰，由是坠纲解而不纽，强侯傲而未肃。……古今言地理者凡数十家。尚古远者或搜古而略今，采谣俗者多传疑而失实，饰州邦而叙人物，因丘墓而征鬼神，流于异端，莫切根要。至于丘壤山川，攻守利害，本于地理者，皆略而不书，将何以佐明王扼天下之吭，制群生之命，收地保势胜之利，示形束壤制之端。①

此番修志目的非常明确，就是要周览天下地理形势，为控制藩镇提供依据。这正是中唐以后地理书籍兴盛的重要原因。

　　其三，在史学传统影响下，文人史学意识增强。莫休符《桂林风土记序》："前贤撰述，有事必书。故有《三国志》《荆楚岁时记》《湘中记》《奉天记》，惟桂林事迹，阙然无闻。休符因退居，粗录见闻，为《桂林风土记》。"② 莫《序》典型地反映了唐代文人受前代地记影响而进行撰述的心理。朝野之间的频繁迁转，为他们撰作地志提供了机遇。上述地志既有对其他文献的隐括和转述，也有作者的亲身见闻，即此明证。《新唐书·艺文志》著录张周封《华阳风俗录》1卷，原注："西川节度使李德裕从事，试协律郎。"③ 卢求《成都记》五卷，原注："西川节度使白敏中从事。"④ 顾愔《新罗国记》1卷，原注："大历中，归崇敬使新罗，愔为从事。"⑤ 樊绰《蛮书》10卷，原注："咸通岭南西道节度使蔡袭从事。"⑥ 此外，《四库全书总目》

---

① 李吉甫：《元和郡县图志》，中华书局1983年版，第1—2页。
② 莫休符：《桂林风土记》，丛书集成初编本，商务印书馆1936年版，第1页。
③ 《新唐书》卷58，第1507页。
④ 同上。
⑤ 同上书，第1508页。
⑥ 同上。

卷 70 著录的几部唐代地记之作，也有助于认识这个现象。如李冲昭《南岳小录提要》，引卷首自序云："弱年悟道，近岁依师。洎临岳门，频访灵迹。遍阅古碑及《衡山图经》《湘中记》，仍致诘于师资、长者、岳下耆年。或得一事，旋贮箧笥。"① 《南岳小录提要》还提到已经失传的唐代名山洞府之书，"如卢鸿一《嵩山记》、张密《庐山杂记》、令狐见尧《玉笥山记》、杜光庭《武夷山记》，今并无存"②。《北户录提要》："是书当在广州时作，载岭南风土，颇为赅备，而于物产为尤详。"③ 莫休符《桂林风土记提要》："作此《记》时，在昭宗光化二年，休符以检校散骑常侍守融州刺史。"④ 刘恂《岭表录异提要》云："宋僧赞宁《笋谱》，称恂于唐昭宗朝出为广州司马。官满，上京扰攘，遂居南海，作《岭表录》。"⑤ 由此可知，这些地记之作，多为作者在地方任职期内所成。作者虽非以史职迁转地方，但从其历史意识及当时史学环境来看，他们都有存史的自觉，因此在一定程度上是与史官相通的。

三　唐代山水散文的发展

前人论及唐代山水游记，往往将柳宗元"永州八记"作为代表。但就整个唐代山水散文发展来说，柳宗元之外尚有元结、李渤、陆羽、窦公衡等人的创作。为深入了解其发展过程和创作特点，不妨先看一下他们的作品。

窦公衡《石门山瀑布记》："括苍东南，沿恶丽二溪八十里，有石门焉。层巘中断，崔嵬双崒，排霄轶宇，菡萏元气。自谷口溯洞，珍木奇蔓，森梢蔽亏，欹崖侧涧，崩驳嵚骇。厥有瀑水，迥挂青苍，浩然风雷，殷飒林壑。噫！灵造融结，神功卓异，是宜磅礴万古，偕并三才，岂疏凿道建之力预矣。……故春夏为雾雨，秋冬为霰雪，阴

① 《四库全书总目》卷 70《南岳小录提要》，第 617 页。
② 同上。
③ 《四库全书总目》卷 70《北户录提要》，第 623 页。
④ 《四库全书总目》卷 70《桂林风土记提要》，第 623 页。
⑤ 《四库全书总目》卷 70《岭表录异提要》，第 623 页。

为鬼神，阳为蜺虹，曙为烟云，夕为河汉，屑为粉絮，迸为珠玑，曳为布练，霏为绡縠，斯亦为殊玩也。"① 窦公衡，天宝时任职户部员外郎，李白曾作《早秋单父南楼酬窦公衡》。此记颇似辞赋。陆羽《游慧山寺记》叙写寺宇周边景象："江南山浅土薄，不自流水，而此山泉源滂注崖谷下，溉田十馀顷。此山又当太湖之西北隅，萦竦四十馀里，惟中峰有丛篁灌木，馀尽古石嵌崒而已。凡烟岚所集，发于萝薜，今石山横亘，浓翠可掬。昔周柱史伯阳谓之神山，岂虚言哉！"② 此记较之前文已迥然不同，叙事写景较为平实。再看元结在道州刺史任上所作《右溪记》：

> 道州城西百余步，有小溪。南流数十步，合营溪。水抵两岸，悉皆怪石，攲嵌盘屈，不可名状。清流触石，洄悬激注。佳木异竹，垂阴相荫。此溪若在山野，则宜逸民退士之所游处；在人间，则可为都邑之胜境，静者之林亭。而置州已来，无人赏爱；徘徊溪上，为之怅然！乃疏凿芜秽，俾为亭宇；植松与桂，兼之香草，以裨形胜。为溪在州右，遂命之曰"右溪"。③

此文最大特点是寓情于物，通过景物描写抒发感情。元结创作的《茅阁记》《寒亭记》《九疑山图记》等散文，也较有特色，开创了唐代山水游记的写作风气。柳宗元"永州八记"为传世佳作，最大特点是情景交融，将作者个人身世之慨寄托在山水之中。此外，可以提及的山水之作还有李渤的《辨石钟山记》。此文辨识石钟山名称的来源，认为山名源于山石之形与声似钟，而非郦道元所说的水石撞击其声如钟。其中对石钟山景象的描写颇为细致。

　　唐代山水散文的发展，究其成因，约有以下诸端。

　　其一，受前代山水作品的影响。刘熙载曾指出："郦道元叙山水，

---

① 窦公衡：《石门山瀑布记》，《全唐文》卷408，第4182页。
② 陆羽：《游慧山寺记》，《全唐文》卷433，第4419页。
③ 元结：《右溪记》，《全唐文》卷382，第3876页。

峻洁层深。奄有《楚辞·山鬼》《招隐士》胜境。柳柳州游记,此其
先导耶?"① 如前述陆羽《游慧山寺记》首引顾欢的《吴地记》和释
宝唱的《名僧传》。李渤《辨石钟山记》首引郦道元的《水经注》:
"《水经》云:'彭蠡之口,有石钟山焉。'郦元以为下临深潭,微风
鼓浪,水石相搏,响若洪钟,因受其称。"② 这些情况都说明唐代山
水游记受前人的影响。

其二,受当代地记及史学环境影响。唐代史学环境对山水游记的
影响前文已论及,此处再以地记中的山水描写作进一步论证。唐代地
志多记述各地风俗人情,但也不乏景物描绘。如《岭表录异》卷上:

> 自琼至振溪涧,涧中有石鳞次,水流其间,或相去二三尺,
> 近似天设,可蹋之而过。或有乘牛过者,牛皆促敛四蹄,跳跃而
> 过;或失,则随流而下。见者皆以为笑。彼人谚曰:跳石牛骨
> 碌,好笑又好哭。③

《南岳小录》"洞真瀑布"条:

> 洞真瀑布,在招仙观北,去观三里,瀑布如帘,垂及亭台,
> 碑文纪其胜异。上有朝天坛,昔日张真人昙要上升之处。又下有
> 投龙潭,每修斋毕,投金龙于此也。④

《桂林风土记》"东观"条:

> 观在府郭三里,隔长河,其东南皆崇山巨壑,绿竹青松,崆
> 峒幽奇,登临险隘,不可名状。有石门似公府之状,而隘汇。烛

---

① 刘熙载:《艺概》卷1,上海古籍出版社1978年版,第18页。
② 李渤:《辨石钟山记》,《全唐文》卷712,第7310页。
③ 刘恂:《岭表录异校补》卷上,商璧、潘博校补,广西民族出版社1988年版,第
25—26页。
④ 李冲昭:《南岳小录》"洞真瀑布"条,中华书局1985年版,第8页。

行五十步有洞穴，坦平，如球场，可容千百人。如此者八九所，约略相似，皆有清泉绿水，乳液葩浆，怪石嵌空，龙盘虎踞，引烛缘涉，竟日而还，终莫能际。①

当然，地记主要记载风物人情，有猎奇逐异心理。但从上述几条景物描写来看，其对山水游记的作用和影响也是不容忽视的。

其三，作者个人的史学意识。以柳宗元为例。柳宗元对史学理论和编纂方法都较为关注，所作《与韩愈论史官书》《答元饶州论春秋》《与吕道州温论非国语》《答吴武陵论非国语》等，都有较深刻的论述。柳宗元另有专门著述《非国语》2卷，亦与史学密切关联。此外，还写作了大量人物传记，如《宋清传》《种树郭橐驼传》《童区寄传》《梓人传》《李赤传》等，最有名的当然是通过实地考察所作的《段太尉逸事状》。柳宗元虽然不曾担任史职，但却常以史官自居，曾在《与史官韩愈致段秀实太尉逸事书》中说："昔与退之期为史志甚壮。今孤囚废锢，连遭瘴疠羸顿，朝夕就死，无能为也。第不能竟其业，若太尉者，宜使勿坠。"② 正是这种历史意识促使他去思考，以"永州八记"为代表的蕴含丰富哲理的山水散文，或许就是思考的结晶。

四　山水文学对地记的影响

文人所作游记，往往成为史家采择入史的材料。李渤《辨石钟山记》为宋乐史《太平寰宇记》全引，其"江南西道九南康军都昌县"条下："石钟山在县北二百一十里，西枕彭蠡，连峰叠嶂，壁立峭峻，西南北面皆水，四时如一，白波撼山，其声若钟，因名之。按《辨石钟山记》"云云，引李渤全文。又云："白鹿先生姓李名渤，字浚之。时隐庐山，因所居洞为号。……大和元年八月七日，故吏湖口镇将吴

---

① 莫休符：《桂林风土记》"东观"条，第2页。
② 《柳河东集》卷31，第501页。

文斡刻石。今修《寰宇记》，因全录此记以辨之。"① 《唐宋文醇》卷16 评价"永州八记"："郦道元《水经注》，史家地理志之流也。宗元'永州八记'虽非一时所成，而若断若续，令读者如陆务观诗所云'山重水复疑无路，柳暗花明又一村'也，绝似《水经注》文字，读者宜合而观之。"② 因柳文高度写实，故被史家采入地理书。《明一统志》卷65"永州府"下记有钴鉧潭、小石潭、袁家渴、石渠等。如"钴鉧潭"条："在西山之西，柳宗元记冉水自南奔汪，抵山石，屈折东流，其颠委势峻，荡击益暴，啮其涯，故旁广而中深，毕至石乃止，流沫成轮，然后徐行，有树环焉，有泉悬焉。使予忘故土者，非兹潭也欤！""小石潭"条："在小丘西，柳宗元记，水尤清冽，泉石以为底，近岸卷石底以出，为坻、为屿、为嵁、为岩，青树翠蔓披拂，潭中鱼可数百尾，皆若空游，坐潭上，竹树环合，凄神寒骨，悄怆幽邃，不可久居，以其境过清也。""袁家渴"条："在朝阳岩东南，柳宗元记楚越之间方言，谓水之反流者为渴。""石渠"条："在袁家渴西南，柳宗元记渠之广或咫尺，或倍尺，其长可十许步，其流抵大石，伏出其下，踰石而往，有石泓，菖蒲被之，青藓环周，又折西行，又北曲行，其侧皆诡石怪木，奇卉美箭，可列坐而庥焉。"③ 其后《大清一统志》卷282、《湖广通志》卷11 均据以载录。地理书约述原文，故与《柳河东集》略异。

从官修地理志对文人山水游记的采择，可以清楚地看到游记与地理书的关系。山水游记作为一种文体，其源头可溯至地记。山水散文发展成熟后，又反过来对地理志产生作用。可以说，地理书与山水散文同源异流，总体上是相通的。因此，二者之间相互作用也就在情理之中。

---

　　① 乐史：《太平寰宇记》卷111，中华书局2000年版，第180页。
　　② 《唐宋文醇》卷16，景印文渊阁《四库全书》第1447册，上海古籍出版社1987年版，第362页。
　　③ 李贤等：《明一统志》卷65，景印文渊阁《四库全书》第473册，第382—383页。

本章小结

一、唐代史官有别于前代。有几个重要变化：一是史馆为独立机构，已脱离秘书省。二是史官集体修史，与以往私人著史不同。三是史官为临时差遣，事毕即停。史官既为兼职，例无品阶。因此必须有一本官，以作领俸和迁转之用。讨论史官朝野迁转，必须以此为基础，充分认识其特点。史官社会流动，与学官不同，不仅要关注史官职务性格，更要注意史官文化和史学环境。

二、唐代史官选任，比较重视学识和家族两方面因素。这两点都反映出史官的学术特点，重学识自不必言，重家族也不无家学的考量。但总体上看，唐代既有纯以修史为务的史官家族，也有借助修史抬高门第的家族。

三、史官空间移动，主要有正常迁转、贬官、入幕、出使等方式。史官流入地方，往往通过培育史学人才、重建文人群体等形式对当地产生影响。

四、受史官传统等因素影响，唐代史官具有"泛谏诤"意识。唐代设有专职谏官，如拾遗、补阙即是。史官非言官，不负有进谏之责，故谓之"泛谏诤"。唐代史官选任严格，员数亦少，文人虽有修史之志，但多不得为史官。这类文人，可称为"类史官"，唐传奇作者多可归为此类。传奇中寄寓劝诫，虽受《诗》《骚》文学传统影响，但从文体结构和叙述模式等方面来看，受史官传统影响更大。

五、山水游记产生的源头，可溯至上古史官的分工。上古史官对王畿之外其他区域记载，主要用于政教活动，特别是条贡赋和行教化，政治意义较明显。秦汉时期，也大致如此。魏晋南北朝时期开始发生变化，史学发展以及文士登临游赏等因素，推动六朝地记撰作。唐代地志编纂活动更为频繁，几乎各州县都有图经。这是因为，隋唐时期选官制度发生了根本性的变化，一是官员异地任职，二是州县僚佐一改过去辟署制度，统一由中央选任。这样一来，异地任职的州县官员，必须借助图经，才能掌握为官之地的相关情况。比如，韩愈往返潮州途中，曾借观韶州图经。柳宗元任职永州和柳州，亦曾通观图经，以熟悉当地地理环境和风土人情。所以，唐代"类史官"文士的地方任职，加之以前代如郦道元《水经注》等地理著作的影响，唐代山水诗文写作逐渐发展，山水游记成为一种文学新样式。因其与史学传统及史官文化关系密切，山水游记呈现出写实性的文体特征。

第四章　秘书省文士朝野迁转与文学互动

　　秘书省作为国家图书收藏和管理机构，在唐代文化建设中发挥了重要作用。秘书监和少监职掌图籍之事。秘书省下辖著作局，著作郎和佐郎分掌其事。秘书郎官属清望官，选任重文学才华。由于各馆之间错综复杂的关系，秘书省的社会地位并不稳定，随时推移不断变化。初盛唐时期，秘书郎官向地方流动的情况较为少见。中晚唐时期地方任职比例上升，这从一个侧面说明唐后期中央与地方之间的互动更加活跃。著作郎官朝野迁转情况与此大致相似。著作郎官原本职掌国史，但贞观三年（629）史馆别立之后发生很大变化，由修国史转向职司碑志。著作局职能的变换，对碑志文体的演进产生了重要影响。秘书省还负责搜访图籍的工作，访书活动也是秘书郎官与地方之间互动的重要方式。

第一节　秘书省制度沿革及地位变迁

　　秘书省制度渊源，可溯至上古太史、小史等史官。唐代秘书省，因承隋代而又有变革，最大变化是修史职能的转移。秘书省发展总体呈现曲线形态，反映了各文馆之间交叉并进此消彼长的关系。

一　制度沿革

　　秘书省制度沿革，《唐六典》曾有考述。

《周礼·春官》："太史掌建邦之六典。"又："小史掌邦国之
志，定系代。"又："外史掌四方之志，三皇、五帝之书。"并秘
书之任也。秦则博士官所职，禁人藏书。汉氏除挟书之律，开献
书之路，置写书之官，又令谒者陈农求遗书于天下，故文籍往往
而出，并藏之书府。在外则有太常、太史、博士掌之，内则有延
阁、广内、石渠之藏。又，御史中丞在殿中掌兰台秘书图籍。
又，未央宫中有麒麟阁、天禄阁，亦藏书。刘向、杨雄典校，皆
在禁中，谓之中书，犹今言内库书也。后汉则藏之东观，亦禁
中也。①

据此可知，秘书制度源于上古史官，太史、小史、外史等，职掌各种
典籍。从周朝到汉代，掌管图籍的官职屡经改变。这种变化，与书籍
史的发展是相应的。汉除挟书之律，搜访图籍，积书渐多，官藏分
内、外、中三种。汉成帝命刘向等人校书，知其时图籍散乱，并无专
门管理机构。这种状态，不利于典籍的藏存，因此设置专司图书的机
构尤为必要。但至少在东汉以前，管理图籍的专门机构尚未真正
出现。

东汉桓帝延熹二年（159），开始正式设立专司图籍的秘书监。②
不过，这时的秘书监隶属于太常，并非一独立机构。自此之后，秘书
监的名称不断变化，如魏武帝时称秘书令、西晋惠帝时又设秘书寺
等。与此同时，它的职能也在不断改变，不仅掌管图籍，而且还参与
整理、校订、编撰等工作。秘书监的真正独立在西晋惠帝永平元年
（291），其时改监、令为寺，并且外置，秘书寺从中书省独立出来，
成为与中书省并立的机构。梁代始改秘书寺为秘书省，与尚书、中
书、门下、集书为五省，并且秘书省的最高行政长官秘书监的俸禄与
品秩都达到了前所未有的高度，增秩中二千石，品第三。《隋书·百
官志中》叙录北齐官职，"秘书省，典司经籍。监、丞各一人，郎中

①　《唐六典》卷10，中华书局1992年版，第295—296页。
②　《后汉书》卷7《孝桓帝纪》：延熹二年八月，"初置秘书监官"。第306页。

四人，校书郎十二人，正字四人。又领著作省，郎二人，佐郎八人，校书郎二人"①。此时的秘书省已突破雏形而具有相当高的程序化和制度化性质。隋高祖受命，采北齐、北魏之制，秘书省增置统领太史曹，员数略有变化，余如北齐之制。②炀帝即位，在官职方面有所变革，秘书省各级官员的品秩和人数都有所变动，并且增置了秘书佐郎四人。③

　　唐代秘书省，在制度上基本一仍隋旧。秘书监之称，龙朔改为兰台太史，天授改为麟台监，神龙复为秘书监，自此未有改变。秘书省官员人数、品秩、职掌大致如下：秘书监一人，从三品，掌经籍图书之事，领著作、太史二局；秘书少监二人，从四品上，辅助秘书监；秘书丞一人，从五品上，掌判省事；秘书郎三人，从六品上，掌甲乙丙丁四部之图籍；凡课写功程，皆分判。校书郎和正字，掌雠校典籍，刊正文章。④

　　著作起自汉代藏书机构东观，原本只有著作之责，而非官名。《通典》卷26："汉东京图书悉在东观，故使名儒硕学入直东观，撰述国史，谓之著作东观，皆以他官领焉。"⑤东汉班固、傅毅、陈宗、尹敏、孟异、杨彪等，并著作东观。著作之为官名，始于魏明帝曹叡太和（228—233）中。其时设著作郎官和佐著作郎，专司修史，隶属中书。西晋惠帝司马衷于元康二年（按：即292年，也就是下诏改秘书监、令为寺，秘书寺外置独立的第二年）下诏："著作旧属中书，而秘书既典文籍，今改中书著作为秘书著作。"⑥这样，著作才

　　①　《隋书》卷27《百官志中》，第754页。
　　②　《隋书》卷28《百官志下》："秘书省，监、丞各一人，郎四人，校书郎十二人，正字四人，录事二人。领著作、太史二曹。著作曹，置郎二人，佐郎八人，校书郎、正字各二人。太史曹，置令、丞各二人，司历二人，监候四人。其历、天文、漏刻、视昆，各有博士及生员。"第755页。
　　③　《隋书》卷28《百官志下》，第795—796页。
　　④　参考《旧唐书》卷43《职官志二》，第1854—1855页；《新唐书》卷47《百官志二》，第1214—1215页。
　　⑤　《通典》卷26，第155页。
　　⑥　《晋书》卷24《职官志》，中华书局1974年版，第735页。

正式隶属秘书。其后又别自置省，谓之著作省，而犹隶秘书。自此著作官职就一直同秘书省（寺）联系起来。其时秘书省（寺）分工明确，秘书监（令）专司图籍的整理收藏，而著作郎专掌史职。宋、齐沿用晋制，梁代秘书省所领著作或曰省或曰曹，著作归属秘书的制式基本稳定。

著作佐郎的名称几经改易。曹魏氏始置佐著作郎。晋代亦有佐著作郎8人，到职时须撰名臣传1人，作为具有史才的见证。其时著作郎或曰大著作皆由当时名人出任，而佐著作郎的任务也是修史，因此修撰名臣传有实际的考试意义。宋初，佐著作郎出任时撰写名臣传的制度未见记载。宋、齐以来，又将"佐"字移至"郎"字前，称为著作佐郎，其职掌亦修史。自此相沿不改。①

大唐设著作局，置著作郎2人，佐郎4人，开元二十六年（738），减佐郎二员，亦属秘书省。龙朔二年（662），改著作郎为司文郎中，佐郎为司文郎，咸亨初复旧。其属官有校书郎2人，掌雠校书籍，若本局无书，兼校本省典籍。有正字2人，职同校书郎。又有楷书5人，书令史1人，书吏2人，掌固4人。②

二 选任要求

唐代秘书省向来被视为清闲之地，其所属官职亦被视为退居休养的闲职。如崔群由徐州刺史改授秘书监分司东都，制文云："正在颐养之际，岂任朝谒之劳？诚宜许以便安，不可阙其禄食。"③崔昌遐由峡州刺史改授秘书监，制文亦云："又安敢置尔于要剧之地，烦尔于搣揖之劳者哉？……敬承休宠，勉务优闲。"④但是，依据现存秘省官员授官制敕文，秘书省官职虽闲，其实要求甚高，特别是在文才

① 以上参考《唐六典》卷10。杜佑：《通典》卷26《职官八》"秘书监"条，第155页。《资治通鉴》卷187"隋著作佐郎陆从典、通事舍人颜愍楚"条下之胡注，第5838页。

② 《旧唐书》卷43《职官志二》，第1855页；《新唐书》卷47《百官志二》，第1215页。

③ 白居易：《崔群可秘书监分司东都制》，《全唐文》卷657，第2961页。

④ 薛廷珪：《授峡州刺史崔昌遐秘书监制》，《全唐文》卷837，第3908页。

一事上，更是屡被强调。由此看来，所谓清闲当分两面，一指从事书籍文字工作，与俗吏相比，较为"清"。二是权力不如剧要部门，即"闲"。故此，秘书省向来不为逐利者所重。

秘书省作为唐代国家图书管理机构，职司图籍购募、整理、庋藏等工作。综观唐代，大型的校书编目活动有四次。第一次发生在太宗、高宗时代，自魏征至崔行功，校书不绝，前后亘连，至少 47 年。第二次在玄宗朝，马怀素、褚无量、元行冲先后总其事。第三次为德宗贞元时期，秘书监刘太真、少监陈京先后司其责。第四次为文宗开成年代，由郑覃奏请，秘书省主持。① 由工作性质决定，秘书省官员的任职资格中，学术和文才是非常重要的因素。如秘书监颜师古任职制文：

> 秘书望华，史官任重，选众而举，历代攸难。守秘书监颜师古，体业淹和，器用详敏。学资流略，词兼典丽，职司图书，亟经岁序。朱紫既辨，著述有成。宜正名器，允兹望实。可秘书监。②

所谓"学资流略，词兼典丽"即言其学术和文章两方面均为杰出。武周时期秘书监王方庆"学富今古，才优舒向"③。玄宗时秘监马怀素"有舒向之风，擅东南之美，贯穿从学，博而多能，沉郁成章，丽而有则"④。实际上，马怀素"不善著述"⑤，制文所言"沉郁成章，丽而有则"，应视为朝廷选人的一种标准。贾至《授萧昕秘书监等制》："图书之府，掌天人之际；礼义之柄，系风化之元。为官择人，必举髦士。行礼部侍郎萧昕，文质彬彬，学于旧史，……咸有令名，

① 姚名达：《中国目录学史》，上海古籍出版社 2005 年版，第 134—141 页。
② 唐太宗：《授颜师古秘书监制》，《全唐文》卷 4，第 16 页。
③ 李峤：《授王方应麟台监修国史制》，《全唐文》卷 242，第 1081 页。
④ 苏颋：《授马怀素秘书监制》，《全唐文》卷 251，第 1122 页。
⑤ 《新唐书》卷 199《马怀素传》，第 5681 页。

升降朝列，正我坟典，懋乃直清。"① 可见，图书之府，择人亦为不易。

秘书少监辅助秘监工作，任职资格中的文学因素更为突出。李峤《让麟台少监表》自称："西垣载笔，五字非工；东观属词，两班难嗣：空抱支离之疾，坐招尸素之讥。惟此挈瓶，有同画饼，岂足以比肩良史，参领秘文，犹陪二子之行，尚忝四郎之末？"② 李峤所说的"五字非工"，正是说作诗。在诗歌盛行的唐代，诗歌才能往往被视为个人素质。李翱为秘书少监马符卢撰墓志文，说马氏"九岁贯涉经史，鲁山令元德秀，行高一时，公往师焉。鲁山令奇之，号公为'马孺子'，为之著《神聪赞》，由是名闻。……家贫未尝问生业，祇以纂录自乐为事，撰《历代纪录》《类史》《凤池录》《纂宝折桂录》《新罗纪行》《将相别传》，及所为文，总四百八十八卷"③。可见，朝廷有文才方面的要求，实际被选者大都名副其实。

秘书丞掌判省事，秘书郎掌四部图籍、判课写之事。权德舆《秘书郎厅壁记》："国初思汉廷延阁之制，薄江左贵游之选，始以岑江陵、虞永兴、褚河南迭为之，厥后彬彬多文学之士。然则先王之法制，官师之训典，九流百氏，如贯珠然。学与仕皆优，而旋相为用者，其在兹乎！"④ 权德舆并非虚言，请看授张籍和王建秘书郎之制文：

　　敕：张籍：《传》云："王泽竭而诗不作。"又曰："采诗以观人风。"斯亦警予之一事也。以尔籍雅尚古文，不从流俗，切磨讽兴，有取政经，而又居贫宴然，廉退不竞。俾任石渠之职，思闻木铎之音。可守秘书郎。⑤

　　敕：太府丞王建：太府丞与秘书郎，品秩同而禄廪一，今所

---

① 贾至：《授萧昕秘书监等制》，《全唐文》卷367，第1650页。
② 李峤：《让麟台少监表》，《全唐文》卷244，第1092页。
③ 李翱：《秘书少监史馆修撰马君墓志》，《全唐文》卷639，第2858页。
④ 权德舆：《秘书郎厅壁记》，《全唐文》卷494，第2232页。
⑤ 元稹：《授张籍秘书郎制》，《全唐文》卷648，第2906页。

转移者，欲职得宜而才适用也。诗人之作丽以则，建为文近之矣，故其所著章句，往往在人口中，求之辈流，亦不易得。帑藏之吏，非尔官也；而翱翔书府，吟咏秘阁，改命是职，不亦可乎？可秘书郎。①

此二篇敕文，实可作权氏《壁记》之注脚。观朝廷以二人诗文才能作为任职秘书郎的条件，秘书省官职似乎成为对才华之士的奖赏。杜牧《授刘纵秘书郎制》即云："公侯子弟，多溺于骄邪，尔能读书学文，自可嘉奖。图籍之府，命尔为郎。"②

总而言之，秘书省官员虽属清职，任命的标准与尺度却甚高，文学因素占有很大比重。

三　地位变迁

如上所述，唐代秘书省由监、少监、丞、郎组成行政中枢。秘书监是最高行政长官；少监辅助秘书监工作；丞掌判省事，相当于监察人员，勾检稽失；秘书郎掌管图籍整理的工作分配。基层人员有校书郎、正字及典书、书手、笔匠等人。秘书省除省部之外，另辖有著作和太史二局。太史局主要掌管天文历法，与秘书省时合时分。著作局作为秘书省的下属机构，二者联系密切。著作局有著作郎、著作佐郎、校书郎和正字等官职。本节结合诸文馆制度，考察秘书省社会地位的升降变化，以期明了各馆之间的互动关系。总体来看，秘书省地位的变迁经历了三个阶段：第一阶段从贞观初期到开元初期，其地位开始降低，但总体较为稳定；第二个阶段从开元初至天宝初，是秘书省发展的最低谷；第三个阶段是天宝初至唐末，秘书省地位逐渐回升，并在中唐时期达到最高峰。

（一）贞观初至开元初：稳中有降

隋炀帝即位，在官职方面有所变革，秘书省各级官员的品秩和人

---

① 白居易：《授王建秘书郎制》，《全唐文》卷657，第2961页。
② 杜牧：《授刘纵秘书郎制》，《全唐文》卷750，第3444页。

数都有所变动，增置了秘书佐郎 4 人。① 唐初秘书省制度一仍隋旧，
总体上没有多大变动。仅从秘书省的制度沿革来看，它在唐初的社会
地位与前朝相近，似乎对文士的影响不大。但这个结论并不正确，原
因是忽略了著作局的变化。《旧唐书》卷 43 "史馆"条下，原注：
"历代史官，隶秘书省著作局，皆著作郎掌修国史。武德因隋旧制。
贞观三年闰十二月，始移史馆于禁中，在门下省北，宰相监修国史，
自是著作郎始罢史职。"② 同卷"史官"条下注："古者天子诸侯，皆
有史官，以纪言动、历数之事。至后汉明帝，召当时名士入东观，撰
《光武纪》，而史官因以他官兼之。魏明帝始置著作郎，专掌国史，
隶中书。晋改隶秘书省，因而不改。贞观年修《五代史》，移史馆于
禁中。"③ 从上述记载可以看出，导致秘书省在唐初社会地位降低的
原因，主要是贞观三年（629）新置史馆事件。太宗将史馆独立出
来，剥夺了原本属于秘书省下属机构著作局的修史职能，自此"著作
郎、佐郎掌修撰碑志、祝文、祭文"④ 而已。众所周知，唐人对于修
史是非常看重的，史官的社会地位很高，因此，这一举措无疑降低了
秘书省的社会地位。

　　史馆独立事件对秘书省造成很大影响，并且很快在社会上引起强
烈反响。李渊曾将秘书省与其他权要部门相比，认为其官职"清而不
要"⑤。如果说高祖的评价还是泛泛而论的话，那么，太宗的变革却
是根本性的。《两京记》记其时情状云："唐初，秘书省唯主写书贮
掌勘校而已。自是门可张罗，迥无统摄官署。望虽清雅，而实非要
剧。权贵子弟及好利夸侈者率不好此职。流俗以监为宰相病坊，少监
为给事中中书舍人病坊，丞及著作郎为尚书郎病坊，秘书郎及著作佐
郎为监察御史病坊。言从职不任繁剧者，当改入此省。"⑥ 这些评议

① 《隋书》卷 28，第 795—796 页。
② 《旧唐书》卷 43《职官志二》，第 1852 页。
③ 同上。
④ 同上书，第 1855 页。
⑤ 《新唐书》卷 197，第 5619 页。
⑥ 《太平广记》卷 187，第 1405 页。

真实地反映了当时的情况，可知唐初秘书省地位的急剧回落。

史馆别立是秘书省地位降低的重要原因之一。此外，唐初弘文馆和崇文馆的崛起，也客观上促使秘书省地位的进一步降落。武德四年（621）正月，于门下省置修文馆。至九年（626）三月，改为弘文馆，其年九月，太宗初即位，大阐文教，于弘文殿聚四部群书20余万卷，于殿侧置弘文馆。① 崇文馆置于太宗贞观十三年（639），初名崇贤馆。高宗上元二年（675），因避太子李贤讳，改为崇文馆。弘文馆学士参与政治决策，是太宗的智囊团，其地位之高毋庸赘言。而崇文馆是太子学馆，其地位与秘书省相较亦有天壤之别。二馆职能的一部分即典校理，这无疑进一步削弱了秘书省庋藏图籍的功能。不过，秘书省在唐初的社会地位还不是其整个发展过程中的最低谷，可以从三方面来看待这个问题。

其一，从贞观初到开元初，任职秘书省者，不乏硕学耆儒。如贞观时期出任秘书监、少监的就有魏征、令狐德棻、虞世南、颜师古、萧德言等著名人物。从高宗朝到睿宗朝，也有一批知名学者担任省职，如上官仪、李怀俨、李峤、阎朝隐、刘知几、崔行功等人。②

其二，这个时段，秘书省还做了许多实际有益的工作。最为著名的是颜师古在秘书省考定五经。史载贞观七年（633）十一月，"太宗以经籍去圣久远，文字讹谬，令师古于秘书省考定五经。师古多所厘正，既成，奏之"③。另外，秘书省作为唐代国家图书管理机构，此期校书活动不断，"自魏征至崔行功，校书不绝，前后亘连，至少四十七年"④。

其三，著作局虽然不再修史，但实际上多数著作局郎官兼领史职。如太宗时期著作佐郎敬播、著作郎许敬宗；高宗时期著作郎刘胤之、裴敬彝，秘书郎张文恭；武周时期著作郎杨仁卿、刘之宏、苗神客、魏知古，著作佐郎刘允济，麟台监王方庆、秘书员外少监韦承

---

① 《唐会要》卷64，第1114页。
② 吴夏平：《唐代中央文馆制度与文学研究》，第322—381页。
③ 《旧唐书》卷73，第2594页。
④ 姚名达：《中国目录学史》，第135页。

庆；中宗时期秘书员外少监韦承庆等都以本官兼史职。但自此之后，即从玄宗朝开始直至唐末，可考知的秘书省官员兼任史职的，只有宪宗朝秘书少监蒋乂和马宇两人。① 可见，秘书省与史馆的联系在初唐还是较为密切的，到开元以后才各自完全独立。

（二）开元初至天宝初：跌至低谷

从贞观初到开元初，秘书省的社会地位相对来说还是比较稳定的。但玄宗时期情况则发生了剧烈变化，原因主要是集贤院的创建。开元三年（715），马怀素任秘书监，在玄宗的授意下开始整理秘府图书。开元五年（717）褚无量领导内库图籍（皇帝御书）的整理。马怀素和褚无量先后去世，秘府和内库图书的整理工作由元行冲统一领导。在此基础上，开元十三年（725）集贤院正式成立。② 集贤院在名义上并没有兼并秘书省，不过，它却几乎取代了秘书省的全部职能："凡图书遗逸、贤才隐滞，则承旨以求之。谋虑可施于时，著述可行于世者，考其学术以闻。凡承旨撰集文章、校理经籍，月终则进课于内，岁终则考最于外。"③ 可以说，开元时期秘书省处于低迷状态，是其发展历程中的最低谷。

转机出现在开元末，其时集贤院衰落而翰林院崛起。开元二十六年（738），始以翰林供奉改称学士，翰林院正式成立。④ 翰林院在中唐以后成为国家政治决策咨询机构，逐步取代集贤院。这样，就给秘书省创造了发展空间，其功能也逐渐得以恢复。《全唐文》卷316和卷494保存的两篇壁记是极好证明。一是天宝七载（748），崔杰任著作郎请当时名士李华撰写的《著作郎厅壁记》，一是德宗贞元十六年（800），郑具瞻任秘书郎请权德舆撰写的《秘书郎厅壁记》。这两篇文章足以说明天宝以后秘书省逐渐恢复正常运转。

虽然秘书省在天宝以后出现转机，但终玄宗之世，其地位趋于边缘化是莫争的事实。这也可以从以下三方面加以论证。

---

① 张荣芳：《唐代的史馆与史官》，第253—269页。
② 吴夏平：《唐代中央文馆制度与文学研究》，第48—54页。
③ 《新唐书》卷47，第1212页。
④ 《唐会要》卷64，第1120—1121页。

　　其一，开元天宝年间出任秘书省管理层的官员，虽然也有像马怀素和崔沔这样的有名学者，但总体上来说成就平平，以至于出现了将王室子孙充数的现象。如薛王李业①，玄宗贞顺皇后武氏同母弟武信②、许王李素节之子李璀③等人，先后在开元年间出任秘书监。天宝以后，这种现象不但没有改变，反而更为严重。其时出任秘书监可考知的有：废太子瑛之子俅④、玄宗之子僎⑤、延王玢之子倬⑥、睿宗长子宪之子琳⑦、棣王琰之子偯⑧等人。

　　其二，马怀素领导秘书省进行图籍整理工作，终其一生未能成功。其实质工作是在元行冲统一管理之下最后完成的。元行冲接替马怀素和褚无量，第一步工作即在人事上进行改革，大刀阔斧地考绌不应选者。原来的两路人马经筛选后只留下陆绍伯、马利征等13人，以此为基础，又引进朝邑丞冯朝隐等7人。这些人员最后进入丽正院参与图书整理。"由是秘书省罢撰缉，而学士皆在丽正矣"。⑨其最终成果《群书四部录》也是由元行冲领导完成的。秘书省虽然在前期做了一些基础工作，但从最后的修书地点和撰辑人员来看，这些成果都不能说是秘书省的。集贤院正式成立之后，秘书省的工作几乎全部停止。可以说，在整个盛唐，秘书省在图籍整理方面建树不大。

　　其三，秘书省工作场所被割剥。《唐会要》卷60"御史中丞"条载："至开元二十一年，有制以赋余修百司廨宇，西台中丞裴宽始以旧监察创置中丞东厅东台，二中丞亦同厅。开元二十一年十一月，大

---

①　《旧唐书》卷8，第173页。
②　《旧唐书》卷51，第2177页。
③　《旧唐书》卷86，第2827页。
④　《旧唐书》卷107，第3258页。
⑤　同上书，第3261页。
⑥　同上书，第3268页。
⑦　《新唐书》卷81，第3599页。
⑧　《新唐书》卷70下，第2149页。
⑨　《新唐书》卷199，第5682页。

夫崔琳奏割秘书省东北地，回改修造。二中丞遂各别厅。"① 原来工作的场馆竟然被割去修建御史中丞大厅，这对秘书省来说真是一件非常悲哀的事情。由此可见它在玄宗朝的地位实在是很卑微的。

（三）天宝初至唐末：逐步回升

李华《著作郎厅壁记》和权德舆《秘书郎厅壁记》标示着秘书省命运的转变。事实正是如此。天宝十一载（752）十月，敕秘书省检覆四库书，与集贤院合勘填写。② 秘书省开始与集贤院平分秋色。天宝十二载（753），又任命左相陈希烈充秘书省图书使。③ 这标志着秘书省地位的回升。

中唐以后，秘书省终于迎来了好运。大历十四年（779）九月二十七日敕："秘书省书阁内书，自今后不得辄供诸司及官人等。每月两衙及雨风，委秘书郎、典书等同检校，递相搜出，仍旧封闭。"④ 这个诏敕，一方面反映了代宗他们对书籍的爱护，另一方面也表明秘书省今非昔比，省内图书管理有严格制度。不唯如此，中唐秘书省还因校书郎和正字是公卿之滥觞而成为青年才俊竞趋之鹄的。杜佑曾说："（校书郎）掌雠校典籍，为文士起家之良选。其弘文馆、崇文馆，著作、司经局，并有校书之官，皆为美职，而秘书省为最。"⑤ 可见由于社会地位的上升，秘书省在士人眼中的形象大为改观，以至于出现青年士子"但霑科第，皆求注拟，坚待员阙，或至逾年"⑥ 的激烈竞争，而朝廷也不得不采取提高标准来加以控制。

秘书省地位在中晚唐得以全面提升，其原因有以下三点值得注意。

其一，各文馆地位升降的相互制约，客观上给秘书省提供了发展机遇。开元以后秘书省与史馆分道扬镳，相互关联不大，可存而不

---

① 《唐会要》卷60，第1050页。
② 《唐会要》卷35，第645页。
③ 《唐会要》卷78，第1439页。
④ 《唐会要》卷64，第1124页。
⑤ 《通典》卷26，第155页。
⑥ 《唐会要》卷70，第1397页。

论。最应关注的是集贤院和弘文、崇文二馆。翰林院成立之后，集贤院的地位急剧下滑，最终成为与秘书省职能相当的一个藏书机构。其人员数量呈逐渐削减趋势。德宗贞元四年（788）正月，敕减集贤写御书一十人，付史馆收管。① 宪宗元和二年（807）七月，集贤院奏："贞元八年，判院事官陈京始奏停校理，分（秘书省）校书郎四员、正字两员，为集贤殿校理正字。今诸校书郎、正字并却归秘书省。当司请依旧置校理官，庶循名实，且复开元故事。又直官请减五人，写御书请减十人。"② 贞元八年（792）从秘书省移割的校书郎和正字，到元和二年（807）又重新移至秘书省，如果不重新添置校理官，集贤院恐怕连最基本的工作都无法开展。可见，宪宗时期，集贤院的地位是非常低下的，甚至赶不上秘书省。

弘文馆的煊赫时代早结束于中宗、睿宗朝。开元时期，两馆的雠校官都省置了。"（开元）七年十二月三日，省弘文、崇文两馆雠校，置弘文馆校书四员，崇文馆检书两员，二十二年二月二十五日，省弘文馆校书两员。"③ 因削减过甚，穆宗长庆二年（822），弘文馆不得不上奏量补原先减掉的楷书、搨书、典书等人员。④ 大中六年（852）六月，弘文馆因修《续会要》，又不得不上奏请求增置纸笔杂物和厨料，而宣宗虽然依其所请，却批示"事毕日停"⑤。这些事例表明弘文馆在中晚唐陷入窘境。相比之下，崇文馆的命运似乎更差，贞元八年（792）四月二十八日敕旨，崇文馆自今以后改由左春坊管理⑥。

其二，秘书省在中晚唐成功地主持了两次大型的校书活动，影响甚巨。第一次发生在德宗贞元时代，秘书监刘太真、少监陈京先后负责。第二次是在文宗时期，由郑覃奏请，秘书省主持。⑦ 到开成元年

---

① 《唐会要》卷64，第1120页。
② 同上书，第1121页。
③ 同上书，第1116页。
④ 同上。
⑤ 同上书，第1116—1117页。
⑥ 同上书，第1118页。
⑦ 姚名达：《中国目录学史》，第140—141页。

（836）七月，秘书省四库现有新旧书籍共 56476 卷。① 可见其成果之卓著。

其三，名人效应。前引杜佑所言秘书省校书郎为文士起家良选之最，是合乎事实的。有唐一代，由秘书省校书郎而仕至宰相，其较为著名者有 3 人，张九龄、元稹和李德裕。张九龄在盛唐，元稹和李德裕在中晚唐，对年轻人入仕极富启发意义。如符载《送袁校书归秘书省序》："国朝以进士擢第为入官者千仞之梯，以兰台校书为黄绶者九品之英。……不数十年，公卿之府，缓步而登之。"② 这不正是从成功者身上看到的希望吗？在这样的背景之下，白居易直接提出"秘著之官，不独以校勘之用取之，其所责望者，乃丞郎之椎轮，公卿之滥觞也"③。其评价表明秘书省在中晚唐时期之社会地位。

综上所述，秘书省在唐代的发展呈曲线形态，大致经历三个阶段：贞观初年开始下滑，到开元时期跌入最低谷，天宝以后逐渐提升，中唐到达最高峰。秘书省社会地位的变迁，反映出各文馆之间的动态关系。对它进行研究，对还原唐代文馆互动历史面貌，探讨秘书省文士集体心态变迁等方面都具有极其重要的意义和价值。

第二节　秘书省文士地方流动路径及影响

本节从秘书省之秘书监和秘书少监，著作局之著作郎和著作佐郎职务迁转的一般途径入手，论述秘书省官员地方流动的主要方式和特点，并探论文士地方流动所产生的社会影响。

一　秘书监、少监地方流动路径

以下表格依据附录《秘书监、少监迁转表》统计，与孙国栋《唐代中央重要文官迁转途径研究》多有不同。孙氏的统计主要以两

① 《唐会要》卷 35，第 645 页。
② 符载：《送袁校书归秘书省序》，《全唐文》卷 690，第 7070 页。
③ 《白居易集》卷 63，第 1326 页。

《唐书》为主，本书参考了大量的新近出土文献及其他各种史料，数据来源更广泛。

表 4-1　　　　　　　　　　　　秘书监迁入表

官职名	初唐 高祖—睿宗 618—712	盛唐 玄宗 713—756	中唐 肃宗—敬宗 757—826	晚唐 文宗—哀帝 827—907	合计
中书侍郎	1			1	2
给事中	1			1	2
散骑常侍	4				4
户部尚书				1	1
工部尚书				1	1
兵部尚书			1		1
左丞	1				1
户部侍郎		1		4	5
礼部侍郎				1	1
兵部侍郎				1	1
刑部侍郎			2		2
工部侍郎		1			1
太常卿	1	1			1
鸿胪卿			1		1
大理卿			1		1
国子祭酒			1	1	2
司天监			1		1
太常少卿			1		1
宗正少卿	1				1
秘书少监	2		2		4
殿中少监			1		1
太子庶子			1		1
太子宾客			1	1	2
王傅				1	1

续表

官职名	初唐 高祖—睿宗 618—712	盛唐 玄宗 713—756	中唐 肃宗—敬宗 757—826	晚唐 文宗—哀帝 827—907	合计
尚辇奉御	1				1
奉宸令	1				1
府尹			1	1	2
刺史	3	2	4	8	17
都督府长史				1	1
节度观察使				4	4

表 4 - 2　　　　　　　　　　秘书监迁出表

官职名	初唐 高祖—睿宗 618—712	盛唐 玄宗 713—756	中唐 肃宗—敬宗 757—826	晚唐 文宗—哀帝 827—907	合计
侍中	1				1
散骑常侍			1		1
礼部尚书	1			1	2
兵部尚书			1		1
刑部尚书				2	2
工部尚书			1	1	2
户部尚书	1				1
礼部侍郎			1		1
吏部侍郎				1	1
兵部侍郎				1	1
刑部侍郎				1	1
工部侍郎			1		1
员外郎		1			1
太常卿			1		1
宗正卿	1				1
司农卿			1		1
国子祭酒		1	1	2	4

续表

官职名	初唐 高祖—睿宗 618—712	盛唐 玄宗 713—756	中唐 肃宗—敬宗 757—826	晚唐 文宗—哀帝 827—907	合计
太子庶子	1				1
太子宾客	1	1	2		4
太子詹事	1	1			2
府尹			1	2	3
刺史	2		4		6
留守				1	1
王府司马			1		1
州别驾				1	1
州司户				1	1
节度观察使				2	2
致仕	1	2	5	3	11
免	1	1		1	3
流	3	1	1		5
卒	2	3	1	5	11

从上表可以看出：一、秘书监的迁入，初盛唐以散骑常侍、少监及州刺史为主；中唐以后以与六侍郎互相迁转为主。中晚唐的另一个重要特点是，州刺史和诸使等地方官吏入朝为秘书监者比例较大。二、秘书监的迁出，初盛唐以迁东宫僚属居多，中晚唐以与六侍郎互转之外，迁入为刺史、国子祭酒者较多。总体来看，由秘书监致仕比例较大，反映出秘书监职务清闲便于退养的特点。

表4-3　　　　　　　　秘书少监迁入表

官职名	初唐 高祖—睿宗 618—712	盛唐 玄宗 713—756	中唐 肃宗—敬宗 757—826	晚唐 文宗—哀帝 827—907	合计
中书舍人	2	3	3		8

续表

官职名	初唐 高祖—睿宗 618—712	盛唐 玄宗 713—756	中唐 肃宗—敬宗 757—826	晚唐 文宗—哀帝 827—907	合计
起居郎	1				1
给事中	1		1		2
谏议大夫			2		2
左补阙			1		1
户部侍郎			1		1
吏部侍郎	1				1
礼部郎中	1				1
司勋郎中			2		2
户部郎中			1		1
兵部郎中			1		1
驾部郎中			1		1
仓部郎中			1		1
祠部郎中			1		1
比部员外郎			1		1
著作郎	3	2			5
通直郎	1				1
太子谕德			1		1
太子率更令	1				1
太子文学	1				1
太子舍人	1				1
太常博士	1	1		1	2
刺史	2	2	3	1	8
州别驾			1		1
都督		1			1
县令			1		1
诸使僚佐			1		1

表 4 - 4　　　　　　　　　秘书少监迁出表

官职名	初唐 高祖—睿宗 618—712	盛唐 玄宗 713—756	中唐 肃宗—敬宗 757—826	晚唐 文宗—哀帝 827—907	合计
宰相	2				2
右丞			1		1
中书侍郎	1				1
谏议大夫			1	1	2
中书舍人				1	1
给事中			1		1
礼部侍郎	1				1
吏部侍郎	2		3		5
工部侍郎		2			2
金部员外郎				1	1
大理卿				1	1
太常少卿		1	2		3
宗正少卿		1			1
太府少卿			1		1
秘书监	2		1		3
太子庶子	1	1	1		3
太子宾客			1		1
亲王傅		1			1
府尹			1		1
刺史	1	1	3		5
州别驾		1			1
州司户			1	1	2
诸使			1		1
致仕	1				1
免	1				1
流	1				1
卒	3	2	4		9

　　由上表可以得知秘书少监的迁转情况：一、迁入方面，初盛唐以中书舍人、著作郎及太子僚属为主，此外亦有部分刺史。中唐以后则以诸司郎中、谏官及中书舍人居多。二、迁出方面，初盛唐以三省侍郎和秘书监为多，中晚唐迁出为吏部侍郎、诸寺少卿及州刺史者较多。

　　除上述迁转特点外，秘书监、少监任职还有其他一些特点。作为唐代官僚体系中的组成部分，秘书省官员的选任同其他官员一样，也打上了唐代选官烙印。具体来说主要表现为：（1）同正员，（2）充官和兼官，（3）试官和检校官。同正员是为了解决选官当中出现的选人与官阙之间的矛盾。充官属于临时差遣性质。兼则有两种不同含义，一是以本官兼任它职，一是入职幕府所带京衔或宪衔。这里的试官和检校官的含义与兼官的第二义相同，都是入幕所带京衔或宪衔。①

　　秘书省同正员主要出现在初盛唐，任职者多为皇室成员。比如李玢，《旧唐书·睿宗诸子》让皇帝李宪附玢传："玢，苍梧郡开国公，历银卿光禄大夫、秘书监员外置同正员。"② 李俅，《旧唐书·玄宗诸子》："初，开元二十五年，太子瑛得罪废，令琮养其子，及天宝十一载琮薨，以瑛子俅为嗣庆王，除秘书监同正员。"③ 李僙，《旧唐书·玄宗诸子》："天宝中封王者三人：僙为汝南郡王、秘书监同正员。"④ 李倬，《旧唐书·玄宗诸子》："天宝末，封延王李玢子倬彭城郡王、秘书监同正员。"⑤ 王士平，《旧唐书·王武俊传》附士平："贞元二年，选尚义阳公主，加秘书少监同正、驸马都尉。"⑥ 同正员与正员有区别：一是薪俸方面略低。《新唐书·食货志五》："（天宝）

　　① 参看宁欣《唐代选官研究》，台湾文津出版社1995年版。唐代"试"衔研究，讨论较多的有岑仲勉、王寿南、张国刚、李锦秀、陈志坚等。具体成果参看赖瑞和《唐代基层文官》，中华书局2008年版，第45页。
　　②《旧唐书》卷95，第3015页。
　　③《旧唐书》卷107，第3258页。
　　④ 同上书，第3261页。
　　⑤ 同上书，第3268页。
　　⑥《旧唐书》卷142，第3877页。

十四载，两京九品以上月给俸加十之二，同正员加十之一。"① 二是地位亦略差于正员。《唐会要》卷24"诸侯入朝"条："开元八年十一月十二日敕：诸州朝集使长官上佐，分蕃入计，如次到有故，判司代行。未经考者，不在禁限。其员外同正员，次正官后集。"② 同正员有时改为正授。《旧唐书·贺知章传》："为秘书监同正员，依旧充集贤院学士。俄迁太子宾客、银青光禄大夫兼正授秘书监。"③

充官属临时差遣。如玄宗时以陈希烈充秘书监，主要为解决秘书省图书的搜访整理问题。《命陈希烈兼领秘书诏》："宜令左相兼武部尚书陈希烈充监秘书，令省图书。"④ 另一种情况是以秘书监充任其他官职，前引贺知章以秘书监充集贤院学士，即为其例。

中晚唐时期，选官发生了很大变化，其中最明显的是辟署和奏授。方镇权力日益增大，文人入幕成为风尚。入幕文人往往带京衔或宪衔。秘书省官职往往成为幕府文人所带朝衔。在授官制文和史传中，带朝衔的表述方式多样，其中使用较多的是"试""检校"和"兼"。如李昌岠，试秘书监。《授李昌岠辰锦等州团练使制》："正议大夫试光禄卿前兼海州刺史李昌岠……可试秘书监，使持节都督辰州诸军事，辰州刺史兼御史中丞、充辰、溪、巫、锦、业五州都团练守捉使，散官如故。"⑤ 穆宁，检校秘书少监。《旧唐书·穆宁传》："大历四年，起授监察御史，领转运留后事于淄青。间一年，改检校司封郎中、兼侍御史，领转运留后事于江西。明年，拜检校秘书少监，兼和州刺史，理有善政。"⑥ 王翃，兼秘书少监。《新唐书》本传："天宝中，授翃卫尉、羽林军宿卫。擢才兼文武科，出为辰州刺史。与讨襄州康楚元有功，加兼秘书少监，迁朗州刺史。大历中，擢容管经略使。"⑦ 显然，这些秘书监和少监虽然也带着秘书省官员的头衔，但

① 《新唐书》卷55，第1400页。
② 《唐会要》卷24，第459—460页。
③ 《旧唐书》卷190中，第5034页。
④ 唐玄宗：《命陈希烈兼领秘书诏》，《全唐文》卷33，第157页。
⑤ 常衮：《授李昌岠辰锦等州团练使制》，《全唐文》卷413，第4235页。
⑥ 《旧唐书》卷155，第4114页。
⑦ 《新唐书》卷143，第4691页。

都不在京城,与在秘书省任职者不同。这种试、检校、兼衔,一般称为"虚衔"。但实际上并不全虚,有一定的实质意义。幕佐的职俸和官阶升迁,都以这种朝衔宪衔为准。① 这就告诉我们,并非所有加带秘书省官职者都在省中从事相关工作,特别是中唐以后,他们多以秘书省朝衔入职幕府。

二 著作郎、佐郎朝野迁转特点

下列表格数据依据附录《唐著作郎、佐郎迁转表》统计得来。先看著作郎的迁入情况。

表4-5　　　　　　　　　　　著作郎迁入表

官职名	初唐 高祖—睿宗 618—712	盛唐 玄宗 713—756	中唐 肃宗—敬宗 757—826	晚唐 文宗—哀帝 827—907	合计
太子中舍人	1				1
太子洗马	2				2
著作佐郎	3	1			4
王府功曹	1				1
曹王友	1				1
司议郎	1				1
起居郎	2				2
县令	1	1	2		4
监察御史	3				3
东台典仪	1				1
起居舍人	1		1		2
中书舍人	1				1
御史中丞		1			1
谏议大夫		1			1
秘书丞		1			1

---

① 参看赖瑞和《唐代基层文官》第五章第四节"幕佐的官衔"。

续表

官职名	初唐 高祖—睿宗 618—712	盛唐 玄宗 713—756	中唐 肃宗—敬宗 757—826	晚唐 文宗—哀帝 827—907	合计
州别驾		1			1
右拾遗		1			1
广文博士		1			1
秘书郎			1		1
吏部郎中			1	1	2
太子通事舍人				1	1
员外郎				1	1
府司录参军				1	1

从上表可以看出著作郎的任职情况大致有以下几个特点：（1）在唐前期，著作郎多从东宫太子僚属和王府僚属中选任，反映了著作郎清望官性质。这主要是由于在前期，著作郎大多以本官兼职修史，著作郎的实质只不过是用以迁转的阶官和寄禄官。而唐代史官地位是崇高的，这就是前期著作郎多从太子府和王府中选拔的重要原因。（2）前期从著作佐郎升迁为著作郎的人次也比较多，反映出著作郎隶属唐代官僚系统的性质。（3）由县令迁入的有4例，前后期各有2例，说明无论是前期还是后期，著作郎多为地方官，特别是县令迁转为京官的重要跳板。（4）中晚唐迁转可考者不多，从一个侧面反映了著作局地位的下降，这种学术机构没有得到朝廷应有的重视。

表 4－6　　　　　　　　**著作郎迁出表**

官职名	初唐 高祖—睿宗 618—712	盛唐 玄宗 713—756	中唐 肃宗—敬宗 757—826	晚唐 文宗—哀帝 827—907	合计
太常少卿	1				1
秘书少监	3	1	1		5
散骑常侍	1				1

官职名	初唐 高祖—睿宗 618—712	盛唐 玄宗 713—756	中唐 肃宗—敬宗 757—826	晚唐 文宗—哀帝 827—907	合计
中书舍人	5				5
都督府长史	1				1
刺史	1		1		2
谏议大夫	1			1	2
正谏大夫	1				1
太子率更令	1				1
县尉	1	1			2
郎中	1			1	2
王府司马	1				1
太子中允	1				1
州别驾		1			1
国子司业		1	1		2
州司户			1		1
太府少卿			1		1
员外郎			1	2	3
太子仆			1		1
右补阙			1		1
光禄少卿				1	1
县令				1	1
国子博士				2	2

从上表可以看出著作郎迁出的一般情况。归纳起来，大概有这样几点：（1）著作郎最好的出路是秘书少监和中书舍人，这也是前期迁转最常见的情形。正如李华所总结的，著作郎"或上迁秘书少监，或擢拜中书舍人"①。（2）中后期著作郎迁出为学官的例子也比较多，其中国子司业有2例，国子博士也有2例，说明著作局的后期发展有

---

① 李华：《著作郎厅壁记》，《全唐文》卷316，第3205页。

学术化倾向。（3）著作郎迁出为地方官，前后总计有 8 例，其中虽然有几例是谪官，但也反映出著作郎在整个唐王朝官僚体系中的位置。

表 4 - 7　　　　　　　　　　著作佐郎迁入表

官职名	初唐 高祖—睿宗 618—712	盛唐 玄宗 713—756	中唐 肃宗—敬宗 757—826	晚唐 文宗—哀帝 827—907	合计
总管府户曹	1				1
府参军	1				1
州参军	3				3
国子主簿	1		1		2
太子校书	1				1
王府记室	1				1
县丞	2	1			3
宫门郎	1				1
县尉	2				2
县主簿	1				1
左补阙	1				1
拾遗		1			1
县令		1			1
监察御史			1	1	2
太学博士				1	1

　　从上表可以看出著作佐郎迁出的几个特点：（1）著作佐郎在唐代官僚体系中，更多地具有迁转阶官的性质；（2）著作佐郎是地方基层文馆转任京官的重要过渡，由州、府参军迁入有 4 例，由县令迁入 1 例，县丞迁入 3 例，县尉迁入 2 例，县主簿迁入 1 例，共计 7 例；（3）中晚唐时期迁出情况不甚明了，反映出著作局在中晚唐的衰落。

表4-8 著作佐郎迁出表

官职名	初唐 高祖—睿宗 618—712	盛唐 玄宗 713—756	中唐 肃宗—敬宗 757—826	晚唐 文宗—哀帝 827—907	合计
著作郎	2				2
太子舍人	2	1			3
王府谘议参军	1				1
卫尉丞	1				1
太子司议郎	1				1
滕王友	1				1
员外郎	2				2
侍御史	1				1
秘书郎	1				1
起居郎	2				2
起居舍人	2				2
中书舍人	1				1
太子左赞善大夫		1			1
郎中			1		1
太常博士				2	2
右拾遗				1	1

从上表可以看出著作佐郎的迁出特点：（1）迁出继续在秘书省内部任职者较多，如著作郎和秘书郎；（2）早期迁出为太子东宫僚属，反映出著作佐郎清望官的性质；（3）迁出为史官，如起居郎和起居舍人各有2例，反映了初唐著作佐郎兼职修史的特点；（4）中晚唐迁出记载不多，但有2例为礼官，说明著作局在后期的衰败。

以上是著作郎、佐郎迁入和迁出的总体情况。他们向地方流动的特点又是怎样的呢？不妨也来看一下。著作郎迁出为地方官共发现8例，分别是刺史2例，县尉2例，都督府长史、州别驾、州司户、县令各1例，其中有近一半是贬逐离京的。著作佐郎的迁出中，从统计来看暂未发现有转任地方官的例子。综合起来看，著作郎官流动到地方的现象不多，而更多的是作为地方官转任京官的过渡和跳板。

三 地方流动之影响

秘书省官员与地方的互动，主要通过职务迁转来实现。地方官吏迁入为秘书监者，以刺史和方镇诸使为主。由刺史迁入，如郭正一，晋州刺史；徐坚，绛州刺史；慕容珣，同州刺史；李瓘，邠州刺史；崔涣，常州刺史；李撝，歙州刺史；卢虔，汝州刺史；阎济美，华州刺史；白居易，苏州刺史；李虞仲，华州刺史；张仲方，华州刺史；郑裔绰，商州刺史；韦澳，邠州刺史；崔昌遐，峡州刺史；郑茂休，绛州刺史；诸葛恐，苏州刺史。由方镇使府迁入，如姚合，陕虢观察使；狄兼谟，天平节度使；李拭，凤翔节度使；杨汉公，荆南节度使。秘书少监的情况大致类似。其中从刺史迁入的有：令狐德棻，雅州刺史；邓玄挺，晋州刺史；卢粲，陈州刺史；韦绳，郿州刺史；萧华，魏州刺史；王翃，辰州刺史；崔玄亮，湖州刺史；皇甫镈，绵州刺史。由节度使之类的地方官入职为秘书省官员者较为少见，只发现张九龄由桂州都督入为秘书少监一例。

秘书监和少监离开京城到地方任职，也主要是任职州刺史和方镇诸使之类。由秘书监出为刺史者有：夏侯端，梓州刺史；李撝，睦州刺史；许季同，华州刺史；严謩，桂州刺史；崔群，华州刺史等。由秘书监出为方镇使府者有：卢弘宣，义武节度使；郑裔绰，浙东观察使等。这些都属于正常职务迁转。另有一种情况就是贬官，像吴士矩贬为蔡州别驾，崔仁鲁贬为密州司户即是。此外还有流官，如长孙冲流岭外，薛克构流岭南，郑普思流儋州，姜皎流钦州，韩颖流岭南等。秘书少监出为地方官的情况与秘书监差不多。其中出为刺史者有：李怀俨，郓州刺史；齐瀚，汴州刺史；王翃，朗州刺史；裴倩，信州刺史；杨於陵，华州刺史。出为节度使者有：王础，黔中经略观察使。贬官者，如阎朝隐被贬为通州别驾，田洎被贬为郴州司户，裴鈌被贬为郓州司户。

从官阶来看，秘书监为从三品，秘书少监为从四品上，上州刺史为从三品、中州刺史为正四品上，下州刺史为正四品下，这些职位的品阶几乎是相当的。换句话来说，由从三品的秘书监或正四品上的少监转为正四品下的州刺史，在官阶上看来似乎是降低了，但从实际情况看来并非如此，因为秘书监和少监虽官属清望但职非剧要，而刺史等则是地方主政官员，所以不可一概而论。

秘书省官员地方任职产生的影响，主要表现在地方治理的善政上。如卢弘宣，《资治通鉴》卷248：会昌五年（845）春正月，"以秘书监卢弘宣为义武节度使。弘宣性宽厚而难犯，为政简易，其下便之。河北之法，军中偶语者斩。弘宣至，除其法。诏赐粟三十万斛，在飞狐西，计运致之费逾于粟价，弘宣遣吏守之。会春旱，弘宣命军民随意自往取之，粟皆入境，约秋稔偿之。时成德、魏博皆饥，独易定之境无害"①。齐澣出任汴州刺史亦有政绩。《新唐书》本传："马怀素等绪次四库书，表澣为副，改秘书少监。出为汴州刺史，地当舟车凑集，事浩繁，前刺史数不称职，唯倪若水与澣以清毅闻，吏民颂美。玄宗封太山，历汴、宋、许，车骑数万，王公妃主四夷君长马、橐驼亦数万，所顿弥数十里。澣列长棚，帟幕联亘，上食凡千舆，纳筦钥，身进膳，帝以为知礼，喜甚，为留三日，赐帛二千匹。澣以淮至徐城险急，凿渠十八里，入青水，人便其漕。"② 杨於陵迁转浙东，颇有惠政。《新唐书》本传："拜华州刺史，迁浙东观察使。越人饥，请出米三十万石拯赡贫民，政声流闻。"③ 王础担任黔中观察使，能很好地处理民族事务。《新唐书·南蛮下》："建中三年，大酋长检校蛮州长史、资阳郡公宋鼎与诸谢朝贺，德宗以其国小，不许。诉于黔中观察使王础，以州接牂柯，愿随牂柯朝贺，础奏：'牂、蛮二州，户繁力强，为邻蕃所惮，请许三年一朝。'诏从之。"④

---

① 《资治通鉴》卷248，第8013—8014页。
② 《新唐书》卷128《齐澣传》，第4469页。
③ 《新唐书》卷163《杨於陵传》，第5032页。
④ 《新唐书》卷222下《南蛮下》，第6320页。

第三节　著作郎官职务变迁与碑志之关系

著作局隶属秘书省，置著作郎 2 人、著作佐郎 4 人。历代以来，皆以著作郎官领史职，专掌史任。贞观三年（629），太宗别设史馆于禁中，史官从秘书省中独立出来。对于这次职责重新划分的重要性，学者多专注于史馆独立的史学意义，而很少关注著作郎官生存状态和创作心态的变化。

一　从掌修国史到专司碑志

《通典》梳理著作郎官源流："汉东京图书悉在东观，故使名儒硕学入直东观，撰述国史，谓之著作东观，皆以他官领焉。……魏明帝太和中，始置著作郎官，隶中书省，专掌国史。晋元康二年……改隶秘书，后别自置省（谓之著作省），而犹隶秘书。著作郎一人，谓之大著作，专掌史任。……宋、齐与晋同。"① 由此可知，著作郎官始置于魏明帝太和中，其归属虽屡有变更，但专掌史任的职责却一直未变。隋代一仍其旧。《隋书·百官上》："秘书省……著作郎一人，佐郎八人，掌国史，集注起居。"② 所以《通典》总结自汉以来史官的任职情况，说："自汉以前，职在太史。当王莽时，改置柱下五史……自后汉以后，至于有隋，中间唯魏明太和中，史职隶中书，其余悉多隶秘书。"③ 可见专任修史一直以来都是著作郎官的职责。

贞观三年（629）太宗别创史馆，改变了历代以来著作郎官修史的传统。《通典》卷 21："大唐武德初，因隋旧制，史官属秘书省著作局。至贞观三年闰十二月，移史馆于门下省北，宰相监修，自是著作局始罢史职。"④《旧唐书》卷 43："历代史官，隶秘书省著作局，皆著作郎掌修国史。武德因隋旧制。贞观三年闰十二月，始移史馆于

① 《通典》卷 26，第 155—156 页。
② 《隋书》卷 26《百官上》，第 723 页。
③ 《通典》卷 21，第 126 页。
④ 同上。

禁中，在门下省北，宰相监修国史，自是著作郎始罢史职。"① 著作
郎官的职责自此发生改变。《唐六典》卷 10："著作局：著作郎二人，
从五品上。著作佐郎四人，从六品上。……著作郎掌修撰碑志、祝
文、祭文，与佐郎分判局事。"②《旧唐书》卷 43 亦载："著作郎、佐
郎掌修撰碑志、祝文、祭文，与佐郎分判局事也。"③

　　由此可见，贞观三年（629）是著作局发展史上的分水岭，由此
前职掌修史而改为专司碑志。太宗废除著作局所司史职，而另立史馆
的原因，有学者认为与玄武门事变密切相关。其主要意图在于掩盖遮
丑，篡改历史。事件发端于贞观二年（628），魏征升任秘书监，成
为秘书省最高行政长官。此时专掌修史的著作局隶属于秘书省，最高
行政长官当然有权力管理国史修撰。太宗将史馆独立出来，废除修史
与秘省之间的隶属关系，其根本意义在于削除魏征监修国史的权
力。太宗将史馆置于禁中，既不以门下省长官王珪董理其事，又不以
秘书监魏征监修，反以左仆射房玄龄出任监修国史之职，其直接原因
不外乎魏征和王珪此前都是太子建成的亲信，也就是李世民的政敌，
而房玄龄则是太宗的心腹、玄武门之变的主谋。相比之下，让房玄龄
来监修国史，太宗就放心得多。任用宰相监修国史，自此成为定例。④
也有学者从史学本身发展的内在因素和影响史学的外在力量，分别加
以探讨。认为史学的独立与史学意识的强化、知识的分化与史部范围
的扩大、正统观念与学术统一的要求，是史馆独立的内因。而外在的
力量，则缘于统一史学和禁止私修国史等方面的需要。⑤

　　从史馆独立的表面上来看，著作郎官不再修史，但实际上初盛唐
还有部分著作郎官兼领史职。据台湾学者张荣芳考证，从太宗到中
宗，著作郎、佐郎兼任史官者有 9 人。他们分别是太宗时期著作佐郎

---

① 《旧唐书》卷 43《职官志二》，第 1852 页。
② 《唐六典》卷 10，第 301—302 页。
③ 《旧唐书》卷 43《职官志二》，第 1855 页。
④ 岳纯之：《唐代官方史学研究》，天津人民出版社 2003 年版，第 12—14 页。
⑤ 张荣芳：《唐代的史馆与史官》，台湾私立东吴大学中国学术著作奖助委员会 1984
年版，第 28—35 页。

敬播，著作郎许敬宗；高宗时期著作郎刘胤之、裴敬彝；武周时期著作郎杨仁卿、刘之宏、苗神客、魏知古，著作佐郎刘允济。① 实际上不止此数，如贞观三年（629）姚思廉以著作郎受命修《梁》《陈》二史②；贞观二十年（646）著作郎陆元仕、刘子翼、刘允之预修《晋书》③；长安二年（702）刘知几以著作佐郎兼修国史④；开元中著作佐郎李锐预修国史⑤。这种现象说明贞观三年（629）史官独立之后，修史的权责虽不再归属著作局，但初盛唐时期著作郎官往往以本官兼任史职。

依据史书记载，专司碑志是著作郎官的本职。但是，从《唐代墓志汇编》及《续编》所收录碑志文来看，作者结衔为著作郎和佐郎的仅有 12 篇，而且其中直接表明为墓主亲属的有 4 篇。⑥ 这就令人很怀疑史书记载的真实性。因为一般来说，既然撰写碑志为其职责，那么作者署名为著作郎官的碑志文的数量就应该非常多，不会只存录 12 篇。此外，著作郎官修撰碑志代表官方立场，属于官方行为，但在结衔直言"奉敕"或"奉诏"所撰碑志文中，没有一例是署名著作郎官的。这类"奉诏"和"奉敕"所修的碑志文中，墓主的身份高贵，或是朝廷重臣，或为皇室成员，中唐后其作者多为翰林学士。那么，如何解释这种现象呢，著作郎官职司碑志是否为一纸空文呢？

按翰林学士等本职并非撰写碑志文，他们撰写碑志只是一种临时差遣。正是因为临时差遣的性质，所以在碑志文中注明"奉诏"或"奉敕"，以示郑重其事。而著作郎官职司碑志在贞观三年（629）之后成为制度，不存在临时差遣的问题，他们所写的碑志文，不必要注

---

① 张荣芳：《唐代的史馆与史官》，第 253—269 页。
② 《旧唐书》卷 73《姚思廉传》，第 2598 页。
③ 《唐会要》卷 63，第 1093 页。
④ 刘子玄：《史通序录》，《全唐文》卷 274，第 2789 页。
⑤ 《新唐书》卷 132《韦述传》，第 4530 页。
⑥ 这 12 篇墓志分别是《唐代墓志汇编》永淳 003、长寿 002、天宝 126、天宝 255、至德 003、大历 009、大历 034、大和 093，以及《唐代墓志汇编续集》开元 021、开元 056、大历 001、永贞 001。其中永淳 003、大历 009、永贞 001、大和 093 均注明作者与墓主之间的亲属关系。

明奉敕修撰，甚至连署名都可以不用，因为这是他们的本职工作。天宝七载（748），时任著作郎的崔杰请李华撰写《著作郎厅壁记》，其中记录了时人对著作郎官的认识："贞观初，诏梁国文昭公、郑国文贞公统英儒盛才，修五代史。天子亲垂笔削，与《春秋》合符，巍巍乎史氏之光耀也！因是开馆于内，别立史官，多以著作郎领带其职，而旧史所掌，唯碑志、祭祝之文在焉。"① 作者以当时人记当时事，是较为可信的。著作郎官修撰碑志的事实，不仅在各种史书和厅壁记中有记载，而且在出土文献中也有反映。如《清源县主墓志》，墓主是寿王李瑁第六女，作者署名"著作郎秦立信"。从墓文所云"有诏所司法葬，礼褒恒宠，哀备常仪"②来看，此次丧葬由朝廷操办，著作郎秦立信的撰文属于官方行为。再如《阿史那毗伽特勒墓志》，作者结衔为"著作佐郎徐峻"，又特别注明"秘书省楷书骁骑尉赵郡李九皋书"③，亦应属于官方行为。《契苾将军墓志》铭文云："哀荣之礼，国典存焉。著作司铭，遗芬是记"④，直云"著作司铭"，正说明了著作郎官职司碑志的事实。此外，像《大唐新语》所记高宗东封返程路经孔子庙，司文郎中（即著作郎）富少颖等撰祝文不称旨而遭贬黜⑤，亦从侧面证明著作郎官职司碑志、祝文、祭文之事不虚。综合来看，著作郎官职掌碑志与朝廷临时差遣的其他修撰行为，代表了官方对碑志文的态度和立场。

二　职务特点与任职要求

从以上论述可知，职能转换之后，著作郎官的主要任务是兼职修史和撰制碑志。此外，他们还参与图书的整理和编纂。如著作郎萧德言参修《括地志》550 卷，又《序略》5 卷；⑥ 著作郎邓行俨撰《东

① 《全唐文》卷 316，第 3205 页。
② 《唐代墓志汇编》至德 003，第 1733 页。
③ 周绍良、赵超：《唐代墓志汇编续集》开元 056，上海古籍出版社 2001 年版，第 493 页。
④ 《唐代墓志汇编续集》天宝 018，第 593 页。
⑤ 刘肃：《大唐新语》卷 8，中华书局 1984 年版，第 121 页。
⑥ 《新唐书》卷 58《艺文志二》，第 1506 页。

都记》30 卷;① 司文郎中（即著作郎）崔行功等奉诏撰《文思博要》1200 卷,《目》12 卷;② 著作郎元万顷等撰《列女传》《臣轨》《百僚新诫》《乐书》,凡千余卷;③ 著作郎李鼎祚撰《周易集解》18 卷;④ 著作郎孔至撰《百家类例》一部;⑤ 著作郎韦公肃注太宗《帝范》12 篇;⑥ 著作郎柳璞著《春秋三氏异同义》《天祚长历》;⑦ 著作佐郎司马利宾等撰《续春秋经传》一部;⑧ 这些经史之学及类书修纂活动,与撰碑和修史一起构成著作郎官的主要活动内容。

与上述活动相适应,著作郎官的选任主要有两个特点:一是重史才和经学。如祝钦明于永淳、天授间,因英才杰出、贯通群经,拜著作郎;⑨ 著作郎吴兢授官制文称其"蕴良史之才,擅巨儒之义"⑩;著作佐郎崔融授右史（起居舍人）制文称"宜收博辨之才,俾居良史之任"⑪;著作佐郎洪子舆授起居舍人制文称其"可称良史之才"⑫。此外,上书拜官者亦不乏因史才出众而见赏,如郎余令"续梁元帝《孝德传》,撰《孝子后传》三十卷以献,甚见嗟重。累转著作佐郎"⑬。二是重文艺才能。如武周垂拱四年（688）,明堂初成,刘允济"奏上《明堂赋》以讽,则天甚嘉叹之,手制褒美,拜著作郎"⑭。杜审言作《欢喜诗》,"甚见嘉赏,拜为著作佐郎"⑮。崔融献所撰

---

① 《新唐书》卷 58《艺文志二》,第 1506 页。
② 《新唐书》卷 59《艺文志三》,第 1562 页。
③ 《资治通鉴》卷 202,第 6376 页。
④ 李鼎祚:《周易集解序》,《全唐文》卷 202,第 2042 页。
⑤ 《新唐书》卷 199《孔若思传附孔至传》,第 5685 页。
⑥ 《旧唐书》卷 17 上《敬宗本纪》,第 519 页。
⑦ 《新唐书》卷 163《柳公绰传附柳璞传》,第 5025 页。
⑧ 《新唐书》卷 108《裴行俭传附裴光庭传》,第 4090 页。
⑨ 《新唐书》卷 109《祝钦明传》,第 4104 页。
⑩ 苏颋:《授吴兢著作郎制》,《全唐文》卷 251,第 2542 页。
⑪ 李峤:《授刘如玉崔融等右史制》,《全唐文》卷 242,第 2445 页。
⑫ 苏颋:《授洪子舆起居舍人制》,《全唐文》卷 250,第 2532 页。
⑬ 《旧唐书》卷 189 下《郎余令传》,第 4962 页。
⑭ 《旧唐书》卷 190 中《刘允济传》,第 5013 页。
⑮ 《旧唐书》卷 190 上《杜易简传》附杜审言传,第 4999 页。

《启母庙碑》，自魏州司功参军擢授著作佐郎。① 崔融任职著作郎，制文称其"长才广度，赡学多闻，词丽杨、班，行高曾、史"②。胡皓任职著作郎，制文其"才清调远，寓兴皆新"③。宪宗时，隐士李渤献所撰《御戎新录》20卷，征为著作郎④，制文亦称其"词章典雅，谋议深远"⑤。

　　著作郎官选任强调文史才能的特点，是各种因素交互作用的结果。首先，它是贞观三年（629）后部分著作郎官兼任修史现象的反映。其次，将之置于整个官僚体系的运转中来看，著作郎官只不过是全部链条中的一个环节，其出路决定了选拔特点，多少有些储材备用的意思。著作佐郎迁出后一般任著作郎和史官（起居郎和起居舍人），而著作郎则多迁为秘书少监和中书舍人，正如李华在厅壁记中所讲的："或上迁秘书少监，或擢拜中书舍人。"⑥ 秘书少监辅佐秘书监管理国家图籍，属于专门人才，需要相应的专业知识，著作郎官选任强调经术，与此有关。中书舍人"掌侍奉进奏，参议表章"⑦，是朝廷重大决策的参与者和文书的起草者，需要突出的文字表达能力。唐代由著作郎升任中书舍人而见诸史籍者有许敬宗⑧、崔融⑨、魏知古⑩、崔沔⑪等人，他们多为文学史上的名家。再次，强调选任的史才，与著作郎官职司碑志的本职工作也是密切关联的，因为碑志文的创作同样需要这方面的才能。

　　重史才的任职特点对碑志文创作产生了影响。唐代碑志文的史传性质，即可由此予以阐释。刘勰早就指出："夫属碑之体，资乎史才，

---

①　《旧唐书》卷94《崔融传》，第2996页。
②　李峤：《授崔融著作郎制》，《全唐文》卷242，第2448页。
③　苏颋：《授胡皓著作郎制》，《全唐文》卷251，第2543页。
④　《旧唐书》卷171《李渤传》，第4437页。
⑤　宪宗：《授李渤秘书省著作郎诏》，《全唐文》卷60，第646页。
⑥　《全唐文》卷316，第3205页。
⑦　《旧唐书》卷43《职官志二》，第1850页。
⑧　《旧唐书》卷82《许敬宗传》，第2761页。
⑨　《新唐书》卷114《崔融传》，第4195页。
⑩　《旧唐书》卷98《魏知古传》，第3061页。
⑪　《旧唐书》卷188《崔沔传》，第4928页。

其序则传，其文则铭。"① 这既是从文体属性对碑志的史传性质予以解析，同时又启发制度方面的思考。唐代碑志文的史传性质，其制度性特征非常明显：一方面，初盛唐不少著作郎官兼任史职；另一方面，郎官的选任重史才。可以推想，他们多从史家立场出发，以史笔从事写作。中唐以后，虽然少有著作郎官兼职修史，但他们对于史职的历史记忆却非常清晰。元和三年（808），樊宗师任著作佐郎，白居易和元稹都有赠诗。白诗云："君为著作郎，职废志空存。虽有良史才，直笔无所申。何不自著书，实录彼善人。编为一家言，以备史阙文。"② 元诗云："如何至近古，史氏为闲官。但令识字者，窃弄刀笔权。由心书曲直，不使当世观。贻之千万代，疑言相并传。人人异所见，各各私所遍。以是曰褒贬，不如都无焉。"③ 樊氏任著作佐郎引起元、白二人许多感想。诗歌既表达了他们对当朝史官的失望，也反映了对著作郎官不能参修国史的愤懑。还可以看到他们对著作郎官寄予的希望：虽不能修史，但并不妨碍将史才发挥到碑志文的修撰上来。唐代碑志与史学之间的关联或由此得到制度性维系。

三　对碑志文的影响

如上所述，著作郎官职务转换，对碑志文的撰作产生影响。此外，对碑志文文体演进也产生作用，主要表现为两方面：一是官方行为使碑志文雅化和程式化；二是官撰与私修两种力量交互作用，使碑志文文体呈现骈散交替的特征。

（一）立碑制度与碑志文程式化

唐代立碑和撰文均有相关规定。立碑有一套严格程序。如德政碑，必先由地方申请，待中央勘覆后方可施行。《唐六典》卷4："凡德政碑及生祠，皆取政绩可称，州为申省，省司勘覆定，闻奏，乃立焉。"④ 元稹撰《沂国公魏博德政碑》，正因"守臣诉状其德政，乞文

---

① 周振甫：《文心雕龙今译》，第113页。
② 《白居易集》卷1，第11页。
③ 《元稹集》卷2，第18—19页。
④ 《唐六典》卷4，第120页。

于碑"①。此外，碑石的大小长短也有严格的等级制度："凡职事官卒，有赗赠、柳翣、碑碣，各有制度。"② "碑碣之制，五品以上立碑，螭首龟趺，上高不过九尺。七品以上立碑（按：当为"碣"），圭首方趺，趺上不过四尺。若隐沦道素，孝义著闻，虽不仕亦立碣。"③ 碑和碣都是立于坟茔外面的石刻，二者异名是因为等级有差、尺寸不同。唐王朝通过法律来保护丧葬等差制度的实施。唐律明确规定上述制度，"于令有违者，杖一百"④。元稹撰张奉国碑文："唐制三品以上，殁既葬，碑于墓以文其行。"⑤由立碑制度可知，墓志同样等差分明。

撰文亦有规制。吴讷说行状是"或求铭志于作者之辞也"⑥，徐师曾亦云"或上作者乞墓志碑表之类皆用之"⑦。唐代墓志，多以行状为基础写成。如前述张奉国碑文，元稹依据的正是墓主亲友所提供的各种材料，其中包括墓主之子所作的行状。《文心雕龙·诔碑》："写实追虚，碑诔以立。"⑧ 意思是碑写生平行事，要实；诔讲其人品德，尚虚。吴讷则将碑碣与墓志分开来讲："凡碑碣表于外者，文则稍详；志铭埋于圹者，文则严谨。"⑨ 墓志文的主要内容，王行总结为 13 个要点："曰讳、曰字、曰姓氏、曰乡邑、曰族出、曰行治、曰履历、曰卒日、曰寿年、曰妻、曰子、曰葬日、曰葬地……其它虽序次或有先后，要不越此十余事而已。"⑩ 这些都是碑志文的内在规定。

---

① 元稹：《沂国公魏博德政碑》，《全唐文》卷 654，第 6646 页。

② 《旧唐书》卷 43《职官志二》，第 1830 页。

③ 《唐六典》卷 4，第 120 页。

④ 长孙无忌：《唐律疏议》卷 26，第 488 页。

⑤ 元稹：《唐故开府仪同三司检校兵部尚书兼左骁尉上将军充大内皇城留守御史大夫上柱国南阳郡王赠某官碑文铭》，《全唐文》卷 654，第 6650 页。

⑥ 吴讷、徐师曾：《文章辨体序说·文体明辨序说》，人民文学出版社 1962 年版，第 50 页。

⑦ 同上书，第 148 页。

⑧ 周振甫：《文心雕龙今译》，第 113 页。

⑨ 吴讷、徐师曾：《文章辨体序说·文体明辨序说》，第 53 页。

⑩ 王行：《墓铭举例》卷 1，景印文渊阁《四库全书》第 1482 册，上海古籍出版社 1987 年版，第 381 页。

著作郎官修碑志的意义，在于以官方力量维护立碑和撰文制度的稳定性。如前述所，著作郎官的撰制与临时差遣"奉敕"修撰，共同代表官方对墓志文的态度和立场，使碑志渐趋严肃典雅，同时使其高度程式化，千碑一面。大量宫女墓志雷同现象即其明证。兹举麟德042、麟德044 和麟德049 三方墓志为例，见其一斑：

> 亡宫人者，不知何许人也，莫详其氏族。但以擢质良家，摽姿令淑，凤年膺选，早厕彤闱。持谦以处下，尽礼而事上。侪伍贵其仁风，寮寀师其俭约。以兹六行，遂预一班。天不与善，方从物化，春秋（享年）。以大唐（年月日）卒于坊所，呜呼哀哉！即以其（年月日）葬于（某地），礼也。葬事供须，并令官给。虑陵谷变迁，舟壑推移，勒石玄扃，用传不朽。其词曰：巫山云没，洛浦藻凋，言容忽谢，魂魄难招。袭黄泉之杳杳，去白日之昭昭，玉貌因之长瘗，红颜由斯永销。①

此三方墓志皆成于麟德二年（665），不同者在于墓主享年、落葬时间和葬地三点，其余几乎全同。从"葬事供须，并令官给"来看，立碑和撰文都由官方统一办理。如果将这些墓志同翰林学士奉敕撰写的王公和公主墓志来比较的话，那么可以说它们之间并没有太多区别，因为翰林学士所写墓志文同样是高度程式化了的。著作郎官职司碑志，从其所代表的官方行为来看，对碑志文发展是守成大于新变，使其渐趋惰性和消极。

（二）官撰与私修交互作用

官方之外，碑志文还有大量私修行为。官撰和私修两种力量交互作用，使其演进呈现为骈散交替的形态。

其一，官撰和私修性质不同，作用于碑志文发展的力量也不一样。这是因为从制度约束来看，前者易受束缚，而后者则较为自由。从作者与墓主之间的情感来说，前者疏而后者密。《文心雕龙·哀

---

① 《唐代墓志汇编》，第424 页。

吊》："隐心而结文则事惬，观文而属心则体奢。奢体为辞，则虽丽不哀。必使情往会悲，文来引泪，乃其贵耳。"① 意思是说，出于沉痛的心情来造辞，自然用意惬当；追求漂亮的辞藻来写情，那就文体浮华。拿浮夸的形式来写哀辞，虽然很华丽但并不哀痛；一定要使情之所至让人自然悲哀，文章写出来真正惹人流泪，那才可贵。官修作者往往是旁观者，追求碑文形式上的庄重典雅，多用四言韵语和骈体。而私人所撰，重在情感。一般而言，真情实感的表达，骈体远远不如散体。因为骈体不便叙事，散体文更适合情节构造和细节描写。由此可见，情感的疏密对文体发展产生重要影响。

其二，两种力量交互作用，使碑志文的演进呈现为骈散交替形态。当官方力量大于个体力量时，则墓志较为程式化，受内在规制约束较多。当个体创作影响较大时，则在一段时期内会对固有程式产生冲击，使其文体呈现出新的样式。从这个角度来考察，就碑志文创作而言，唐代凭借个人之力来转移一时风气者，唯韩、柳而已。而此前的张说和苏颋，多代表官方撰作，可以说是传统的守护者。李白、王维、萧颖士、李华、元结、独孤及、梁肃、柳冕诸人，虽有革新之心，终因力量微弱，无法与官方抗衡。韩愈和柳宗元，一变墓志文四言韵语和骈体行文传统，而代之以自由活泼的散体。在韩、柳等人的倡导下，贞元元和年间散体占据主导地位。韩、柳之后，骈体重新成为碑志文创作的主流。但是私人修撰碑志文的自由，并非没有边界的随心所欲。这些因素，也是考察碑志类文体流变时应予以充分注意的。

本节的结论是：第一，贞观三年（629）太宗将原本属于著作局的修史职能，转移至新创设的史馆，此后著作郎官的职业活动主要是修撰碑志、兼职修史以及编纂图籍。第二，与职业活动相应，郎官选任重史才。郎官任职特点使碑志文的史传性质获得制度性保障，从而也使其史传性质获得制度方面的阐释空间。第三，著作郎官的修撰行为与临时差遣的"奉敕"撰制一起构成官方力量，一方面使碑志文

---

① 周振甫：《文心雕龙今译》，中华书局1986年版，第119页。

发展趋于保守进而高度程式化，另一方面，与私人行为相互作用于碑志文体的演进，使其总体形态呈现骈散交替特征。本节研究的意义，在于揭示著作郎官作为官方力量介入碑志文创作的现象，并阐释这种现象对于文体发展演变的作用，从而使得唐代碑志文获得在文体发展史上的独特地位，也获得在文学史上应有的位置。此外，其意义还在于借此探索文体研究的新方法和新思路，从制度变革和作者社会角色方面来探究文体的流变，对于从文体内在属性进行研究的传统当有所助益。

第四节　访书活动及其文学史意义

搜访逸书作为文化建设的重要手段之一，历来为右文之主所采用。《汉书·艺文志》："汉兴，改秦之败，大收篇籍，广开献书之路。迄孝武世，书缺简脱，礼坏乐崩，圣上喟然而称曰：'朕甚闵焉！'于是建藏书之策，置写书之官，下及诸子传说，皆充秘府。至成帝时，以书颇散亡，使谒者陈农求遗书于天下。"① 《隋书·经籍志》："隋开皇三年，秘书监牛弘表请分遣使人，搜访异本。每书一卷，赏绢一匹，校写既定，本即归主。于是民间异书，往往间出。"② 唐代图书管理机构主要是秘书省，但是其他文馆也兼有庋藏整理图籍的职责，承担搜访逸书的任务。如集贤院除"刊缉古今之经籍，以辨明邦国之大典"外，还必须从事天下逸书的搜检任务，"凡天下图籍之遗逸，贤才之隐滞，则承旨而征求焉"③。秘书省秘书监之职乃"掌邦国经籍图书之事"④。弘文馆亦兼掌"详正图籍"⑤ 之事。崇文馆学士"掌经籍图书"⑥。凡此种种，均表明文馆与图籍的密切关系，

---

① 《汉书》卷30《艺文志》，第1701页。
② 《隋书》卷32《经籍一》，第908页。
③ 《旧唐书》卷43《职官志二》，第1852页。
④ 同上书，第1855页。
⑤ 同上书，第1848页。
⑥ 《新唐书》卷49上《百官四上》，第1294页。

而访书则是其中非常重要的一项活动。图书使或图籍采访者从京城到全国各地的搜书过程，推动强弱势文化区之间的交流沟通。期间各种活动，丰富了文学发展史的内容，具有重要的研究价值。本节拟先统计较为典型的访书活动，再以此展开对该活动之文学意义的探讨。

一　访书活动

唐代大型的校书编目活动约有 4 次①，而小型的图籍整理则是文馆日常工作。由于战乱等原因，图书亡逸屡有发生。唐代帝王，比较重视书籍搜集，访书活动较为频繁。今依史籍载录，将其活动以时间为序大致排列如下。

初唐时期：

1. 《旧唐书》卷 46《经籍上》："贞观中，令狐德棻、魏征相次为秘书监，上言经籍亡逸，请行购募，并奏引学士校定，群书大备。"②

2. 《唐会要》卷 35："景云三年六月十七日，以经籍多缺，令京官有学行者，分行天下，搜检图籍。"③

盛唐时期：

1. 《资治通鉴》卷 211：（开元）五年（717）十二月，"秘书监马怀素奏：'省中书散乱讹缺，请选学术之士整经校补。'从之。于是搜访逸书，选吏缮写"④。

2. 《全唐诗》卷 73 苏颋《送贾起居奉使入洛取图书因便拜觐》："旧国才因地，当朝史命官。遗文征阙简，还思采芳兰。传发关门候，觞称邑里欢。早持京副入，旋仿洛书刊。"⑤ 按：贾起居当为贾登。《新唐书·韦述传》："（萧）嵩欲蚤就，复奏起居舍人贾登、著作佐

---

① 姚名达：《中国目录学史》，上海古籍出版社 2005 年版，第 134—141 页。
② 《旧唐书》卷 46《经籍上》，第 1962 页。
③ 《唐会要》卷 35，第 644 页。
④ 《资治通鉴》卷 211，第 6730 页。
⑤ 《全唐诗》卷 73，第 802 页。

郎李锐助（韦）述紬绩（国史）。"① 又同书卷58 "《开元礼》一百五十卷"条下注云："开元中，……命贾登、张烜、施敬本、李锐、王仲丘、陆善经、洪孝昌撰缉，萧嵩总之。"② 而非贾至。两《唐书》贾至本传言至天宝末从玄宗幸蜀，拜起居舍人，而苏颋已于开元十五年（727）去世。

3. 《玉海》卷52引《集贤注记》："开元十年九月，张说都知丽正殿修书事，秘书监徐坚为副，张悱改充知图书括访异书使，天宝三载闰二月，更造四库书籍。"③ 按：张悱，《新唐书·张公瑾传》附传，公瑾孙，大安子，"仕玄宗时为集贤院判官，诏以其家所著《魏书》《说林》入院，缀修所阙，累擢知图书、括访异书使，进国子司业，以累免官"④。

4. 《全唐诗》卷139储光羲《送沈校书吴中搜书》云："郊外亭皋远，野中歧路分。苑门临渭水，山翠杂春云。秦阁多遗典，吴台访阙文。君王思校理，莫滞清江濆。"⑤

5. 《新唐书·萧颖士传》："天宝初，颖士补秘书正字。……奉使括遗书赵、卫间，淹久不报，为有司劾免，留客濮阳。"⑥

6. 《新唐书·陈希烈传》："（天宝）五载，进同中书门下平章事，迁左丞相兼兵部尚书，许国公，又兼秘书省图书使，宠与林甫侔。"⑦

中晚唐时期：

1. 《新唐书》卷57："安禄山之乱，尺简不藏。元载为相，奏以千钱购书一卷，又命拾遗苗发等使江淮搜访。"⑧

2. 《全唐诗》卷293司空曙《送李嘉祐正字括图书兼往扬州觐

① 《新唐书》卷132，第4530页。
② 《新唐书》卷58，第1491页。
③ 王应麟：《玉海》卷52，江苏古籍出版社1987年版，第990页。
④ 《新唐书》卷58，第3756页。
⑤ 《全唐诗》卷139，第1411页。
⑥ 《新唐书》卷202，第5768页。
⑦ 《新唐书》卷223下，第6350页。
⑧ 《新唐书》卷57，第1419页。

省》："不事兰台贵，全多韦带风。儒官比刘向，使者得陈农。晚烧平芜外，朝阳叠浪东。归来喜调膳，寒笋出林中。"①

3.《全唐诗》卷 189 韦应物《送颜司议使蜀访图书》："轺驾一封急，蜀门千岭曛。讵分江转字，但见路缘云。山馆听夜雨，秋猿独叫群。无为久留滞，圣主待遗文。"②

4.《全唐诗》卷 238 钱起《送集贤崔八叔承恩括图书》："雨露满儒服，天心知子虚。还劳五经笥，更访百家书。增别倾文苑，光华比使车。晚云随客散，寒树出关疏。相见应朝夕，归期在玉除。"③按：崔八，即崔峒。《全唐诗》卷 273 戴叔伦《送崔拾遗峒江淮（一作东）访图书》，当系同时之作，其时约在大历前期。戴诗云："九门思谏议，万里采风谣。关外逢秋月，天涯过晚潮。雁飞云杳杳，木落浦萧萧。空怨他乡别，回舟暮寂寥。"④

5.《全唐诗》卷 280 卢纶《送耿拾遗湋充括图书使往江淮》："传令收遗籍，诸儒喜钱君。孔家唯有地，禹穴但生云。编简知还续，虫鱼亦自分。如逢北山隐，一为谢移文。"⑤

6.《新唐书·董昌传》："董昌，杭州临安人。……僖宗始还京师，昌取越民裴氏藏书献之，补秘书之亡，授兼诸道采访图籍使。"⑥

从以上移录的数条史料来看，有三个问题值得注意。

其一，综观整个唐王朝，图书采访活动逐渐制度化、规范化。初唐时期的访书随意性较大，从贞观年间图籍的自行购募，到景云年间访书之人为京官中有学行者，都很好地说明了这一点。这种变动表明活动逐步规范化，开元十年（722）出现了"括访异书使"的专名。从张悱充括访异书使开始，到萧颖士奉使括书赵、卫间，陈希烈以宰相之重位兼任秘书省图书使，展示出一条较为清晰的制度化历程。中

---

① 《全唐诗》卷 293，第 3332 页。
② 《全唐诗》卷 189，第 1933 页。
③ 《全唐诗》卷 238，第 2649 页。
④ 《全唐诗》卷 273，第 3090 页。
⑤ 《全唐诗》卷 280，第 3184 页。
⑥ 《新唐书》卷 225 下，第 6466 页。

唐时期苗发、李嘉祐、崔峒、耿湋等奉使括访图书，以及晚唐时期董昌兼诸道采访图籍使，反映出图书使常规化。

其二，从发生的时间来看，盛唐和中唐为多。这说明图书的搜访与经济、政治和战争等因素关系密切。开元、天宝时期社会稳定、物质丰富，有利于图书搜访。肃、代两朝，因安史动乱导致大量图书瘗散亡逸，故此期的搜访活动实可视为战乱后文化重建的一部分。正如后汉乾祐年间司徒诩所总结的："唐朝并开三馆，皆贮百家。开元之朝，群书大备。离乱之后，散失颇多。"司徒诩并提出图籍乃治国之根本，建议重整图书："请国家开献书之路，凡天下文儒，衣冠旧族，有收得三馆亡书，许报馆进纳，据卷帙多少，少则酬之以缣帛，多则酬之以官资。自然五六年间，庶几粗备"。①

其三，从地点上来看，有北方之赵、卫，东南之江淮，以及西南之巴蜀，几乎遍布全国。文士从京城出发去采书，从贞观直至唐末几乎没有停止。图书使的每一次出发，都会引起不小的波动。在京城，至少有一次饯送活动，给文士提供一个展示诗艺的机会。图书采访者旅途的艰辛也会为他们的创作增添新的色彩。他们到达目的地，为本地文人聚会提供了契机。图书使者到全国各地去，促进各地区之间的交流沟通，使其具有文化史和文学史意义。

二　访书活动的文学史意义

关于访书活动的文学史意义，本书拟以两个具体实例加以探究：一是天宝元年（742）萧颖士以秘书正字身份奉使括书赵卫，二是"大历十大才子"之一的耿湋，大历十一年（776）奉使江淮访书。

《新唐书·萧颖士传》：

> 天宝初，颖士补秘书正字。于时裴耀卿、席豫、张均、宋遥、韦述皆先进，器其材，与钧礼，由是名播天下。奉使括遗书赵、卫间，淹久不报，为有司劾免，留客濮阳。于是尹征、王

---

① 司徒诩：《请采遗书奏》，《全唐文》卷855，第8972页。

恒、卢异、卢士式、贾邕、赵匡、阎士和、柳并等皆执弟子礼，以次授业，号萧夫子。①

萧颖士奉使访书之前，得到裴耀卿、韦述等人称扬，名声很大。裴耀卿曾为吏部官员，有知人善任之誉。张均是前宰相张说之子，其兄弟张垍为驸马。韦述是著名史学家，与刘知几相互推挽。这些人都愿意与萧颖士结交，可见其学问和人品都是不错的。不过，萧颖士访书与他人不同，作为朝廷图书使者，他在赵卫乐不思蜀，并没有按时完成朝廷交给的任务。监察官员不得不弹劾，萧颖士只好客居濮阳（约为今河南濮阳，唐置濮阳郡）。萧颖士因访书不成而客居，对他个人来说应是失职，但对濮阳的文士来说，却是一件难得的好事。当时前来濮阳拜他为师的，有尹征、王恒、卢异、卢士式、贾邕、赵匡、阎士和、柳并等人。王恒、卢异、卢士式、贾邕4人，两《唐书》均无传。尹征、阎士和、柳并诸人，《新唐书·柳并传》有记述：

> 柳并者，字伯存。……初，并与刘太真、尹征、阎士和受业于颖士，而并好黄老。颖士常曰："太真，吾入室者也，斯文不坠，寄是子云。征博闻强识，士和钩深致远，吾弗逮已。并不受命而尚黄老，予亦何诛？"
>
> 并弟谈，字中庸，颖士爱其才，以女妻之。
>
> 士和字伯均，著《兰陵先生诔》《萧夫子集论》，因榷历世文章，而盛推颖士所长，以为"闻萧氏风者，五尺童子羞称曹、陆"②。

这些人都是萧门得意弟子，就中赵匡更为突出。《旧唐书·陆质传》："质有经学，尤深于《春秋》，少师事赵匡，匡师啖助。助、匡皆为

---

① 《新唐书》卷202《萧颖士传》，第5768页。
② 《新唐书》卷202《柳并传》，第5771页。

异儒，颇传其学，由是知名。"① 赵匡师事啖助，亦师萧颖士，但一般论及中唐经学者，往往只言啖助而不及萧颖士，这是不符合事实的。《新唐书·啖助传》："大历时，助、匡、质以《春秋》，施士丐以《诗》，仲子陵、袁彝、韦彤、韦茝以《礼》，蔡广成以《易》，强蒙以《论语》，皆自名其学，而士丐、子陵最卓异。"② 陆质诸人之《春秋》学，在中唐异帜独标，与萧颖士之益助不无关系。

讨论萧颖士对唐代学术和文学发展的贡献，不仅要看到其本人的成就，而且也不能忽视客居濮阳的经历。这段经历是访书活动的意外收获。

名列"大历十才子"的耿湋，蒲州（今山西永济）人，久居洛阳。宝应二年（763）登进士第，初授周至县尉。秩满闲居有年。大历初，入朝任左拾遗（一作右拾遗）。与钱起、卢纶等唱和，游于驸马郭暧之门。约在大历八年（773）至十一年（776）秋，奉使江淮括图书。③ 耿湋访书前后 4 年，参与大量文学活动。从今存作品来考察，此期文学活动按创作地点可分四种。

其一，离开京城时的祖饯诗歌。大历八年（773）秋，耿湋奉命前往江淮访书，作《之江淮留别京中亲故》："长云迷一雁，渐远向南声。已带千霜鬓，初尉万里行。繁虫满夏草，连雨暗秋城。前路诸侯贵，何人重客卿。"④ 其时京城好友前来送别。卢纶作《送耿拾遗湋充括图书使往江淮》，已见前引。李端《送耿拾遗湋使江南括图书》："驱传草连天，回风满树蝉。将过夫子宅，前文孝廉船。汉使收三箧，周诗采百篇。别来将有泪，不是怨流年。"⑤

其二，来回路途中的交游和创作。考其旅途之作，约有 7 篇：（1）《发南康夜泊灨石中》："倦客乘归舟，春溪杳将暮。群林结暝色，孤泊有佳趣。夜山转长江，赤月吐深树。飒飒松上吹，泛泛花间

---

① 《旧唐书》卷 189 下《陆质传》，第 4977 页。
② 《新唐书》卷 200《啖助传》，第 5707 页。
③ 傅璇琮：《耿湋考》，《唐代诗人丛考》，第 498 页。
④ 《全唐诗》卷 268，第 2975 页。
⑤ 《全唐诗》卷 285，第 3256 页。

露。险石俯潭涡，跳湍碍沿溯。岂唯垂堂戒，兼以临深惧。稍出回雁峰，明登斩蛟柱。连云向重山，杳未见钟路。"①（2）《宣城逢张二南史》："全家宛陵客，文雅世难逢。寄食年将老，干时计未从。秋来句曲水，雨后敬亭峰。西北长安远，登临恨几重。"②（3）《津亭有怀》："津亭一望乡，淮海晚茫茫。草没栖洲鹭，天连映浦樯。往来通楚越，旦暮易渔商。惆怅缄书毕，何人向洛阳。"③（4）《春日洪州即事》："钟陵春日好，春水满南塘。竹宇分朱阁，桐花间绿杨。蹉跎看鬓色，留滞惜年芳。欲文羁愁发，秦关道路长。"④（5）《登沃州山》："沃州初望海，携手尽时髦。小暑开鹏翼，新蒉长鹭涛。月如芳草远，身比夕阳高。羊祜伤风景，谁云异我曹。"⑤（6）《奉和第五相公登鄱阳郡城西楼》："茂德为邦久，丰貂旧相尊。发生传雨露，均养助乾坤。晓肆登楼目，春销恋阙魂。女墙分吏事，远道启津门。溢浦潮声尽，钟陵暮色繁。夕阳移梦土，芳草接湘源。封内群氓复，兵间百赋存。童牛耕废亩，壕木绕新村。野步渔声溢，荒祠鼓舞喧。高斋成五字，远岫发孤猿。一顾承英达，多荣及子孙。家贫仍受赐，身老未酬恩。属和瑶华曲，堪将系组纶。"⑥（7）《发绵津驿》："孤舟北去暮心伤，细雨东风春草长。杳杳短亭分水陆，隆隆远鼓集渔商。千丛野竹连湘浦，一派寒江下吉阳。欲问长安今远近，初年塞雁有归行。"⑦ 这些诗歌大都写旅途之景和路途艰辛。

其三，目的地的文学活动。耿湋访书的目的地是江淮，这是一个很大的区域，包括今天的江南和两淮。从诗歌来看，他主要活动在湖州和常州一带。颜真卿在大历七年（772）九月由抚州刺史迁湖州，八年（773）正月到任，十二年（777）四月自湖州召还，八月为刑部尚书。耿湋在湖州，正是颜真卿发动浙西诗会的全盛时期。耿湋《陪

---

① 《全唐诗》卷268，第2973页。
② 同上书，第2974页。
③ 同上书，第2979页。
④ 同上书，第2981页。
⑤ 同上书，第2989页。
⑥ 《全唐诗》卷269，第2998页。
⑦ 同上书，第2999页。

宴湖州公堂》：“谢公为楚郡，坐客是瑶林。文府重门奥，儒源积浪深。壶觞邀薄醉，笙磬发高音。末至才仍短，难随白雪吟。”① 将颜真卿比作谢灵运。颜真卿在湖州发动的诗会，《乌程杼山妙喜寺碑》载有 57 人，加上联句中所见到的其他文人 44 人，总人数达百余名之多。②《全唐诗》卷 788 保存两首联句诗。第一首是《与耿湋水亭咏风联句》：“清风何处起，拂槛复萦洲。（裴幼清）回入飘华幕，轻来叠晚流。（杨凭）桃竹今已展，羽翣且从收。（杨凝）经竹吹弥切，过松韵更幽。（左辅元）直散青萍末，偏随白浪头。（陆士修）山山催雨过，浦浦发行舟。（权器）动树蝉争噪，开帘客罢愁。（陆羽）度弦方解愠，临水已迎秋。（颜真卿）凉为开襟至，清因作颂留。（皎然）周回随远梦，骚屑满离忧。（耿湋）岂独销繁暑，偏能入迥楼。（乔失姓）王风今若此，谁不荷明休。（陆涓）”③ 第二首是《送耿湋拾遗联句》：“尧舜逢明主，严徐得侍臣。分行接三事，高兴柏梁新。（真卿）楚国千山道，秦城万里人。镜中看齿发，河上有烟尘。（湋）望阙飞青翰，朝天忆紫宸。喜来欢宴洽，愁去咏歌频。（真卿）顾盼情非一，睽携处亦频。吴兴贤太守，临水最殷勤。（湋）”④

除了参与盛会，耿湋在浙江还与严维、秦系等诗人唱酬。耿湋《赠严维》：“许询清论重，寂寞住山阴。野路接寒寺，闲门当古林。海田秋熟早，湖水夜渔深。世上穷通理，谁人奈此心。”⑤ 将严维比作东晋玄言诗人许询。严维则有《酬耿拾遗题赠》：“掩扉常自静，驿吏忽传呼。水巷惊驯鸟，藜床起病躯。顾身悲欲老，戒子力为儒。明日公西去，烟霞复作徒。”⑥ 另外，长期隐居于越中的秦系，也与耿湋有诗歌往来。如秦系《山中赠耿拾遗湋兼两省故人》：“数片荷衣不蔽身，青山白鸟岂知贫。如今非是秦时世，更隐桃花亦笑人。”⑦

---

① 《全唐诗》卷 268，第 2991 页。
② 蒋寅：《大历诗人研究》（上编），中华书局 1995 年版，第 158—159 页。
③ 《全唐诗》卷 788，第 8881 页。
④ 同上书，第 8882 页。
⑤ 《全唐诗》卷 268，第 2976 页。
⑥ 《全唐诗》卷 263，第 2914 页。
⑦ 《全唐诗》卷 260，第 2900 页。

耿湋在江淮期间，还到过常州。其《常州留别》："万里南天外，求书禹穴间。往来成白首，旦暮见青山。夜浦凉云过，秋塘好月闲。殷勤阳羡桂，别此几时攀。"① 可以想见，在常州时也参加了不少文人雅集。

其四，离开江淮时的送别活动。耿湋离开江淮回京的出发地是在湖州。梁肃《送耿拾遗归朝廷序》：

> 国家方偃武事，行文道，命有司修图籍，且虑有阙文遗编，逸诗坠礼，分命史臣求之天下，若汲冢墓陵山穴之徒，必从而搜焉。拾遗耿君于是乎拥轻轩，奉明诏，有江湖之役，亦勉己事，将复命阙下。七月乙未，改辕而西。将朝夕论思，左右帝宸，用广乎天禄石渠之籍，托讽求吟咏情性之作。当尧舜之聪明，魏丙之谟猷，以拾遗之才之美，其翰飞远迹，不可度已，众君子盖将贺不暇。彼吴秦离别，于我何有，作者之志，小子承命而序之。②

大历十一年（776）七月，耿湋完成访书使命离开湖州回长安。从梁序可知当时参与送行者较众。但留存下来的只有刘长卿的《送耿拾遗归上都》："若为天畔独归秦，对水看山欲暮春。穷海别离无限路，隔河征阵独归人。长安万里传双泪，建德千峰寄一身。想到邮亭愁驻马，不堪西望见风尘。"③

耿湋出使江淮的文学史意义有以下几方面：其一，耿湋本是北方人，离开长安来到江南，丰富了诗歌题材。其二，所到之处的各种诗歌活动，有助于提高诗艺。其三，耿湋参与浙西联句活动，使得联唱诗歌内涵更深广。

据上所述，访书活动的文学史意义有两种典型表现。第一种，以萧颖士为代表，通过访书活动间接对文学产生作用。第二种，以耿湋

① 《全唐诗》卷268，第2978页。
② 梁肃：《全唐文》卷518，第5265页。
③ 《全唐诗》卷151，第1564页。

为代表，通过参与地方文学活动，产生直接影响。

本章小结

一、秘书省是唐代国家图书馆。秘书监和少监主要从事图书的庋藏和整理工作。秘书省下辖著作局。著作郎和著作佐郎，唐前皆为史官，但贞观三年（629）别立史馆后，著作郎官专掌碑志及祭祝之文，其选任则要求具史识及文才。

二、秘书省呈曲线发展形态，社会地位变化大致经历三个阶段：贞观初年开始下滑，到开元时期跌入最低谷，天宝以后逐渐提升，中唐到达最高峰。这种变化，反映出各文馆之间此消彼长的动态关系。

三、秘书监和少监与地方之关系，主要表征于职务迁转。地方官吏迁入为秘书监、少监者，以刺史和使府府主为多。秘书监和少监离开京城到地方任职，以州刺史和方镇诸使为主。这表明此秘书监和少监已进入高官行列，所以，其地方任职的影响，主要表现在地方治理的善政上。著作郎地方流动的途径主要是贬谪。著作佐郎则较少转任地方官。综合起来看，著作郎官更多的是作为地方官转任京官的过渡。

四、贞观三年（629）别立史馆事件，对碑志文产生影响，主要表现在两方面：一是立碑制度使碑志文程式化，二是官撰与私修交互作用，使其碑志文形态呈现为骈散交替特征。

五、唐代重视文化建设，搜访逸书作为秘书省重要职能，活动频繁。图书使或图籍采访者从京城到全国各地搜书，推动强弱势文化区域之间的交流沟通。其间发生的各种学术和文学活动，丰富了文学史的内容，具有重要研究价值。

第五章 学士朝野迁转与文学互动

第一节 "三馆"学士

所谓"三馆"学士，指的是弘文馆、崇文馆、集贤院学士。以下分别论述制度沿革和选任要求。

一 弘文、崇文馆学士

关于弘文馆建置的历史文化渊源，《唐六典》已作考述："后汉有东观，魏有崇文馆，宋元嘉有玄、史两馆，宋太始至齐永明有聪明馆，梁有士林馆，北齐有文林馆，后周有崇文馆，或典校理，或司撰著，或兼训生徒，若今弘文馆之任也。"① 将文馆源头溯至后汉东观。其实还可以再往前追溯至战国时期的养士风气。战国"四公子"门客众多，实可视为后代文馆之渊薮。这种风气一直持续至汉代，如西汉梁孝王刘武之"梁园"，淮南王刘安招致宾客编纂《淮南子》等行为，即是著例。后汉至隋，均有文馆之设。武德四年（621）正月，于门下省置修文馆。至九年（626）三月，改为弘文馆。其年九月，太宗初即位，大阐文教，于弘文殿聚四部群书20余万卷，于殿侧置弘文馆。② 需要指明的是：太宗置弘文馆，虽然其初引进的大部分人才都是他任秦王时所延揽的文学馆学士，但不可将此与秦府文学馆混同。弘文馆的前身即高祖所创建的修文馆。

---

① 《唐六典》卷8，第254页。
② 《唐会要》卷64"宏文馆"条，第1114页。

　　弘文馆名称在唐代又经若干改易：高祖武德四年（621）称修文馆；武德九年（626）改弘文馆；中宗神龙元年（705）避孝敬帝讳改昭文馆；神龙二年（706）复改修文馆；睿宗景云二年（711）改为昭文馆；玄宗开元七年（719）改弘文馆。

　　弘文馆设有学士、直学士、文学直馆，皆不定员数，以他官兼领。武德后，五品以上称学士，六品以下称直学士。穆宗长庆三年（823）专以五品以上称学士，六品以下称直学士，未登朝者为直馆。开元七年（719）罢校理、雠校错误等官，始置校书郎。校书郎，从九品上，主要职掌为校理典籍、刊正错谬。长庆三年（823），与详正学士、讲经博士皆罢。文宗朝又置。此外，从事杂务的人员有令史、楷书、供进笔、典书、拓书手、笔匠、熟纸装潢匠、亭长、掌固若干。①

　　《六典》说前代文馆"或典校理，或司撰著，或兼训生徒，若今弘文馆之任也"，说明唐代弘文馆的主要职责有三：（1）校理图籍，（2）撰著官书，（3）教育生徒。此三者之外，尚可补充一点，即：（4）参与制度改革②。当然，弘文馆的这些职能都是在其制度逐步定型的过程中固定下来的。在初创阶段，如太宗时期的弘文馆学士虞世南、褚亮、姚思廉、欧阳询、颜师古、岑文本等诸人，"皆以本官兼学士，令更宿直，听朝之隙，引入内殿，讲论文义，商量政事，或至夜分方罢"③，不仅是学术重臣，同时也是治理朝政的得力助手。弘文馆的发展，在中宗复辟之后达到顶峰，史载中宗听取上官昭容的建议，于景龙二年（708）"置大学士四人，以象四时；学士八人，以象八节；直学士十二人，以象十二时"④。二十四学士围绕中宗应制唱和、优游无度。睿宗即位，减置员数。而在玄宗时期，由于集贤殿书院的崛起，弘文馆的地位一落千丈，其职责也仅是校书、著书和教

---

　　①　《唐六典》卷8，第255页；《新唐书》卷47《百官志二》，第1213页。
　　②　《旧唐书》卷43《职官志二》"弘文馆"条："凡朝廷有制度沿革，礼仪轻重，得参议焉。"第1848页。
　　③　《唐会要》卷64"宏文馆"条，第1114页。
　　④　《新唐书》卷47《百官志二》"弘文馆"条，第1213页。

授生徒了。

崇文馆的历史文化渊源，大致与弘文馆相当。《通典》："魏文帝始置崇文观，以王肃为祭酒。其后无闻。贞观中，置崇贤馆，有学士、直学士员，掌经籍图书，教授诸生，属左春坊。龙朔二年，改司经局为桂坊，管崇贤馆，而罢隶左春坊，兼置文学四员、司直二员。司直正七品上，职为东宫之宪司。府门北向，以象御史台也。其后省桂坊，而崇贤又属左春坊。后沛王贤为皇太子，避其名改为崇文馆，其学士例与弘文馆同。"① 崇文馆置于太宗贞观十三年（639），初名崇贤馆。高宗上元二年（675），因避太子李贤讳，改为崇文馆。置学士、直学士、雠校等官，皆无常员。玄宗开元七年（719）省雠校，置校书郎二人，官九品下，掌校理四库书籍。又有从事杂务之书直、令史、书令史、典书、拓书手、楷书手、熟纸匠、装潢匠、笔匠若干。② 崇文馆隶属东宫官署，乃太子学馆。其学士的主要职责同弘文馆学士相当，掌刊正经籍图典、教授诸生。

二 弘文、崇文馆学士的选任

弘文馆学士之本职工作，乃是教授生徒和整理图书。可是，贞观初期选任的学士，其职能并不完全在于教授，而更多地充任政治智囊，参与朝政，议论得失。太宗时期的弘文馆学士，相当一部分是从秦王府文学馆中选拔过来的，如褚亮、姚思廉、虞世南、蔡允恭、盖文达等人。褚亮曾撰《十八学士赞》，自称"道高业峻，神气清远。学总书林，文兼翰苑"。文学姚思廉"志古精勤，纪言实录。临名殉义，余风励俗"。记室参军虞世南"笃行扬声，雕文绝世。网罗百世，并包六艺"。参军事蔡允恭"猗与达学，蔚有斯文。冰霜比映，兰桂同芬"。太学助教盖文达"言超理窟，辩折谈风。蒲轮远聘，稷契连踪"③。总的来看，贞观初期弘文馆学士，主要作为政治智囊。

---

① 《通典》卷30《职官十二》"崇文馆学士"条，第173页。

② 《新唐书》卷49上《百官四上》，第1294页；《旧唐书》卷44《职官三》，第1908页。

③ 褚亮：《十八学士赞》，《全唐文》卷147，第1487页。

随着政治的逐步稳定，弘文馆主要功能改变为王公贵族子弟教育机构。贞观后期，学者如马嘉运、赵弘智、颜相时、曹宪、朱子奢、谷那律、侯孝遵、刘伯庄、贾公彦、许叔牙等人，被选为学士。贞观十三年（639）崇贤馆建立后，这些学士中的大部分人又兼任崇贤馆学士。

学士选任在高宗后期和武周时期发生变化，学士中进士出身者比例增加迅速。相较而言，崇文馆增加的速度稍微慢些，但趋势亦同。弘文馆发展到中宗时期，达至鼎盛。当时学士人数，《玉海》所引《景龙文馆记》记为"学士二十九人，传为三卷"①。《新唐书·李适传》只载 21 位学士姓名，与《玉海》所记相差 8 人。笔者考知其中7 位，再加上贾晋华从《太平广记》中考出的上官婉儿②，刚好 29人。上官婉儿之外，进士 22 人、明经 2 人、制科 4 人。根据贾晋华的研究，从景龙二年（708）至四年（710），短短 3 年间，中宗及其文馆学士之文学活动多达 70 余次，文馆已经改变了它本身的教育职能，成为实质上的文学机构。③《新唐书·李适传》：

> 凡天子飨会游豫，唯宰相及学士得从。春幸梨园，并渭水祓除，则赐细柳圈辟疠；夏宴蒲萄园，赐朱樱；秋登慈恩浮图，献菊花酒称寿；冬幸新丰，历白鹿观，上骊山，赐浴汤池，给香粉兰泽，从行给翔麟马，品官黄衣各一。帝有所感即赋诗，学士皆属和。当时人所歆慕，然皆狎猥佻佞，忘君臣礼法，惟以文华取幸。④

上官氏之外的 28 人是，大学士：李峤、宗楚客、赵彦昭、韦嗣立；学士：李适、刘宪、崔湜、郑愔、岑羲、刘子玄、苏颋、崔日用、李

---

① 王应麟：《玉海》卷 57《艺文·记志》"唐景龙文馆记"条，第 1093 页。
② 贾晋华从《太平广记》卷 271 所录上官婉儿传记中录出。《唐代集会总集与诗人群研究》，北京大学出版社 2001 年版，第 44 页。
③ 贾晋华：《唐代集会总集与诗人群研究》，第 49—59 页。
④ 《新唐书》卷 202《李适传》，第 5748 页。

迥秀、褚无量、卢藏用、李乂、张说；直学士：薛稷、武平一、杜审言、阎朝隐、徐坚、韦元旦、刘允济、沈佺期、宋之问、马怀素、徐彦伯。既有诗坛领袖如李峤、杜审言、沈佺期、宋之问，亦有史学奇才如刘知几；既有经学大师如马怀素、褚无量，亦有文章大手笔如张说、苏颋。但是，他们被选为学士，无一例外地是陪侍中宗游宴应制，诗歌才华成为他们当选的主要原因。

据笔者所考，中宗时期崇文馆无一学士，名存实亡。据上所述，弘文馆则异常兴盛。但玄宗开元中期，由于丽正殿书院的兴起，弘文馆也开始衰落。

三　集贤学士

最早记载集贤殿书院的历史文献，当为玄宗时期韦述所撰《集贤注记》。韦述自叙撰著缘由：

> 述自登书府，至天宝十五载，凡四十年，缅想同时凋亡已尽，后来贤彦，多不委书院本末，岁月渐久，或虑湮沉，敢因东观之暇，聊记置院经始及前后学士名氏，事皆亲睹，不敢遗隐，时丙申岁二月也。[1]

按丙申即玄宗天宝十五载（756），其时书院犹盛，韦氏又亲历始末，记载是相当可靠的。可惜《集贤注记》在南宋以后不见存录，幸赖《玉海》转引，尚得见数条。近人朱偰搜检排比、略加疏证，辑得相关记载数十条，撰成《集贤注记辑校》。[2] 日本学者池田温亦撰《盛唐之集贤院》一文，分门别类，详叙经由。[3] 另外郑伟章、赵永东、刘健明、李湜等人亦有相关研究。

---

① 王应麟：《玉海》卷48《艺文·注记》"唐集贤注记"条，第920页。
② 朱偰：《集贤注记辑校》，载"国立"中山大学《文史研究所月刊》第3卷第1期，1934年版。
③ ［日］池田温：《盛唐之集贤院》，《唐研究论文选集》，中国社会科学出版社1999年版，第190—242页。

（一）置院过程

集贤殿书院的发展历程大致可以分为四个重要阶段，涉及 4 位重要人物：一是马怀素在秘书省领导编目工作，二是褚无量在东都洛阳乾元殿校写内库书，三是元行冲领导丽正殿校书编目工作，四是张说知丽正院，后改为集贤院。以下分别言之。

开元三年（715）冬十月甲寅，制曰："朕听政之暇，常览史籍。事关理道，实所留心，中有阙疑，时须质问。宜选耆儒博学一人，每日入内侍读。"①以光禄卿马怀素为左散骑常侍，褚无量并充侍读。是时，"文籍盈漫，皆岌朽蟫断"，错乱纷舛。马怀素建议"召宿学巨儒就校缪缺"，即拜怀素秘书监。马怀素上任伊始，召国子博士尹知章、四门助教王直、直国子监赵玄默、陆浑丞吴绰、桑泉尉韦述、扶风丞马利征、湖州司功参军刘彦直、临汝丞宋辞玉、恭陵丞陆绍伯、新郑尉李子钊、杭州参军殷践猷、梓潼尉解崇质、四门直讲余钦、进士王惬、刘仲丘、右威卫参军侯行果、邢州司户参军袁晖、海州录事参军晁良、右率府胄曹参军毋煚、荥阳主簿王湾、太常寺太祝郑良金等分部撰次，践猷从弟秘书丞承业、武陟尉徐楚璧是正文字。怀素奏秘书少监卢侨、崔沔为修图书副使，秘书郎田可封、康子元为判官。②可是马怀素年纪太老，又不善著述，对于文献图籍整理不甚擅长，终至开元六年（718）七月去世之时，尚无所成就。马怀素卒后，太仆卿王毛仲奏罢内府供应。③

在秘书省整理校勘秘府图籍的同时，内库图书也在褚无量的领导下于东都乾元殿进行。按：秘书省图书与内库图书不同，秘书省在唐代又称秘府、秘省、芸台、芸阁等，系国家图书馆，其位置在皇城承

---

① 《旧唐书》卷 8《玄宗纪上》，第 175 页。

② 《新唐书》卷 199《马怀素传》，第 5681 页。按：此处列有二十七人姓名，《玉海》卷 52 引《集贤注记》则称前后总 26 人，《旧唐书·韦述传》亦云 26 人。实际上，徐楚璧非由马怀素征召入秘书省，而是由褚无量上表奏入整理内库图籍的。参看《新唐书》卷 200《褚无量传》，第 5689 页。

③ 《旧唐书》卷 8《玄宗纪上》，第 179 页；《新唐书》卷 199《马怀素传》，第 5682 页。

天门街之西第五横街之北。① 而内库、内府则属于皇家图书馆，是皇帝取阅图籍之所。其位置虽有多处，但都不离皇帝左右。若无内库，皇帝观书则需从禁中到皇城来取，于时于力皆为不便，所以建立一套大规模的标准本藏书以便帝王取用。韩愈《送郑十校理序》："秘书，御府也。天子犹以为外且远，不得朝夕视，始更聚书集贤殿，别置校雠官，曰学士，曰校理。"② 开元三年（715）的某一天，右散骑常侍褚无量、马怀素侍宴，言及内库及秘书坟籍。上曰："内库书，皆是太宗、高宗前代旧书，整比日，常令宫人主掌，所有残阙，未能补缉，篇卷错乱，检阅甚难。卿试为朕整比之。"③ 马怀素领导秘书省整理秘府图籍，已于开元三年（715）年底开始，似为马怀素主动请命。而此时玄宗又言及内库坟籍，与秘书省图书不同，于是玄宗又任命他的另一位老师褚无量主持此事。《旧唐书·褚无量传》："无量以内库旧书，自高宗代即藏在宫中，渐致遗逸，奏请缮写刊校，以弘经籍之道。"④

不过，褚无量领导的内库图籍整理并没有马上动手，而是在开元五年（717）玄宗幸东都之时。"开元五年，始有制。于东京乾元殿之东廊，排写四部书。右散骑常侍崇文馆学士舒国公褚无量充使检校"⑤。《新唐书·褚无量传》："开元五年，……天子诏于东都乾元殿东厢部汇整比，无量为之使。"⑥ 于是褚无量"表闻喜尉卢僎、江夏尉陆去泰、左监门率府胄曹参军王择从、武陟尉徐楚璧分部雠定。卫尉设次，光禄给食"。玄宗"又诏秘书省、司经局、昭文、

---

　　① 徐松：《唐两京城坊考》卷1 "承天门街之西第五横街之北"条："从东第一右领军卫，次西右威卫，次西秘书省，省西舍光门街，横街抵此而绝。"《丛书集成初编》本，商务印书馆1936年版，第15页。

　　② 《韩昌黎文集校注》卷4，第288页。

　　③ 《唐会要》卷35 "经籍"条，第644页。按：《新唐书》卷57《艺文志序》："贞观中，魏徵、虞世南、颜师古相继为秘书监，请购天下书，选五品以上子孙工书者为书手，缮写藏于内库，以宫人掌之。"第1422页。

　　④ 《旧唐书》卷102《褚无量传》，第3167页。

　　⑤ 孙逢吉：《职官分纪》卷15 "集贤院"条引《集贤注记》，中华书局1988年版，第376页。

　　⑥ 《新唐书》卷200《褚无量传》，第5688—5689页。

崇文二馆更相检雠，采天下遗书以益阙文"。开元六年（718），玄宗西还，徙书西京丽正殿，"以修书学士为丽正殿直学士，复诏无量于丽正殿纂续前功"①。开元八年（720）正月壬申，年已 75 岁的褚无量去世。② 褚无量虽竭尽忠诚，可惜年纪太老，终其卒世，丽正殿整比书目尚未完成。无量亦于此耿耿，"病困，语人以丽正书未毕为恨"③。

马怀素、褚无量相继去世，秘书省和丽正殿图书整理编目工作并未因此停止。马怀素去世之后，"诏秘书官并号修书学士，草定四部，人人意自出，无所统一，逾年不成"④。褚无量去世之后，内库图书的整理也是群龙无首。在这种情况之下，玄宗任命元行冲代替主持两处的图书编目工作。《新唐书·元行冲传》："先是，马怀素撰书志，褚无量校丽正四部书，业未卒，相次物故。诏行冲并代之。"⑤ 元行冲上任第一步工作即在人事上进行改革，考绌不应选者，秘书省只留下了陆绍伯、马利征、刘彦直、殷践猷、侯行果、李子钊、王直、毋煛、韦述、王湾、赵玄默、余钦、郑良金 13 人，其余人员都未能进入丽正院。又引进了朝邑丞冯朝隐、冠氏尉权寅献、秘书省校书郎孟晓、扬州兵曹参军韩覃及王嗣琳，福昌令张悱、进士崔藏之等人入校丽正图书。秘书省暂停撰缉。第二步，即在人事整合的基础上，重新分工，并表请通撰古今书目，名为《群书四部录》，令毋煛、韦述、余钦总缉部分，殷践猷、王惬治经，韦述、余钦治史，毋煛、刘彦直治子，王湾、王仲丘⑥治集。⑦ 元行冲开元八年（720）接任，开元九

①《新唐书》卷 200《褚无量传》，第 5689 页。
②《旧唐书》卷 8《玄宗纪上》，第 180—181 页。
③《新唐书》卷 200《褚无量传》，第 5689 页。
④《新唐书》卷 199《马怀素传》，第 5682 页。
⑤《新唐书》卷 200《元行冲传》，第 5691 页。
⑥ 按：王仲丘，《新唐书·马怀素传》《旧唐书·经籍志》误为刘仲丘，《新唐书·艺文志》记为王仲丘。《新唐书·王仲丘传》："王仲丘，开元时人，集贤修撰。"据此，刘仲丘应为王仲丘。也有学者认为王仲丘当为刘仲丘，如武秀成《唐〈群书四部录〉撰者"王仲丘"辨误》，参《文献》2012 年第 4 期，第 163—167 页。此从《新唐书·王仲丘传》。
⑦《新唐书》卷 200《元行冲传》，第 5691 页；《旧唐书》卷 102《元行冲传》，第 3178 页；《新唐书》卷 199《马怀素传》，第 5682 页。

年（721）十一月《群书四部录》200 卷完成，由元行冲奏上。① 从开元三年（715）马怀素任秘书监，总领秘府图书编目开始，经由褚无量领导乾元殿、丽正院内府图籍编目，到元行冲合二为一，《群书四部录》的完成历经 7 年时间，耗资巨大，堪称我国目录学史上的一大壮举。

书成之后，玄宗可能并不大满意，"学士无赏擢者"②，而元行冲亦"以老罢丽正校书事"③。开元十年（722）九月，玄宗下诏"张燕公都知丽正殿修书事，秘书监徐坚为副。张悱改充知图书括访异书使"④。张说的上任与元行冲的去职，时间上正好衔接相符。张说上任之时，丽正院的图书编目工作已经结束，其职责也相应地由整理编目转为编纂和撰写新书。张说本文士出身，好接引才华之士，更喜撰述，在他以及后来的萧嵩、张九龄等人的领导之下，丽正院、集贤院所撰新书颇丰。⑤

开元十二年（724），玄宗欲于来年登封泰山，于是诏张说、徐坚、韦绦、康子元、侯行果等人议定仪礼，诸人与礼官在丽正书院刊定仪注。⑥ 开元十三年（725），封禅仪注撰成，玄宗赐宴庆贺。《唐会要》记当时情形：

> 十三年四月五日，因奏封禅仪注，敕中书门下及礼官学士等，赐宴于集仙殿。上曰："今与卿等贤才，同宴于此，宜改集仙殿丽正书院为集贤院。"乃下诏曰："仙者捕影之流，朕所不

① 《旧唐书》卷 8《玄宗纪上》，第 182 页；又同书卷 46《经籍志序》，第 1962 页。按：《新唐书·马怀素传》记为开元八年（720）成书奏上，其时元行冲刚接任，此年书成似不大可能。

② 《新唐书》卷 199《马怀素传》，第 5682 页。

③ 《新唐书》卷 200《元行冲传》，第 5691 页。

④ 王应麟：《玉海》卷 52《艺文·书目》"集贤书目"条引《集贤注记》，第 990 页。参看《职官分纪》卷 15"集贤院"条引《集贤注记》，第 376 页。

⑤ ［日］池田温：《盛唐之集贤院》，《唐研究论文选集》，中国社会科学出版社 1999 年版，第 203—213 页。

⑥ 《旧唐书》卷 23《礼仪三》，第 892 页。

取；贤者济治之具，当务其实。院内五品已上为学士，六品已下为直学士。"中书令张说充学士，知院事，散骑常侍徐坚为副。礼部侍郎贺知章、中书舍人陆坚并为学士，国子博士康子元为侍讲学士。考功员外郎赵东曦、监察御史咸廙业、左补阙韦述、李钊、陆元泰、吕向、拾遗毋煚、太学助教余钦、四门博士赵玄默、校书郎孙季良并直学士。太学博士侯行果、四门博士敬会直（按："直"当为"真"之误）、右补阙冯鹗，并侍讲学士。初以张说为大学士，辞曰："学士本无'大'称，中宗欲以崇宠大臣，景龙中修文馆有大学士之名，如臣，岂敢以'大'为称。"上从之。①

至是集贤殿书院始告定名。自开元三年（715）马怀素着手清理秘书省图籍，到十三年（725）玄宗改丽正书院为集贤院并任命张说知院事，历经十余年并经多位学者共同努力，集贤殿书院体制基本定型。自此之后，虽亦有诸端变化，但大体不出此制度范围。

（二）人员建置

据上所述，集贤院在定名之前经历了秘书省整比图书、乾元殿丽正殿内库图书编目、丽正院四部编目内库图书编目、编纂撰述新书四个重要阶段，每个阶段在职事的设置上并不完全一样，因此各种职官名称亦众多不定。如秘书省修书学士、知院学士、修书使、侍讲学士、乾元院使、刊正官、押院中使、知书官、丽正殿直学士、修理官、文学直，修撰、校理、刊正、校勘官等。这些多得令人眼花缭乱的官名和职位，既反映了集贤院建置历程，同时也反映在此过程中各阶段的不同特点。

《玉海》所引韦述《集贤注记》记载了自开元十三年（725）至天宝末集贤院之官联，"自贺知章至窦华，开元十三年四月至天宝十四载，集贤院学士、直学士三十三人"，"自韦绦至高瞻，开元十三

---

① 《唐会要》卷64"集贤院"条，第1119页；参看《旧唐书》卷97《张说传》，《新唐书》卷125《张说传》，《资治通鉴》卷212。

年四月迄于天宝十五载二月，集贤院修撰、校理、待制、文学直等，总五十九人"①。韦述所记的起讫时间为集贤院定名的十三年（725）四月至《集贤注记》完成的天宝十五载（755）。这说明集贤院制度基本定型后，其从事官员大致为学士、直学士、修撰、校理、待制、文学直之类。池田温据《玉海》转引的提示，经考证基本还原了此期人员的建置。② 上述官员之外，集贤院有学士知院事 1 人、副知院事 1 人、判院 1 人、押院中使 1 人、留院官及检讨官若干、侍讲学士及侍读学士若干、孔目官 1 人、专知御书典 4 人、知书官 8 人、书直及写御书 100 人，搨书 6 人、画直 8 人、装书直 14 人、造笔直 4 人。至德二年（757），置大学士。贞元初，置编录官；四年（788），罢大学士；八年（792），罢校理，置校书 4 人、正字 2 人。元和二年（807），复置集贤校理，罢校书、正字；四年（809），集贤御书院学士、直学士皆用五品，准开元例，以学士一人年高者判院事，非登朝官者为校理，余皆罢。③ 这些官员名目，部分因袭前置，部分为建院后之创制，反映出集贤院制度建设的动态性。

官名称谓虽然繁多，但作为主要的职事官员还是学士、直学士、修撰、校理等人。他们承担了集贤书院的绝大部分职责，"凡图书遗逸、贤才隐滞，则承旨以求之。谋虑可施于时，著述可行于世者，考其学术以闻。凡承旨撰集文章、校理经籍，月终则进课于内，岁终则考最于外"④。他们才是集贤院的中坚力量，为唐代文化建设做出了贡献。

四　集贤学士的选任要求

丽正殿作为集贤殿书院的前身，学士任职资格较为严格。开元十

---

① 王应麟：《玉海》卷 167 引《集贤注记》，第 3063 页。
② ［日］池田温：《盛唐之集贤院》，《唐研究论文选集》，中国社会科学出版社 1999 年版，第 234—241 页。
③ 《旧唐书》卷 43《职官志二》，第 1851—1853 页；《新唐书》卷 47《百官志二》，第 1212—1213 页。
④ 《新唐书》卷 47《百官志二》，第 1212 页。

一年（723），张说等献所赋诗，玄宗赐赞褒美。赞张说："德重和鼎、功逾济川、词林秀色、翰苑光鲜"；贺知章："礼乐之司、文章之苑、学优艺博、才高思远"；孙季良："蓬山之秀、芸阁之英、雄词卓杰、雅思纵横"①。另有东方颢、吕向二人之赞论未录，他们时为丽正校理，而非学士。玄宗赞论，大致前两句论学士职事官，如张说时为宰相，故首称"德重和鼎、功逾济川"，徐坚时任秘书监，故云"校书天禄、论经上庠"。后两句则赞其所献诗歌，如张说"词林秀色、翰苑光鲜"，孙季良"雄词卓杰、雅思纵横"。可见，诗才是选任的重要条件。

开元十三年（725）三月，改集仙殿为集贤殿，群臣赋诗相庆，玄宗为序："乃置旨酒命英贤，有文苑之高才，有掖垣之良佐。举杯称庆，何乐如之，同吟湛露之篇，宜振凌云之藻。"并赋诗："言谈延国辅，词赋引文雄。"② 据笔者考证，现存丽正、集贤殿学士集体赋诗活动可考者有 5 次。当然，学士群体的文学活动可能远不止 5 次，但窥斑见豹，亦略知其大概。综上所论，集贤殿学士的选任，主要标准亦在于学问与文章，其中诗歌才华尤为重要。

开元二十六年（738），翰林院成立，基本上取替了集贤殿政治角色。自此之后，集贤院归于普通藏书机构，与秘书省相类。"安史之乱"后，政治制度和思想文化都发生巨大转变。学士选任上亦发生变化，崇文、弘文二馆和集贤院的大学士例由宰相兼领。唐代后期，学士以翰林院为美，而文馆学士纯属虚衔，不同于前期。综观后期学士除制文，往往美其济时辅主的政治才能。如文宗授李固言崇文馆大学士，称其"刚毅自任，端严不回，常怀疾恶之心，每负佐时之业"③。宪宗时期弘文馆大学士李藩，制文称其"量宽而不入粗滓，理当而不留枝叶。行治古之道，为君子之儒"④。宣宗时弘文馆大学士令狐绹，

---

① 孙逢吉：《职官分纪》卷 15 "集贤院大学士、学士"条，第 380 页。

② 《全唐诗》卷 3，第 34 页。

③ 文宗：《授李固言崇文馆大学士贾餗集贤殿大学士制》，《全唐文》卷 70，第 735 页。

④ 宪宗：《授李藩宏文馆大学士制》，《全唐文》卷 56，第 611 页。

制文称其"保合太和，从容中道，左右王化，清夷国风。辅相尽天地之宜，启沃见忠贞之节"①。懿宗时弘文馆大学士白敏中，制文亦称其"气禀岳灵，道洽王佐，致君之志，发于深诚"②。这些制文的赞美之词，全然不关崇文、弘文馆作为教育机构的特性。

学士之加大字，李泌认为发生于肃宗至德二年（757）以后。③中唐宰相兼领集贤院，例为大学士。玄宗任命萧嵩为集贤院学士，称其"钩深学海，囊括词林"④，注重学识。中唐集贤殿大学士选任，与弘文、崇文馆相似，多誉尽忠佐时之才。相比之下，集贤殿大学士的任命，有时还能联系馆阁职能，注意学术。如文宗任命贾𫗧为集贤殿大学士，制文云："文包经济之方，学达古人之奥。"⑤宣宗时崔慎由，制文称其"学穷阃奥，文擅精华"⑥。夏侯孜，制文亦称其"雄词擅雅，奥学洞微"⑦。

总体来看，唐代学士任职资格，随着时代变化而不断改变。因此，不能简单从"学士"字面上去理解任职要求。

第二节　学士朝野迁转与文学角色转换

本节主要阐述弘文、崇文馆学士朝野迁转对于文学角色造成的影响，以中宗神龙和睿宗景云年间学士的贬逐离散为中心。学士文学角色转换，主要表现为从诗歌创作脱离应制环境，进而从"俳优"角色分离出来，从集体创作转向个体创作，诗歌从群体性转向个性化。

---

① 宣宗：《授令狐绹宏文馆大学士制》，《全唐文》卷79，第830页。
② 懿宗：《授白敏中宏文馆大学士等制》，《全唐文》卷83，第866页。
③ 《唐会要》卷64"集贤院"条，第1120页。
④ 玄宗：《授萧嵩集贤院学士修国史制》，《全唐文》卷22，第263页。
⑤ 文宗：《授李固言崇文馆大学士贾𫗧集贤殿大学士制》，《全唐文》卷70，第735页。
⑥ 宣宗：《授郑朗监修国史崔慎由集贤殿大学士制》，《全唐文》卷79，第833页。
⑦ 宣宗：《授夏侯孜集贤殿大学士制》，《全唐文》卷80，第838页。

一　"俳优"角色

文士俳优角色，渊源有自。刘师培论文学出于巫祝之官："盖古代文词，恒施祈祀，故巫祝之职，文词特工。今即《周官》祝官职掌考之，若六祝六词之属，文章各体，多出于斯。又颂以成功告神明，铭以功烈扬先祖，亦与祠祀相联。是则韵语之文，虽匪一体，综其大要，恒由祀礼而生。欲考文章流别者，曷溯源于清庙之守乎！"①刘氏指出文学的源头在于巫祝之官，诚为识见。巫祝之官与俳优角色联系甚密。司马迁《报任安书》："仆之先人非有剖符丹书之功，文史星历近乎仆祝之间，故主上所戏弄，倡优畜之，流俗之所轻也。"②可见俳优与文人之间关系不同寻常，即如司马迁这样的史学家族，帝王或以倡优目之。《新唐书·文艺传序》："唐有天下三百年，文章无虑三变。……若侍从酬奉则李峤、宋之问、沈佺期、王维，……皆卓然以所长为一世冠。"③李宋沈王诸人，正是文学侍从当中的代表。相对于专供帝王玩笑取乐的纯俳优而言，学士的应制唱和、侍宴酬酢等行为，称为"类俳优"是较为合适的。

二　学士"类俳优"角色的文学表现

俳优供人取乐，唐代也不例外。《新唐书·王及善传》："及善以父死事，授朝散大夫，袭邢国公爵。皇太子弘立，擢及善左奉裕率。太子宴于宫，命宫臣掷倒，及善辞曰：'殿下自有优人，臣苟奉令，非羽翼之美。'太子谢之。高宗闻，赐绢百匹。"④此处的"掷倒"，当是一种取乐的游戏。⑤王及善认为这种游戏是优人的专职，而奉裕率官正四品上，掌东宫千牛备身侍奉之事⑥，掷倒之戏非其所宜。优

---

① 刘师培：《中国中古文学史讲义》，凤凰出版社 2011 年版，第 256 页。
② 《汉书》卷 62，第 2732 页。
③ 《新唐书》卷 201《文艺传序》，第 5725—5726 页。
④ 《新唐书》卷 116《王及善传》，第 4240 页。
⑤ 《资治通鉴》卷 202 "掷倒"，胡注："唐散乐有舞盘伎、舞轮伎、长蹻伎、跳铃伎、掷倒伎、跳剑伎、吞剑伎，皆梁之遗伎也。"第 6370 页。
⑥ 《旧唐书》卷 44，第 1913 页。

人善于说笑戏谑，《全唐诗》卷 869 至 872 收录谐谑诗 4 卷，其中多有优人语。如卷 869 所录中宗朝优人《回波词》："回波尔时栲栳，怕妇也是大好。外边只有裴谈，内里无过李老。"即取笑中宗李显惧内。此诗原注："御史大夫裴谈，妻妒悍，谈畏之如严君。时韦庶人颇袭武后之风，中宗渐畏之。内宴互唱回波词，有优人云云。后意色自得，以束帛赐之。"① 文人间或亦作谐谑之词以取乐。如《全唐诗》卷 869 崔日用《乞金鱼词》："台中鼠子直须谙，信足跳梁上壁龛。倚翻灯脂污张五，还来啮带报韩三。莫浪语，直王相。大家必若赐金龟，卖却猫儿相报赏。"原注："日用为御史中丞，赐紫。是时佩鱼须有特恩，因会宴，日用撰词云云，中宗以金鱼赐之。"② 此诗言御史台官员无佩鱼者，故鼠无鱼可吃，既然龟鼠无可吃之物，鼠就没有了，因此猫也不用买了。全诗幽默诙谐，又不乏寓意。唐代优人也有"言谈微中"的一面。如《旧唐书·李实传》："（贞元）二十年春夏旱，关中大歉，（李）实为政猛暴，方务聚敛进奉，以固恩顾，百姓所诉，一不介意。因入对，德宗问人疾苦，实奏曰：'今年虽旱，谷田甚好。'由是租税皆不免，人穷无告，乃彻屋瓦木，卖麦苗以供赋敛。优人成辅端因戏作语，为秦民艰苦之状云：'秦城城池二百年，何期如此贱田园，一顷麦苗五硕米，三间堂屋二千钱。'凡如此语有数十篇。实闻之怒，言辅端诽谤国政，德宗遽令决杀，当时言者曰：'瞽诵箴谏，取其诙谐以托讽谏，优伶旧事也。设谤木，采刍荛，本欲达下情，存讽议，辅端不可加罪。'德宗亦深悔，京师无不切齿以怒实。"③ 优人成辅端所作戏语，针砭时弊，讽刺意味强烈。但这种情况并不多见。总体来看，戏谑诙谐、玩笑取乐是唐代优人的整体倾向。

"二馆"在创立之初，政治色彩远远超于文学。弘文馆学士以智囊身份参与朝政策划，崇贤馆职掌王公大臣子弟之教育，均非帝王嘲

---

① 《全唐诗》卷 869，第 9848 页。
② 同上书，第 9849 页。
③ 《旧唐书》卷 135《李实传》，第 3731 页。

弄取乐的对象。太宗时期,学士也参与诗歌宴会,但所谓的文学活动还只是处在次要的位置。随着时间推移,学士文学侍从身份越来越明显,而政治谋臣的角色则渐次隐退。其过程大致是这样的:从太宗朝始,经由高宗、武周,到中宗时期文士俳优角色达至全盛。

太宗时期,君臣之间亦有唱和。从武德九年(626)九月至贞观二十三年(649)五月,太宗君臣唱和诗可考者有214首,文赋13首。预唱诗人45人,其中二馆学士10余人。① 不过,其时学士主要职责不在陪侍宴游。弘文馆设立之初,虞世南等人"皆以本官兼学士,令更宿直,听朝之隙,引入内殿,讲论文义,商量政事,或至夜分方罢"②。学士主要参与政治谋划,其次是校理图籍、撰著官书和教育生徒。崇文馆隶属东宫官署,学士的主要职责是刊正经籍和教授诸生。这也反映在唱和诗的题材和风格的多样性上③,可见其时臣子尚未为帝王"以倡优畜之"。这也可从虞世南拒绝赓和太宗所作宫体诗一事得到证明。《唐诗纪事》卷1:"帝(太宗)尝作宫体诗,使虞世南赓和。世南曰:圣作诚工,然体非雅正,上有所好,下必有甚。臣恐此诗一传,天下风靡,不敢奉诏。"④

但这种情况到了高宗武后时期发生了很大的改变。《旧唐书·宋之问传》:"则天幸洛阳龙门,令从官赋诗,左史东方虬诗先成,则天以锦袍赐之。及之问诗成,则天称其词愈高,夺虬锦袍以赏之。"⑤东方虬虽然成诗最早,但武则天认为不如宋之问诗,所以夺了锦袍赏赐宋之问。宋之问诗至今留存,见《全唐诗》卷51。遗憾的是东方虬之诗已不存,否则将二者加以比较,还能考见武则天的评诗标准。不过,从现存宋作《龙门应制》来看,其颂圣之性质很明显。站在武则天的立场,这是很容易讨得她的欢心的。若进一步考察,则发现

---

① 贾晋华:《唐代集会总集与诗人群研究》,北京大学出版社2001年版,第29页。

② 《唐会要》卷64"宏文馆"条,第1114页。

③ 太宗君臣唱和诗的题材和风格主要有四大类:一是怀旧、征边,二是述志、咏史、赠答,三是朝会、宴游、咏物,四是歌辞。参贾晋华《唐代集会总集与诗人群研究》,第33页。

④ 计有功:《唐诗纪事》,第7页。

⑤ 《旧唐书》卷190中,第5025页。

其时文士"俳优"角色较为明显。《旧唐书·张行成传》附易之、昌宗传："圣历二年，置控鹤府官员，以易之为控鹤监、内供奉，余官如故。久视元年，改控鹤府为奉宸府，又以易之为奉宸令，引辞人阎朝隐、薛稷、员半千并为奉宸供奉。每因宴集，则令嘲戏公卿以为笑乐。若内殿曲宴，则二张、诸武侍坐，樗蒲笑谑，赐与无算。时谀佞者奏云，昌宗是王子晋后身。乃令被羽衣，吹箫，乘木鹤，奏乐于庭，如子晋乘空。辞人皆赋诗以美之，崔融为其绝唱，其句有'昔遇浮丘伯，今同丁令威。中郎才貌是，藏史姓名非'。……以昌宗丑声闻于外，欲以美事掩其迹，乃诏昌宗撰《三教珠英》于内。乃引文学之士李峤、阎朝隐、徐彦伯、张说、宋之问、崔湜、富嘉谟等二十六人，分门撰集。成一千三百卷，上之。"① 今从两《唐书》中考得预修《三教珠英》者 19 人：张昌宗、李峤、阎朝隐、徐彦伯、张说、宋之问、沈佺期、崔湜、富嘉谟、薛曜、刘子玄、徐坚、乔备、崔融、员半千、尹元凯、王无竞、李适、刘允济。② 珠英学士修书之际，诗歌唱和活动较为频繁，崔融将其诗歌裒为 5 卷，命为《珠英学士集》。从今存《珠英学士集》敦煌残卷存诗又可补马吉甫、元希声、房元阳、杨齐悊、胡皓 5 人。③ 这样就共考得诗人 24 人，与记载的26 人接近。他们多以俳优角色侍奉"二张"。

在利禄趋使下，文人谄媚之风甚为流行。《旧唐书·杜审言传》："则天召见审言，将加擢用。问曰：'卿欢喜否？'审言蹈舞谢恩。因令作《欢喜诗》，甚见嘉赏，拜著作佐郎。"④ 同书《阎朝隐传》："张易之等所作篇什，多是朝隐及宋之问潜代为之。圣历二年，则天不豫，令朝隐往少室山祈祷。朝隐乃曲申悦媚，以身为牺牲，请代上

---

① 《旧唐书》卷 78《张行成传》附张易之、张昌宗传，第 2026—2027 页。

② 参考《旧唐书》卷 47《经籍志》、卷 73《薛元超传》、卷 74《崔湜传》、卷 78《张行成传》附张易之、张昌宗传、卷 97《张说传》、卷 102《刘子玄传》《徐坚传》、卷190 中《乔备传》（《新唐书》卷 59《艺文志》著录《三教珠英》作"乔侃"，当从《旧唐书》本传作"乔备"）、《富嘉谟传》《员半千传》《沈佺期传》《宋之问传》《阎朝隐传》。《新唐书》卷 59《艺文三》、卷 60《艺文四》、卷 202《李适传》。

③ 傅璇琮：《唐人选唐诗新编》，第 41—48 页。

④ 《旧唐书》卷 190 上《杜审言传》，第 4999 页。

所苦。"①《新唐书·杨再思传》:"易之兄司礼少卿同休,请公卿宴其寺,酒酣,戏曰:'公面似高丽。'再思欣然,翦谷缀巾上,反披紫袍,为高丽舞,举动合节,满坐鄙笑。昌宗以姿貌幸,再思每曰:'人言六郎似莲华,非也;正谓莲华似六郎耳。'其巧谀无耻类如此。"② 从上述言行来看,以诗文甚或身体博帝王欢悦进而获取功名,为高宗特别是武周时期文士的特色。在这种大环境之下,文士集体创作中的俳优表征,也就不难理解。《唐诗纪事》卷1:"太平公主,武后所生,后爱之倾诸女。帝择薛绍尚之,假万年县为婚馆。门隘不能容翟车,有司毁垣以入,自兴安门设燎以属,道樾为枯。当时群臣,刘祎之诗云:梦梓光青陛,秾桃蔼紫宫。元万顷云:离元应春夕,帝子降秋期。任奉古云:帝子升青陛,王姬降紫宸。郭正一云:桂宫初服冕,兰掖早升笄。皆纳妃出降之意也。"③ 太平公主出嫁排场奢靡,可见武则天对女儿的宠爱。文士的满口帝子,谄附之重也就不言而喻。《旧唐书·武崇训传》:"崇训,三思第二子也。则天时,封为高阳郡王。长安中,尚安乐郡主。时三思用事于朝,欲宠其礼。中宗为太子在东宫,三思宅在天津桥南,自重光门内行亲迎礼,归于其宅。三思又令宰臣李峤、苏味道,词人沈佺期、宋之问、徐彦伯、张说、阎朝隐、崔融、崔湜、郑愔等赋《花烛行》以美之。"④ 武氏一族,本无多少文化素养,而先后凭借当时文士之妙笔来装点门面。从这层意义上来说,文士扮演的角色就是"俳优"。俳优的本职工作就是供人取乐,所以诗歌中大量的誉美谀词就毫不足怪了。正如《旧唐书·外戚传》所云:"崇训之尚主也,三思方辅政,中宗居东宫,欲宠耀其下,乃令具亲迎礼。宰相李峤、苏味道等及沈佺期、宋之问诸有名士,造作文辞,慢泄相矜,无复礼法。"⑤

文士俳优角色到中宗朝达至鼎盛。《新唐书·李适传》:"中宗景

① 《旧唐书》卷190中《阎朝隐传》,第5026页。
② 《新唐书》卷109《杨再思传》,第4099页。
③ 计有功:《唐诗纪事》,贝叶山房1948年版,第8页。
④ 《旧唐书》卷183《武崇训传》,第4736页。
⑤ 《新唐书》卷206《外戚传》,第5840页。

龙二年，始于修文馆置大学士四员、学士八员、直学士十二员，象四时、八节、十二月。于是李峤、宗楚客、赵彦昭、韦嗣立为大学士，适、刘宪、崔湜、郑愔、卢藏用、李乂、岑羲、刘子玄为学士，薛稷、马怀素、宋之问、武平一、杜审言、沈佺期、阎朝隐为直学士，又召徐坚、韦元旦、徐彦伯、刘允济等满员。其后被选者不一。"①《唐会要》对学士的选任做了更为详细的记载。②《李适传》所列大学士 4 人、学士 8 人、直学士 11 人，加上《唐会要》中提到的苏颋，刚好 24 员。贾晋华依据相关记载，考证增补了张说、李迥秀、崔日用、褚无量、上官婉儿 5 人，使之与《景龙文馆记》中所载"学士二十九人"相合。贾晋华又对景龙年间修文馆学士的活动进行编年，考出 66 则活动事件，诗歌作品 316 首。今择其大者列之如下：景龙二年（708）：七月七日，宣两仪殿，李行言唱《步虚歌》；九月九日，游慈恩寺，上官婉儿献诗，群臣唱和；闰九月九日游总持寺；秋，诸学士送宋之逊许州司马任；十月三日，游三会寺；十一月十五日，殿内宴贺中宗寿诞；十一月十五日，安乐公主降武延秀；十二月六日，游荐福寺；十二月十九日，游御苑赐宴；十二月二十一日，游临渭亭；十二月三十日游长安故城。景龙三年（709）：一月七日，宴清辉阁；一月十七日，宴梨园亭；一月二十九日，游昆明池；二月二日，登玄武门，观宫女拔河；二月八日，送玄奘等还荆州；二月十一日，访太平公主山庄；三月二日，宴集；三月三日，宴梨园；三月；宴芙蓉园；七月七日，宴梨园亭；八月十一日，游望春宫；八月二十一日，游安乐公主山庄；九月九日，游渭亭；十月八日，宴安乐

---

① 《新唐书》卷 202《李适传》，第 5748 页。

② 《唐会要》卷 64 "宏文馆"条："（景龙二年）四月二十二日，修文馆增置大学士四员、学士八员、直学士十二员，征攻文之士以充之。二十三日，敕中书令李峤、兵部尚书宗楚客并为大学士。二十五日，敕秘书监刘宪、中书侍郎崔湜、吏部侍郎岑羲、太常（按：脱'少'字。《旧唐书·中宗纪》：景龙三年三月戊寅，太常少卿兼检校吏部侍郎郑愔同中书门下平章事。《新纪》《新·宰相表》同）卿郑愔、给事中李适、中书舍人卢藏用、李乂、太子中舍刘子元（按：即刘子玄）并为学士。五月五日，敕吏部侍郎薛稷、考功员外郎马怀素、户部员外郎宋之问、起居舍人武平一、国子主簿杜审言并为直学士。十月四日，兵部侍郎赵彦昭、给事中苏颋、起居郎沈佺期并为学士。"第 1114—1115 页。

公主新宅；十一月十五日，宴集贺中宗生日；十二月十二日，游新丰温泉宫；十二月十四日，游宴韦嗣立山庄；十二月十五日，游白鹿观；十二月十八日，游秦始皇陵；十二月二十二日，登骊山。景龙四年（710）：一月五日，宴集蓬莱宫大明殿；一月七日，宴集大明宫；一月八日，游望春宫；一月二十九日，游宴浐水；二月三日，访王光辅庄；二月二十一日，宴桃花园；二月二十二日，宴承庆殿；三月一日，游梨园；三月二日，游望春宫；三月三日，祓禊渭滨；三月五日，宴桃花园；三月八日，宴窦希玠山亭；三月十一日，访上官婉儿院；四月一日，游长宁公主东庄；四月五日，游芳林园；四月十四日，游宴隆庆池；五月二十九日，御宴。① 对于中宗景龙年间的游宴活动，《资治通鉴》卷 209 亦有记载："（景龙二年）夏，四月，癸未，置修文馆大学士四员，直学士八员，学士十二员，选公卿以下善为文者李峤等为之。每游幸禁苑，或宗戚宴集，学士无不毕从，赋诗属和，使上官昭容第其甲乙，优者赐金帛；同预宴者，惟中书、门下及长参王公、亲贵数人而已，至大宴，方召八座、九列、诸司五品以上预焉。"② 有时参与活动者多达数百人，如《旧唐书·武延秀传》："（安乐）公主产男满月，中宗、韦后幸其第，就第放赦，遣宰臣李峤、文士宋之问、沈佺期、张说、阎朝隐等数百人赋诗美之。"③ 这里一方面见出场面之盛，另一方面"赋诗美之"又反映了文士俳优性质。对于君臣唱和活动，《新唐书》的评价则是："帝有所感即赋诗，学士皆属和。当时人所歆慕，然皆狎猥佻佞，忘君臣礼法，惟以文华取幸。"④ 直接道出了文士的俳优性质。文士俳优角色在活动编年中也得到充分的证实，如：景龙三年（709）一月七日，宴清晖阁，遇雪，甚欢，中宗令学士起舞；二月二日，中宗命宫女为市肆，公卿与学士为商旅，进行交易，中宗与武后临观取乐；二月宴集，中宗命近臣学士各献艺以为乐，张锡舞"谈容娘"，宗晋卿舞"浑脱"，

---

① 贾晋华：《唐代集会总集与诗人群研究》，第43—63页。
② 《资治通鉴》卷209，第6622页。
③ 《旧唐书》卷183《武延秀传》，第4734页。
④ 《新唐书》卷202《李适传》，第5748页。

张洽舞"黄獐"，杜元谈诵"婆罗门咒"，郭山恽歌《鹿鸣》《蟋蟀》。景龙四年（710）三月一日，游梨园，令侍臣为拔河之戏；五月二十九日，御宴，祝钦明为"八风舞"，卢藏用谓之"五经扫地矣"。对于中宗景龙年间的游宴无度，五代史臣是这样评价的："不知创业之难，唯取当年之乐。""不能罪己以谢万方，而更漫游以隳八政。"①

三　学士朝野迁转的特点

珠英学士和修文馆学士两大群体是初唐文馆学士的主体。前者共26人，后者则有29人。两相比较，二者之间有部分人事更替，但主体基本相同。两大学士群体在京城的文学角色具如上述，但他们的诗歌活动区域并非一成不变。随着政治的变化，学士群由京城向地方扩散迁移，其文学角色也随之发生改变。珠英学士群体向地方流动主要发生于神龙元年（705）。修文馆学士群体向地方的流动，则在睿宗践祚之初的景云元年（710）之后。这两次大规模的流徙行动，迫使文馆学士离开宫廷而流向边鄙，造成文学区域性的交流沟通，进而推动律诗的深度发展。

对于第一次大规模迁谪，史书是这样记载的："神龙元年正月，则天病甚。是月二十日，宰臣崔玄暐、张柬之等起羽林兵迎太子，至玄武门，斩关而入，诛易之、昌宗于迎仙院，并枭首于天津桥南。则天逊居上阳宫。易之兄昌期，历岐、汝二州刺史，所在苛猛暴横，是日亦同枭首。朝官房融、崔神庆、崔融、李峤、宋之问、杜审言、沈佺期、阎朝隐等皆坐二张窜逐，凡数十人。"②《三教珠英》的修纂，本为掩盖二张之丑行。二张被诛后，李峤等26名珠英学士因此遭受贬谪。两《唐书》对他们的窜逐都有较详细的载录。李峤："中宗即位，峤以附会张易之兄弟，出为豫州刺史。未行，又贬为通州刺

---

① 《旧唐书》卷7《中宗纪》，第151页。
② 《旧唐书》卷78《张行成传》附张易之、张昌宗传，第2708页。

史。"① 苏味道:"神龙初,以亲附张易之、昌宗贬授郿州刺史。"② 崔
融:"时张易之兄弟颇招集文学之士,融与纳言李峤、凤阁侍郎苏味
道、麟台少监王绍宗等俱以文才降节事之。及易之伏诛,融左授袁州
刺史。"③ 王绍宗传:"绍宗性淡雅,以儒素见称,当时朝廷之士,咸
敬慕之。张易之兄弟,亦加厚礼。易之伏诛,绍宗坐以交往见废,卒
于乡里。"④ 杜审言:"神龙初,坐与张易之兄弟交往,配流岭外。"⑤
《旧唐书》本传只云岭外,《新唐书》本传则记录为:"坐交通张易
之,流峰州。"⑥ 刘允济:"中兴初,坐与张易之款狎,左授青州长
史,为吏清白,河南道巡察使路敬潜甚称荐之。寻丁母忧,服阕而
卒。"⑦ 刘宪:"神龙初,坐尝为张易之所引,自吏部侍郎出为渝州刺
史。"⑧ 宋之问:"易之兄弟雅爱其才,之问亦倾附焉。预修《三教珠
英》,常扈从游宴。……及易之等败,左迁泷州参军。"⑨《新唐书·
沈佺期传》:"会张易之败,遂长流罐州。"⑩ 王无竞:"及张易之等
败,以尝交往,再贬岭外,卒于广州,年五十四。"⑪ 韦元旦:"与张
易之有姻属,易之败,贬感义尉。"⑫ 阎朝隐:"易之伏诛,坐徙岭
外。"未言贬地。⑬《新唐书·宋之问传》:"于时张易之等烝昵宠甚,
之问与阎朝隐、沈佺期、刘允济倾心媚附,易之所赋诸篇,尽之问、
朝隐所为,至为易之奉溺器。及败,贬泷州,朝隐崖州,并参军
事。"⑭ 李迥秀:"迥秀雅有文才,饮酒斗余,广接宾朋,当时称为风

① 《旧唐书》卷94《李峤传》,第2995页。
② 《旧唐书》卷94《苏味道传》,第2992页。
③ 《旧唐书》卷94《崔融传》,第3000页。
④ 《旧唐书》卷189下《王绍宗传》,第4964页。
⑤ 《旧唐书》卷190上《杜审言传》,第4999页。
⑥ 《新唐书》卷201《杜审言传》,第5736页。
⑦ 《旧唐书》卷190中《刘允济传》,第5013页。
⑧ 《旧唐书》卷190中《刘宪传》,第5016页。
⑨ 《旧唐书》卷190中《宋之问传》,第5025页。
⑩ 《新唐书》卷202《沈佺期传》,第5749页。
⑪ 《旧唐书》卷190中《王无竞传》,第5027页。
⑫ 《新唐书》卷202《韦元旦传》,第5749页。
⑬ 《旧唐书》卷190中《阎朝隐传》,第5026页。
⑭ 《新唐书》卷202《宋之问传》,第5750页。

流之士。然颇托附权幸，倾心以事张易之、昌宗兄弟，由是深为谠正之士所讥。俄坐赃，出为庐州刺史。"①

综合来看，神龙初年逐臣南迁，多为岭南。宋之问《至端州驿见杜五审言沈三佺期阎五朝隐王二无竞题壁慨然成咏》记录了南贬作家情形："逐臣北地承严谴，谓到南中每相见。岂意南中岐路多，千山万水分乡县。云摇雨散各翻飞，海阔天长音信稀。处处山川同瘴疠，自怜能得几人归。"所谓"岂意南中岐路多，千山万水分乡县"，道出了同在岭南但又各自分散的事实。有些文士，像王绍宗、王无竞等，最终卒于贬所。其中大部分遭贬者不久又回到了长安，在景龙二年（708）入选修文馆学士。

修文馆即弘文馆，主要活动发生于景龙二年（708）四月至景龙四年（710）五月，先后二年余。景龙学士在中宗去世之后，大多遭受贬谪。但这一群体贬谪事件，并未得到学界应有的重视，研究唐代迁谪文学者，亦较少关注。不妨对修文馆学士的结局作一梳理。

李峤："睿宗即位，出为怀州刺史，寻以年老致仕。"及玄宗践祚，制随其子虔州刺史畅赴任，寻起为庐州别驾而卒。② 宗楚客："韦氏败，楚客与晋卿等皆伏诛。"③ 赵彦昭：睿宗时，出为宋州刺史。玄宗时，累贬江州别驾，卒。④ 韦嗣立：睿宗践祚，拜中书令，旬日，出为许州刺史。开元初，为有司所劾，左迁岳州别驾，久之，迁陈州刺史。开元七年，卒。⑤ 李适："睿宗时，待诏宣光阁，再迁工部侍郎。卒，年四十九，赠贝州刺史。"⑥ 刘宪："景云初，三迁太子詹事。玄宗在东宫，留意经籍，宪因上启曰……玄宗甚嘉纳之。明年，宪卒，赠兖州都督。"⑦ 崔湜："睿宗即位，出为华州刺史。萧至

---

① 《旧唐书》卷62《李迥秀传》，第2391页。
② 《旧唐书》卷94《李峤传》，第2995页。
③ 《旧唐书》卷92《宗楚客传》，第2973页。
④ 《旧唐书》卷92《赵彦昭传》，第2967—2968页。
⑤ 《旧唐书》卷88《韦嗣立传》，第2873页。
⑥ 《新唐书》卷202《李适传》，第5747页。
⑦ 《旧唐书》卷190中《刘宪传》，第5016页。

忠等既诛，坐徙岭外，缢于驿中。"① 郑愔：景龙三年（709）夏五月
丙戌，"坐赃，贬江州司马。"②《新唐书·睿宗纪》：景云元年
（710）"八月庚寅，谯王重福及汴州刺史郑愔反，伏诛。"③ 卢藏用：
"先天中，坐托附太平公主，配流岭表。"④《新唐书》本传："附太平
公主，主诛，玄宗欲捕斩藏用，顾未执政，意解，乃流新州。或告谋
反，推无状，流驩州。会交趾叛，藏用有捍御劳，改昭州司户参军，
迁黔州长史，判都督事，卒于始兴。"⑤ 李乂："景云元年，迁吏部侍
郎。"⑥ 开元四年（716）卒。⑦ 岑羲："睿宗即位，出为陕州刺史。"
先天元年（712），坐预太平公主谋逆伏诛，籍没其家。⑧ 刘子玄：景
云中，累迁太子左庶子，兼崇文馆学士。开元初，迁左散骑常侍，修
史如故。九年（721），长子贶为太乐令，犯事配流。子玄诣执政诉
理，上闻而怒之，由是贬授安州都督府别驾。子玄至安州，无几而
卒，年六十一。⑨ 苏颋：景云中，璁薨，服阕为工部侍郎。开元八年
（720），除礼部尚书，罢政事，俄知益州大都督府长史事。⑩ 崔日用：
景龙四年（710），助玄宗平韦后之乱，以功授黄门侍郎、参知政事，
封齐国公。月余罢相，转雍州长史，出为扬州长史，历婺、汴二州刺
史，兖州都督、荆州长史。开元五年（717），出为常州刺史。十年
（722）徙并州长史。⑪ 褚无量：景云初，玄宗在春宫，诏拜国子司
业，兼皇太子侍读。⑫ 张说：睿宗即位，迁中书侍郎。⑬ 李迥秀，《旧

①《旧唐书》卷 74《崔湜传》，第 2622—2624 页。
②《旧唐书》卷 7《中宗纪》，第 147 页。
③《新唐书》卷 5《睿宗纪》，第 117 页。
④《旧唐书》卷 94《卢藏用传》，第 3004 页。
⑤《新唐书》卷 123《卢藏用传》，第 4374—4375 页。
⑥《旧唐书》卷 101《李乂传》，第 3136 页。
⑦《旧唐书》卷 8《玄宗纪》，第 176 页。
⑧《旧唐书》卷 70《岑羲传》，第 2540—2541 页。
⑨《旧唐书》卷 102《刘子玄传》，第 3171 页。
⑩《旧唐书》卷 88《苏颋传》，第 2880—2881 页。
⑪《旧唐书》卷 99《崔日用传》，第 3088—3089 页。
⑫《旧唐书》卷 102《褚无量传》，第 3166 页。
⑬《旧唐书》卷 97《张说传》，第 3051 页。

唐书》本传：俄代姚崇为兵部尚书，病卒。① 徐彦伯：景云初，加银卿光禄大夫，迁右散骑常侍、太子宾客，仍兼昭文馆学士。先天元年（712），以病乞骸骨，许之。开元二年（714）卒。② 杜审言："入为国子监主簿、修文馆直学士，卒。"③ 薛稷："及（睿宗）践祚，累拜中书侍郎，与苏颋等对掌制诰。……睿宗常召稷入宫中参决庶政，恩遇莫与为比。及窦怀贞伏诛（按：先天二年七月），稷以知其谋，赐死于万年县狱中。"④ 马怀素："开元初，为户部侍郎，加银青光禄大夫，累封常山县公，三迁秘书监，兼昭文馆学士。"⑤ 宋之问："睿宗即位，以之问尝附张易之、武三思，配徙钦州。先天中，赐死于徙所。之问再被窜谪，经途江、岭，所有篇咏，传布远近。友人武平一为之纂集，成十卷，传于代。"⑥《资治通鉴》卷209："景云元年六月戊申，越州长史宋之问，饶州刺史冉祖雍，坐谄附武、韦，皆流领表。"⑦ 沈佺期："神龙中，授起居郎，加修文馆直学士。后历中书舍人、太子詹事。开元初卒。"⑧ 阎朝隐："易之伏诛，坐徙岭外。寻召还。先天中，复为秘书少监。又坐事贬为通州别驾，卒官。"⑨《新唐书》本传："景龙初，自崖州遇赦还，累迁著作郎。先天中，为秘书少监，坐事贬通州别驾，卒。"⑩ 徐坚：睿宗即位，坚自刑部侍郎加银青光禄大夫，拜左散骑常侍，俄转黄门侍郎。及羲诛（按：岑羲预太平公主事，开元二年七月伏诛），坚竟免坐累。出为绛州刺史。⑪ 刘允济："中兴初，坐与张易之款狎，左授青州长史，为吏清白，河

---

① 《旧唐书》卷62《李迥秀传》，第2391页。
② 《旧唐书》卷94《徐彦伯传》，第3006页。
③ 《新唐书》卷201《杜审言传》，第5736页。
④ 《旧唐书》卷73《薛稷传》，第2591—2592页。
⑤ 《旧唐书》卷102《马怀素传》，第3164页。
⑥ 《旧唐书》卷190中《宋之问传》，第5025页。
⑦ 《资治通鉴》卷209，第6651页。
⑧ 《旧唐书》卷190中《沈佺期传》，第5017页。
⑨ 《旧唐书》卷190中《阎朝隐传》，第5026页。
⑩ 《新唐书》卷202《阎朝隐传》，第5752页。
⑪ 《旧唐书》卷102《徐坚传》，第3176页。

南道巡察使路敬潜甚称荐之。寻丁母忧，服阕而卒。"① 武平一："玄宗立，贬苏州参军，徙金坛令。平一见宠中宗，时虽宴豫，尝因诗颂规诫，然不能卓然自引去，故被谪。既谪而名不衰。开元末，卒。"②韦元旦："与张易之有姻属，易之败，贬感义尉。俄召为主客员外郎，迁中书舍人。舅陆颂妻，韦后弟也，故元旦凭以复进云。"③ 虽未明言结局，但据党附韦氏，推知睿宗即位后可能遭窜逐。

综合起来看，景龙文馆学士的结局大致有四种：第一种是遭诛杀，如宗楚客、郑愔、岑羲、薛稷等先后遭诛杀或赐死。第二种是遭流放，如卢藏用先流新州，再流驩州，宋之问流钦州，韦元旦亦遭流放，但所流之地不详。第三种是贬官，李峤先贬为怀州刺史，再贬为庐州别驾，赵彦昭先贬为宋州刺史，再贬为江州别驾，韦嗣立先贬为许州刺史，再贬为岳州别驾、陈州刺史，崔湜贬为华州刺史，郑愔先贬为江州司马后遭诛杀，岑羲先贬为陕州刺史后遭诛杀，崔日用先贬为雍州长史，再贬为扬州长史，阎朝隐贬为通州别驾，武平一贬为苏州参军。第四种是升迁，如李适任工部侍郎，刘宪任太子詹事，李乂任吏部侍郎，刘子玄任太子左庶子，苏颋任工部侍郎，褚无量任国子司业兼皇太子侍读，张说任中书侍郎，李迥秀任兵部尚书，徐彦伯任右散骑常侍，杜审言任国子主簿，马怀素任户部侍郎，沈佺期任中书舍人，徐坚任左散骑常侍。其中遭受流放和贬谪的文士 13 人，约占景龙文馆学士总数的一半。

四　学士地方流动的文学影响

作为景龙文馆学士亲历应制宴游的张说，多年以后回忆当年学士群体，对李峤、崔融、薛稷、宋之问等人的诗文做出评点。《大唐新语》卷 8：

---

① 《旧唐书》卷 190 中《刘允济传》，第 5013 页。
② 《新唐书》卷 119《武平一传》，第 4295 页。
③ 《新唐书》卷 202《韦元旦传》，第 5749 页。

　　张说、徐坚同为集贤学士十余年，好尚颇同，情契相得。时
诸学士凋落者众，唯说、坚二人存焉。说手疏诸人名，与坚同观
之。坚谓说曰："诸公昔年皆擅一时之美，敢问孰为先后？"说
曰："李峤、崔融、薛稷、宋之问之文，皆如良金美玉，无施不
可。富嘉谟之文，如孤峰绝岸，壁立万仞，丛云郁兴，震雷俱
发，诚可异乎？若施之于廊庙，则为骇矣。阎朝隐之文，则如丽
色靓妆，衣之绮绣，燕歌赵舞，观者忘忧。然类之风雅，则为
俳矣。"①

　　这一段对话的背景非常重要，张说和徐坚曾同为景龙修文馆学士，多
年之后，学士群体零落，这是对学士群体的回忆，所评价的诗歌当然
主要还是集体创作。张说认为阎朝隐的诗文"类之风雅，则为俳
矣"，直接指出了阎朝隐俳优的角色特征。如前所述，阎朝隐的俳优
角色，只是更为突出而已，就整个学士群体来看，都有媚上的俳优
特征。

　　文馆学士的宫廷唱和活动，对诗歌发展最大的贡献是推进声律的
定型。这一点业已成为众多研究者的共识。如前述赵昌平、葛晓音等
学者的研究，均从声律的角度肯定宫廷文学活动的成就。但声律只是
律诗的外在形式，一首完整成熟的近体诗，应当既具备合乎格律的形
式，同时又具有有兴味的内涵。正如《文心雕龙·附会》所讲的：
"夫才量学文，宜正体制。必以情志为神明，事义为骨髓，辞采为肌
肤，宫商为声气。"② 辞藻和声律，仅是外在的肌肤和声气。内在的
神明和骨髓，应更为重要，在律诗中所表现出来的，正是情志和事
义，也就是情感和思想。从这一层意义上来看，文馆学士朝野迁转对
于唐代诗歌的作用，主要就是使诗歌脱离应制唱和的束缚，从宫廷走
向江山塞漠，从而使律诗在形式定型的同时，内容也趋于成熟。对于
文馆学士来说，地方流动的最大影响就是摆脱俳优创作角色，从而回

---

　　①　刘肃：《大唐新语》卷8，第130页。
　　②　周振甫：《文心雕龙今译》，中华书局1986年版，第378页。

归诗歌写作理性。

文馆学士群体创作理性的回归，主要表现为诗骚传统的继承和发扬。所谓诗骚传统，其实质主要指诗歌的社会批判功能和个性化的抒情功能。这在宫廷应制诗中很难有所体现，宫廷应制诗既不能有所批判亦不能有个性化的情感抒发。当诗人流贬至边鄙之地时，这种集体创作状态被打破，群体共性也随之为一己之个性取替，从而使创作更为自由。诗骚传统的两个方面，在遭受迁谪的文馆诗人那里，更多地表现为骚怨精神。这在南贬作家的诗歌中有较为集中的体现。诗人往往用比兴象征等传统手法，借屈原、贾谊等历史人物来抒发迁谪的哀怨。宋之问的南贬诗就经常使用"楚臣""屈平""贾谊""长沙"等意象来表达骚怨情绪。如"楚臣悲落叶，尧女泣苍梧"①"别路追孙楚，维舟吊屈平"②"迹类虞翻枉，人非贾谊才"③"流芳虽可悦，会自泣长沙"④"但令归有日，不敢恨长沙"⑤。诗歌理性和诗骚传统的回归，一方面体现为直接使用"屈平"和"贾谊"这样的象征意象，另一方面，也是主要的方面，是通过描写路途艰险、抒发念国思乡、记录异地风情、表达命运思考等形式表现出来。

其一，描写路途艰辛和心理恐惧。在南贬诗人的笔下，瘴疠、毒虫、毒草是常见词汇，诗人通过这些物象，一方面来描绘路途艰险，另一方面来表达内心恐惧。岭南气候湿热，北方人多难适应。最令人生畏的是带来疾病的瘴疠。如宋之问《至端州驿见杜五审言沈三佺期阎五朝隐王二无竞题壁慨然成咏》："云摇雨散各翻飞，海阔天长音信稀。处处山川同瘴疠，自怜能得几人归。"⑥ 宋之问《入泷州江》："夜杂蛟螭寝，晨披瘴疠行。潭蒸水沫起，山热火云生。"⑦ 沈佺期

---

① 陶敏、易淑琼：《沈佺期宋之问集校注》，中华书局2001年版，第579页。
② 同上书，第598页。
③ 同上书，第570页。
④ 同上书，第568页。
⑤ 同上书，第428页。
⑥ 同上书，第433页。
⑦ 同上书，第434页。

《遥同杜员外审言过岭》："洛浦风光何所似，崇山瘴疠不堪闻。"① 沈佺期《初达驩州》其二："水行儋耳国，陆行雕题薮。魂魄游鬼门，骸骨遗鲸口。夜则忍饥卧，朝则抱病走。"② 沈佺期《三日独坐驩州思忆旧游》："炎蒸连晓夕，瘴疠满冬秋。西水何时贷，南方讵可留。"③ 沈佺期《赦到不得归题江上石》："炎方谁谓广，地尽觉天低。百卉杂殊怪，昆虫理赖暌。闭藏元不蛰，摇落反生黄。疟瘴因兹苦，穷愁益复迷。火云蒸毒雾，阳雨濯阴霓。"④

　　毒虫和毒草，也是贬谪途中经常遇见的事物，增加了路途的危险。特别是一种叫含沙的毒虫，最为常见。如宋之问《早发大庾岭》："含沙缘涧聚，吻草依林植。"⑤ 宋之问《早发韶州》："身经大火热，颜入瘴江消。触影含沙怒，逢人女草摇。"⑥ 沈佺期《入鬼门关》："自从别京洛，颓鬓与衰颜。夕宿含沙里，晨行冈路间。"⑦

　　此外，陆路上的巉岩和水路中的险滩，也给旅途增加了种种艰难。如宋之问流钦州途中作《自衡阳至韶州谒能禅师》："湘岸竹泉幽，衡峰石困闭。岭嶂穷攀越，风涛极沿济。"⑧ 宋之问《下桂江龙目滩》："停午出滩险，轻舟容易前。峰攒入云树，崖喷落江泉。"⑨ 宋之问《下桂江县黎壁》："欹离出漩划，缭绕避涡盘。舟子怯桂水，最言斯路难。"⑩

　　其二，抒写念国思乡的别离之情。生离死别是贬谪诗人最痛苦的感受，在诗歌中有多种表达方式。一是直接表达思乡之情。常用"故园""望乡""乡关""帝乡""京华""咸京""洛阳"等意象。"故

---

① 陶敏、易淑琼：《沈佺期宋之问集校注》，中华书局2001年版，第85页。
② 同上书，第95页。
③ 同上书，第99页。
④ 同上书，第104页。
⑤ 同上书，第429页。
⑥ 同上书，第551页。
⑦ 同上书，第87页。
⑧ 同上书，第547页。
⑨ 同上书，第566页。
⑩ 同上书，第567页。

园"，如宋之问《途中寒食题黄梅临江驿寄崔融》："故园肠断处，日夜柳条新。"① 《早发韶州》："故园长在目，魂去不须招。"② 《早发始兴江口至虚氏村作》："何当首归路，行剪故园莱。"③ 《桂州三月三日》："故园今日应愁思，曲水何能更被除。"④ 《江行见鸧鹚》："故园今夜里，应为捣寒衣。""望乡"，如宋之问《题大庾岭北驿》："明朝望乡处，应见陇头梅。"⑤ 《晚泊湘江》："唯馀望乡泪，更染竹成斑。"⑥ 《自衡阳至韶州谒能禅师》："回首望旧乡，云林浩亏蔽。不作离别苦，归期多年岁。"⑦ 宋之问流钦州途中作《发端州初入西江》："潮回出浦驶，洲转望乡迷。人意长怀北，江行日向西。"⑧ "乡关"，如宋之问《登逍遥楼》："逍遥楼上望乡关，绿水泓澄云雾间。北去衡阳二千里，无因雁足系书还。"⑨ 《早发大庾岭》："歇鞍问徒旅，乡关在西北。出门怨别家，登岭恨辞国。"⑩ 沈佺期《哭苏眉州崔司业二公》："流放蛮陬阔，乡关帝里偏。"⑪ "帝乡"，如宋之问《桂州黄潭舜祠》："帝乡三万里，乘彼白云归。"沈佺期《岭表寒食》："帝乡遥可念，肠断报亲情。"⑫ "京华"，如宋之问《桂州三月三日》："代业京华里，远投魑魅乡。"⑬ 沈佺期《初达驩州》其一，"雨露何时及，京华若个边。思君无限泪，堪作日南泉。"⑭ "咸京"，如宋之问《高山引》："天高难诉兮远负明德，却望咸京兮挥涕龙钟。"⑮ "洛

---

①　陶敏、易淑琼：《沈佺期宋之问集校注》，中华书局2001年版，第421页。
②　同上书，第551页。
③　同上书，第431页。
④　同上书，第560页。
⑤　同上书，第427页。
⑥　同上书，第546页。
⑦　同上书，第547页。
⑧　同上书，第554页。
⑨　同上书，第559页。
⑩　同上书，第429页。
⑪　同上书，第135页。
⑫　同上书，第98页。
⑬　同上书，第560页。
⑭　同上书，第95页。
⑮　同上书，第557页。

阳"，如沈佺期《初达驩州》其二，"搔首向南荒，拭泪看北斗。何
年赦书来，重饮洛阳酒。"① 宋之问《桂州三月三日》："荔浦蘅皋万
里馀，洛阳音信绝能疏。"② 诗人往往借助上述意象来表达对君王、
家人、朋友等的思念。如沈佺期《遥同杜员外审言过岭》："两地江
山万馀里，何时重谒圣明君。"③ 宋之问《渡汉江》："岭外音书断，
经冬复历春。近乡情更怯，不敢问来人。"沈佺期《度安海入龙编》：
"别离频破月，容鬓骤催年。昆弟推由命，妻孥割付缘。梦来魂尚扰，
愁委疾空缠。虚道崩城泪，明心不应天。"④ 怀念好友的，如宋之问
《途中寒食题黄梅临江驿寄崔融》："马上逢寒食，愁中属暮春。可怜
江浦望，不见洛阳人。北极怀明主，南溟作逐臣。故园肠断处，日夜
柳条新。"⑤《全唐诗》卷68录崔融《和宋之问寒食题黄梅临江驿》：
"春分自淮北，寒食渡江南。忽见浔阳水，疑是宋家潭。明主阍难叫，
孤臣逐未堪。遥思故园陌，桃李正酣酣。"⑥ 又《全唐诗》卷68崔融
《留别杜审言并呈洛中旧游》："斑鬓今为别，红颜昨共游。年年春不
待，处处酒相留。驻马西桥上，回车南陌头。故人从此隔，风月坐悠
悠。"⑦ 这些诗歌无不写满思念。

二是通过回忆间接表达思乡之情。如宋之问《桂州三月三日》：
"伊昔承休盼，曾为人所羡。两朝赐颜色，二纪陪欢宴。昆明御宿侍
龙媒，伊阙天泉复几回。西夏黄河水心剑，东周清洛羽觞杯。苑中落
花扫还合，河畔垂杨拨不开。千春万寿多行乐，柏梁和歌攀睿作。赐
金分帛奉恩辉，风举云摇入紫微。晨趋北阙鸣珂至，夜出南宫把烛
归。"⑧ 沈佺期《赦到不得归题江上石》："翰墨思诸季，裁缝忆老妻。
小儿应离褓，幼女未攀笄。梦蝶翻无定，蓍龟讵有倪。谁能竟此曲，

---

① 陶敏、易淑琼：《沈佺期宋之问集校注》，中华书局2001年版，第95页。
② 同上书，第560页。
③ 同上书，第85页。
④ 同上书，第91页。
⑤ 同上书，第421页。
⑥《全唐诗》卷68，第765页。
⑦ 同上书，第766页。
⑧《沈佺期宋之问集校注》，第560页。

曲尽气酸嘶。"① 沈佺期《三日独坐驩州思忆旧游》："两京多节物，三日最遨游。丽日风徐卷，香尘雨暂收。红桃初下地，绿柳半垂沟。童子成春服，宫人罢射鞲。禊堂通汉苑，解席绕秦楼。束皙言谈妙，张华史汉遒。无亭不驻马，何浦不横舟。舞簪千门度，帷屏百道流。金丸向鸟落，芳饵接鱼投。濯秽怜清浅，迎祥乐献酬。灵刍陈欲弃，神药曝应休。……无人对炉酒，宁缓去乡忧。"② 沈佺期《答魑魅代书寄家人》："三春给事省，五载尚书郎。黄阁游鸾署，青缣御史香。扈巡行太液，陪宴坐明光。渭北升高苑，河南祓禊场。烟花恒献赋，泉石每称觞。暇日从休浣，高车映道傍。迎宾就丞相，选士谒昭王。侍宠言犹得，承欢谓不忘。"③ 这些诗歌都是通过回忆来表达念国思家的。

三是通过梦境的描写来表达思乡。如沈佺期《驩州南亭夜梦》："昨夜南亭里，分明梦洛中。室家谁道别，儿女案尝同。忽觉犹言是，沉思始悟空。肝肠馀几寸，拭泪坐春风。"④

其三，记录异地风情。这些诗歌的写作主要缘于好奇，但也有借奇异风物来暂纾牢愁的一面，所以不乏清新之作。如宋之问贬谪越州长史期间，遍历越中山水，游招隐寺、登北固山、谒禹庙、泛镜湖和若耶溪、游法华寺、云门寺、称心寺，写下了许多歌咏越中名胜的诗篇。他在流钦州途中所作《桂州三月三日》中回忆："载笔儒林多岁月，襆被文昌佐吴越。越中山海高且深，兴来无处不登临。永和九年刺海郡，暮春三月醉山阴。"⑤ 宋之问第一次贬泷州（今广东罗定），途中作《早发始兴江口至虚氏村作》："薜荔摇青气，桄榔翳碧苔。桂香多露裛，石响细泉回。抱叶玄猿啸，衔花翡翠来。"⑥ 流钦州途中作《发端州初入西江》："问我将何去，清晨溯越溪。翠微悬宿雨，

---

① 《沈佺期宋之问集校注》，第104页。
② 同上书，第99页。
③ 同上书，第108页。
④ 同上书，第103页。
⑤ 同上书，第560页。
⑥ 同上书，第431页。

丹壑饮晴霓。树影捎云密，藤阴覆水低。"① 《发藤州》："朝夕苦遄征，孤魂长自惊。泛舟依雁渚，投馆听猿鸣。石发缘溪蔓，林衣扫地轻。云峰刻不似，苔藓画难成。露裛千花气，泉和万籁声。攀幽红处歇，跻险绿中行。恋切芝兰砌，悲缠松柏茔。"② 《经梧州》："南国无霜霰，连年见物华。青林暗换叶，红蕊续开花。春去闻山鸟，秋来见海槎。流芳虽可悦，会自泣长沙。"③ 《早入清远峡》："雨色摇丹嶂，泉声聒翠微。两岩天作带，万壑树披衣。秋菊迎霜序，春藤碍日辉。翳潭花似织，缘岭竹成围。寂历环沙浦，葱茏转石圻。露馀江未热，风落瘴初稀。猿饮排虚上，禽惊掠水飞。榜童夷唱合，樵女越吟归。"④ 《过蛮洞》："越岭千重合，蛮溪十里斜。竹迷樵子径，萍匝钓人家。林暗交枫叶，园香覆橘花。"⑤ 沈佺期《神龙初废逐南荒途出郴口北望苏耽山》："流望来南国，依然会昔闻。泊舟问耆老，遥指孤山云。孤山郴郡北，不与众山群。重崖下萦映，嶘嵲上纠纷。碧峰泉附落，红壁树傍分。"⑥ 《度安海入龙编》："我来交趾郡，南与贯胸连。四气分寒少，三光置日偏。尉佗曾驭国，翁仲久游泉。邑屋遗甿在，鱼盐旧产传。"⑦ 《敕到不得归题江上石》："配宅邻州僻，斑苗接野畦。山空闻斗象，江静见游犀。"⑧ 《答魑魅代书寄家人》："涨海缘真腊，崇山压古棠。雕题飞栋宇，儋耳间衣裳。伏枕神徐劣，加餐力未强。空庭游翡翠，穷巷倚枯榔。"⑨ 《题椰子树》："日南椰子树，香裛出风尘。丛生调木首，圆实槟榔身。玉房九霄露，碧叶四时春。不及涂林果，移根随汉臣。"⑩ 这些诗歌，往往给读者新异感受，不仅

① 陶敏、易淑琼：《沈佺期宋之问集校注》，中华书局2001年版，第554页。
② 同上书，第555页。
③ 同上书，第568页。
④ 同上书，第572页。
⑤ 同上书，第575页。
⑥ 同上书，第83页。
⑦ 同上书，第91页。
⑧ 同上书，第104页。
⑨ 同上书，第108页。
⑩ 同上书，第121页。

是景物奇异，在纪事写景的艺术上也别开生面。

其四，对个人命运的思考。无论是贬官还是流放，都对诗人产生极大的刺激，使他们不得不对个人命运进行思考。心灵上往往经历由悔悟到自慰的转变过程。首先是反思，如宋之问《自洪府舟行直书其事》："问余何奇剥，迁窜极炎鄙。揆己道德馀，幼闻虚白旨。……愚以卑自卫，兀坐去沉滓。迨兹理已极，窃位申知己。群议负宿心，获戾光华始。黄金忽销铄，素业坐沦毁。浩叹诬平生，何独恋粉梓。"① 在《早发大庾岭》中，宋之问进一步反省："自惟勖忠孝，斯罪懵所得。皇明颇照洗，廷议日纷惑。兄弟远沦居，妻子成异域。羽翮伤已毁，童幼怜未识。踌蹰恋北顾，亭午晞霁色。春暖阴梅花，瘴回阳鸟翼。"② 接下来是悔悟，如宋之问《入泷州江》："余本岩栖客，悠哉慕玉京。厚恩尝愿答，薄宦不祈成。违隐乖求志，披荒为近名。镜愁玄发改，心负紫芝荣。运启中兴历，时逢外域清。只应保忠信，延促付神明。"③《登粤王台》："迹类虞翻枉，人非贾谊才。归心不可见，白发重相催。"④ 既然贬逐已成事实，不管怎样的痛苦和无奈都需要承受。与其沉于哀伤，不如自我疗伤。诗人们转而在佛道中寻求自慰和自我解脱之道。《始安秋日》："世业事黄老，妙年孤隐沦。归欤卧沧海，何物贵吾身。"⑤ 宋之问流钦州途中作《自衡阳至韶州谒能禅师》："吾师在韶阳，欣此得躬诣。洗虑宾空寂，焚香结精誓。愿以有漏躯，聿薰无生慧。物用益冲旷，心源日闲细。伊我获此途，游道回晚计。宗师信舍法，摈落文史艺。坐禅罗浮中，寻异穷海裔。何辞御魑魅，自可乘炎疠。"⑥ 沈佺期亦复如此，其《九真山净居寺谒无碍上人》："大士生天竺，分身化日南。人中出烦恼，山下即伽蓝。……弟子哀无识，医王惜未谈。机疑闻不二，蒙昧即朝三。欲究

---

① 陶敏、易淑琼：《沈佺期宋之问集校注》，中华书局 2001 年版，第 423 页。
② 同上书，第 428 页。
③ 同上书，第 434 页。
④ 同上书，第 570 页。
⑤ 同上书，第 564 页。
⑥ 同上书，第 547 页。

因缘理，聊宽放弃惭。超然虎溪夕，双树下虚岚。"①《答魑魅代书寄家人》："由来休愤命，命也信苍苍。独坐寻周易，清晨咏老庄。此中因悟道，无问入猖狂。"②《从驩州廨宅移住山间水亭赠苏使君》："乘闲无火宅，因放有渔舟。适越心当是，居夷迹可求。古来尧禅舜，何必罪驩兜。"③ 沈佺期《绍隆寺》："吾从释迦久，无上师涅槃。探道三十载，得道天南端。……试将有漏躯，聊作无生观。了然究诸品，弥觉静者安。"④

地理位置的改易和心理状态的变换，都使诗人创作发生变化，引发时代共鸣。《旧唐书·宋之问传》："之问再被窜谪，经途江、岭，所有篇咏，传布远近。友人武平一为之纂集，成十卷，传于代。"⑤稍后不久，芮挺章编选《国秀集》，首选李峤、宋之问、杜审言、沈佺期 4 人的诗歌 20 首。宋之问《题大庾岭》及沈佺期《遥同杜五过庾岭》均入选。⑥ 其后《搜玉小集》又选录宋之问《度大庾岭》及《过蛮洞》等诗。⑦ 殷璠在《河岳英灵集叙》中说："武德初，微波尚在；贞观末，标格渐高；景云中，颇通远调；开元十五年后，声律风骨始备矣。"⑧ 所谓"景云中，颇通远调"的说法，是对中宗朝以来文馆学士诗歌贡献最符合实际的解释。

第三节　盛唐集贤学士群体文学活动

如前所述，集贤院发展历程大致可以分为四个重要阶段，涉及四位重要人物：一是马怀素在秘书省领导编目工作，二是褚无量在东都

---

① 陶敏、易淑琼：《沈佺期宋之问集校注》，中华书局 2001 年版，第 93 页。

② 同上书，第 108 页。

③ 同上书，第 117 页。

④ 同上书，第 125 页。

⑤ 《旧唐书》卷 190 中《宋之问传》，第 5025 页。

⑥ 元结、殷璠等：《唐人选唐诗》（十种），上海古籍出版社 1978 年版，第 131—135 页。

⑦ 《唐人选唐诗》（十种），第 706—707 页。

⑧ 殷璠：《河岳英灵集叙》，《唐人选唐诗》（十种），第 40 页。

洛阳乾元殿校写内库书，三是元行冲领导丽正殿校书编目工作，四是张说知丽正院、丽正院改为集贤院。它的正式成立在开元十三年（725），改集仙殿丽正书院为集贤院。在张说和张九龄的领导下，盛唐集贤院发生多次群体性文学活动，既有集体诗歌创作，也有人才会聚、诗文评骘、书籍修撰等活动。

一　群体诗歌创作

在玄宗的积极推动和第一任知院事宰相张说的领导下，集贤院成立前后有多次诗歌集体活动，可考者有以下诸次。

1.《旧唐书·玄宗纪》："（开元十年）闰五月壬申，兵部尚书张说往朔方军巡边。"① 燕公出巡之时，玄宗与群臣曾举行规模宏大的欢送会，赋诗送行。现存可考者 20 余人：玄宗、崔日用、张九龄、宋璟、崔泰之、源乾曜、徐坚、胡皓、韩休、许景先、王丘、苏晋、崔禹锡、张嘉贞、卢从愿、袁晖、王光庭、徐知仁、席豫、贺知章、王翰等（作品分见《全唐诗》卷 3、46、49、64、91、107、108、111、112、156）。

2.《职官分纪》卷 15："开元十一年，张燕公等献所赋诗。上各赐赞以褒美之。敕曰：'得所进诗甚有佳妙，风雅之道，斯为可观。并据才能，略为赞述，具如别纸，宜各领之。'上自于五色笺八分书之。"② 玄宗所赞者有：张说、徐坚、贺知章、赵冬曦、康子元、侯行果、韦述、敬会真、赵玄默、东方颢、李子钊、吕向、毋煚、陆去泰、咸廙业、余钦、孙季良。

3.《职官分纪》卷 15："时又频赐酒馔学士等，燕饮为乐。前后赋诗奏上凡数百首。时院中既有宰臣及侍读屡承恩渥，赐以甘瓜绿李及四方珍异。燕公诗曰：'东壁图书府，西园翰墨林。诵诗闻国政，讲易见天心。'当时词人尤称美。前后令赵冬曦、张九龄、咸廙业、

---

① 《旧唐书》卷 8《玄宗纪》，第 183 页。
② 孙逢吉：《职官分纪》卷 15，第 380 页。

韦述为诗序。学士等赋诗，编成篇轴以进上，上每嘉赏焉。"① 其诗可考者二首。一为张说诗，《恩勅赐食于丽正殿书院宴应制》："东壁图书府，西园翰墨林。诵诗闻国政，讲易见天心。位窃和羹重，恩叨醉酒深。缓歌春兴曲，情竭为知音。"② 一为王湾诗，《丽正殿赐宴同勒天前烟年四韵应制》："金殿忝陪贤，琼羞忽降天。鼎罗仙掖里，筯拜鑊闱前。院逼青霄路，厨和紫禁烟。酒空欢抃舞，何以答昌年。"③ 此期应制诗歌数量巨大，凡数百首。唱和次数频繁，赵冬曦、张九龄、咸廙业、韦述等曾为诗序。

4.《职官分纪》卷15："开元十三年，因奏对封禅仪注，敕学士等赐宴于集仙殿。上制诗序，群臣赋诗。上于坐上口诏，改为集贤殿。时预宴者，宰臣源侍中干曜、张燕公、学士徐坚、贺知章、康子元、赵冬曦、侯行果、敬会真、赵玄默、韦述、李子钊、陆去泰、吕向、咸廙业、毋煚、余钦、孙季良、冯朝隐等。时新进樱桃，上令遍于席上散布，各令诸官拾取之。饮以醇醪清酤之酒，酒酣廉内出彩笺，令燕公赋宫韵，群臣赋诗。"④

此次赋诗，可考者二首。玄宗所制诗序见《全唐诗》卷3，所赋《春晚宴两相及礼官丽正殿学士探得风字》，见《文苑英华》卷168，诗云："乾道运无穷，恒将人代工。阴阳调历象，礼乐报玄穹。介胄清荒外，衣冠佐域中。言谈延国辅，词赋引文雄。野霁伊川绿，郊明巩树红。冕旒多暇景，诗酒会春风。"⑤ 张说诗亦见《文苑英华》卷168，其《春晚侍宴丽正殿得开字》云："圣政惟稽古，宾门引上才。坊因购书立，殿为集贤开。旄彦星辰下，仙章日月回。字如龙负出，韵是凤衔来。庭柳余春驻，宫樱早夏催。喜承芸阁宴，幸捧柏梁杯。"⑥

---

① 孙逢吉：《职官分纪》卷15，第380页。
② 《文苑英华》卷168，第811页。
③ 同上书，第810页。
④ 《职官分纪》卷15，第380页。
⑤ 《文苑英华》卷168，第811页。
⑥ 同上。

5. 开元十三年，改集仙殿为集贤殿，张说为集贤学士兼知院事，时玄宗赐宴，群臣赋诗以送学士燕公，九龄为序。此次赋诗，可考者18首，依次为：玄宗《集贤书院成送张说集贤上学士赐宴得珍字》，张说《奉和圣制送赴集贤院赐宴赋得辉字》，源乾曜《奉和圣制送张说赴集贤学士赐宴赋得迎字》，裴漼（同前赋得升字），苏颋（同前赋得兹字），韦抗（同前赋得西字），程行谌（同前赋得回字），徐坚（同前赋得虚字），李昌（同前赋得催字），萧嵩（同前赋得登字），李元纮（同前赋得私字），贺知章（同前赋得暮字），陆坚（同前赋得今字），刘升（同前赋得宾字），褚琇（同前赋得风字），王翰（同前赋得筵字），赵冬曦（同前赋得莲字），韦述（同前赋得华字）①（作品又分见《唐诗纪事》卷 2、10、14、17、21、22）。

6.《职官分纪》卷 15："贺知章拜集贤院学士，后以年老上表请度为道士，归乡里，诏许之。上亲制诗序，令所司供帐，百司饯送，赋诗序别。"② 时为天宝三载（744），贺知章亦以太子宾客之身份致仕荣归故里。

纵观以上所考，集贤院诗歌创作活动主要集中在其成立前后的开元十三年（725）。从内容上来看，这些诗歌未出应制诗范围，宴会和送行是主要活动方式。究其成因，大抵可归结为皇帝的家风绍续以及盛唐文化气象的高涨。太宗朝的弘文馆、崇文馆学士，高宗武后时期的北门学士，中宗时期修文馆"二十四学士"，都是围绕在帝王身边的宫廷诗歌唱和的主角。玄宗对集贤学士的崇重，正是媲美前王之心态的反映。开、天时期，在物质和精神两方面，都达至全盛。与此相关之文化情绪的高涨，在一定程度上推动了诗歌集体活动。

二　其他文学活动

殷璠《河岳英灵集序》："萧氏以还，尤增矫饰，武德初，微波尚在；贞观末，标格渐高；景云中，颇通远调；开元十五年后，声律

---

① 《文苑英华》卷 168。
② 《职官分纪》卷 15，第 381 页。

风骨始备矣。"① 指出唐诗发展基本历程。特别值得注意的是"开元十五年后，声律风骨始备"。所谓声律，殆指律体律调，而风骨则是要求诗歌有兴寄、有意象。集贤学士诗歌创作以宴会和送行为主，从风骨方面讲，这些作品并未超越前代。

　　一般认为，律体律调在初唐基本定型，但这并非说初唐之后的创作和理论都无须关注声律问题。事实上，根据殷璠的叙述，从睿宗景云中至开元十五年（727）的大约 20 年间，声律从定型走向完善。这个成熟过程得力于集贤院的诗歌集体活动。前人对此早有认识。如晚唐顾陶说："爰有律体，祖尚轻巧，以切语对为工，以绝声病为能，则有沈、宋、燕公、九龄、严、刘、钱、孟，司空曙、李端、二皇甫之流实系其数，皆妙于新韵，播名当时。"② 在顾陶看来，张说和张九龄，对于声律完善发挥了承前启后的作用。明代高棅也认为："律体之兴，……唐初王、杨、卢、骆四君子以俪句相尚，美丽相矜，终未脱陈、隋之气习；神龙以后，陈、杜、沈、宋、苏颋、李峤、二张——说、九龄之流相与继述，而此体始盛。"③ 高度肯定了"二张"对于律诗发展成熟的贡献，是极具眼力的。清代刘熙载说："唐初四子，沿陈、隋之旧，故虽才力迥绝，不免致人异议。陈射洪、张曲江独能超出一格，为李、杜开先，人文所肇，岂天运使然耶？"④ "独能超出一格，为李、杜开先"，指出张说继陈子昂之后对律诗发展的重要作用。

　　但"二张"引领律诗从定型走向成熟，绝不能完全归功于他们个人。他们只不过起到"导夫先路"的作用，其成功是与集贤院这个大群体分不开的。结合个人之力与群体之功来看诗歌律化的成熟，以下三点值得注意：一是人才会聚，二是诗文评议，三是修撰文艺书籍。

　　其一，人才会聚。本书仅结合张说对人才的引荐，从一个侧面来

---

①　殷璠：《河岳英灵集序》，《唐人选唐诗》（十种），第 40 页。
②　顾陶：《唐诗类选序》，《全唐文》卷 765，第 7959 页。
③　高棅：《唐诗品汇》，上海古籍出版社 1982 年版，第 506 页。
④　刘熙载：《艺概》卷 2，第 57 页。

论证书院的群贤荟萃。张说性喜儒术，好招徕文士，在开元十年（722）任丽正殿修书使之前，已经举荐了不少贤才。如：开元元年（713），称荐赵彦昭。开元六年（718），在朝举陈寡尤等3人。开元八年（720），礼遇王翰。开元十年（722）任丽正殿修书使，前后引进文士益多：亲重张九龄；孙逖制举登科，张说尤重其才，命子张均、张垍往拜，孙逖亦日游其门；擢拔王翰；奏请徐坚、贺知章、赵冬曦等入丽正院；奏请擢拔吕向。开元十二年（724），称荐裴漼；房琯因献《封禅书》，张说奇其才，奏授为校书郎。开元十三年（725）前后，引荐康子元、敬会真；又荐引韦述为集贤院直学士，韦述与张九龄、许景仙、袁晖、赵冬曦、孙逖、王翰常游其门。赵冬曦兄赵冬日，弟赵和璧、赵居贞、赵安贞，赵颐贞等6人，韦述弟韦迪、韦逌、韦迥、韦巡等亦为6人，都以词学登科。张说盛赞赵氏、韦氏兄弟。又面试刘晏，极力称赏。又拣择王丘、齐澣为左右丞。又荐引徐浩为集贤校理。又面试常敬忠，引荐为直集贤院。又因崔颢上书而推荐樊衡。开元十六年（728），举荐李泌。①

张说前后所引人才，多为文学优赡之士，其为今日所熟知者如张九龄、贺知章、王翰、孙逖、崔颢之辈，当为开、天之际文坛巨擘。而为张说所礼遇之孙逖亦以知人善鉴为世称道，孙逖开元二十二年（734）知贡举，李琚、阎防、颜真卿、杜鸿渐等人于其门下登第；开元二十三年（735），更录贾季邻、贾至、李顾、萧颖士、李华、赵晔、李岿、张阶、张南容、柳芳诸人。②诸辈人等，实为中唐前期文坛之中坚。

张说之所以能汲引人才，不仅同他本人爱好文学之性格相关，更主要的在于集贤院为他提供了诸多方便。张九龄虽不如张说汲引之广，但也曾留心于此，如开元二十二年（734），擢王维为右拾遗。③

其二，诗文评议。张说有一段著名诗文评骘之谈："（开元）十

---

①　陈祖言：《张说年谱》，香港中文大学出版社1984年版，第33—82页。
②　孟二冬：《登科记考补正》卷8，第313—326页。
③　《新唐书》卷202《王维传》，第5765页。

六年，张燕公拜右丞相，依旧学士知院事。燕公与徐常侍，圣历年同为珠英学士，每相推重，至是，旧学士死亡并尽，唯二人在。燕公尝手写同时诸人名与观之，悲叹良久。徐曰：诸公昔年皆擅一时文词之美，敢问孰为先后？燕公曰：李峤、崔融、薛稷、宋之问之文，皆如良金美玉，无施不可；富嘉谟之文，如孤峰绝岸，壁立万仞，丛云郁兴，震电俱发，诚可畏也。若施于廊庙，则为骇矣。阎朝隐之文，如丽服靓妆，衣之绮绣，燕歌赵舞，观者忘忧。然类之雅颂，则为罪矣。徐又曰：今之后进，文词孰贤？公曰：韩休之文，如太羹玄酒，虽雅有典则，而薄于滋味。许景先之文，如丰肌腻理，虽浓华可爱，而乏于风骨。张九龄之文，如轻缣素练，虽济时适用而窘于边幅。王翰之文，如琼杯玉斝，虽炫然可观，而多玷阙。若数子者各能箴其所阙，济其所长，亦一时之秀，可继于前贤尔。"① 此段评骘虽侧重于文，而实兼评诗。既将昔时词人与今日文士纵向对比，又将诗人横向比较，既肯定长处，亦指出其瑕疵。无疑，此种批评有利于诗文创作的改进。

"燕公与徐常侍，圣历年同为珠英学士"一语，表明张说领导集贤院之前的经历，对推动律诗进程也发挥了十分重要的作用。张说曾预修《三教珠英》，中宗朝兼任修文馆学士。睿宗即位，尽诛韦、武，学士群解体。先天二年（713）七月，诛灭太平公主及其党羽，崔湜、卢藏用除名，长流岭表。② 开元元年（713）九月，李峤贬虔州。③ 至此，武后珠英学士及中宗景龙学士两大群体熄灭。张说为铲除太平公主出谋划策，在玄宗朝得以重用，并出掌文翰。学士群凋零后，宫廷诗歌命脉悬系张说一线。史载"上之好文，自说始也"④，正好说明了这一点。

其三，修撰文艺书籍。在"二张"的领导下，集贤院修撰了大量图书，其中政典居多，但亦不乏文艺方面的著作。如开元十六年

---

① 《职官分纪》卷15，第381页。
② 《旧唐书》卷8，第169—170页。
③ 《资治通鉴》卷210，第6687页。
④ 《职官分纪》卷15，第381页。

（728）修成《初学记》30卷。十九年（731）于《文选》外别撰
《文府》20卷，又奏上王智明、李元成、陈居注《文选》。二十年
（732）修纂御集。① 这些活动，都有利于诗歌的创作。

殷璠所称"开元十五年后，声律风骨始备"，声律方面，学者多
有论述。风骨方面，《新唐书·杜甫传》："唐兴，诗人承陈、隋风
流，浮靡相矜。至宋之问、沈佺期等研揣声音，浮切不差，而号律
诗，竞相袭沿。逮开元间，稍裁以雅正。"② 所谓"裁以雅正"，正是
就风骨而论的。张说出将入相，张九龄几经贬谪，相较珠英学士和景
龙文馆学士，其经历更为丰富曲折。借用闻一多的话来说，"二张"
使律诗"由宫廷走向市井""从台阁移至江山与塞漠"③。毫无疑问，
视域扩容一定会使诗歌内容更加充实，诗境更加开阔。

据上所述，可知盛唐集贤院诗歌活动在一定程度上将律体律调从
定型推向成熟。此中不仅有张说、张九龄等人的个人力量，更有学士
群体的集体力量。学士的集体创作、诗文评骘、书籍修撰等群体活
动，推动了近体诗的进一步发展。

第四节　集贤学士地方迁转与诗风转移

集贤学士的文学活动，从发生的地域来划分，可以分成京城长安
和地方任职两种。张说和张九龄知院事期间，是学士们在京城创作的
高峰。"二张"之后，集贤学士的群体性文学活动逐渐减少。他们离
开京城到地方任职，将京城文学风气传播到地方。如张九龄等在地方
任职有广泛交游，形成以他为中心的文学群体。京城文化与地方文化
相互交流，群体创作体现出浓郁的地域文化特色。总的来看，集贤学
士朝野迁转对诗歌发展具有重要的推动作用，使宫廷诗歌走向更加宽
广的世界。

---

① 王应麟：《玉海》，卷57、卷54、卷28。
② 《新唐书》卷201《杜甫传》，第5738页。
③ 闻一多：《唐诗杂论》，上海古籍出版社1998年版，第25页。

一　集贤学士的地方迁转

据《玉海》卷167引《集贤注记》，开元十三年（725）集贤院成立之后，盛唐时期知院学士共8人：张说、徐坚、萧嵩、张九龄、陈希烈、李林甫、杨国忠、韦见素。自开元十三年（725）四月至天宝十四载（754），集贤学士、直学士33人：贺知章、陆坚、康子元、赵冬曦、咸廙业、韦述、李子钊、陆去泰、吕向、毋煚、余钦、赵玄默、孙季良、侯行果、敬会真、冯朝隐、王迥质、包融、徐安贞、徐峤、尹愔、郑钦说、张怀瓘、韦斌、刘光谦、齐光乂、陆善经、卫包、崔国辅、于休烈、刘铼、阳浚、窦华。此外，自开元五年（717）至十三年（725）三月，丽正学士及侍讲、修理官前后总40人。从开元十三年（725）四月迄于天宝十五载（755）二月，集贤院修撰、校理、待制、文学直等共59人。这是盛唐集贤院所有任职的基本情况。其中知院学士、学士、直学士与诗风、文风转移密切相关。以下即以此为序考察学士们的迁转情况。

开元十三年（725）四月，玄宗诏改丽正书院为集贤书院，张说以中书令兼集贤学士知院事。开元十四年（726）四月罢中书令，余如故。十五年（727）二月致仕。十六年（728）二月，复兼集贤殿学士。十八年（729）十二月去世。[1] 徐坚，开元十三年（725）四月以右散骑常侍兼集贤学士，副丞相张说知院事。开元十五年（727）二月至十六年（728）二月张说致仕未起复期间，负责集贤院具体事务。开元十七年（729）五月卒于长安。[2] 萧嵩，开元十九年（731）二月，加集贤院学士知院事。开元二十一年（733）十二月，罢中书令为右丞相。天宝八载（749）闰六月去世。[3] 张九龄，开元十九年（731）三月以秘书少监兼集贤院学士知副院事。开元二十二年

① 《旧唐书》卷97《张说传》，第3054—3056页；《新唐书》卷125《张说传》，第4408—4409页；又张九龄撰《墓志铭》，见《曲江集》卷18。
② 《旧唐书》卷102《徐坚传》，第3176页；《新唐书》卷199《徐坚传》，第5663页；又张九龄撰《神道碑》，见《曲江集》卷19。
③ 《旧唐书》卷99《萧嵩传》，第3095页；《新唐书》卷101《萧嵩传》，第3954页。

（734）五月，加守中书令集贤院学士知院事。开元二十四年（736）十一月罢为右丞相，翌年四月贬荆州大都督府长史。开元二十八（740）年卒于曲江。① 陈希烈，累迁至秘书少监，代张九龄专判集贤院事。天宝四载（745）九月，任副知院事。十二载（753）十二月为秘书省图书使。"安史之乱"中仕贼，至德二载（757）赐自尽于大理寺。② 李林甫，开元二十四年（736）十一月，代张九龄兼中书令集贤学士修国史。天宝十一载（752）十一月薨。③ 杨国忠，天宝十一载（752）十一月李林甫去世后，代为右相兼集贤殿学士。天宝十五载（755）六月，被杀于马嵬驿。④ 韦见素，天宝十三载（754）拜兵部尚书同中书门下平章事集贤院学士知门下省事。十五载（755）六月随玄宗入蜀。宝应元年（762）十二月卒。⑤ 以上是盛唐集贤院知院事的大致情况。

盛唐集贤院学士和直学士任职和迁转的基本情况如下。贺知章，开元十三年（725）四月以礼部侍郎为集贤学士，充皇太子侍读。历工部侍郎兼秘书监同正员，太子宾客兼正授秘书监等。天宝三载（744）归乡，不久去世。⑥ 陆坚，开元十三年（725）四月以中书舍人为集贤学士。开元学士中名声稍著，以给事中兼学士。以秘书监卒。⑦ 康子元，开元十三年（725）四月以国子博士为集贤院侍讲学士。从玄宗封泰山还，迁宗正少卿。以疾授秘书监致仕。⑧ 赵冬曦，

---

① 《旧唐书》卷99《张九龄传》，第3099—3100页；《新唐书》卷126《张九龄传》，第4428—4429页。

② 《旧唐书》卷97《陈希烈传》，第3059页；《新唐书》卷223《陈希烈传》，第6350页。

③ 《旧唐书》卷106《李林甫传》，第3237—3241页；《新唐书》卷223《李林甫传》，第6344页。

④ 《旧唐书》卷106《杨国忠传》，第3243—3247页；《新唐书》卷206《杨国忠传》，第5848—5851页。

⑤ 《旧唐书》卷108《韦见素传》，第3276—3278页；《新唐书》卷118《韦见素传》，第4267—4269页。

⑥ 《旧唐书》卷190中《贺知章传》，第5033—5035页；《新唐书》卷196《贺知章传》，第5606—5607页。

⑦ 《新唐书》卷200《陆坚传》，第5704页。

⑧ 《新唐书》卷200《康子元传》，第5701页。

开元十三年四月（725），以考功员外郎为集贤直学士。迁中书舍人、内供奉，以国子祭酒卒。① 咸廙业，开元十三年（725）四月以监察御史为集贤直学士。后坐事左迁余杭令。② 韦述，开元十三年（725）四月以左补阙为集贤直学士。开元十八年（730），兼知史官事。天宝九载（750），迁尚书工部侍郎，封方城县侯。安禄山之乱，授伪官。至德二载（757）流放渝州，不食而卒。③ 李子钊，开元十三年（725）四月以补阙为集贤直学士。后坐保任非人，终德州长史。④ 陆去泰，开元十三年（725）四月，以左补阙为集贤直学士。历左右补阙、内供奉。⑤ 吕向，开元十三年（725）四月以左补阙为集贤直学士。历起居舍人、主客郎中，专侍皇太子。又迁中书舍人。开元末，改工部侍郎，卒。⑥ 毋煚，开元十三年（725）四月，以拾遗为集贤直学士。裁《群书四部录》为 40 卷，改名《古今书录》。又撰《开元内外经录》10 卷。⑦ 余钦，开元十三年（725）四月以太学助教为集贤直学士。后至太学博士、集贤学士。⑧ 赵玄默，开元十三年四月，以四门博士为集贤直学士。⑨ 孙季良，开元十三年（725）四月，以校书郎为集贤直学士。开元中为左拾遗。⑩ 侯行果，开元十三年（725）四月，以太学博士为集贤院侍讲直学士。商裁封禅仪式。历国子司业，皇太子侍读。⑪ 敬会真，开元十三年（725）四月，以四

① 《新唐书》卷 200《赵冬曦传》，第 5702—5703 页。

② 同上书，第 5703 页。

③ 《旧唐书》卷 102《韦述传》，第 3183—3185 页；《新唐书》卷 123《韦述传》，第 4530 页。

④ 《新唐书》卷 199《马怀素传》附，第 5682 页。

⑤ 《新唐书》卷 200《褚无量传》附，第 5690 页。

⑥ 《新唐书》卷 202《吕向传》，第 5758—5759 页。

⑦ 《新唐书》卷 199《马怀素传》附，第 5682 页；又《新唐书》卷 59《艺文三》，第 1528 页。

⑧ 《新唐书》卷 199《马怀素传》附，第 5682 页。

⑨ 同上。

⑩ 《旧唐书》卷 189《尹知章传》附，第 4975 页；《新唐书》卷 199《尹知章传》附，第 5672 页。

⑪ 《新唐书》卷 200《康子元传》附，第 5701—5702 页。

门博士为集贤院侍讲直学士。终太学博士。① 冯朝隐，开元十三年（725）四月，以右补阙为集贤直学士。终太子右谕德。② 王迥质，开元中以布衣拜集贤院学士，侍皇太子读书。③ 包融，张九龄引为怀州司户，集贤直学士。④ 徐安贞，开元中为中书舍人、集贤学士。迁中书侍郎，仍为学士。天宝初卒。⑤ 徐峤，徐坚之子，开元中为驾部员外郎集贤直学士。迁中书舍人内供奉、河南尹。⑥ 尹愔，开元二十五年（737）正月，为谏议大夫集贤学士兼知史馆事。专领集贤、史馆图书。开元末卒。⑦ 郑钦说，开元中集贤学士，名稍著。历右补阙内供奉，为李林甫所恶，贬夜郎尉卒。⑧ 张怀瓘，开元中为盛王府司马，翰林、集贤两院侍书侍读学士。与兄怀瓘同时著名。⑨ 韦斌，天宝初，转国子司业。徐安贞、王维、崔颢等当代词人特为推挹。天宝中，拜中书舍人兼集贤学士。天宝五载（746），因牵连贬巴陵太守。安禄山反，伪授黄门侍郎，忧愤而卒。⑩ 刘光谦，天宝五载（746）以起居舍人兼集贤直学士。齐光乂，天宝五载（746）以宣城郡司马兼集贤直学士。陆善经，天宝五载（746）以河南府仓曹参军兼集贤直学士。⑪ 卫包，天宝九载（750）九月前后任职集贤学士，天宝十二载（753）六月贬官。⑫ 崔国辅，开元十四年（726）进士，累授许昌令、

---

①　《新唐书》卷 200《康子元传》附，第 5701—5702 页。

②　同上书，第 5702 页。

③　《职官分纪》卷 15 引《集贤注记》。

④　《旧唐书》卷 190 中《贺知章传》附，第 5035 页。

⑤　《旧唐书》卷 190 中《席豫传》附，第 5036 页；《新唐书》卷 200《褚无量传》附，第 5690 页。

⑥　《新唐书》卷 199《徐坚传》附，第 5663 页。

⑦　《旧唐书》卷 9《玄宗纪》，第 207 页；《新唐书》卷 200《赵冬曦传》附，第 5703 页。

⑧　《新唐书》卷 200《赵冬曦传》附，第 5703—5704 页。

⑨　《唐代墓志汇编》乾符 031，第 2494 页。

⑩　《旧唐书》卷 92《韦斌传》，第 2962—2963 页；《新唐书》卷 122《韦斌传》，第 4354 页。

⑪　李林甫：《进御刊定礼记月令表》录刘光谦、齐光乂、陆善经三人，任职时间据《旧唐书》卷 9《玄宗下》"《礼记月令》改为《时令》"，约在天宝五载（746）前后。《全唐文》卷 345，第 219 页。

⑫　《唐会要》卷 24 "二王三恪" 条，第 462 页。

集贤直学士。历补阙、起居、礼部员外郎。天宝十载（751）前后任集贤学士，杜甫进《三大礼赋》，作《奉留赠集贤院崔于二学士》，崔学士即崔国辅。天宝十一载（752）四月，坐与王鉷近亲，贬竟陵郡司马。① 于休烈，天宝十载（751）前后为集贤学士，杜甫《奉留赠集贤院崔于二学士》中的于学士即于休烈。代宗朝任工部尚书，卒于大历七年（772）。② 刘餗，刘知几之子，以右补阙兼集贤学士。③阳浚，天宝十四载（754）前后以礼部侍郎兼集贤学士。④ 窦华，天宝十三载（753）前后任集贤学士，属杨国忠之党，及国忠败，遭诛灭。⑤

　　上述学士，反映了盛唐集贤院任职的总体情况。开元十三年（725）四月选任的"十八学士"，都参与了由张说领导的丽正书院的工作，而韦述、陆去泰、徐安贞、赵玄默等人则见证了集贤院创置全过程。上述情况表明，盛唐集贤学士的迁出，其中大部分还是继续任职京城长安。但也有一部分学士因各种原因离开京城。如张九龄开元二十五年（737）贬荆州大都督府长史，陈希烈天宝十二载（753）十二月为秘书省图书使，贺知章天宝三载（744）归乡，咸廙业开元中坐事左迁余杭令，韦述至德二载（757）流放渝州，李子钊坐保任非人迁德州长史，徐峤迁河南尹，郑钦说贬夜郎尉，韦斌天宝五载（746）贬巴陵太守，崔国辅天宝十一载（752）四月贬竟陵郡司马。下面以张九龄贬荆州及崔国辅贬竟陵为例，论述集贤学士迁转与诗风转移的关系。

二　张九龄迁谪荆州的文学史意义

　　张九龄先后两次任职集贤院。第一次是从开元十九年（731）三

---

① 傅璇琮主编：《唐才子传校笺》（第 1 册），卷 2，中华书局 1987 年版，第 231 页；《新唐书》卷 60《艺文三》，第 1603 页。

② 《旧唐书》卷 149《于休烈传》，第 4007—4009 页；《新唐书》卷 104《于休烈传》，第 4007—4008 页。

③ 《旧唐书》卷 102《刘子玄传》附，第 3174 页；《新唐书》卷 132《刘子玄传》附，第 4523 页。

④ 《唐代墓志汇编》天宝 271，第 1721 页。

⑤ 《旧唐书》卷 106《杨国忠传》，第 3247 页。

月七日以秘书少监兼集贤院学士副知院事，至开元二十一年（733）以工部侍郎兼集贤学士知院事，其年冬因母丧丁忧去职。第二次自开元二十二年（734）五月二十七日加守中书令兼集贤学士知院事，至开元二十五年（737）四月贬荆州长史。张九龄在集贤院任职的时间先后合计有七个年头，实际时间也有近六年。在任期间主要创作了以下诗歌，开元十九年：《和吏部李侍郎见示秋夜望月忆诸侍郎之什卒章有前后行之戏因命仆继作》《饯陈学士还江南同用徽字》；开元二十年：《龙门旬宴得月字韵》《上阳水窗旬宴得移字韵》《天津桥东旬宴得歌字韵》《和裴侍中承恩拜扫旋辔途中有怀寄州县官僚乡园故亲》；开元二十一年：《二弟宰邑南海见群雁南飞因成咏以寄》；开元二十二年：《奉和圣制送十道采访使及朝集使》《旅宿淮阳亭口号》；开元二十四年：《奉和圣制送李尚书入蜀》《奉和圣制谒元皇帝庙斋》《奉和圣制初出洛城》《奉和圣制早发三乡山行》《奉和圣制次琼岳韵》《奉和圣制温泉歌》《庭梅咏》；开元二十五年贬荆州前：《咏燕》《敕赐宁王池宴》《骊山下逍遥公旧居游集》。① 此外还有大量制敕文的写作。由此可见任职集贤院期间，张九龄在文学创作方面的特点主要有：一是游宴应制，二是送行应酬，三是公文撰制。总体特征是多体现集体创作状态下的共性，而缺少自觉创作的个性。

除了创作上述诗文外，张九龄任职集贤院期间的文学业绩，还表现在擢拔人才上。同张说一样，张九龄任职集贤院也大量奖掖后进识拔新知，先后得以提携者有徐浩、韦陟、孙逖、李泌、郗纯、严挺之、卢象、包融、王维等。徐浩，开元十九年（731）以校书郎兼集贤校理，得到张九龄赏拔，所撰《唐尚书右丞相中书令张公神道碑》云："义深知已，眷以文章，礼接同人，惠兼甥舅。"② 张式所作《东海徐公（浩）神道碑铭》亦云："始自登朝，特为中书令张曲江所

① 参考何格恩《张九龄年谱》，《岭南学报》第四卷第1期；何格恩《张九龄年谱补正》，《岭南学报》第六卷第1期；杨承祖《张九龄年谱》，台湾精华印书馆1964年版；顾建国《张九龄年谱》，中国社会科学出版社2005年版。

② 徐浩：《唐尚书右丞相中书令张公神道碑》，《全唐文》卷440，第4491页。

器，忘年定契，不复以礼秩关情。"① 识拔韦陟，《旧唐书·韦陟传》："陟自幼风标整峻，独立不群。……于时才名之士王维、崔颢、卢象等，常与陟唱和游处。……张九龄一代辞宗，为中书令，引陟为中书舍人，与孙逖、梁涉对掌文诰，时人以为美谈。"② 称誉孙逖，颜真卿《尚书刑部侍郎赠尚书右仆射孙逖文公集序》："其词言也，则宰相张九龄欲掎摭疵瑕，沈吟久之，不能易一字。"③ 器重李泌，《旧唐书·李泌传》："少聪敏，博涉经史，精究《易象》，善属文，尤工于诗，以王佐自负。张九龄、韦虚心、张廷珪皆器重之。"④ 推举郗纯，《旧唐书·郗士美传》："父纯，字高卿，为李邕、张九龄等知遇，尤以词学见推。"⑤ 荐引严挺之，《新唐书·严挺之传》："宰相张九龄雅知之，用为尚书左丞，知吏部选。"⑥ 奖掖卢象，刘禹锡《唐故尚书主客员外郎卢公集序》："尚书郎卢公讳象，字纬卿，始以章句振起于开元中，与王维、崔颢比肩骧首，鼓行于时。妍词一发，乐府传贵。由前进士补秘书省校书郎，转右卫仓曹掾。丞相曲江公方执文衡，揣摩后进，得公深器之，擢为左补阙河南府司录司勋员外郎。"⑦《唐才子传》称卢象："有诗名，誉充秘阁，雅而不素，有大体，得国士之风。集二十卷。"⑧ 推举包融，张贾《国子祭酒致仕包府君墓志铭并序》云："君讳陈，字□□。大父融，蕴江山之秀，以文藻知名。开元末，相国曲江公将所赏异，引为集贤殿学士、大理司直。"⑨《唐才子传》卷2称包融："与参军殷遥、孟浩然交厚。工为诗。二

① 张式：《大唐故银青光禄大夫彭王傅上柱国会稽郡开国公赠太子少师东海徐公神道碑铭》，《全唐文》卷445，第4543页。
② 《旧唐书》卷92《韦陟传》，第2958页。
③ 颜真卿：《尚书刑部侍郎赠尚书右仆射孙逖文公集序》，《全唐文》卷337，第3416页。
④ 《旧唐书》卷130《李泌传》，第3620—3621页。
⑤ 《旧唐书》卷157《郗士美传》，第4145页。
⑥ 《新唐书》卷129《严挺之传》，第4483页。
⑦ 刘禹锡：《唐故尚书主客员外郎卢公集序》，《全唐文》卷605，第6112页。
⑧ 傅璇琮主编：《唐才子传校笺》（第1册），卷2，第242页。
⑨ 《唐代墓志汇编》大和011，第2102页。

子何、佶，纵声雅道，齐名当时，号三包。……有诗一卷行世。"①
可见张九龄在任职期间对人才的重视。这与他主张废除"循资格"，
高标唯才是举的用人理念是一致的。② 荐引王维，《新唐书·王维
传》："张九龄执政，擢右拾遗。"③

　　开元二十四年（736），张九龄罢相。《资治通鉴》卷214"开元
二十四年十一月"条："挺之先娶妻，出之，更嫁蔚州刺史王元琰，
元琰坐赃罪下三司按鞫，挺之为之营解。林甫因左右使于禁中白上。
上谓宰相曰：'挺之为罪人请属所由。'九龄曰：'此乃挺之出妻，不
宜有情。'上曰：'虽离乃复有私。'于是上积前事，以耀卿、九龄为
阿党；壬寅，以耀卿为左丞相，九龄为右丞相，并罢政事。"④ 此事
意义重大，崔群曾将其视为唐代治乱的分水岭。《旧唐书·崔群传》：
唐宪宗时崔群"尝因对面论，语及天宝、开元中事，群曰：'安危在
出令，存亡系所任。玄宗用姚崇、宋璟、张九龄、韩休、李元纮、杜
暹则理；用林甫、杨国忠则乱。人皆以天宝十五年禄山自范阳起兵，
是理乱分时，臣以为开元二十年（按：《资治通鉴》卷二四一作"开
元二十四年"）罢贤相张九龄，专任奸臣李林甫，理乱自此已分矣。
用人得失，所系非小。'"⑤ 开元二十五年（737）四月因周子谅事件，
张九龄贬为荆州长史。《资治通鉴》卷214：开元二十五年（737），
"夏，四月，辛酉，监察御史周子谅弹牛仙客非才，引谶书为证。上
怒，命左右捽于殿庭，绝而复苏；仍杖之朝堂，流瀼州，至蓝田而
死。李林甫言：'子谅，张九龄所荐也。'甲子，贬九龄荆州长史"⑥。
张九龄被贬逐显然是党争失败的结果。虽然此前张九龄也有过地方任
职的经历，从开元十五年（727）至开元十九年（731）初，先后任

---

① 傅璇琮主编：《唐才子传校笺》（第1册），卷2，第226—227页。
② 《资治通鉴》卷214：（开元）二十四年十一月，"林甫引萧炅为户部侍郎。炅素不
学，尝对中书侍郎严挺之读'伏腊'为'伏猎'。挺之言于九龄曰：'省中岂容有'伏猎侍
郎'！由是出炅为岐州刺史"。第6824—6825页。
③ 《新唐书》卷202《王维传》，第5765页。
④ 《资治通鉴》卷214，第6825页。
⑤ 《旧唐书》卷159《崔群传》，第4189页。
⑥ 《资治通鉴》卷214，第6827—6828页。

洪州刺史、桂州刺史、桂管经略使等职，但相较之下，荆州之贬的文学史意义更为重大。开元十五年（727）张九龄在洪州作《忝官二十年尽在内职，及为郡尝积恋，因赋诗焉》："江流去朝宗，昼夜兹不舍。仲尼在川上，子牟存阙下。圣达有由然，孰是无心者。一郡苟能化，百城岂云寡。爱礼谁为羊，恋主吾犹马。感初时不载，思奋翼无假。闲宇常自闭，沉心何用写。揽衣步前庭，登埤临旷野。白水生迢递，清风寄潇洒。愿言采芳泽，终朝不盈把。"① 诗中流露出来的主要还是身在江湖心存魏阙的伤感，但从诗题来看，作者似乎并未掩饰初次到地方任职的好奇心以及化育一郡的努力。贬荆州之后，心态为之一变，多"有拘囚之思。托讽禽鸟，寄辞草树，郁然与骚人同风"②。张九龄贬谪荆州在文学史上的意义主要表现为三方面：一是形成以他为中心的荆州区域文学创作群体，使得盛唐诗坛重心南移；二是张九龄在荆州的诗作多寄寓迁谪之悲，改变了诗歌风格；三是受张九龄贬谪影响，其他文士也纷纷被迫离开京城向地方流动。

其一，荆州文学创作中心。张九龄到任荆州后先后与孟浩然、王维、裴迪、宋鼎、崔颂、钱起、萧诚、王昌龄等往复酬酢，形成以他为中心的区域文学群体。张九龄于开元二十五年（737）五月到达荆州，其年夏即署孟浩然为幕僚。《旧唐书·孟浩然传》："张九龄镇荆州，署为从事，与之唱和。"③ 孟浩然与张九龄早有交往，《新唐书·孟浩然传》："年四十，乃游京师。……张九龄、王维雅称道之。"④ 王士源《孟浩然集序》："丞相范阳张九龄，侍御史京兆王维，……率与浩然为忘形之交。"⑤ 张九龄在京城为相时，孟浩然有《送丁大凤进士赴举呈张九龄》，希望得到张九龄的援引。孟浩然于开元二十五年（737）被张九龄辟为幕僚后，和张九龄的关系十分密切，期间或赠诗或陪游，约有诗作八首：《望洞庭赠张丞相》《荆州上张丞相》

① 熊飞：《张九龄集校注》卷4，中华书局2008年版，第325页。
② 《旧唐书》卷160《刘禹锡传》，第4211页。
③ 《旧唐书》卷190下《孟浩然传》，第5050页。
④ 《新唐书》卷203《孟浩然传》，第5779页。
⑤ 《全唐文》卷378，第3837页。

《陪张丞相祠盖山途经玉泉寺》《从张丞相游纪南城猎戏赠裴迪张参军》《陪张丞相登荆州城楼因寄蓟州张使君及浪泊戍主刘家》《陪张丞相自松滋江东泊渚宫》《陪张丞相登当阳楼》《和张丞相春朝对雪》。孟浩然可以说是张九龄在荆州期间的诗酒挚友。王维与张九龄亦为多年故交。据《新唐书·王维传》，张九龄执政期间曾擢拔王维为右拾遗，王维《献始兴公》："贱子跪自陈，可为帐下不。感激有公议，曲私非所求。"①《上张令公》："学易思求我，言诗或起予。当从大夫后，何惜隶人馀。"② 张九龄贬荆州后，王维离开长安入河西节度使幕，曾作《寄荆州张丞相》："所思竟何在，怅望深荆门。举世无相识，终身思旧恩。方将与农圃，艺植老丘园。目尽南飞雁，何由寄一言。"③ 赵殿成《王右丞年谱》系此诗于开元二十五年（737）。张九龄《答王维》："荆门怜野雁，湘水断飞鸿。知己如相忆，南湖一片风。"④ 裴迪亦与张九龄等同游。《全唐诗》卷159 孟浩然《从张丞相游南纪（当作"纪南"）城猎戏赠裴迪张参军》："从禽非吾乐，不好云梦田。岁暮登城望，偏令乡思悬。"刘文刚《孟浩然年谱》系于开元二十五年（737）冬。《曲江集》卷二有襄州刺史宋鼎所作《张丞相与余有孝廉校理之旧又代余为荆州故有此赠》诗一首，其后即有张九龄《酬宋使君作》一诗。《唐诗纪事》卷 22 "宋鼎"条："鼎，明皇时刺襄州，云张丞相九龄，与余有孝廉校理之旧，又代余为荆州。余改汉阳，仍兼按使，巡至荆州，故赠之诗曰：'汉上登飞幰，荆南历旧居。已尝临砌橘，更睹跃池鱼。盛德继微眇，深衷能卷舒。义申蓬阁际，情切庙堂初。郡挹文章美，人怀燮理余。皇恩傥照亮，岂厌承明庐。'九龄有《酬宋使君诗》云：'时来不息意，宿昔谬枢衡。翊圣负明主，妨贤愧友生。罢归犹右职，待罪尚南荆。政有

---

① 《全唐诗》卷125，第1236页。
② 《全唐诗》卷127，第1287页。诗中"张令公"，或以为是张说，如葛晓音《王维前期事迹新探》（《晋阳学刊》1982年第4期）等，或以为是张九龄，如赵殿成《王维年谱》（《王右丞集笺注》附录，上海古籍出版社1961年版，第552页）等，此从赵说。
③ 《全唐诗》卷126，第1266页。
④ 熊飞：《张九龄集校注》卷4，第361页。

留棠旧，风因继祖成。高轩问疾苦，蒸庶荷仁明。衰废时所薄，祇言僚故情。'"① 张九龄后又为宋鼎作《宋使君写真图赞并序》。与郡司马崔颂有诗往来。《唐诗纪事》卷22"崔颂"条："张曲江在荆州，有《晨出郡舍林下诗》云：'晨兴步北林，萧散一开襟。复见林上月，娟娟犹未沉。片云自孤远，丛筱亦清深。无事由来贵，方知物外心。'时颂为郡司马，和云：'优闲表政清，林薄赏秋成。江上悬晓月，往来亏复盈。天云抗真意，郡阁晦高名。坐啸应无欲，宁辜济物情。'"② 与诗人钱起有诗唱和。钱起《奉和张荆州巡农晚望》云："太清霁云雷，阳春陶物象。明牧行春令，仁风助升长。时和俗勤业，播殖农厥壤。阴阴桑陌连，漠漠水田广。郡中忽无事，方外还独往。日暮驻归轩，湖山有佳赏。宣城传逸韵，千载谁此响。"③ 据傅璇琮考证，此张荆州即张九龄。④ 开元二十七年（739）夏，故友萧诚以司勋员外郎前来荆州考课，张九龄得以诗文交会故人。《新唐书·李泌传》："九龄与严挺之、萧诚善。"⑤ 孟浩然时在襄阳，有《岘山送萧员外之荆州》。王昌龄贬岭南途中，作《奉赠张荆州》云："祝融元峰紫云衔，翠如何其雪崭岩。邑西有路缘石壁，我欲从之卧穷嵌。鱼有心兮脱网罟，江无人兮鸣枫杉。王君飞舄仍未去，苏耽宅中意遥缄。"⑥ 詹锳《李白诗文系年》系此诗于开元二十七年（739），傅璇琮《唐才子传校笺》卷2"王昌龄"条同。张九龄又与杨道士、韦明府诗歌往来，作有《送杨道士往天台》及《赠澧阳韦明府》等诗。将张九龄荆州交游情况与集贤院擢拔的文士相比较，不难发现这样一个事实，那就是诗歌活动中心，从京城南移至荆襄。此为张九龄贬谪荆州对盛唐诗坛所产生的影响之一。

其二，作为开元"一代文宗"，张九龄个人作品是盛唐诗歌的重

---

① 计有功：《唐诗纪事》卷22，第347页。
② 同上书，第348页。
③ 《全唐诗》卷236，第2615页。
④ 傅璇琮主编：《唐才子传校笺》（第2册），卷4，中华书局1989年版，第36页。
⑤ 《新唐书》卷139《李泌传》，第4632页。
⑥ 《全唐诗》卷141，第1437页。

要组成部分。从集贤学士到荆州长史，诗歌创作也发生重大改变，主要特点是多山水登临、寄寓迁谪之作。开元二十五年（737）到荆州后，张九龄作有：《登荆州城楼》《登荆州城楼望江二首》《荆州作二首》《听筝》《初秋忆金均两弟》《九月九日登龙山》《登古阳云台》《郢城西北有大古塚数十观其封域多是楚时诸王而年代久远不复可识唯直西有樊妃塚因后人为植松柏故行路尽知之》《祠紫盖山经玉泉山寺》《咏史》《叙怀二首》《杂诗五首》《感遇十二首》。开元二十六年（738）作：《立春日晨起对积雪》《冬中至玉泉山寺属穷阴冰闭崖谷无色及仲春行县复往焉故有此作》《三月三日登龙山》《酬宋使君见赠之作》。开元二十七年（740）作：《登临沮楼》《始兴南山下有林泉尝卜居焉荆州卧病有怀此地》。开元二十八年（741）作：《送杨道士往天台》《赠澧阳韦明府》《答王维》《南山下旧居闲放》《园中时蔬尽皆锄理唯秋兰数本委而不顾彼虽一物有足悲者遂赋二章》《题画山水障》《照镜见白发联句》。①

宋人黄伯思《翼骚序》："屈宋诸骚，皆书楚语，作楚声，纪楚地，名楚物。"张九龄贬谪荆州时期的创作，以屈宋自比，多模仿之作，在"纪楚地，名楚物"方面表现得尤为明显。（1）"纪楚地"。荆州城为楚国故都，人文景观多散列其间。这些山水胜景在诗人笔下都有记录和描绘。比如《登荆州城楼》："层楼百馀尺，迢递在西隅。暇日时登眺，荒郊临故都。"②《九月九日登龙山》："东弥夏首阔，西拒荆门壮。"③《祠紫盖山经玉泉山寺》："稍稍松篁入，泠泠涧谷深。观奇逐幽映，历险忘崎嵚。"④《冬中至玉泉山寺属穷阴冰闭崖谷无色及仲春行县复往焉故有此作》："万木柔可结，千花敷欲然。松间鸣好鸟，竹下流清泉。"⑤《登临沮楼》："本与众山绝，况兹韶景和。危楼入水倒，飞槛向空摩。杂树缘青壁，樛枝挂绿萝。潭清能彻底，鱼

---

① 此据顾建国《张九龄年谱》，中国社会科学出版社 2005 年版。
② 熊飞：《张九龄集校注》卷 2，第 133 页。
③ 同上书，第 121 页。
④ 熊飞：《张九龄集校注》卷 4，第 297 页。
⑤ 同上书，第 300 页。

乐好跳波。"①《登古阳云台》："楚国兹故都，兰台有馀址。传闻襄王世，仍立巫山祀。"② 据孟浩然诗，张九龄在荆州游览过的名胜还有渚宫、滋松江、纪南城、当阳楼等。这些吟咏之作，对后世产生很大影响，如齐己《题玉泉寺》："高韵双悬张曲江，联题兼是孟襄阳。后人才地谁称短，前辈经天尽负长。胜景饱于闲采拾，灵踪销得正思量。时移两板成尘迹，犹挂吾师旧影堂。"③（2）"名楚物"。荆州作为楚国故都，历史名人众多，如庄子、屈原、宋玉、贾谊等人，多具悲剧色彩。以历史人物自况，往往令人伤感。张九龄《九月九日登龙山》反复不断地追忆着"楚客"宋玉、"昔人"贾谊、"前匠"庄子、"逃相"陈仲子。《三月三日登龙山》："岂似龙山上，还同湘水滨"④，将桓玄率领诸人龙山聚会与屈原贬谪沅湘相比较，更加突出内心的酸楚。在追忆历史时，常常流露出"古今山川在，今来郡邑殊"⑤，"夷险虽异时，古今岂殊状"⑥之类的世事无常的沧桑感。（3）以"香草""美人"自喻的"楚骚"精神。这主要体现为《感遇》12 首及《杂诗》5 首等。作者常以兰草、桂花、孤鸿、丹橘等自喻，而以"美人"指国君或理想，有时亦以"美人"的孤高自况。《感遇》诸作，后人给予了很高评价。刘禹锡曾对此有一段较为中肯的评议。《旧唐书·刘禹锡传》："禹锡积岁在湘、澧间，郁悒不怡，因读《张九龄文集》，乃叙其意曰：'世称曲江为相，建言放臣不宜于善地，多徙五溪不毛之乡。今读其文章，自内职牧始，安有瘴疠之叹，自退相守荆州，有拘囚之思。托讽禽鸟，寄辞草树，郁然与骚人同风。'"⑦ 刘禹锡《读张曲江集作》："圣言贵忠恕，至道重观身。法在何所恨，色相斯为仁。良时难久恃，阴谪岂无因。寂寞韶阳庙，魂

---

① 熊飞：《张九龄集校注》卷 2，第 138 页。
② 同上书，第 140 页。
③ 《全唐诗》卷 846，第 9579 页。
④ 熊飞：《张九龄集校注》卷 2，第 123 页。
⑤ 同上书，第 133 页。
⑥ 同上书，第 121 页。
⑦ 《旧唐书》卷 160《刘禹锡传》，第 4211 页。

归不见人。"① 刘禹锡虽对张九龄的贬逐主张很是愤怒，但对张贬荆州亦较同情，对其作品的评价颇能切中肯綮。柳宗元对张九龄的比兴之作有独到见解，其《大理评事杨君文集后序》："文有二道，辞令褒贬，本乎著述者也；导扬讽谕，本乎比兴者也。……唐兴以来，称是选而不作者，梓潼陈拾遗。其后燕文贞以著述之余，攻比兴而莫能极；张曲江以比兴之隙，穷著述而不克备。"② 对张九龄比兴之作极为推崇。此后多将张九龄与陈子昂相提并论。王夫之《姜斋诗话》卷2："陈正字、张曲江始倡《感遇》之作，虽所诣不深，而本地风光，骀宕人性情，以引名教之乐者，风雅源流，于斯不昧矣。"③ 潘德舆《养一斋诗话》卷1："子昂《感遇》之诗，按之无实理，曲江《感遇》之诗，皆性情之中也。安得以复古之功归子昂哉！"④ 刘熙载《艺概》卷2："曲江之《感遇》出于《骚》，射洪之《感遇》出于《庄》。缠绵超旷，各有独至。"⑤ 贺贻孙《诗筏》："正字篇中屡用'仲尼''老聃''西方''金仙''日月''昆仑'等语者，非本色也。若张曲江《感遇》，则语语本色，绝无门面矣，而一种孤劲秀澹之致，对之令人意消。盖诗品也，而人品系之。"⑥ 观上述诸人评骘，则曲江《感遇》又出子昂之右矣。

其三，张九龄贬荆州使曾经得到他提携的文士，被李林甫等目为张九龄一党，因张九龄贬谪而失势遭逐，被迫离开长安。这里举两个代表性的例子。一是王维，一是王昌龄。据赵殿成《王右丞年谱》，王维开元二十二年（734）因张九龄擢拔任右拾遗，开元二十五年（737）张九龄贬为荆州长史，王维也因此离开长安到河西幕府任节度判官。这一年，是王维一生的重要转折点，也是他诗歌事业的分水

① 《全唐诗》卷354，第3974页。
② 柳宗元：《大理评事杨君文集后序》，《全唐文》卷577，第5832页。
③ 王夫之著、戴鸿森笺注：《姜斋诗话笺注》卷2，人民文学出版社1981年版，第141页。
④ 潘德舆：《养一斋诗话》卷1，朱德慈辑校，中华书局2010年版，第8页。
⑤ 刘熙载：《艺概》卷2，第57页。
⑥ 贺贻孙：《诗筏》，郭绍虞、富寿荪：《清诗话续编》（上册），上海古籍出版社1983年版，第170页。

岭。以此年为界，将他诗歌创作分成前后两个阶段，是一般文学史的通行做法，正反映出张九龄荆州之贬对盛唐诗坛走向的影响。《新唐书·王昌龄传》："第进士，补秘书郎（按：当作"秘书省校书郎"）。"① 王昌龄进士及第的时间，两《唐书》均不载。顾况《监察御史储公集序》："开元十四年，严黄门知考功，以鲁国储公进士高第，与崔国辅员外、綦毋潜著作同时。其明年，擢第常建少府、王龙标昌龄。此数人皆当时之秀。"② 知王昌龄进士及第在开元十五年（727）。及第后，补秘书省校书郎。孟浩然于开元十七八年间离京赴东南所作《初出关旅亭夜坐怀王大校书》："永怀蓬阁友，寂寞滞扬云。"③ 王昌龄《郑县宿陶太公馆中赠冯六元二》："昨日辞石门，五年变秋露。……子为黄绶羁，余忝蓬山顾。"④ 王昌龄开元十五年（727）进士及第，5 年后为开元十九年（731）。则王昌龄于开元十七年至十九年均在秘书省。开元十九年（731）张九龄以秘书少监兼集贤学士，王昌龄其时正在秘书省为其属下。据此可知张、王二人早有交往。开元二十二年（734）王昌龄迁汜水尉。开元二十五年（737）张九龄贬荆州，不久王昌龄亦因此而贬谪岭南。《文镜秘府论·十七势》有王昌龄《见谴至伊水》残句："得罪由己招，本性易然诺。"⑤ 贬谪途中，有《奉赠张九龄》诗。从诗中"鱼有心兮脱网罟，江无人兮鸣枫杉"来看，当是遇赦北返所作。史载开元二十七年（739）"二月己巳，加尊号开元圣文神武皇帝，大赦天下，常赦所不免者咸赦除之，开元已来诸色痕瘕人咸从洗涤，左降官量移近处"⑥。王昌龄或于此年遇赦。这一次南贬，给王昌龄诗歌创作带来很大变化。贬岭南之前，王昌龄的诗歌多以闺怨、游幕、边塞为题材，而此次南贬使其诗歌多了一层骚怨之气。似乎可以这样说，这些作品，再加上天

---

① 《新唐书》卷 203《王昌龄传》，第 5780 页。
② 《全唐文》卷 528，第 5368 页。
③ 徐鹏：《孟浩然集校注》卷 4，人民文学出版社 1989 年版，第 263 页。
④ 《全唐诗》卷 140，第 1423 页。
⑤ ［日］遍照金刚：《文镜秘府论》地卷，人民文学出版社 1975 年版，第 36 页。
⑥ 《旧唐书》卷 9《玄宗纪》，第 210 页。

宝七载（748）贬谪龙标之后的创作，改变了其创作走向，整体上提升了诗歌的境界。从另一个角度来看，迁谪经历对诗歌理论的思考，也有一定促进作用。旧题王昌龄的一些诗论作品，或许正受到南迁体验的影响。王维和王昌龄诗风的改变，正体现出张九龄贬谪荆州对盛唐诗坛的助推作用。

如上所述，张九龄荆州之贬对文学史进程产生的影响，不仅表现为个人诗歌作品的转型，也体现为盛唐后期诗歌创作的走向上，甚至对中晚唐诗风也产生了影响。在未贬荆州之前，张九龄的诗文特点正如张说所评："如轻缣素练，实济时用，而微窘边幅。"① 张说虽评其文，但如司空图所云"张曲江五言沈郁，亦其文笔也"②，也可以拿来评诗。张九龄前期诗作有所不足，境界格调均有待提升。荆州之贬后，"微窘边幅"的不足得到弥补。杜甫《八哀诗》追悼张九龄，赵翼评云："但言其立朝孤介，及出镇荆州以后，专以风雅为后进领袖，而不及其他。"③ 皎然《读张曲江集》："帝命镇雄州，待济寄上流。才兼荆衡秀，气助潇湘秋。逸荡子山匹，经奇文畅俦。沈吟未终卷，变态纷难数。曜耳代明珰，袭衣同芳杜。愔愔闻玉磬，寤寐在灵府。"④ 这些评论均高度肯定张九龄荆州时期的诗歌成就。张九龄在诗歌史上的意义，正如翁方纲《石洲诗话》卷 4 所指出的："唐诗妙境在虚处，宋诗妙境在实处。初唐之高者，如陈射洪、张曲江，皆开启盛唐者也。中、晚之高者，如韦苏州、柳柳州、韩文公、白香山、杜樊川，皆接武盛唐、变化盛唐者也。"⑤

三 竟陵贬逐与"崔国辅体"的形成

崔国辅的生平事迹主要见于《唐才子传》卷 2："国辅，山阴人。开元十四年严迪榜进士，与储光羲、綦毋潜同时。举县令，累迁集贤

---

① 《旧唐书》卷 190 上《杨炯传》，第 5004 页。
② 司空图：《题柳柳州集后序》，《全唐文》卷 807，中华书局 1983 年版，第 8488 页。
③ 赵翼：《瓯北诗话》卷 2，人民文学出版社 1963 年版，第 21 页。
④ 《全唐诗》卷 820，第 9242 页。
⑤ 翁方纲：《石洲诗话》卷 4，人民文学出版社 1981 年版，第 122 页。

直学士、礼部郎中。天宝间，坐是王鉷近亲，贬竟陵司马。有文及诗，婉娈清楚，深宜讽咏。乐府短章，古人有不能过也。初至竟陵，与处士陆鸿渐游，三岁，交情至厚，谑笑永日。又相与较定茶水之品。临别谓羽曰：'予有襄阳太守李憕所遗白驴、乌犎牛各一头，及卢黄门所遗文槐书函一枚，此物皆己之所惜者，宜野人乘蓄，故特以相赠。'雅意高情，一时所尚。有酬酢之歌诗，并集传焉。"傅璇琮据两《唐书》王鉷本传及《旧唐书·玄宗纪》，考知崔国辅贬谪竟陵在天宝十一载（752）四月。①

崔国辅的作品，《旧唐书·经籍志》无载，《新唐书》卷60《艺文四》著录为："《崔国辅集》，卷亡。"② 陈振孙《直斋书录解题》卷19诗集类上载其集为1卷，并云："诗凡二十八首，临海李氏本。后又得石林叶氏本，多六首。"③ 石林叶氏即叶梦得。据此可知，《崔国辅集》在南宋至少有两种不同本子。《全唐诗》卷119录其诗41首，较李氏本多出13首，较叶氏本多出7首。《全唐诗》卷119所录诗，部分乐府诗又散入他卷。④ 崔国辅的作品，在唐代已被多家选录。殷璠《河岳英灵集》选11首，包括《杂诗》《石头濑作》《魏宫词》《怨词》《少年行》《长信草》《香风词》《对酒吟》《漂母岸》《湖南曲》《秦中感兴寄远上人》。《河岳英灵集》编成时间在天宝十二载（753），则其所录崔国辅诗，当是此前作品。芮挺章《国秀集》选录崔氏作品6首，署为左补阙崔国辅。所录6首作品是：《杭州北郭戴氏荷池送侯愉》《宿法华寺》《送韩十四被鲁王推遴王济南府》《少年

---

① 傅璇琮主编：《唐才子传校笺》（第1册），卷2，第231—232页。

② 《新唐书》卷60《艺文四》，第1603页。

③ 陈振孙：《直斋书录解题》卷19，上海古籍出版社1987年版，第558页。

④ 《全唐诗》卷19《相和歌辞·对酒》（第208页），卷119作《对酒吟》（第1200页）；卷20《相和歌辞·怨诗二首》（第251—252页），卷119作《怨词二首》（第1202页）；卷21《相和歌辞·子夜冬歌》（第263页），卷119同（第1203页）；卷22《舞曲歌辞·白纻辞二首》（第287页），卷119同（第1204页），注云："前一首作《香风词》"；卷24《杂曲歌辞·妾薄命》（第314页），卷119题为"秦女卷衣"（第1204页）；卷25《杂曲歌辞·丽人曲》（第336页），卷119同（第1203页）；卷26《杂曲歌辞·今别离》（第357页），卷119同（第1204页）。

行》《古意》《渭水西别季仑》（《全唐诗》卷 119 作"李仑"）。《国
秀集》结集的时间，据其《序》当在天宝三载（744），所录崔诗当
为此前作品。这两部选集共选录崔国辅诗 17 首，除去重复的《少年
行》，实为 16 首。这 16 首诗，可以肯定都是天宝十二载（753）之
前的作品。也就是说，其中没有崔国辅贬竟陵后的作品。因此将《全
唐诗》卷 119 存录的 41 首诗除去这 16 首，其余的 26 首诗①当中有一
部分是贬谪竟陵后所作。这 26 首诗中，可以肯定不是贬谪竟陵期间
所作的有：（1）《题豫章馆》，按《宿法华寺》云："独游寄象外，
忽忽归南昌"②，当同时所作，在天宝十二载之前。（2）《宿范浦》，
按此诗当在杭州所作，范浦原为杭州东南市镇，在钱塘江西北岸。
《元丰九域志》五《两浙路·仁和县》载，为仁和县四镇之一。③《咸
淳临安志》二〇《诸镇》："范浦镇在府之东南二里。"（3）《怨词》
二首之一"楼头桃李疏"，按此诗当与《怨词》"妾有罗衣裳"同作，
为天宝十二载前作品。（4）《白纻辞》二首其一"董贤女弟在椒风"，
按此诗与《白纻辞》其一"洛阳梨花落如霰"（即《香风词》）同
作，为天宝十二载前作品。（5）《奉和华清宫观行香应制》《奉和圣
制上巳被禊应制》《九日侍宴应制》，这三首诗应制诗当为任集贤学
士时在京城长安所作。这样，其余的 19 首诗，其中多在任职竟陵司
马期间所作。这 19 首诗分别是：《从军行》《七夕》《古意》二首
（"玉笼熏绣裳"和"种棘遮蘼芜"）《襄阳曲二首》《中流曲》《王孙
游》《采莲曲》《子夜冬歌》《丽人曲》《小长干曲》《王昭君》（汉使
南还尽）《秦女卷衣（一作妾薄命）》《今别离》《卫艳词》《古意》
（净扫黄金阶）《九日》《王昭君》（一回望月一回悲）。此 19 首诗绝
大部分为乐府诗，据诗意可以肯定为竟陵司马期间所作者，当有二
首。一是《七夕》："太守仙潢族，含情七夕多。扇风生玉漏，置水

---

① 《秦中感兴寄远上人》一诗，《全唐诗》卷 119 未录，《全唐诗》卷 160（第 1634
页）作孟浩然诗，但殷璠《河岳英灵集》作崔国辅诗。若加上这首诗，崔国辅现存作品当
为 42 首。

② 《全唐诗》卷 119，第 1199 页。

③ 王存：《元丰九域志》卷 5，中华书局 1984 年版，第 208 页。

写银河。阁下陈书籍，闺中曝绮罗。遥思汉武帝，青鸟几时过。"①
一是《九日》："江边枫落菊花黄，少长登高一望乡。九日陶家虽载
酒，三年楚客已沾裳。"② 表达身在楚地的思乡之情。

　　据上所述，崔国辅贬谪竟陵司马对其诗风产生的影响，可以从两
方面来讨论。其一，《七夕》和《九日》，反映了沦谪者的心态。如
果拿这两首诗与任集贤学士所作应制诗比较，二者的差别是很大的。
应制诗多为颂圣之作，如《奉和圣制上巳祓禊应制》："元巳秦中节，
吾君灞上游。鸣銮通禁苑，别馆绕芳洲。鹓鹭千官列，鱼龙百戏浮。
桃花春欲尽，谷雨夜来收。庆向尧樽祝，欢从楚棹讴。逸诗何足对，
宵作掩东周。"③ 又《九日侍宴应制》："运偶千年圣，时传九日神。
尧樽列钟鼓，汉阙辟钩陈。金篆三清降，琼筵五老巡。始惊兰佩出，
复咏柏梁新。云雁楼前晚，霜花酒里春。欢娱无限极，书剑太平
人。"④ 这两首应制诗中的"尧樽"，显然是谀辞。作于竟陵的《九
日》同样也写酒，但却是"九日陶家虽载酒，三年楚客已沾裳"，满
腹惆怅怨望，表达的是浓烈的思乡情绪。显然，这也是诗风转换的表
现之一。

　　其二，崔国辅贬谪竟陵，对他的乐府诗创作也产生了影响。《唐
才子传》卷2："（崔国辅）初至竟陵，与处士陆鸿渐游，三岁，交情
至厚，谑笑永日。又相与较定茶水之品。……有酬酢之歌诗，并集传
焉。"⑤ 同书卷3《陆羽传》谓："工古调歌诗，兴极闲雅。"⑥ 据此，
崔国辅到竟陵之后，或许曾与陆羽共同探讨乐府诗歌的创作问题。这
也正是他最感兴趣的话题，因为从《全唐诗》所存录作品来看，崔
国辅擅长乐府诗的写作。与陆羽的交流和讨论，或可促进崔国辅乐府
诗歌创作水平的提高。这是交游对崔国辅乐府诗创作产生的影响。此

---

① 《全唐诗》卷119，第1201页。
② 同上书，第1205页。
③ 同上书，第1201页。
④ 同上。
⑤ 傅璇琮主编：《唐才子传校笺》（第1册），卷2，中华书局1987年版，第234页。
⑥ 傅璇琮主编：《唐才子传校笺》（第1册），卷3，第626页。

外，竟陵地理环境和地域文化，也曾对崔国辅诗歌写作产生影响。据《新唐书·地理志》，复州竟陵郡，属山南东道，治所在沔阳，下辖沔阳、竟陵、监利三县。①《太平寰宇记》卷144"山南东道"下记复州沔阳县之水系，有七里沔、沔水和夏水："七里沔，按周《地图记》云：夏水合诸水同入汉，自汉入潜水为七里沔，即屈原逢渔父与言，濯缨鼓枻而去之处。""沔水，水自西入大江，晋镇南将军杜元凯为荆州刺史，自开阳口，起夏水达巴陵千余里，内泻长江之险，外通零桂之漕。""夏水，水自南入大江，一名长夏水，西南自监利县界流入。"② 据此可知沔阳乃长江重要支系之一，水路发达，交通便利。同书又记此州风俗，云同荆襄。《太平寰宇记》卷145记襄阳风俗："有竞渡之戏，人多偷堕，信鬼神，崇释教。"③ 又卷146记荆州风俗："荆之为言强也，阳盛物坚，其气急悍，故人多剽悍。唐至德之后，流佣聚食者众，五方杂居，风俗大变。然五月五日竞渡戏船，楚俗最尚。"④ 竟陵郡风俗与荆、襄二州相同，是南朝以来"西洲曲""子夜歌"等传唱之地。《旧唐书》卷29《音乐二》："《襄阳乐》，宋随王诞之所作也。诞始为襄阳郡，元嘉二十六年，仍为雍州，夜闻诸女歌谣，因作之。故歌和云'襄阳来夜乐'。其歌曰：'朝发襄阳来，暮至大堤宿。大堤诸女儿，花艳惊郎目。'"⑤ 同书同卷："《常林欢》，疑是宋、梁间曲。宋、梁世，荆、雍为南方重镇，皆皇子为之牧，江左辞咏，莫不称之，以为乐土，故随王作《襄阳》之歌，齐武帝追忆樊、邓。梁简文乐府歌云：'分手桃林岸，送别岘山头。若欲寄音信，汉水向东流。'又曰：'宜城投酒今行熟，停鞍系马暂栖宿。'桃林在汉水上，宜城在荆州北。荆州有长林县。江南谓情人为欢。'常''长'声相近，盖乐人误谓'长'为'常'。"⑥ 据此亦可做

---

① 《新唐书》卷40《地理四》，第1033页。
② 乐史：《太平寰宇记》卷144，王文楚等点校，中华书局2007年版，第2804页。
③ 《太平寰宇记》卷145，第2813页。
④ 《太平寰宇记》卷146，第2833页。
⑤ 《旧唐书》卷29，第1065—1066页。
⑥ 同上书，第1066页。

一推测，崔国辅所贬谪之地竟陵郡，民歌传唱兴盛，对他的乐府诗歌的写作也有助推作用。

上述两点对崔国辅诗歌特色的形成产生重要作用，后世称其为"崔国辅体"。如《全唐诗》卷683韩偓作《效崔国辅体四首》，其一，"澹月照中庭，海棠花自落。独立俯闲阶，风动秋千索。"其二，"雨后碧苔院，霜来红叶楼。闲阶上斜日，鹦鹉伴人愁。"其三，"酒力滋睡眸，卤莽闻街鼓。欲明天更寒，东风打窗雨。"其四，"罗幕生春寒，绣窗愁未眠。南湖一夜雨，应湿采莲船。"①《明诗综》卷95录朝鲜女诗人许景樊诗5首，其中一首为《效崔国辅》："妾有黄金钗，嫁时为首饰。今日赠君行，千里长相忆。"② 从后世的拟作可以看出，所谓"崔国辅体"，其主要特征是：（1）诗歌体裁多为五言古体绝句；（2）诗歌内容多写闺情和闲愁；（3）语言通俗明白；（4）具有浓厚的民歌色彩。这也正如殷璠在《河岳英灵集》中所指出的："婉娈清楚，深宜讽咏。乐府短章，古人不能过也。"③

崔国辅诗歌的这一重要特征，唐人多以选诗的方式加以宣扬。如上述《河岳英灵集》和《国秀集》的选诗，多着眼于民歌古调。后来选本，继续沿此方向。如今本李康成《玉台后集》录崔国辅《采莲》1首，韦庄《又玄集》录崔国辅诗2首，一为《杂言》（即《杂诗》），一为《怨词》其一。韦縠《才调集》卷1录崔国辅诗6首：《杂诗》《魏宫词》《怨词》《少年行》《中流曲》《对酒吟》。后人对崔国辅诗歌的评价，也多注意他的乐府诗。《唐诗纪事》卷26"王之涣"下："之涣，并州人，与兄之咸、之贲皆有文，天宝间人。乐天作滁州刺史郑昈墓志，云与王昌龄、王之涣、崔国辅联唱迭和，名动一时。"④ 所以高棅《唐诗品汇》在"叙目"的"五言绝句二"中，将崔国辅与李白、王维、孟浩然等同列为"正宗"，并指出："开元

---

① 《全唐诗》卷683，第7838页。
② 朱彝尊：《明诗综》卷95，景印文渊阁《四库全书》第1460册，上海古籍出版社1987年版，第889页。
③ 殷璠：《河岳英灵集》，《唐人选唐诗新编》，第175页。
④ 计有功：《唐诗纪事》卷26，第108页。

后，独李白、王维尤胜诸人，次则崔国辅、孟浩然可以并驾。"① 清王琦注太白诗，引宋牧仲《漫堂说诗》："五言绝句起自古乐府，至唐而盛，李白、崔国辅号为擅场。"② 而清代王士祯《居易录》卷6则指出崔国辅诗歌的自然天成："唐崔国辅诗'松雨时复滴，寺门清且凉'语最妙，宋初潘阆诗'夜凉疑有雨，院静若无僧'亦佳，然不免作意。"③ 崔国辅诗歌特色的形成，与他自觉学习乐府古调莫不相关，但同时也不能忽视贬谪竟陵司马的经历对此产生的作用和影响。

本章小结

一、唐代学士群体主要分布于弘文馆、崇文馆和集贤院。"三馆"学士之设，其渊源可溯至战国养士之风和门客制度。西汉梁孝王之"梁园"聚集文士，以及淮南王刘安招徕众文士编纂文籍等活动，实即战国风气之延续。唐代文馆之设，亦可视为此风之延续。弘文馆是以皇帝为中心的宫廷机构，崇文馆是以太子为中心的宫廷学馆。弘文馆在中宗景龙年间发展至鼎盛，成为一股重要政治势力。玄宗即位之后，这批学士大部分被贬逐。集贤院，正是为取替弘文馆而设，成为开元时期以玄宗为中心的重要宫廷机构。但弘文馆并未撤销，主要因其招收王公贵族子弟，是当时最好的贵族学校，实际上是作为教育机构被保留下来的。集贤院之设，究其实质，是玄宗对前朝制度的改弦更张，颇具政治上的"拨乱反正"意味。由此可见，"三馆"初设，意在政治而非文学。不过，既为帝王陪侍机构，同时兼有宴游等娱乐性质。

二、弘文馆和崇文馆学士的地方流动有两个重要特点，一是流动方式以贬谪为主，二是群体性。初唐时期两次大规模流动，一次发生

---

① 高棅：《唐诗品汇》，上海古籍出版社1982年版，第389页。
② 《李太白全集》卷34，王琦注，中华书局1977年版，第1551页。
③ 王士祯：《居易录》卷6，景印文渊阁《四库全书》第869册，上海古籍出版社1987年版，第380页。

于中宗神龙初年，一次发生于睿宗景云至玄宗开元初。这两次大规模群体流动，是以朝政更迭为主要内容的。第一次的政治目的，简言之，是中宗对以张易之等人为中心的武后政治势力的清算。第二次的政治意图，是睿宗和玄宗对韦后及太平公主政治势力的打击。这些现象，表明学士作为当时的知识精英群体，依附于政治，本身没有独立性。从这个角度来看，学士群体诗歌的颂圣和"俳优"性质，也就很好理解了。地方流动，对改变学士群体诗歌品格具有重要作用。集体创作状态被打破之后，理性思考和个性化创作才有可能，"诗言志"传统的恢复才有可能。这充分体现在沈佺期和宋之问的南贬诗歌中。

三、集贤学士的朝野迁转，同样也与政治密切相关。张九龄以集贤院知院事贬谪荆州，是政治斗争失利的结果。张九龄被贬，不仅是唐代政治史的分水岭，对文学史而言，同样具有划时代意义。这是因为，随着张九龄的贬谪，以其为中心的诗人群体被解散，诗人命运发生巨大改变，比如，王维由此离开京城而入河中幕府，王昌龄等人亦由此南贬。张九龄在荆州重建文学群体，使诗歌中心南移。集贤学士崔国辅移官竟陵，对"崔国辅体"风格特点的形成具有重要意义，可视为学士地方流动与文学互动的典型。

四、"三馆"之文学史意义，前人着意于初唐诸学士对近体诗律体律调完成的作用，本书所论有所延伸。弘文馆学士群体在遭受两次大规模贬逐后，几近消歇，而由其所主导的宫廷诗风在盛唐延续，诗歌命脉悬系张说一线。张说曾兼任景龙文馆学士，开元时又以一代文宗身份担任集贤院第一任知院事，故其既能绍续前代，又能开一代新风。

第六章　校书郎、正字朝野迁转与文学互动

第一节　校书郎和正字的类型及选任

唐代弘文馆、崇文馆、集贤院、秘书省、司经局五馆，皆有校书郎。顾名思义，校书郎之职多为校勘、整理图籍。① 两《唐书》《通典》《唐会要》诸书之职官条，所载甚明。五馆虽各有雠校之务，但有时也互相合作。《唐会要》卷64"集贤院"条："太和五年正月，集贤殿奏：'应校勘宣索书籍等，伏请准前年三月十九日敕，权抽秘书省及春坊、弘文馆、崇文馆见任校正，作番次就院同校。其厨料请准元敕处分，事毕日停。'从之。"② 其情形于此可见一斑。

一　各类校书郎和正字

关于校书郎品秩、员数、设置时间，诸馆不尽相同，又两《唐书》职官志所载，《旧唐书》过简，《新唐书》多讹。今据《通典》《唐会要》《唐六典》诸书，校正如次：

弘文馆：开元七年（719）置校书郎4人，开元二十二年（734）减2人，从九品上。

《新唐书》卷47："开元七年曰弘文馆，置校书郎，又有校理、

---

① 关于校书郎和正字"校勘"职务性质，赖瑞和认为当属最普通的层次，也就是现代意义上的"校对"，即将校样与原稿对校，更正错讹。至于比较有学术的校雠，校书郎和正字还不具备这样的素养。《唐代基层文官》，第52页。

② 《唐会要》卷64，第1121页。

雠校错误等官。长庆三年，与详正学士、讲经博士皆罢。"① 《新唐书》错误有二：一是置校书郎后并没有校理、雠校错误等官。《通典》卷30《职官一二》"太子校书"条杜佑按语："初弘文、崇文二馆置雠校，开元六（按：'六'或为'七'之讹）年省雠校，置校书。弘文四员，崇文二员。"②《通典》所载，虽可校正《新唐书》的错误，但亦有缺漏。如《通典》所言，则弘文馆当有校书郎4人，其实并非如此。《唐会要》卷64"宏文馆"条对此有补充："（开元）七年十二月三日，省宏文、崇文两馆雠校，置宏文校书四员、崇文检书两员（按：讹，当为'校'），二十二年二月二十五日，省宏文馆校书两员。"③ 则是开元二十二年（734）二月二十五日后，由4人减为2人。《唐六典》卷8"门下省"条："开元七年罢雠校，置校书四人；二十三年，减两人。"④ 按：二十三或为二十二之误。二是穆宗长庆三年（823）之后，尚未罢弘文馆校书郎。《旧唐书》卷172《令狐楚传》附令狐绹传："大和四年登进士第，释褐弘文馆校书郎。"⑤《旧唐书》卷147《杜佑传》附杜牧传："既以进士擢第，又制举登乙第，解褐弘文馆校书郎。"⑥ 其时为大和二年（828），《全唐文》卷751杜牧《上李司徒相公论用兵书》："某大和二年为校书郎。"⑦

崇文馆：开元七年（719）置校书郎2人，从九品下。

两《唐书》同。

集贤院：贞元八年（792）罢校理，置校书4人，正九品下。元和二年（807），复置集贤校理。

《旧唐书》卷43只言修撰官、校理官，未及校书郎。此据《新唐书》卷47补入。又《唐会要》卷64"集贤院"条："（贞元）八

① 《新唐书》卷47，第1209—1210页。
② 《通典》卷30，第173页。
③ 《唐会要》卷64，第1116页。
④ 《唐六典》卷8，第255页。
⑤ 《旧唐书》卷172《令狐楚传》附令狐绹传，第4465页。
⑥ 《旧唐书》卷147《杜佑传》附杜牧传，第3986页。
⑦ 杜牧：《上李司徒相公论用兵书》，《全唐文》卷751，第7785页。

年六月十三日，置集贤殿校书四员、正字两员，仍于秘书省见任校书、正字中量减。秘书省所减官员，便据数停之。"① 是书同卷："元和二年七月，集贤院奏：'伏准《六典》，集贤院置学士及校理、修撰官，累圣崇儒，不失此制。至贞元八年，判院事官陈京始奏停校理，分校书郎四员、正字两员，为集贤殿校理、正字。今诸校书郎、正字并却归秘书省。当司请依旧置校理官，庶循名实，且复开元故事。'从之。"《通典》卷 26《职官八》"秘书正字"条："贞元八年，割校书四员、正字两员，属集贤殿。"②

秘书省：唐初置 8 人，另著作局 2 人，正九品上。开元二十六年（738）至天宝十三载（754）正月十三日，减 1 人。贞元八年（792）至元和二年（807）七月减 4 人。

两《唐书》所载员数有异。《旧唐书》卷 43：有两局，一曰著作，二曰太史。校书郎 8 人，正九品上。正字 4 人，正九品下。所领著作局亦有校书郎 2 人，正九品上。正字 2 人，正九品下。而《新唐书》卷 47 却记为：校书郎 10 人，正九品上；正字 4 人，正九品下。著作局，校书郎 2 人，正九品上；正字 2 人，正九品下。按：《新唐书》误。《唐会要》卷 65"秘书省校书郎"条："贞元二年七月，秘书监刘太真上言：'请择儒者，详校《九经》于秘书省，令所司陈设，及供食物，宰臣录其课效。'从之。议者谓秘书省有校书、正字官十六员，职在校理。……寻阻众议，果寝不行。"③ 校书、正字官共 16 员，与《旧唐书》同。又是书同卷同条："校书郎，本八员。开元二十六年减一员，天宝十三载正月十三日却置。"

司经局：校书 4 人，正九品下。

两《唐书》同。又《通典》卷 30《职官一二》"太子校书"条，杜佑按语："无郎字。"④

从上述情况来看，校书、正字隶属的文馆主要是秘书省、弘文

---

① 《唐会要》卷 64，第 1120 页。
② 《通典》卷 26，第 155 页。
③ 《唐会要》卷 65，第 1124 页。
④ 《通典》卷 30，第 173 页。

馆、崇文馆、集贤院和司经局等。校书郎和正字的主要职务是在这些馆所从事图籍整理，主要负责文字校对。但事实上并非所有的校书郎都在京城校书，其中一部分"校书郎"是幕职所带的京衔。因此，实际形态有两种。其一，在京城各书库校书，这一类型可以白居易和元稹为代表。《旧唐书·白居易传》："贞元十四年，始以进士就试，吏部侍郎高郢擢生甲科，吏部判入等，授秘书省校书郎。"① 《旧唐书·元稹传》："十五两经擢第。二十四调判入第四等，授秘书省校书郎。二十八应制举才识兼茂、明于体用科，登第者十八人，稹为第一，元和元年四月也。"② 他们从贞元十九年至元和元年（803—806），在秘书省任职 3 年整。任满罢职后积极准备制科考试。其二，"试校书郎"。他们在外地幕府任职，由幕主奏授"试校书郎"的京衔。他们从来不曾涉足京城的书库。这一类型的校书郎是在安史之乱后才出现的新型校书郎，可以韩愈和权德舆为代表。韩愈《祭董相公文》："维贞元十五年岁次己卯二月己亥朔某日，……观察推官守秘书省校书郎韩愈等。"③ 李翱《故正议大夫行尚书吏部侍郎上柱国赐紫金鱼袋赠礼部尚书韩公行状》："晋辟公以行，遂入汴州，得试秘书省校书郎，为观察推官。"④ 据戴伟华《唐方镇文职僚佐考》，董晋镇宣武在贞元十二年至贞元十五年（796—799）⑤，韩愈在董晋幕府任观察推官，显然不可能在京城从事文字校对工作。《旧唐书·权德舆传》："德舆生四岁，能属诗；七岁居父丧，以孝闻；十五为文数百篇，编为《童蒙集》十卷，名声日大。韩洄黜陟河南，辟为从事，试秘书省校书郎。"⑥ 此处"试秘书省校书郎"同样也是使府幕职所带的京衔，而非实际从事的职务。"试正字"与"试校书郎"的性质一样，也主要出现在中晚唐。杜牧《唐故东川节度检校右仆射兼御史

---

① 《旧唐书》卷 166《白居易传》，第 4340 页。
② 《旧唐书》卷 166《元稹传》，第 4334 页。
③ 《全唐文》卷 568，第 5747 页。
④ 《全唐文》卷 639，第 6459 页。
⑤ 戴伟华：《唐方镇文职僚佐考》，第 75 页。
⑥ 《旧唐书》卷 148《权德舆传》，第 4002 页。

大夫赠司徒周公（墀）墓志铭》："公少孤，奉养母夫人以孝闻。举进士登第，始试秘书正字、湖南团练巡官。"① 此处"试秘书正字"为京衔，周墀的实际职务是湖南团练巡官。赵璘《因话录》卷3："广平程子齐昔范，未举进士日，著《程子中谟》三卷，韩文公一见大称叹。及赴举，言于主司曰：'程昔范不合在诸生之下。'当时下第，大振屈声。庾尚书承宣知贡举，程始登第，以试正字，从事泾原军。"白居易所撰制诰："程昔范可试正字、泾原判官。"② 由此可知，程昔范所任"试正字"也是幕职所带的朝衔，而非实际工作。

二　校书郎为文士起家之良选

《通典》卷26《职官八》"秘书校书郎"条："大唐置八人，掌雠校典籍，为文士起家之良选。其弘文、崇文馆，著作、司经局，并有校书之官，皆为美职，而秘书省为最。"③ 又《唐会要》卷76"开元礼举"条，元和八年（813）四月吏部奏云："近日缘校书、正字等名望稍优，但沾科第，皆求注拟，坚待员阙，或至逾年。若无科条，恐长侥幸。起今已后，等第稍高，文学兼优者，伏请量注校、正。"④ 校书、正字为及第举子任职首选，竞争的激烈程度，于此可见一斑。这种现象是什么原因造成的呢？杜佑并未言及。兹据唐代相关风尚及制度，考论如次。

围绕着读书做官的儒家入世理念，唐代青年士子都希望自己在仕途上青云直上。仕途顺利的前提，便是要有一个良好的开端。当然，这种开端又只能是局限于时代的大环境，与当时社会制度、风俗人情紧密相连。无论是制度的、风气的还是物质利益的因素，它们都紧紧围绕着入仕以及如何更好地入仕这个中心。流内和流外之人都来争夺这个校书、正字职位，正说明校书郎官职的优越性和特殊性。

---

① 《全唐文》卷755，第7828页。
② 《全唐文》卷663，第6736—6737页。
③ 《通典》卷26，第155页。
④ 《唐会要》卷76，第1397页。

首先，若担任校书、正字，任职当不出两都，长安与洛阳是唐人做官的首选之地。出任外职，大多是不得已，或遭贬谪而外任；或因为外任俸禄较好，为了养家糊口，不得已自求外放。受重京官轻外任风气影响，取得科第出身的青年士子都希望能留在京城，校书和正字的官职也就格外显眼，成为竞争对象。太子校书王泠然曾在《论荐书》中抱怨："即知正字、校书，不如十乡县尉；明经、进士，不如三卫出身。"① 在他看来，校书和正字自然要比县尉地位更高。这反映出一般士人对校书、正字官职的认识。

其次，与铨选制度有关。所谓铨选制度，简单地说，就是及第举子在守选期满以及六品以下的官员在秩满之后，都要参加吏部的冬集考核，据以授官。若不等守选期满而授官，可以走制举或科目选这条路。若经制举或科目选登科，即可授官，是为仕进之捷径。但制举和科目选都是以待非常之才的。校书、正字的工作比较清闲，又因整理图籍之故，是青年士子提升文化素养、学习吏治能力的最好职位，便于他们参与制举或科目选。

再次，校书正字俸禄稍厚。孙革《请诸局郎勿用流外人疏》："当司典膳等五局郎，伏以青宫列局，护翼元良，必用卿相子弟，先择文学端士。……今以年月浸久，渐至讹替，缘其俸禄稍厚，近年时有流外出身者，幸求授任。"②《旧唐书》卷42："有唐已来，出身入仕者，著令有秀才、明经、进士、明法、书算。其次以流外入流。若以门资入仕，则先授亲勋翊卫，六番随文武简入选例。"③ 可见，进士明经出身者，是为流内清品。所谓流外者，就是非以科第出身之人。流内清品和流外之人都来竞争校书和正字，或如孙革所说的"缘其俸禄稍厚"。

秘书省校书郎为正九品上阶，官品最高，俸禄最厚，故其为"美职之最"。此外，还有两个原因：一是秘书省校书易入边幕，而"朝

① 《全唐文》卷294，第2980页。
② 《全唐文》卷745，第7716页。
③ 《旧唐书》卷42，第1804页。

廷非闲地，幕府为文士入朝升迁之津梁"①。韩愈《徐泗豪三州节度掌书记厅石记》说掌书记之职实难堪任，须是闳辨通敏兼人之才者方可。张建封节镇徐州前后十一年，所任掌书记不过三人，即杜兼、李博和许孟容。② 值得注意的是，此三人都是秘书省校书出身，仕途亦较通达。二是由秘书省校书而登台辅者较多。符载《送袁校书归秘书省序》："国朝以进士擢第为入官者千仞之梯，以兰台校书为黄绶者九品之英。……不数十年，公卿之府，缓步而登之。"③ 如元稹，贞元末为秘省校书，穆宗朝任宰相。

三　校书郎和正字的选任

校书郎和正字的任职途径主要有以下诸种：（1）以门荫入仕，即以父祖上几代任过官的资历"荫"及子孙。如郑覃："以父荫补弘文馆校书郎。"④ 刘滋："少以门荫，调授太子正字。"⑤ （2）以制举入仕。如张说："弱冠应诏举，对策乙第，授太子校书。"⑥ 王绩："举孝悌廉洁，除秘书省正字。"⑦ （3）以进士入仕。如李翱："登进士第，授校书郎。"⑧ 常衮："天宝末举进士，历太子正字。"⑨ （4）以明经入仕。如崔戎："举两经登科，授太子校书。"⑩ 卢迈："举明经及第，补太子正字。"⑪ （5）进士及第，又考制举。这样做的好处是，制举及第即可马上授官，而且将来的升迁也比较快。若只是进士及第，还必须经过约三年的"守选"才能得官。⑫ 如杜牧："进士擢第，

---

① 戴伟华：《唐代使府与文学研究》，广西师范大学出版社 1998 年版，第 15 页。
② 《全唐文》卷 557，第 5634 页。
③ 《全唐文》卷 690，第 7070 页。
④ 《新唐书》卷 165《郑覃传》，第 5066 页。
⑤ 《旧唐书》卷 136《刘滋传》，第 3751 页。
⑥ 《旧唐书》卷 97《张说传》，第 3049 页。
⑦ 《新唐书》卷 196《王绩传》，第 5594 页。
⑧ 《旧唐书》卷 160《李翱传》，第 4205 页。
⑨ 《旧唐书》卷 119《常衮传》，第 3445 页。
⑩ 《旧唐书》卷 162《崔戎传》，第 4251 页。
⑪ 《新唐书》卷 150《卢迈传》，第 4815 页。
⑫ 王勋成：《唐代铨选与文学》，中华书局 2001 年版，第 304—310 页。

又制举登乙第，解褐弘文馆校书郎。"① 于休烈："第进士，又擢制科，历秘书省正字。"②（6）以博学宏词，或书判拔萃等科目选登科入为校书郎。如于邵："天宝末进士登科，书判超绝，授崇文馆校书郎。"③ 柳宗元进士及第，"其后以博学宏词授集贤殿正字"④。（7）迁转，即出任了诸如县尉等其他官职后再来任校书郎、正字。如韦温释褐为奉礼郎，"以书判拔萃，调补秘书省校书郎"⑤。王无竞："解褐授赵州乐城县尉，历秘书省正字。"⑥（8）以献文章或上封事得官。如董晋："明经及第。至德初，肃宗自灵武幸彭原，晋上书谒见，授校书郎、翰林待制。"⑦ 魏元忠："仪凤中，吐蕃频犯边，元忠赴洛阳上封事，言命将用兵之工拙，……帝甚异叹之，授秘书省正字。"⑧（9）献著述。如李道古，韩愈《昭武校尉守左金吾卫将军李公墓志铭》："公以进士举及第，献《文舆》三十卷，拜校书郎、集贤学士。"⑨《新唐书》卷59："陈庭玉《老子疏》。开元二十年上，授校书郎。卷亡。"⑩（10）荐举，即由长官直接向皇帝推荐任官。如令狐绹推荐李群玉为校书郎。⑪ 此十种方式之外，校书郎和正字有时还用以赏赐，主要是奖赏军功，但不多见。⑫

　　校书、正字的任职途径较多，但主要方式还是科举考试。从其出身来看，进士所占比例较大。本书统计校书郎和正字共483人，在科第出身可考的296人中，进士227人，明经32人，其他37人。出身

① 《旧唐书》卷147《杜牧传》，第3986页。
② 《新唐书》卷104《于休烈传》，第4007页。
③ 《旧唐书》卷137《于邵传》，第3765页。
④ 韩愈：《柳子厚墓志铭》，《韩昌黎文集校注》卷7，第511页。
⑤ 《旧唐书》卷168《韦温传》，第4377页。
⑥ 《旧唐书》卷190中《王无竞传》，第5026页。
⑦ 《旧唐书》卷145《董晋传》，第3934—3935页。
⑧ 《旧唐书》卷92《魏元忠传》，第2945—2951页。
⑨ 《韩昌黎文集校注》卷7，第515页。
⑩ 《新唐书》卷59《艺文三》，第1517页。
⑪ 参看令狐绹《荐处士李群玉状》，《全唐文》卷759，第7885页。郑处约所撰《李群玉守弘文馆校书郎敕》，《全唐文》卷793，第8312页。
⑫ 参看赖瑞和《唐代基层文官》，第13—98页。

为进士者的比例高达 76%，明经占 11%。这些数据反映了朝廷用人政策。宪宗元和三年（808）三月诏："秘书省、弘文馆、崇文馆、左春坊司经局校书、正字，宜委吏部，自今以后，于平留选人中加功访择，取志行贞退、艺学精通者注拟。综核才实，惟在得人，不须限以登科及判入等第。其校书、正字限考，入畿县尉、簿，任依常格。"① 此诏书明确规定校书和正字的选任，不以出身为限制，用人自由度较大。看似公正，实则大开方便之门。所以五年之后，问题就来了。元和八年（813）四月，吏部上奏："近日缘校书、正字等名望稍优，但沾科第，皆求注拟，坚待员阙，或至逾年。若无科条，恐长侥幸。起今已后，等第稍高，文学兼优者，伏请量注校、正。"② 吏部不得不采取提高用人标准，在科举出身、铨选等级、文学才能等方面进行限制。此举正可解释宪宗朝校书和正字进士出身比例高达 64.59% 的现象。

　　这也反映在校书和正字的除官制文中。如常衮《授卫辉校书郎制》："幼有令闻，服于经训，校书秘阁，以奖其才。"③ 白居易授王绩校书郎之制文："前进士王绩，亦以艺学，籍名太常，著为令闻，及此慰荐。"④ 李毗由集贤正字改授集贤校理，除官制文："披书殿雠校之文，秉东观铅黄之笔，必选其雄词掷地敏学通天者而授之。"⑤ 杨玢由秘书省校书郎改授集贤校理，除官制文："士子由科而进，得为馆殿吏者，俯视华资，如拾地芥然。"⑥ 校书和正字作为青年士子起步之选，朝廷常用以奖授英年才俊，文学才华往往是重要因素。

---

　　① 《唐会要》卷 65 "秘书省" 条，第 1125 页。

　　② 《唐会要》卷 76 "开元礼举" 条，第 1397 页。

　　③ 常衮：《授卫辉校书郎制》，《全唐文》卷 412，第 4223 页。

　　④ 白居易：《知渭桥院官苏涧授员外郎依前职前进士王绩授校书郎江西巡官制》，《全唐文》卷 659，第 6703 页。

　　⑤ 崔嘏：《授李毗集贤校理等制》，《全唐文》卷 726，第 7480 页。

　　⑥ 钱珝：《授户部巡官秘书省校书郎杨玢武功县尉充集贤校理制》，《全唐文》卷 831，第 8766 页。

第二节　校书郎和正字的地方流动

笔者考得曾任校书郎和正字者共 483 人。所属文馆情况：崇文馆 15 人，弘文馆 22 人，集贤院 13 人，秘书省 262 人，司经局 48 人，无领属 123 人。可见秘书省校书郎和正字是人数最多的，正与上述情况相合。朝代分布依次为：高祖朝 1 人，太宗朝 10 人，高宗朝 15 人，武周朝 11 人，中宗朝 4 人，睿宗朝 1 人，玄宗朝 83 人，肃宗朝 11 人，代宗朝 37 人，德宗朝 96 人，宪宗朝 50 人，穆宗朝 12 人，敬宗朝 1 人，文宗朝 24 人，武宗朝 13 人，宣宗朝 22 人，懿宗朝 11 人，僖宗朝 6 人，昭宗朝 12 人，哀帝朝 2 人，时间待考者 61 人。可见高峰期在盛唐以及中唐的德、宪两朝。通过这些数据，对唐代校书正字群体可有比较直观的认识。

在所考 483 位校书正字中，作为幕府文职所带京衔的有 45 人。这部分人实际上并不在京城书库中校书，而是在方镇使府中从事幕职，如前述韩愈和权德舆即其著例。此外，有 188 人迁出官职无所考。在可考的 250 人中，其迁出官职可分京官和外任两种。所迁转的京官中，谏官（拾遗和补阙）27 人；宪官（监察御史）5 人；法官（大理评事）3 人。加上其他官职，继续在京城任职的人数总计 70 人左右，约占 30%。而迁转到外地任职的有 180 余人，约占 70%。转任地方官者，以任县职和入幕为主。任县职计有 90 人，其中县尉 72 人，县主簿 10 人，县丞和县令各 4 人。入幕者总计 63 人。以上情况说明校书郎和正字的迁出，以转任地方官为多，而继续任职京官者占少数部分。

从校书郎和正字的迁转中，可以概括出他们地方流动的一般途径：（1）迁任县尉和主簿之类的地方基层官员。（2）由校书郎和正字入幕，出为诸使从事。（3）临时差遣，如作为图书使搜访图书。（4）中途觐省或秩满还乡。其中（1）和（2）为主要途径。

一　迁任县职

以下以时间为序列举数例。

（1）（高宗）骞思泰："解褐授太子司经局雠校，寻迁遂州方义县尉。"①

（2）（高宗）李尚贞："入为麟台校书郎。羽翯斯华，芸厨则序，外转并州武兴尉。"②

（3）（武周）崔沔："敕拜麟台校书郎。满岁，补洛州陆浑主簿。"③

（4）（玄宗）寇子美："弱冠以孝廉及第，明年，授崇文馆校书郎。编简不遗，图书载削，方子云孟坚宜矣。秩满，补尉氏尉。"④

（5）（玄宗）薛播："天宝中举进士，补校书郎，累授万年县丞、武功令、殿中侍御史、刑部员外郎、万年令。"⑤

（6）（玄宗）崔杰："弱冠以明经甲科，精九流之奥，故解褐授崇文馆校书郎，寻转平阳郡临汾县尉。"⑥

（7）（玄宗）房琯："开元十二年，……中书令张说奇其才，奏授秘书省校书郎，调补同州冯翊尉。"⑦

（8）（玄宗）刘晏："字士安，曹州南华人。年七岁，举神童，授秘书省正字。累授夏县令，有能名。"⑧

（9）（玄宗）卫凭："策贤良登科，拜秘书省校书郎。……

---

① 《唐代墓志汇编续集》开元034，第476页。
② 《唐代墓志汇编》开元156，第1264页。
③ 《唐代墓志汇编》大历060，第1800页。
④ 《唐代墓志汇编》天宝025，第1547页。
⑤ 《旧唐书》卷146《薛播传》，第3955页。
⑥ 《唐代墓志汇编》天宝178，第1655页。
⑦ 《旧唐书》卷111《房琯传》，第3320页。
⑧ 《旧唐书》卷123《刘晏传》，第3511页。

转越州剡县尉。"①

（10）（玄宗）王昌龄："进士登第，补秘书省校书郎。又以博学宏词登科，再迁汜水县尉。"②

（11）（玄宗）颜真卿："（开元）二十四年吏部擢判入高等，授朝散郎秘书省著作局校书郎。天宝元年秋，扶风郡太守崔琇举博学文词秀逸，玄宗御勤政楼，策试上第。以其年授京兆府醴泉县尉。"③

（12）（玄宗）李华："开元二十三年举进士，天宝二年举博学宏词，皆为科首，由南和尉擢秘书省校书郎，八年历伊阙尉。"④

（13）（玄宗）崔成甫："长子成甫，仕至秘书省校书郎，冯翊、陕二县尉，乾元初卒。"⑤

（14）（玄宗）崔祐甫："调补秘书省校书郎，转寿安尉。"⑥

（15）（肃宗）姚南仲："乾元初，制科登第，授太子校书，历高陵、昭应、万年三县尉。"⑦

（16）（代宗）仲子陵："大历十三年举进士甲科，调补秘书省校书郎，历同官、醴泉二县尉。"⑧

（17）（代宗）刘从一："从一少举进士，大历中宏词，授秘书省校书郎，以调中第，补渭南尉，雅为常衮所推重。"⑨

（18）（代宗）裴佶："弱冠举进士，补校书郎，判入高等，授蓝田尉。"⑩

---

① 《唐代墓志汇编》天宝 240，第 1698 页。
② 《旧唐书》卷 190 下《王昌龄传》，第 5050 页。
③ 殷亮：《颜鲁公行状》，《全唐文》卷 514，第 5224 页
④ 独孤及：《检校尚书吏部员外郎赵郡李公中集序》，《全唐文》卷 388，第 3946 页。
⑤ 《唐代墓志汇编》大历 062，第 1803 页。
⑥ 《唐代墓志汇编》建中 004，第 1823 页。
⑦ 《旧唐书》卷 153《姚南仲传》，第 4081 页。
⑧ 权德舆：《尚书司门员外郎仲君墓志铭并序》，《全唐文》卷 502，第 5110 页。
⑨ 《旧唐书》卷 125《刘从一传》，第 3550 页。
⑩ 《旧唐书》卷 98《裴佶传》，第 3083—3084 页。

（19）（代宗）郑絪："絪擢进士第，登宏词科，授秘书省校书郎、鄠县尉。"①

（20）（代宗）赵宗儒："宗儒举进士，初授弘文馆校书郎。满岁，又以书判入高等，补陆浑主簿。"②

（21）（代宗）崔损："损大历末进士擢第，登博学宏词科，授秘书省校书郎，再授咸阳尉。"③

（22）（德宗）孔戡："举明经登第，判入高等，授秘书省校书郎、阳翟尉。"④

（23）（德宗）韦贯之："少举进士。贞元初，登贤良科，授校书郎。秩满，从调判入等，再转长安县丞。"⑤

（24）（德宗）张仲方："贞元中进士擢第，宏词登科，释褐集贤校理，丁母忧免。服阕，补秘书省正字，调授咸阳尉。"⑥

（25）（德宗）柳宗元："其后以博学宏词，授集贤殿正字。……贞元十九年，由蓝田尉拜监察御史。"⑦

（26）（德宗）范传正："传正举进士，又以博学宏辞及书判皆登甲科，授集贤殿校书郎、渭南尉，拜监察、殿中侍御史。"⑧

（27）（德宗）白居易："贞元十四年，始以进士就试，礼部侍郎高郢擢升甲科，吏部判入等，授秘书省校书郎。元和元年四月，宪宗策试制举人，应才识兼茂、明于体用科，策入第四等，授盩厔县尉、集贤校理。"⑨

（28）（德宗）李绛："绛举进士，登宏辞科，授秘书省校书

①　《旧唐书》卷159《郑絪传》，第4180页。
②　《旧唐书》卷167《赵宗儒传》，第4361页。
③　《旧唐书》卷136《崔损传》，第3754—3755页。
④　《旧唐书》卷154《孔戡传》，第4099页。
⑤　《旧唐书》卷158《韦贯之传》，第4173页。
⑥　《旧唐书》卷171《张仲方传》，第4443页。
⑦　韩愈：《柳子厚墓志铭》，《全唐文》卷563，第5697页。
⑧　《旧唐书》卷185下《范传正传》，第4830页。
⑨　《旧唐书》卷166《白居易传》，第4340页。

郎。秩满，补渭南尉。"①

（29）（德宗）裴度："贞元五年进士擢第，登宏辞科。应制举贤良方正、能直言极谏科，对策高等，授河阴县尉。"②

（30）（德宗）郑澣："自秘书省校书郎迁洛阳尉，充集贤院修撰，改长安尉、集贤校理。"③

（31）（德宗）窦易直："易直举明经，为秘书省校书郎，再以判入等，授蓝田尉。"④

（32）（德宗）柳公绰："年十八，应制举，登贤良方正、直言极谏科，授秘书省校书郎，贞元元年也。贞元四年，复应制举，再登贤良方正科，时年二十一。制出，授渭南尉。"⑤

（33）（宪宗）王衮："元和初，以拔萃登科，授秘书省正字，调补伊阙主簿。"⑥

（34）（宪宗）韦处厚："元和初，登进士第，应贤良方正，擢居异等，授秘书省校书郎。裴垍以宰相监修国史，奏以本官充直馆，改咸阳县尉，迁右拾遗，并兼史职。"⑦

（35）（宪宗）陆亘："亘以书判授集贤殿正字、华原县尉。"⑧

（36）（宪宗）韦温："释褐太常寺奉礼郎。以书判拔萃，调补秘书省校书郎。……调授咸阳尉。"⑨

（37）（武宗）赵璜："会昌末，始选授秘书省校书郎。宰相有以辞华上闻者，特除鄠县尉。"⑩

① 《旧唐书》卷164《李绛传》，第4285页。
② 《旧唐书》卷170《裴度传》，第4413页。
③ 《旧唐书》卷158《郑澣传》，第4167页。
④ 《旧唐书》卷167《窦易直传》，第4363页。
⑤ 《旧唐书》卷165《柳公绰传》，第4300页。
⑥ 《唐代墓志汇编》大和054，第2134页。
⑦ 《旧唐书》卷159《韦处厚传》，第4182—4183页。
⑧ 《旧唐书》卷162《陆亘传》，第4252页。
⑨ 《旧唐书》卷168《韦温传》，第4377页。
⑩ 《唐代墓志汇编》咸通022，第2394页。

（38）（僖宗）陈谠："时尤重其名，牓下授秘书省正字。后历调授泾阳尉。"①

综合来看，校书郎转任地方官有以下几个特点。

其一，初盛唐迁任外职的情况比中晚唐稍少，中晚唐渐多，呈制度化倾向。如玄宗朝校书郎和正字迁出官职可考者 42 人，其中转任京官的有 18 人，约占 43%，迁任地方官职者有 24 人，约占 57%。这个数据到了中唐发生很大变化。以德、宪两朝为例，其时迁出官职可考者总数为 89 人，其中转任京官有 23 人，约占 23%，到地方任职者有 66 人，约占 77%。可见大部分校书郎都离开京城迁转到地方上去了。

其二，初盛唐校书郎和正字所迁任县职的位置比中晚唐更偏远。如骞思泰迁遂州方义县尉，李尚贞迁并州武兴尉，卫凭转越州剡县尉，王昌龄迁汜水县尉，等等。中晚唐时期校书郎转任地方官多在京畿地区，如长安、渭南、蓝田、咸阳、盩厔、鄠县、洛阳、万年等雄县。这种现象反映出校书郎社会地位在中晚唐不断上升，印证了杜佑所说的校书郎为文士"起家之良选"的说法。下面一个例子有助于进一步理解这个现象。德宗初年，权德舆内兄校书郎李畅，因所迁县地远偏僻而不赴任。权德舆《酬李二十二兄主簿马迹山见寄并序》："族内兄畅，……贞元元年，兄以典校秘书，调补江陵松滋主簿，以地远不就职。"② 后改任密县尉。权德舆《唐故润州昭代寺比邱尼元应墓志铭（并序）》："决曹府君前夫人范阳卢氏子曰畅，……再以经术践甲科，历校书郎、密县尉。……德舆与密县为族外弟。"③ 据《旧唐书·地理志》，松滋县属畿县，在今湖北省西南部，为荆州江陵府所辖八县之一。密县，原属郑州，龙朔二年（662），割属洛州，在今郑州西南部。

---

① 《唐代墓志汇编》残志 023，第 2553 页。
② 《全唐诗》卷 322，第 3621 页。
③ 权德舆：《唐故润州昭代寺比邱尼元应墓志铭并序》，《全唐文》卷 506，第 5153 页。

其三，个别校书郎在任县职时，充任京城书库校理或史职，并未离开京城。如郑澣："自秘书省校书郎迁洛阳尉，充集贤院修撰，改长安尉、集贤校理。"① 崔碬《授李毗集贤校理等制》："秘书正字集贤校理李毗等。……毗可蓝田县尉充集贤校理，浣可兴平县尉直史馆。"② 沈传师："擢进士，登制科乙第，授太子校书郎、鄠县尉，直史馆，转左拾遗、左补阙，并兼史职。"③ 高瀚："起家拜秘书省校书郎。故相国江州李公在相位，一见深国士之遇，由本官奏直史馆，转京兆府兴平县尉，史职仍旧。"④ 陆扆："光启二年登进士第，其年从僖宗幸兴元。九月，宰相韦昭度领盐铁，奏为巡官。明年，宰相孔纬奏直史馆，得校书郎，寻丁母忧免。龙纪元年冬，召授蓝田尉，直弘文馆，迁左拾遗，兼集贤学士。"⑤ 之所以能够继续在京城从事典籍整理和史书纂修工作，一方面是因为他们在文字校对方面较为擅长，另一方面是因为集贤校理、史官、直弘文馆等馆职没有官阶，需要带一职事官衔作为阶官以寄俸禄和以秩品位。⑥ 这些校书郎所迁转的地方官职，实际上都是职事官，也就是本官，而校理、直史馆、直弘文馆等都是兼官。

其四，正字和校书郎相较，转任地方县职，中间还需要一道迁转过程。如马怀素："服阕，授麟台正字。……以忠鲠举除左鹰扬卫兵曹参军，转咸阳尉。"⑦ 倪若水："应八道使举，射□诠科，授秘书正字。复以举迁右骁尉兵曹参军，俄转洛州福昌县丞。"⑧ 这是因为正字和校书郎虽然在工作职责上没有什么差别，但是正字的官阶为正九品下，而校书郎则为正九品上，相差一级。因此，正字在转任地方官

①　《旧唐书》卷158《郑澣传》，第4167页。

②　崔碬：《授李毗集贤校理等制》，《全唐文》卷726，第7480页。

③　《旧唐书》卷149《沈传师传》，第4037页。

④　《唐代墓志汇编》大中105，第2332页。

⑤　《旧唐书》卷179《陆扆传》，第4668页。

⑥　赖瑞和：《唐代基层文官》，第145—155页。

⑦　阙名：《故银青光禄大夫秘书监兼昭文馆学士侍读上柱国常山县开国公赠润州刺史马公墓志铭》，《全唐文》卷995，第10305页。

⑧　《唐代墓志汇编续集》开元028，第471页。

职时，还需要有一个过渡阶段。

二 入幕

校书郎和正字入幕是他们地方任职的一条重要途径，主要发生在中晚唐。盛唐时期所见例子不多，如于邵："天宝末进士登科，书判超绝，授崇文馆校书郎。累历使府，入为起居郎，再迁比部郎中。"①于邵以崇文馆校书郎转任使府从事。"安史之乱"后，校书郎入幕越来越多，渐具制度化倾向。

校书郎和正字出为幕佐，多担任幕府中的基层文官，如巡官、推官和支使。如崔郾："贞元十二年中第。十六年平判入等，授集贤殿校书郎。陕虢观察使崔公琮愿公为宾，而不乐之，挈辞载币，使者数返。公徐为起之，且曰：'不关上闻，摄职可也。'受署为观察巡官。"② 王徽："大中十一年进士擢第，释褐秘书省校书郎。户部侍郎沈询判度支，辟为巡官。"③ 巡官是使府正职中最低一级的文官，也是唐代年轻人入幕常任之官。推官排位在巡官之上，唐人有不少是出任巡官之后才转为推官的。校书郎和正字入幕担任推官的也不少。如卢钧："字子和，系出范阳，徙京兆蓝田。举进士中第，以拔萃补秘书正字。从李绛为山南府推官，调长安尉。"④ 崔慎由："历秘书省正字，试太常寺协律郎，剑南东川节度推官，浙江东道观察判官。"⑤柳玭："应两经举，释褐秘书正字。又书判拔萃，高湜辟为度支推官。"⑥ 孙简："元和二年故太常崔公邠掌春闱，升居上第，后赴调集，判入高等，授秘书省正字。……秩满，赵丞相宗儒镇河中，辟公为观察推官。"⑦ 吕让则入幕担任支使："二十三，进士上第，解褐秘

---

① 《旧唐书》卷137《于邵传》，第3765页。
② 杜牧：《崔郾行状》，《全唐文》卷756，第7840页。
③ 《旧唐书》卷178《王徽传》，第4640页。
④ 《新唐书》卷182《卢钧传》，第5367页。
⑤ 《唐代墓志汇编续集》咸通053，第1075页。
⑥ 《旧唐书》卷165《柳玭传》，第4308页。
⑦ 《唐代墓志汇编续集》宝历010，第877页。

书省校书郎，以支使佐故相国彭原李公程于鄂岳。"① 部分校书郎和正字入幕担任更高一级的判官。如许孟容："少以文词知名，举进士甲科，后究《王氏易》登科，授秘书省校书郎。赵赞为荆、襄等道黜陟使，表为判官。贞元初，徐州节度使张建封辟为从事，四迁侍御史。"② 杨汉公："廿九，登进士第，时故相国韦公贯之主贡士，以鲠直公称。……其秋辟郦坊裴大夫武府，得试秘书省校书郎。罢归，就吏部选判，考入第四等。……授秘书省校书郎。裴大夫守华州以试协律署镇国军判官。"③ 这里"试秘书省校书郎"和"授秘书省校书郎"含义不同，前者为幕职所带京衔，非实职，后者则是真授，为实职。杨汉公进士及第后曾入郦坊幕，得"试"秘校。第二次入幕，实职为幕府判官，京衔则为"试协律"。李方元："景业少有文学，年二十四，一贡进士，举以上第，升名解褐，裴晋公奏以秘书省校书郎校集贤殿书。聪明才敏，老成人争与之交。后以协律郎为江西观察支使裴谊观察判官。"④ 从这些例子可以看出，担任判官者均才能杰出、历练丰富。许孟容"少以文词知名"，李方元"少有文学"，杨汉公则有佐幕经历。

校书郎和正字入幕，最常见的情况是担任掌书记，例子极多。以下列举数例，以见其概。

凌准："擢为崇文馆校书郎。又以金吾兵曹为邠宁节度掌书记。"⑤

徐申："永泰元年，寄籍京兆府，举进士秘书省正字，初辟巡官于江西，又掌书记于岭南行营。"⑥

① 《唐代墓志汇编》大中107，第2334页。
② 《旧唐书》卷154《许孟容传》，第4999页。
③ 《唐代墓志汇编续集》咸通008，第1038页。
④ 杜牧：《唐故处州刺史李君墓志铭并序》，《全唐文》卷755，第7831页。
⑤ 柳宗元：《故连州员外司马凌君权厝志》，《全唐文》卷589，第5960页。
⑥ 李翱：《唐故金紫光禄大夫检校礼部尚书使持节都督广州诸军事兼广州刺史兼御史大夫充岭南节度营田观察制置本管经略等使东海郡开国公食邑二千户徐公行状》，《全唐文》卷639，第6458页。

杨凝："君既举进士，以校书郎为书记，毗赞元侯，于汉之明，式徙荆州，由协律郎三转御史。"①

白行简："贞元末，登进士第，授秘书省校书郎。元和中，卢坦镇东蜀，辟为掌书记。"②

柳公权："元和初，进士擢第，释褐秘书省校书郎。李听镇夏州，辟为掌书记。"③

高元裕："弱冠博学工文，擢进士上第。调补秘书省正字，佐山南西道荆南二镇为掌书记。"④

薛逢："会昌初进士擢第，释褐秘书省校书郎。崔铉罢相镇河中，辟为从事。"⑤

卢知猷："登进士第，释褐秘书省正字。宰臣萧邺镇江陵、成都，辟为两府记室。"⑥

掌书记属于幕府中的重要文职。许多文人就是从幕府掌书记走出来的，从而活跃在文坛和政界的。文学史上的知名文学家，如高适、岑参、萧颖士、刘禹锡、李德裕、杜牧、李商隐和韦庄。政界名人如齐映、刘太真、郑絪、卢简辞、王起、白行简、白敏中、杨炎、马炫、李逢吉、冯宿、令狐楚、高颖、裴度等，这些人都曾在幕府中任职掌书记。掌书记在幕府中的地位处在巡官和推官之上，居于判官之下。掌书记职掌书奏表启。韩愈《徐泗豪三州节度掌书记厅石记》：

书记之任亦难矣！元戎整齐三军之士，统理所部之甿，以镇守邦国，赞天子施教化，而又外与宾客四邻交，其朝觐、聘问、慰荐、祭祀、祈祝之文，与所部之政，三军之号令升黜，凡文辞

① 柳宗元：《唐故兵部郎中杨君墓碣》，《柳河东集》卷9，第212页。
② 《旧唐书》卷166《白行简传》，第4358页。
③ 《旧唐书》卷165《柳公权传》，第4310页。
④ 萧邺：《大唐故吏部尚书赠尚书右仆射渤海高公神道碑》，《全唐文》卷764，第7941页。
⑤ 《旧唐书》卷190下《薛逢传》，第5079页。
⑥ 《旧唐书》卷163《卢知猷传》，第4273页。

之事，皆出书记。非闳辨通敏兼人之才，莫宜居之。然皆元戎自
辟，然后命于天子。苟其帅之不文，则其所辟或不当，亦其理
宜也。①

李德裕《掌书记厅壁记》："《续汉书·百官志》称三公及大将军皆有
记室，主上表章报书记。虽列于上宰之庭，然本为从军之职，故杨雄
称军旅之际，飞书驰檄用枚皋。非夫天机殊捷，学源浚发，含思而九
流委输，挥毫而万象骏奔，如庖丁提刃，为之满志，师文鼓瑟，效不
可穷，则不能称是职也。"② 由此可见，校书郎和正字入幕担任掌书
记，为其仕途中非常重要的一段历程。

　　史书对于校书郎和正字入幕后担任的官职，有时记载不具体，多
以"所辟""辟为从事"或"累佐使府"来表示。如李郿："大历中
举进士，又以书判高等，授秘书正字。为李怀光所辟，累迁监察御
史。"③ 于敖："敖字蹈中，以家世文史盛名。少为时彦所称，志行修
谨。登进士第，释褐秘书省校书郎。湖南观察使杨凭辟为从事；府
罢，凤翔节度使李郿、鄂岳观察使吕元膺相继辟召。自协律郎、大理
评事试监察御史。"④ 韦辞："辞少以两经擢第，判入等，为秘书省校
书郎。贞元末，东都留守韦夏卿辟为从事。"⑤ 崔玄亮："解褐补秘书
省校书郎，从事宣、越二府，奏授协律郎大理评事。"⑥ 庾敬休："举
进士，以宏词登科，授秘书省校书郎，从事宣州。"⑦ 柳仲郢："元和
十三年进士擢第，释褐秘书省校书郎。牛僧孺镇江夏，辟为从事。"⑧
卢商："元和四年擢进士第，又书判拔萃登科。少孤贫力学，释褐秘

①　韩愈：《徐泗豪三州节度掌书记厅石记》，《全唐文》卷557，第5634页。
②　李德裕：《掌书记厅壁记》，《全唐文》卷708，7264页。
③　《旧唐书》卷157《李郿传》，第4147页。
④　《旧唐书》卷149《于敖传》，第4009页。
⑤　《旧唐书》卷160《韦辞传》，第4214页。
⑥　白居易：《唐故虔州刺史赠礼部尚书崔公墓志铭并序》，《全唐文》卷679，第
6947页。
⑦　《旧唐书》卷187下《庾敬休传》，第4913页。
⑧　《旧唐书》卷165《柳仲郢传》，第4305页。

书省校书郎。范传式廉察宣歙,辟为从事。王播、段文昌相继镇西蜀,商皆佐职为记室,累改礼部员外郎。"① 宋申锡:"登进士第,释褐秘书省校书郎。韦贯之罢相,出湖南,辟为从事。其后累佐使府。"② 康僚:"公幼嗜书,及冠,能属辞。尤攻四六文章,援毫立成,清媚新峭,学者无能如。自宣城来长安,三举进士登上第,是岁会昌元年也。其年冬得博学宏词,授秘书省正字。明年,临桂元公以观风支使来辟,换试秘书郎。"③ 孔纬:"大中十三年,进士擢第,释褐秘书省校书郎。崔慎由镇梓州,辟为从事。"④ 李昼:"年廿九,登上第。其明年冬,以博学宏词科为敕头,又明年春,授秘书省校书郎,今中山郑公涯为山南西道节度,时以君座主孙熟闻其理行愿,置于宾筵,奏章请试本官充职。"⑤ 但毫无疑问,这些人都经历了从校书郎和正字再到入佐幕府的过程。

三　临时差遣

校书郎和正字,有时也会受朝廷临时差遣去完成特殊任务。比如,贞观时期校书郎张文恭曾参与《晋书》的修撰。⑥ 除了修史之外,还有一种特殊差使是与他们的工作性质密切相关的,即作为图书采访使者被派往全国各地搜访图籍。这一点在前文论述秘书省访书活动及其文学史意义时已有所涉及。但临时差遣是校书郎和正字地方流动的一条重要途径,此处进一步申论。

据现有资料来看,校书郎和正字外出访书主要发生在盛唐和中晚唐。著名古文家萧颖士以秘书正字身份奉命访书。《新唐书》本传:"天宝初,颖士补秘书正字。……奉使括遗书赵、卫间,淹久不报,为有司劾免,留客濮阳。"⑦ 李嘉祐约在天宝后期曾往江南访书。司

---

① 《旧唐书》卷176《卢商传》,第4575页。
② 《旧唐书》卷167《宋申锡传》,第4370页。
③ 孙樵:《唐故仓部郎中康公墓志铭并序》,《全唐文》卷795,第8339页。
④ 《旧唐书》卷179《孔纬传》,第4649页。
⑤ 《唐代墓志汇编》大中115,第2341页。
⑥ 《唐会要》卷63"修前代史"条,第1091页。
⑦ 《新唐书》卷202《萧颖士传》,第5768页。

空曙《送李嘉祐正字括图书兼往扬州觐省》："不事兰台贵，全多韦
带风。儒官比刘向，使者得陈农。晚烧平芜外，朝阳叠浪东。归来喜
调膳，寒笋出林中。"① 据《登科记考》卷 9，李嘉祐天宝九载
（750）进士及第。其选任为正字当在此后不久。还有一位沈校书也
曾派往江南访书。储光羲《送沈校书吴中搜书》："郊外亭皋远，野
中岐路分。苑门临渭水，山翠杂春云。秦阁多遗典，吴台访阙文。君
王思校理，莫滞清江濆。"②

"安史之乱"后，书籍散佚严重，书库亟须补充，朝廷曾多次派
员到各地访书。如耿湋被派往江淮，李端作有《送耿拾遗湋使江南括
图书》③，卢纶亦作《送耿拾遗湋充括图书使往江淮》④。钱起《送集
贤崔八叔承恩括图书》："雨露满儒服，天心知子虚。还劳五经笥，
更访百家书。增别倾文苑，光华比使车。晚云随客散，寒树出关疏。
相见应朝夕，归期在玉除。"⑤ 按：崔八即崔峒。《全唐诗》卷 294 有
崔峒《初入集贤院赠李献仁》。戴叔伦亦有《送崔拾遗峒江淮（一作
东）访图书》："九门思谏议，万里采风谣。关外逢秋月，天涯过晚
潮。雁来云杳杳，木落浦萧萧。空怨他乡别，回舟暮寂寥。"⑥ 据此
诗，崔峒可能先后多次被差遣访书。

四 觐亲及还乡

校书郎和正字在任职期间觐亲及还乡，也是他们向地方流动的一
条重要途径。如弘文馆校书郎李舟，曾于乾元元年（758）春离开长
安前往襄阳觐母，岑参和杜甫均有诗送行。岑参《送弘文李校书往汉
南拜亲》："未识已先闻，清辞果出群。如逢祢处士，似见鲍参军。
梦暗巴山雨，家连汉水云。慈亲思爱子，几度泣沾裙。"⑦ 杜甫《送

---

① 《全唐诗》卷 293，第 3332 页。
② 《全唐诗》卷 139，第 1411 页。
③ 《全唐诗》卷 285，第 3256 页。
④ 《全唐诗》卷 280，第 3184 页。
⑤ 《全唐诗》卷 238，第 2649 页。
⑥ 《全唐诗》卷 273，第 3090 页。
⑦ 《全唐诗》卷 200，第 2075 页。

李校书二十六韵》："李舟名父子，……十九授校书，……乾元元年春，万姓始安宅。"① 诗即与岑参同作。② 贞元末，一位袁姓校书回乡，返程途经庐山，时符载隐居匡庐，作《送袁校书归秘书省序》：

> 袁生富有春秋，挺豪健之姿，心气刚明，端行美文。余始见于海昏，抵溢浦，西游长安，长安士大夫甚多之。日者昌黎韩公尹京兆，朗鉴之下应乡试，浩浩千辈，生为甲冠，纔是为闻秀才焉。天官侍郎以判铨调士，生涉高级，纔是授雠校之官焉。……去年秋，有休浣之请，来觐于伯兄，展礼于亚相，棣萼增韡韡之盛，宾主得厌厌之乐。道光事备，青春北归，柳苗帝里，兰芳省署，啸侣持觞，吟弄风月，藉藉当年，为乐何如。走以嘉礼，一来江夏，相值于诸侯之馆，因得与群彦赋祖行诗。实亦从此旋归旧隐，偶长松老鹤，为度时之适，岂复以华鬓为肺肠之虑哉。③

按：《序》云"昌黎韩公尹京兆"，韩愈于穆宗长庆三年（823）转京兆尹，知袁生进士及第时间在此年。《登科记考》卷 19 载长庆三年（823）进士袁姓者为袁不约，其年状头为郑冠。此与《唐才子传》卷 6 所载"袁不约"正合。据《校笺》，袁不约为杭州新城县（今浙江富阳）人。④ 由此可知，袁不约任职秘书省校书期间曾返南方省亲，探望的对象当是在幕中任职的兄长。从《序》中所言"去年秋"和"青春北归"，可知袁不约探亲的时间有半年之久。

"大历十才子"之一的夏侯审，建中元年（780）以军谋越众科第一登科，授校书郎，不久东归华阴，卢纶及钱起等人送行。卢纶《送夏侯校书归华阴别墅》："山前白鹤村，竹雪覆柴门。候客定为黍，务农因燎原。乳冰悬暗井，莲石照晴轩。贳酒邻里睦，曝衣场圃

---

①　《全唐诗》卷 217，第 2278 页。

②　陶敏：《全唐诗人名考证》，陕西人民出版社 1996 年版，第 221 页、第 264 页。

③　符载：《送袁校书归秘书省序》，《全唐文》卷 690，第 7070 页。

④　傅璇琮主编：《唐才子传校笺》（第 3 册），卷 6，中华书局 1990 年版，第 145 页。

喧。依然望君去，余性亦何昏。"① 钱起《送夏侯审校书东归》："楚乡飞鸟没，独与碧云还。破镜催归客，残阳见旧山。诗成流水上，梦尽落花间。傥寄相思字，愁人定解颜。"②

中唐诗人姚系，河中人，约于德宗建中二年（781）八月，与河中尹赵惠伯等人登河中名胜鹳鹊楼。③ 李翰《河中鹳鹊楼集序》："河南尹赵公，受帝新命，宣风三晋，右贤好事，游人若归。……八月天高，获登兹楼，……上客有前美原尉宇文邈、前栎阳郡郑鲲，文行光达。名重当时。吴兴姚系、长乐冯曾、清河崔邠，鸿笔佳什，声闻远方。"④ 姚系，贞元元年（785）进士及第，曾任校书郎，其间回河中，韦应物和耿湋有诗送行。韦应物《送姚孙（原注：孙一作系）还河中》："上国旅游罢，故园生事微。风尘满路起，行人何处归。留思芳树饮，惜别暮春晖。几日投关郡，河山对掩扉。"⑤ 耿湋《送姚校书因归河中》，姚校书即姚系⑥。诗云："十年相见少，一岁又还乡。去住人惆怅，东西路渺茫。古陂无茂草，高树有残阳。委弃秋来稻，雕疏采后桑。月轮生舜庙，河水出关墙。明日过闾里，光辉芸阁郎。"《唐诗类选》作者顾陶，钱塘人，会昌四年（844）登进士第，大中年间任职校书郎，其间返乡。储嗣宗《送顾陶校书归钱塘》："清苦月偏知，南归瘦马迟。橐轻缘换酒，发白为吟诗。水色西陵渡，松声伍相祠。圣朝思直谏，不是挂冠时。"⑦ 上述事例，是校书郎、正字群体在京城与地方之间流动的极好证明。

校书郎和正字在觐亲和返乡途中，参与各种活动。如袁不约探望伯兄，"展礼于亚相，棣萼增韡韡之盛，宾主得厌厌之乐"，可知与其他文人多有交往。夏侯审回华阴后，也与其他诗人交游。返长安之际，韩翃送别，作《送夏侯校书归上都》："后辈传佳句，高流爱美

① 《全唐诗》卷276，第3130页。
② 《全唐诗》卷237，中华书局1960年版，第2636页。
③ 傅璇琮主编：《唐才子传校笺》（第5册），中华书局1995年版，第227页。
④ 《全唐文》卷430，第4379页。
⑤ 《全唐诗》卷189，第1935页。
⑥ 陶敏：《全唐诗人名考证》，陕西人民出版社1996年版，第362页。
⑦ 《全唐诗》卷594，第6888页。

名。青春事贺监，黄卷问张生。暮雪重裘醉，寒山匹马行。此回将诣阙，几日谏书成。"①校书郎李溶返回家乡无锡，忙于题碑刻石，其《慧山寺家山记》："金陵之属郡毗陵南无锡县，有佛寺曰慧山寺，溶家山也。……乾符四年，溶自秘书省校书郎为丞相荥阳公独状奏入直史馆，会己亥岁（按：乾符六年，879）春，有事白相府，乞假东出函谷关数千里。夏五月癸卯，过家出睹旧刻石诗题，别无碑版叙录，惧年祀寝远，不得布闻于人，谨以史笔条叙于寺之正殿内。"② 这些活动推进了区域之间的文化交流。

第三节　校书郎和正字任职期间的文学活动

唐代校书郎和正字任职期间的创作，职务特点十分鲜明，表征于诗歌及笔记小说。

一　诗歌创作

校书郎、正字任职期间诗歌创作的主要特点，是记录了校书生活和为官心态，为了解唐代诗人精神面貌提供了史料。以元稹、白居易任职秘书省校书郎为例。元稹、白居易贞元十九年（803）至二十一年（805）为秘书省校书郎，其间有大量的创作。贞元十九年（803），元稹作《陪韦尚书丈归履信宅因赠韦氏兄弟》《韦居守晚岁常言退休之志因署其居曰大隐洞命予赋诗因赠绝句》《古决绝词》3首。白居易作《常乐里闲居偶题十六韵兼寄刘十五公舆王十一起吕二臮吕四颖崔玄亮十八元九稹刘三十二敦质张十五仲元时为校书郎》《思归》《留别吴七正字》《早春独游曲江》《和渭北刘大夫借便秋遮虏寄朝中亲友》等。贞元二十年（804），元稹作《野狐泉柳林》《雪后宿同轨店上法护寺钟楼望月》《封书》（鹤台南望白云关）《与太白同之东洛至栎阳太白染疾驻行予九月二十五日至华岳寺雪后望山》

---

① 《全唐诗》卷244，第2747页。
② 李溶：《慧山寺家山记》，《全唐文》卷816，第8591页。

《华岳寺》《天坛上境》《天坛归》《酬哥舒大少府寄同年科第》等。白居易作《泛渭赋》《八渐偈》《哭刘敦质》《酬哥舒大见赠》《下邽庄南桃花》《除夜宿洺州》等诗，游徐州时，曾参加节度使张愔（张建封之子）之宴，作《关盼盼》。贞元二十一年（805），元稹作《贞元历》《送林复梦赴韦令辟》《送复梦赴韦令幕》《伴僧行》《西明寺牡丹》《奉诚园》《酬胡三凭人问牡丹》《靖安穷居》《恭王故太妃挽歌词两首》《病减逢春期白二十二辛大不至十韵》《赠乐天》（等闲相见销长日）《题李十一修行里居壁》《压墙花》等。白居易作《寄隐者》《感时》《首夏同诸校正游开元观因宿玩月》《永崇里观居》《早送举人入试》《春题华阳观》《华阳观桃花时招李六拾遗饮》《和友人洛中春感》《送张南简入蜀》《寄陆补阙》《华阳观中八月十五日夜招友玩月》《三月三十日题慈恩寺》《看恽家牡丹花戏赠李二十》《春中与卢四周谅华阳观同居》《德宗皇帝挽歌四首》《过刘三十二故宅》等诗。① 综观元、白二人此期诗歌创作，大致可以分为这样几类：一是应酬性质的送赠诗，二是记游写景诗，三是远游诗。就内容而言，这些诗歌作品总体特点是闲适。因此，有学者把白居易在此期间的创作归为闲适诗一类，并指出白居易本人对此类诗歌倍加珍爱，认为能够畅扬"独善其身"之道②，有一定道理。

元、白此期间的创作，充分体现了秘书省校书郎的职务性格，主要表现为任职的清闲。关于清闲，在元、白诗中屡屡提及。如元稹《赠吕二校书》："七年浮世皆经眼，八月闲宵忽并床。"③《华岳寺》："羞见窦师无外役，竹窗依旧老身闲。"④《天坛上境》："野人性僻穷深僻，芸署官闲不似官。"⑤《酬哥舒大少府寄同年科第》："赖得官闲

---

① 元稹诗歌系年，主要根据杨军《元稹集编年笺注》（诗歌卷），三秦出版社2002年版；白居易诗歌系年，主要根据朱金城《白居易年谱》和王拾遗《白居易生活系年》。

② 张金亮：《白居易闲适诗创作心态刍议》，《浙江大学学报》（人文社会科学版）1995年第6期。

③ 《元稹集》卷17，第199页。

④ 《元稹集》卷16，第182页。

⑤ 同上。

且疏散，到君花下忆诸郎。"①《病减逢春期白二十二辛大不至十韵》：
"饥馋看药忌，闲闷点书名。"②《赠乐天》："等闲相见销长日，也有
闲时更学琴。"③ 白居易《常乐里闲居偶题十六韵》："谁能雠校闲，
解带卧吾庐。"④《首夏同诸校正游开元观因宿玩月》："官小无职事，
闲于为客时。"⑤《留别吴七正字》："唯是尘心殊道性，秋蓬常转水长
闲。"⑥ 从这些记载来看，秘书省官职是十分清闲的。正是由于清闲，
他们才可能有时间远游，如元稹不断来往于长安和洛阳之间⑦，白居
易卜居下邽、来往长安洛阳间，甚至远游徐州。⑧ 也正是由于清闲，
他们才可以经常赏牡丹、游曲江、登名山、宿道观。

　　清闲只是校书郎生活中的一面，此外诗歌还反映了任职期间的物
质生活和为官心态。白居易刚任职时曾作《思归》："养无晨昏膳，
隐无伏腊资。遂求及亲禄，黾勉来京师。薄俸未及亲，别家已经
时。"⑨《春中与卢四周谅华阳观同居》："杏坛住僻虽宜病，芸阁官微
不救贫。"⑩ 可见任职初期生活的窘困。后来生活比较稳定："茅屋四
五间，一马二仆夫。俸钱万六千，月给亦有余。"⑪ 诗歌还真实地记
载了初任职时的轻狂心态。元稹《赠吕二校书》："同年同拜校书郎，
触处潜行烂熳狂。共占花园争赵辟，竞添钱贯定秋娘。"⑫ 又《酬哥
舒大少府寄同年科第》云："前年科第偏年少，未解知羞最爱狂。九
陌争驰好鞍马，八人同著彩衣裳。"⑬ 但校书郎终究不过是九品官，

① 《元稹集》卷16，第180页。
② 《元稹集》卷10，第114页。
③ 《元稹集》卷17，第193页。
④ 《白居易集》卷5，第91页。
⑤ 同上书，第92页。
⑥ 《白居易集》卷13，第259页。
⑦ 卞孝萱：《元稹年谱》，齐鲁书社1980年版，第75页。
⑧ 朱金城：《白居易年谱》，上海古籍出版社1982年版，第27—28页。
⑨ 《白居易集》卷9，第178页。
⑩ 《白居易集》卷13，第254页。
⑪ 《白居易集》卷5，第91页。
⑫ 《元稹集》卷17，第199页。
⑬ 《元稹集》卷16，第180页。

诗歌对他们的消极心态也有记录。白居易《春中与卢四周谅华阳观同居》："性情懒慢好相亲，门巷萧条称作邻。"①《常乐里闲居偶题十六韵》："独有懒慢者，日高头未梳。……三旬两入省，因得养顽疏。"②表面的疏懒难以掩饰内心的愁闷和悲苦。元稹《伴僧行》："春来求事百无成，因向愁中识道情。"③《病减逢春期白二十二辛大不至十韵》："推迁悲往事，疏数辨交情。"④白居易《思归》："块然抱愁者，长夜独先知。"⑤《酬哥舒大见赠》："今日相逢愁又喜，八人分散两人同。"⑥

二　笔记编撰

校书郎任职期间笔记小说的写作发现有三例：锺辂《前定录》、康骈《剧谈录》及郑处诲《明皇杂录》。

锺辂，文宗朝曾任崇文馆校书郎，著《前定录》。其《序》云：

> 人之有生，修短贵贱，圣人固常言命矣。至于纤芥得丧，行止饮啄，亦莫不有前定者焉。中人以上，罔有不闻其说。然得之即喜，失之则忧，遑遑汲汲，至于老死，罕有居然俟得，静以待命者。其大惑欤！余颛愚迷方，不达变态，审固天命，未尝劳心。或逢一时偶一事，泛乎若虚舟触物，曾莫知指遇之所由。推而言之，其不在我明矣。大和中，雠书春阁，秩散多暇，时得从乎博闻君子，征其异说。每及前定之事，未尝不三复本末，提笔记录。日月稍久，渐盈筐箧。因而编次之，曰《前定录》。庶达识之士，知其不诬，而奔竞之徒，亦足以自警云尔。⑦

---

① 《白居易集》卷13，第254页。
② 《白居易集》卷5，第91页。
③ 《元稹集》卷16，第186页。
④ 《元稹集》卷10，第114页。
⑤ 《白居易集》卷9，第178页。
⑥ 《白居易集》卷13，第251页。
⑦ 锺辂：《前定录序》，《全唐文》卷741，第7663页。

据"大和中，雠书春阁"，可知此书撰于任职校书郎期间。《新唐书》卷 59 著录《前定录》一卷，《宋史》卷 206 亦著录为一卷。《太平广记》存录 20 条：卷 148 "郑虔"，卷 149 "马游秦""杜思温""柳及"，卷 150 "乔琳""刘邈之""裴谞""李揆""道昭"，卷 151 "豆卢署""韩滉"，卷 152 "薛少殷""袁孝叔"，卷 153 "张辕"，卷 154 "陈彦博""陆宾虞""王璠"，卷 155 "张宣"，卷 156 "庞严"，卷 159 "武殷"。纪昀《阅微草堂笔记》卷 15 转录一则："按《前定录》载：开元中宣平坊王生，为李揆卜进取，授以一缄，可数十纸，曰：君除拾遗日发此，后揆以李璆荐，命宰臣试文词，一题为《紫丝盛露囊赋》，一题为《答吐蕃书》，一题为《代南越献白孔雀表》，揆自午至酉而成，凡涂八字，旁注两句。翌日，授左拾遗，旬余，乃发王生之缄，视之，三篇皆在其中，涂注者亦如之。"① 按：此即《太平广记》卷 150 所载"李揆"条。《前定录》之材料来源，《序》称"从乎博闻君子，征其异说"，亦即道听途说。但从其"未尝不三复本末"，可知作者不仅反复征询其实，而且可能利用馆中藏书做了相关核校工作。

康骈《剧谈录》也与他在唐僖宗时任崇文馆校书郎有关。徐松《登科记考》卷 23，记康骈乾符五年（878）进士及第，主考官为崔澹。第二年又参加博学宏词科考试中第。据此，其任职崇文馆校书郎当在乾符六年（879）后不久。次年即广明元年（880），黄巢攻入长安，康骈仓皇逃离回到故乡池州黄老山。《剧谈录序》："咸通中始随乡赋，以薄伎贡于春官，爰及窃名，殆将一纪。其间退黜羁寓，旅乎秦甸洛师，所见异闻，常思纪述。或得史馆残事，聚于竹素之间，进趋不遑，未暇编缀。及寇犯天邑，挈归渔樵，属江表乱离，亡逸都尽。景福、乾宁之际，耦耕于池阳山中，闭关云林，罕值三益。而又环堵之内阙于坟典，思欲叙他日之游谈，迹先王之轨范，不可得矣。然则平昔之道，本为于文，既未能立匡世之功名，又安得舍穷愁之翰墨。因想时经丧乱，代隔中兴，人事变更，邈同千载，寂寥堙没，知

---

① 纪昀：《阅微草堂笔记》卷 15，上海古籍出版社 1980 年版，第 361 页。

者渐稀。是以耘耨之馀，粗成前志。所记亦多遗漏，非详悉者，不复叙焉。分为二编，目之曰《剧谈录》。文义既拙，复无雕丽之词，亦观小说家流，聊以传诸好事者。乾宁二年建巳月，池州黄老山白社序。"①《序》中所云"或得史馆残事，聚于竹素之间，进趋不遑，未暇编缀"，"史馆残事"即未入正史之史料，也就是杂史杂传之类。据"未暇编缀"，可知其时已对《剧谈录》进行撰写，不过还未来得及编排成书，就发生了黄巢起义。昭宗景福、乾宁之际，作者在老家池阳山中，打算重新编写原书，但苦于山中典籍缺乏，一时难以动笔。不过，作者最终在乾宁二年（895）完成了原本散佚书稿的重新写作。

据康骈自序，《剧谈录》原本分为上下两卷，但《新唐书》卷59著录为"康軿《剧谈录》三卷，字驾言，乾符进士第"②。《宋史》卷206著录为"康骈《剧谈录》二卷"③。《四库全书总目》卷142"小说家类三"记为"二卷"："是书成于乾宁二年，皆记天宝以来琐事，亦间以议论附之，凡四十条。今以《太平广记》勘之，一一相合。非当时全部收入，即后人从《广记》抄合也。此本末有临安府陈道人书籍铺刊行字，盖犹影抄宋本。如潘将军一条，注中疑为潘鹘碎字。今本《剑侠传》从《广记》剽掇，此条讹为潘鹤碎，遂不可解，知此本为善矣。其中载元微之年老擢第，执贽谒李贺一条，《古夫于亭杂录》辨之曰，案元擢第，既非迟暮，于贺亦称前辈，讵容执贽造门，反遭轻薄，小说之不根如此。其论最当。然稗官所述，半出传闻。真伪互陈，其风自古。未可全以为据，亦未可全以为诬，在读者考证其得失耳。不以是废此一家也。"④《提要》指出南宋陈道人书籍铺所刊本为善本，所论公允。《剧谈录》材料来源，当分两种：一是作者亲见亲闻之异事，一是杂抄"史馆残事"，也就是利用校书郎职务之便，分类抄录杂史杂传。

---

① 康骈：《剧谈录序》，古典文学出版社1958年版，第2页。
② 《新唐书》卷59《艺文三》，第1542页。
③ 脱脱等：《宋史》卷203《艺文五》，中华书局1977年版点校本，第5221页。
④ 《四库全书总目》卷142，第1210页。

　　郑处诲撰《明皇杂录》三篇。《旧唐书·郑馀庆传》附郑处诲传:"大和八年登进士第,释褐秘府。""处诲方雅好古,且勤于著述,撰集至多。为校书郎时,撰次《明皇杂录》三篇,行于世。"①《新唐书》卷58著录为二卷,《宋史》卷203亦著录为二卷。《四库全书总目》卷140"小说家类一"著录"《明皇杂录》二卷","《别录》一卷",并云:"是书成于大中九年,有处诲自序。案史称处诲为校书郎时,撰次《明皇杂录》三篇,行于世。晁公武《读书志》则载《明皇杂录》二卷,然又曰《别录》一卷,题补阙所载十二事。则史并别录数之,晁氏析别录数之也。叶梦得《避暑录话》曰:郑处诲《明皇杂录》记张曲江与李林甫争牛仙客实封,时方秋,上命高力士以白羽扇赐之。九龄惶恐,作赋以献,意若言明皇以忤旨将废黜,故方秋赐扇以见意。《新书》取以载之本传。据《曲江集》赋序曰:开元二十四年盛夏,奉敕大将军高力士赐宰相白羽扇,九龄与焉。则非秋赐。且通言宰相则林甫亦在,不独为曲江而设也。乃知小说记事,苟非耳目亲接,安可轻书耶云云。则处诲是书亦不尽实录。然小说所记,真伪相参,自古已然,不独处诲。在博考而慎取之,固不能以一二事之失实,遂废此一书也。"②据此处所考张九龄白羽扇事,可知《明皇杂录》部分内容确与事实不符。但郑处诲撰此书,目的就是要补前人所叙开、天年间史实之不足。《新唐书·郑馀庆传》附处诲传:"先是,李德裕《次柳氏旧闻》,处诲谓未详,更撰《明皇杂录》,为时盛传。"③据此可知,郑氏撰著此书,目的不在传异闻,而要征实信史。因此,其材料来源,主要还是秘书省中所藏史籍,而非道听途说。换句话说,郑处诲任职秘书省校书郎,有机会接触大量原始史料,才能结撰此书。

　　上述三例笔记小说的创作情况,反映了校书郎生活情状的一个侧面,从中可以了解校书郎职务特点与笔记小说之间的内在联系。

　　① 《旧唐书》卷158《郑馀庆传》附郑处诲传,第4168页。
　　② 《四库全书总目》卷140,第1184页。
　　③ 《新唐书》卷165《郑馀庆传》附郑处诲传,第5062页。

第四节 校书郎和正字的送别诗

严羽《沧浪诗话·诗评》："唐人好诗，多是征戍、迁谪、行旅、离别之作，往往能感动激发人意。"① 的确，离别是唐诗中主要表现内容之一，而征戍、迁谪、行旅也都与离别紧密相连，《全唐诗》中别离之作可谓比比皆是。但正如江淹《别赋》所说："别虽一绪，事乃万族。"离别的类型多种多样，唐诗中有各种不同形态的离别诗，如"宴别""赠别""送别""饯别""寄别""留别"等。大致而言，别离可以分为两大类型，一是送别，一是告别。这是从诗人离别时的身份来划分的。"送别诗"是诗人送别他人离开而写的；"告别诗"是诗人离开某地向他人告别所写的。② 校书郎和正字的别诗，同样也可以这样来分。所谓"送别诗"，是校书郎和正字离开时他人所写的送行诗。举例来说，如李嘉祐《晚春送吉校书归楚州》："诗人饶楚思，淮上及春归。旧浦菱花发，闲门柳絮飞。"③ 这是送人离京返乡的别诗，送行者是李嘉祐，出行人是吉中孚。再如刘长卿《送李校书赴东浙幕府》："方从大夫后，南去会稽行。森森沧江外，青青春草生。芸香辞乱事，梅吹听军声。应访王家宅，空怜江水平。"④ 被送者是李校书，送行的人是刘长卿。所谓"告别诗"或"留别诗"，是指校书郎、正字离开时所写诗歌。如白居易《留别吴七正字》："成名共记甲科上，署吏同登芸阁间。唯是尘心殊道性，秋蓬常转水长闲。"⑤ 吴七正字指吴丹。⑥ 从诗歌内容可知，吴丹与白居易曾同在秘书省任职，白为校书郎，吴任正字。此诗是白居易外出留别吴丹而作。总体上，与校书郎和正字相关的别诗，"送别诗"居多，"留别

---

① 严羽：《沧浪诗话》，郭绍虞校释，人民文学出版社 1983 年版，第 198 页。
② 吴承学：《唐诗中的"留别"与"赠别"》，《文学遗产》1996 年第 4 期。
③ 《全唐诗》卷 206，第 2151 页。
④ 《全唐诗》卷 147，第 1497 页。
⑤ 《全唐诗》卷 436，第 4834 页。
⑥ 朱金城：《白居易年谱》，第 26 页。

诗"较少。此处所讨论的"送别诗",是指他人为校书郎和正字出行所作的诗歌。这是第一个需要注意的问题。

第二个问题是,应辨识唐诗中"校书郎"的不同含义。如前所述,校书郎和正字的基本形态有两种,一种是在京城从事校对工作的真校书郎,另一种是方镇文职僚佐所带的京衔。后一类"校书"不在京城任职,而是在外地担任幕职。因此要特别注意此类"校书"的别诗,它与真校书的别诗含义不同。如王建《别杨校书》:"从军秣马十三年,白发营中听早蝉。故作老丞身不避,县名昭应管山泉。"① 此处"校书"显然是幕佐所带京衔。马戴《别灵武令狐校书》:"北风吹别思,落月度关河。树隐流沙短,山平近塞多。雁池戎马饮,雕帐戍人过。莫虑行军苦,华夷道正和。"② 从诗中可知令狐校书在边塞幕府中任职。贾岛《送张校书季霞》:"从京去容州,马在船上多。容州几千里,直傍青天涯。掌记试校书,未称高词华。义往不可屈,出家如入家。"③ 所谓"掌记试校书",是指在带试校书郎京衔在使府中担任掌书记。高骈《留别彰德军从事范校书》:"桂攀明月曾观国,蓬转西风却问津。匹马东归羡知己,燕王台上结交新。"④ 诗题已经明确说明范校书为彰德军从事。韩愈《送湖南李正字归》⑤ 中的"正字"较难辨别到底是实职还是京衔,但将之与诗序中所说"今愈以都官郎守东都省,侍御自衡州刺史为亲王长史,亦留此掌其府事。李生自湖南从事请告来觐"⑥ 相互参看,则知此处"湖南"正指湖南使府,而非李生籍贯湖南,此处"正字"非真正字,而是李生任幕职所带京衔。唐人对作为职事官的校书郎和作为京衔的校书郎,区分是非常清楚的。如罗隐《送刘校书之新安寄吴常侍》:"野云如火照行尘,会绩溪边去问津。才子省衔非幕客,楚君科第是

① 《全唐诗》卷301,第3436页。
② 《全唐诗》卷556,第6454页。
③ 《全唐诗》卷571,第6626页。
④ 《全唐诗》卷598,第6918页。
⑤ 《全唐诗》卷339,第3806页。
⑥ 韩愈:《送湖南李正字序》,《全唐文》卷556,第5624页。

同人。"① 意思是说这位到新安去的刘校书,是在京城文馆任职的真校书郎,而不是幕职所带京衔。这里讨论的对象,是真校书郎和真正字的送别诗。

一　主要内容

从现存诗歌来看,校书郎和正字的送别诗约百余首。据其内容,大致可分以下数种:入幕、觐亲、返乡、出游、赴任、访书、成亲、应考、求职、差遣等。其中又以入幕、觐亲、返乡为主。

(一)入幕

这一类诗歌约有 20 余首,较早的一首是杨炯的《送刘校书从军》。从时间上来看,送人入幕之作主要发生于中晚唐。这与"安史之乱"后方镇使府的兴盛有关。如刘长卿《送李校书赴东浙幕府》,钱起《送崔校书从军》,元结《送孟校书往南海》,卢纶《送宋校书赴宣州幕》《送李校书赴东川幕》,李益《赋得路傍一株柳送邢校书赴延州使府》,李端《送宋校书赴宣州幕》,司空曙《送崔校书赴梓幕》,杨巨源《别鹤词送令狐校书之桂府》,郑巢《送魏校书赴夏口从事》,朱庆馀《送韦校书佐灵州幕》《送韦繇校书赴浙东幕》《送韩校书赴江西幕》,马戴《送韩校书江西从事》,贾岛《送裴校书》②《送韦琼校书》③,许棠《送厉校书从事凤翔》,无可《送韩校书赴江西》,皎然《奉陪杨使君顼送段校书赴南海幕》等。

此类送别诗的第一个特点是希望被送者能得到府主重用,早日建功立业。如:"闻道轻生能击虏,何嗟少壮不封侯。"④"独梦诸山外,高谈大旆前。"⑤"日有来巴使,秋高出塞鸿。旬休随大旆,应到九成

---

①　《全唐诗》卷 663,第 7595 页。

②　按:此诗题目并未标明出行目的,据诗中所云"拜官从秘省,署职在藩维。……使府临南海,帆飞不到迟",可知使送人入幕的。《全唐诗》卷 572,第 6635 页。

③　按:诗云"宾佐兼归觐,此行江汉心",可知为送人入幕之作。《全唐诗》卷 573,第 6668 页。

④　《全唐诗》卷 236,第 2603 页。

⑤　《全唐诗》卷 504,第 5735 页。

宫。"① "时泰罢飞檄，唯应颂公成。"② 第二个特点是希望不要留恋幕职，早日重聚。如元结《送孟校书往南海》："相劝早旋归，此言慎勿忘。"按：孟校书指孟云卿。《诗序》云："平昌孟云卿，与元次山同州里，以词学相友，几二十年。次山今罢守春陵，云卿始典校芸阁。于戏！材业次山不如云卿，辞赋次山不如云卿，通和次山不如云卿，在次山又诩然求进者也。谁言时命，吾欲听之。次山今且未老，云卿少次山六七岁。云卿声名满天下，知己在朝廷。及次山之年，云卿何事不可至。忽随长风，乘兴蹈海，勿爱罗浮，往而不归。南海幕府，有乐安任鸿，与次山最旧，请任公为次山一白府主，趣资装云卿北归，慎勿令徘徊海上。诸公第作歌送之。"③ 元结永泰元年（765）罢守道州，翌年春再授道州刺史。春陵，唐属道州延唐县。据《诗序》"次山今罢守春陵"可知，此诗作于永泰元年（765）。杜甫《解闷十二首》之五："李陵苏武是吾师，孟子（原注：校书郎云卿）论文更不疑。一饭未曾留俗客，数篇今见古人诗。"④ 杜诗作于大历元年（766）流寓夔州时，可证孟云卿代宗初年曾任校书郎。第三个特点是想象路途艰辛。如："泥坂望青城，浮云与栈平。"⑤ "夜潮冲老树，晓雨破轻萍。"⑥ "栈霜朝似雪，江雾晚成云。"⑦ "水驿迎船火，山城候骑尘。"⑧ 等等。

（二）返乡、觐亲

此类诗歌数量最多，约 30 余首。如岑参《送弘文李校书往汉南拜亲》，李嘉祐《晚春送吉校书归楚州》，杜甫《送李校书二十六韵》，钱起《送夏侯审校书东归》，耿湋《送胡校书秩满归河中》《送姚校书因归河中》，卢纶《送吉中孚校书归楚州旧山》《送夏侯校书

---

① 《全唐诗》卷 604，第 6978 页。
② 《全唐诗》卷 818，第 9213 页。
③ 《全唐诗》卷 241，第 2710 页。
④ 《全唐诗》卷 230，第 2517 页。
⑤ 《全唐诗》卷 280，第 3181 页。
⑥ 《全唐诗》卷 285，第 3260 页。
⑦ 《全唐诗》卷 292，第 3309—3310 页。
⑧ 《全唐诗》卷 514，第 5869 页。

归华阴别墅》《秋夜宴集陈翊郎中圃亭美校书郎张正元归乡》，李益《送贾校书东归寄振上人》，李端《冬夜与故友聚送吉校书》，司空曙《送吉校书东归》，杨巨源《送章孝标校书归杭州因寄白舍人》，孟郊《感别送从叔校书简再登科东归》《送从叔校书简南归》，白居易《送李校书趁寒食归义兴山居》，姚合《送喻凫校书归毗陵》《送韦瑶校书赴越》，储嗣宗《送顾陶校书归钱塘》，周繇《送杨环校书归广南》，曹松《送陈樵校书归泉州》，李洞《送皇甫校书自蜀下峡归觐襄阳》，皎然《送杨校书还济源》，岑参《送王伯伦应制授正字归》，耿湋《送郭正字归邬上》，武元衡《送李正字之蜀》，权德舆《送正字十九兄归江东醉后绝句》，姚合《送董正字武归常州觐亲》，马戴《送春坊董正字浙右归觐》，无可《送章正字秩满东归》，齐己《送唐禀正字归萍川》等。

　　此类送别诗有三个特点。其一，对归家团聚的祝福。如："慈亲思爱子，几度泣沾裙。"① "晨省高堂后，馀欢杯酒间。"② "赍酒邻里睦，曝衣场圃喧。"③ "名宦两成归旧隐，遍寻亲友兴何饶。"④ 其二，对校书和正字暂离官场钦羡。如 "定向渔家醉，残阳卧钓矶"⑤。"明日过闾里，光辉芸阁郎。"⑥ "吾亦家吴者，无因到弊庐。"⑦ "人各还家去，还家庆不同。"⑧ 其三，委婉表达离别的思念之情。如 "音书须数附，莫学晋嵇康。"⑨ 此处用嵇康事，意谓莫学嵇康懒惰。嵇康《与山涛绝交书》："性复疏懒，筋驽肉缓，头面常一月十五日不洗，不大闷痒，不能沐也。每常小便而忍不起，令胞中略转乃起耳。"再

①《全唐诗》卷200，第2075页。
②《全唐诗》卷496，第5629—5630页。
③《全唐诗》卷276，第3130页。
④《全唐诗》卷695，第7292页。
⑤《全唐诗》卷206，第2151页。
⑥《全唐诗》卷269，第2995页。
⑦《全唐诗》卷496，第5620—5621页。
⑧ 同上书，第5621页。
⑨《全唐诗》卷268，第2987页。

如"处处园林好,何人待子猷"①。此用《世说新语·任诞》王子猷雪夜访戴安道事,希望远行之人像子猷那样经常来看望老友。此外,劝早日返京的诗歌也比较多,如:"圣朝思直谏,不是挂冠时。"②"帝京须早入,莫被刺桐迷。"③"无穷别离思,遥寄竹枝歌。"④"何当复雠校,春集少阳宫。"⑤

(三)其他诗歌

校书郎的送别诗,以上述入幕和觐亲返乡为主,此外还有其他类别的送行诗歌。如访书,有储光羲《送沈校书吴中搜书》,司空曙《送李嘉祐正字括图书兼往扬州觐省》。出游,如李频《江上送从兄群玉校书东游》,许棠《送刘校书游东鲁》。应试,如张祜《送韦正字析贯赴制举》。读书,如李嘉祐《送王正字山寺读书》。求职,如刘长卿《送李校书适越谒杜中丞》:"陈蕃悬榻待,谢客枉帆过。"⑥特殊差遣,如姚合《送萧正字往蔡州贺裴相淮西平》。外地任县职,如岑参《送秘省虞校书赴虞乡丞》等。最有意思的是送校书郎娶亲的诗歌,发现两首,一是卢纶《送申屠正字往湖南迎亲兼谒赵和州因呈上侍郎使君并戏简前历阳李明府》,一是李群玉《送萧十二校书赴郢州婚姻》。后一首值得一读,诗云:"蓬莱才子即萧郎,彩服青书卜凤凰。玉珮定催红粉色,锦衾应惹翠云香。马穿暮雨荆山远,人宿寒灯郢梦长。领取和鸣好风景,石城花月送归乡。"⑦

从送别地点来看,上述诗歌活动大多发生于京城。还有一些诗歌,是送校书郎从外地返京的,可相互参看。如杜甫《夏日杨长宁宅送崔侍御、常正字入京》,韩翃《送夏侯校书归上都》,杜牧《东都送郑处诲校书归上都》等,这些诗歌的写法与送人离京诗略有不同。

---

① 《全唐诗》卷292,第3322页。
② 《全唐诗》卷594,第6888页。
③ 《全唐诗》卷717,第8242页。
④ 《全唐诗》卷316,第3556页。
⑤ 《全唐诗》卷556,第6449页。
⑥ 《全唐诗》卷148,第1511页。
⑦ 《全唐诗》卷569,第6600页。

二 "芸阁"意象

校书郎和正字的送别诗,往往以雅称代指秘书省及相关事物,形成独特意象,主要有"芸阁""芸香""芸书""云署"等。如戴叔伦的《和河南罗主簿送校书兄归江南》:"京辇辞芸阁,蘅芳忆草堂。"① 丘为《送阎校书之越》:"芸阁应相望,芳时不可违。"② 朱庆馀《送韦繇校书赴浙东幕》:"官离芸阁早,名占甲科频。"③ 高适《宴郭校书因之有别》:"芸香名早著,蓬转事仍多。"④ 刘长卿《送李校书赴东浙幕府》:"芸香辞乱事,梅吹听军声。"⑤ 孟郊《感别送从叔校书简再登科东归》:"菱唱忽生听,芸书回望深。"⑥ 周繇《送杨环校书归广南》:"初著蓝衫从远峤,乍辞云署泊轻艘。"⑦ 也有称"麟阁""内阁""兰台"的。如杜甫《夏日杨长宁宅送崔侍御常正字入京》:"乌台俯麟阁,长夏白头吟。"⑧ 许棠《送刘校书游东鲁》:"内阁劳雠校,东邦忽纵游。"⑨ 司空曙《送李嘉祐正字括图书兼往扬州觐省》:"不事兰台贵,全多韦带风。"⑩ 有的则直称"秘省",如贾岛《送裴校书》:"拜官从秘省,署职在藩维。"⑪ 还有一种比较有意思的是称"贺监",如韩翃《送夏侯校书归上都》:"青春事贺监,黄卷问张生。"⑫

与馆所称呼相应的是,校书郎也有一系列美名,使用最频繁的是"芸阁郎"和"芸阁吏",如耿湋《送姚校书因归河中》:"明日过间

---

① 《全唐诗》卷273,第3096页。
② 《全唐诗》卷129,第1319页。
③ 《全唐诗》卷514,第5869页。
④ 《全唐诗》卷214,第2230页。
⑤ 《全唐诗》卷147,第1497页。
⑥ 《全唐诗》卷379,第4247页。
⑦ 《全唐诗》卷635,第7292页。
⑧ 《全唐诗》卷232,第2558页。
⑨ 《全唐诗》卷604,第6978页。
⑩ 《全唐诗》卷293,第3332页。
⑪ 《全唐诗》卷572,第6635页。
⑫ 《全唐诗》卷244,第2747页。

里，光辉芸阁郎。"① 卢纶《送吉中孚校书归楚州旧山》："青袍芸阁郎，谈笑挹侯王。"② 司空曙《送吉校书东归》："少年芸阁吏，罢直暂归休。"③ 无可《送章正字秩满东归》："芸阁吏谁替，海门身又还。"④ 许浑《送韩校书》："迹高芸阁吏，名散雪楼翁。"⑤ 齐己《送唐禀正字归萍川》："霜须芸阁吏，久掩白云扉。"⑥ 或称"蓬阁吏"，如李频《江上送从兄群玉校书东游》："逍遥蓬阁吏，才子复诗流。"⑦或称"麟阁书生"，钱起《送崔校书从军》："雁门太守能爱贤，麟阁书生亦投笔。"⑧ 或称"蓬莱才子"，如李群玉《送萧十二校书赴郢州婚姻》："蓬莱才子即萧郎，彩服青书卜凤凰。"⑨

这些意象蕴含丰富的文化意味。"麟阁""兰台""内阁"等称谓，与汉代藏书机构有关。《通典·职官八》："汉室图籍所在，有石渠、石室、延阁、广内，贮之于外府。又有御史中丞居殿中，掌兰台秘书及麒麟、天禄二阁，藏之于内禁。"⑩ 汉代藏书之地不仅数量多，而且分内、外诸种。所谓内也就是内阁，相比外府更为重要。这就是"麟阁""兰台""内阁"代指唐代各书库的来由。东汉时期藏书渐由兰台转至东观，贮书宏富。《后汉书·窦章传》："是时学者称东观为老氏藏室，道家蓬莱山。"⑪ 蓬莱也成为藏书机构的代名词。杨炯《登秘书省阁诗序》："周王群玉之山，汉帝蓬莱之室。"⑫ "蓬莱阁"和"蓬莱室"代指秘书省。贺知章曾任职于秘书省，为秘书监。《旧唐书》本传："迁太子宾客、银青光禄大夫兼正授秘书监。……晚年

---

① 《全唐诗》卷269，第2995页。
② 《全唐诗》卷276，第3124页。
③ 《全唐诗》卷292，第3322页。
④ 《全唐诗》卷813，第9149页。
⑤ 《全唐诗》卷530，第6063页。
⑥ 《全唐诗》卷841，第9489页。
⑦ 《全唐诗》卷589，第6835页。
⑧ 《全唐诗》卷236，第2603页。
⑨ 《全唐诗》卷569，第6600页。
⑩ 《通典》卷26，第155页。
⑪ 《后汉书》卷23，第821—822页。
⑫ 杨炯：《登秘书省阁诗序》，《全唐文》卷191，第1925页。

尤加纵诞，无复规检，自号四明狂客，又称'秘书外监'。"① 所以有的诗人以"贺监"来指代秘书省。"芸阁""芸香""芸书"等富有意味的称法，来自于芸香辟蠹。芸香是一种香草，花叶香味浓郁，具有驱虫作用，古人常用以保护书籍，或在庭院种植，或将花叶夹于书中。晋成公绥曾作《芸香赋》："美芸香之修洁，禀阴阳之淑精。"② 沈括《梦溪笔谈》："古人藏书辟蠹用芸。芸，香草也。今人谓之'七里香'者是也。叶类豌豆，作小丛生，其叶极芬香，秋后叶间微白如粉污，辟蠹殊验。"③ 唐代诗人也屡在诗歌中提及，如常衮《晚秋集贤院即事寄徐薛二侍郎》："墨润水文茧，香销蠹字鱼。"④ 杨巨源《酬令狐员外直夜书怀见寄》则说："芸香能护字，铅椠善呈书。"⑤ 所以，与"芸"相连的一系列词语，大多与书籍有关。比如，"芸编"指书籍，如《琵琶记》："秋灯明翠幕，夜案览芸编。""芸人"指读书人。"芸签"指书签。"芸窗""芸馆"指书斋，"芸局"指藏书之处。据此，就不难明白唐代专司典籍的秘书省又叫"芸阁""芸台""芸省""芸书""芸署"，而校书郎又称"芸阁郎"或"芸阁吏"。

三 独特价值

(一) 反映创作心态

唐人嗜诗，朋友聚会往往是赛诗会。刘禹锡曾记录在扬州的一次亲身体会："扬州春夜，李端公益、张侍御登、段侍御平仲、密县李少府畼、秘书张正字复元，同会于水馆，对酒联句，追记刻烛击铜钵故事，迟辄举觥以饮之，逮夜艾群公沾醉，纷然就枕，余偶独醒，因题诗于段君枕上以志其事。"⑥ 所谓刻烛击钵，指竟陵王萧子良等赛

---

① 《旧唐书》卷190中《贺知章传》，第5034页。
② 严可均：《全上古三代秦汉三国六朝文》(第3册)，《全晋文》卷59，上海古籍出版社2009年版，第373页。
③ 沈括：《梦溪笔谈》卷3"辨证一"，中华书局1985年版，第16页。
④ 《全唐诗》卷254，第2858页。
⑤ 《全唐诗》卷333，第3720页。
⑥ 《全唐诗》卷365，第4115页。

诗之事。《南史·王僧孺传》:"竟陵王子良尝夜集学士,刻烛为诗,四韵者则刻一寸,以此为率。文琰曰:'顿烧一寸烛,而成四韵诗,何难之有。'乃与令楷、江洪等共打铜钵立韵,响灭则诗成,皆可观览。"① 校书郎和正字因故离开京城,祖饯活动为诗人聚会提供了机会。送别诗的创作也往往是群体诗会,在一定程度上促进了诗艺的提升,正如刘禹锡《送王司马之陕州》所说:"两京大道多游客,每遇词人战一场。"②

　　送别诗的竞赛性质,是由集体创作决定的。诗序对群体活动有记录。如元结《送孟校书往南海并序》云"诸公第作歌送之"③。韩愈《送湖南李正字序》:"重李生之还者皆为诗,愈最故,故又为序云。"④ 所谓"诸公",所谓"皆",均表明送别活动的群体性质。事实正是如此。前举吉中孚回楚州,据现存诗歌来看,送行者有李嘉祐、卢纶、司空曙、李端诸人,李端诗题直言《冬夜与故友聚送吉校书》,所谓"聚送",说明是群体活动。夏侯审离开长安回华阴,也有一次较大规模的群体诗会,《全唐诗》还完整地保存了两位送行者的诗歌,一是钱起《送夏侯审校书东归》,一是卢纶《送夏侯校书归华阴别墅》。群体诗会是诗人展示才华、切磋诗艺的好时机。如韩湘入江西幕,朱庆馀、马戴、僧无可等皆有诗送行,用五言排律,以"人、春、新、频、身、秦"为韵。朱诗:"从军五湖外,终是称诗人。酒后愁将别,涂中过却春。山桥槲叶暗,水馆燕巢新。驿舫迎应远,京书寄自频。野情随到处,公务日关身。久共趋名利,龙钟独滞秦。"⑤ 马诗:"出关寒色尽,云梦草生新。雁背岳阳雨,客行江上春。遥程随水阔,枉路倒帆频。夕照临孤馆,朝霞发广津。湖山潮半隔,郡壁岸斜邻。自此钟陵道,裁书有故人。"⑥ 无可诗:"车马东门

　　① 李延寿:《南史》卷59,中华书局1975年点校本,第1463页。
　　② 《全唐诗》卷359,第4046页。
　　③ 《全唐诗》卷241,第2710页。
　　④ 韩愈:《送湖南李正字序》,《全唐文》卷556,第5624页。
　　⑤ 《全唐诗》卷514,第5870页。
　　⑥ 《全唐诗》卷556,第6444页。

别，扬帆过楚津。花繁期到幕，雪在已离秦。吟落江沙月，行飞驿骑尘。猿声孤岛雨，草色五湖春。折苇鸣风岸，遥烟起暮蘋。鄱江连郡府，高兴寄何人。"① 其中所蕴竞赛之意不言而喻。

（二）传播地域风情

方回《瀛奎律髓》卷24："送行之诗，有不必皆悲者，别则其情必悲。此类中有送诗，有别诗，当观轻重。又送人之官，言及风土者，已于'风土类'中收之。"② 送行诗中言及风土，描绘地理特征和风土人情，传播地域文化，实现了"诗可以群"的功用。如江南风情，戴叔伦《和河南罗主簿送校书兄归江南》："上虞亲渤澥，东楚隔潇湘。古戍阴传火，寒芜晓带霜。海门潮滟滟，沙岸荻苍苍。"③ 吉中孚为楚州（今江苏淮安）人，卢纶《送吉中孚校书归楚州旧山》详叙楚州风物："年来倦萧索，但说淮南乐。并楫湖上游，连樯月中泊。沿溜入闾门，千灯夜市喧。喜逢邻舍伴，遥语问乡园。下淮风自急，树杪分郊邑。送客随岸行，离人出帆立。渔村绕水田，澹澹隔晴烟。欲就林中醉，先期石上眠。林昏天未曙，但向云边去。暗入无路山，心知有花处。登高日转明，下望见春城。洞里草空长，冢边人自耕。寥寥行异境，过尽千峰影。露色凝古坛，泉声落寒井。"④ 杭州美景，如杨巨源《送章孝标校书归杭州因寄白舍人》："曾过灵隐江边寺，独宿东楼看海门。潮色银河铺碧落，日光金柱出红盆。"⑤ 岭南风情，如周繇《送杨环校书归广南》："山村象踏桄榔叶，海外人收翡翠毛。"⑥ 元结《送孟校书往南海》："吾闻近南海，乃是魑魅乡。忽见孟夫子，欢然游此方。忽喜海风来，海帆又欲张。"⑦ 皎然《奉陪杨使君頔送段校书赴南海幕》："天高林瘴洗，秋远海色清。"⑧ 越

① 《全唐诗》卷814，第9165页。
② 李庆甲：《瀛奎律髓汇评》，上海古籍出版社1986年版，第1018页。
③ 《全唐诗》卷273，第3096页。
④ 《全唐诗》卷276，第3124—3125页。
⑤ 《全唐诗》卷333，第3724页。
⑥ 《全唐诗》卷635，第7292页。
⑦ 《全唐诗》卷241，第2710页。
⑧ 《全唐诗》卷818，第9213页。

中胜景，丘为《送阎校书之越》："南入剡中路，草云应转微。湖边好花照，山口细泉飞。此地饶古迹，世人多忘归。经年松雪在，永日世情稀。"① 三峡风光，李洞《送皇甫校书自蜀下峡，归觐襄阳》："蜀道波不竭，巢乌出浪痕。松阴盖巫峡，雨色彻荆门。"② 蜀中奇景，李洞《送东宫贾正字之蜀》："南朝献晋史，东蜀瞰巴楼。长栈怀宫树，疏峰露剑州。半空飞雪化，一道白云流。"③

（三）记录生存状态

在校书郎的送别诗中，还发现两首较为特别的诗歌，一首弃官还乡，一首未就职返乡。王维《送綦毋秘书弃官还江东》，赵殿成《王右丞集笺注》"秘书"作"校书"。④ 诗云："明时久不达，弃置与君同。天命无怨色，人生有素风。念君拂衣去，四海将安穷。秋天万里净，日暮澄江空。清夜何悠悠，扣舷明月中。和光鱼鸟际，澹尔兼葭丛。无庸客昭世，衰鬓日如蓬。顽疏暗人事，僻陋远天聪。微物纵可采，其谁为至公。余亦从此去，归耕为老农。"⑤綦毋校书即綦毋潜，《唐才子传》卷2："开元十四年严迪榜进士及第，授宜寿尉，迁右拾遗，入集贤院待制，复授校书，终著作郎。"⑥《校笺》云綦毋潜授校书郎后弃官还江东，以李颀《送綦毋三谒房给事》"夫子大名下，家无钟石储。惜哉湖海上，曾校蓬莱书"为证。并称在得到给事中房琯帮助后，任职右拾遗。按：《唐才子传》所言迁右拾遗入集贤院待制后授校书郎，此实与唐代官制不合。校书郎为正九品上阶，右拾遗为从八品上阶，相差两个官阶，一般情况下不可能先任拾遗再转任校书郎。正常的迁转途径应是：进士及第后任校书郎，转宜寿尉，再迁右拾遗。但可以肯定的是，綦毋潜授校书郎后弃官东归。另一首是韦应物《送褚校书归旧山歌》："握珠不返泉，

---

① 《全唐诗》卷129，第1319页。
② 《全唐诗》卷721，第8278页。
③ 同上书，第8279页。
④ 赵殿成：《王右丞集笺注》卷3，中华书局1961年版，第46页。
⑤ 《全唐诗》卷125，第1242页。
⑥ 傅璇琮主编：《唐才子传校笺》（第1册），卷2，第245页。

匣玉不归山。明皇重士亦如此，忽怪褚生何得还。方称羽猎赋，未拜兰台职。汉箧亡书已暗传，嵩丘遗简还能识。朝朝待诏青锁闱，中有万年之树蓬莱池。世人仰望栖此地，生独徘徊意何为？故山可往薇可采，一自人间星岁改。藏书壁中苔半侵，洗药泉中月还在。春风饮饯灞陵原，莫厌归来朝市喧。不见东方朔，避世从容金马门。"① 孙望《韦应物诗集系年校笺》于此诗下笺评云："褚校书，不详。诗云：'春风饮饯灞陵原，莫厌归来朝市喧。'知此系应物在长安仕宦时期之作，至究为比部员外郎任内所作，拟为左司郎中任内所作，则不可得而考矣。"②孙氏系此诗于贞元四年至五年（788—789）。从诗中"方称羽猎赋，未拜兰台职"，可知褚某并未就职。"世人仰望栖此地，生独徘徊意何为？"意思是他人对校书郎职位都很羡慕，你还不愿意担任，到底为何？

　　上两首诗歌，时间分别在开元和贞元，反映了校书郎的社会地位和生存状态。如前文所述，校书郎地位与文馆变迁相应。初盛唐时期秘书省地位并不高，前引《两京记》："唐初，秘书省唯主写书贮掌勘校而已。自是门可张罗，迥无统摄官署。望虽清雅，而实非要剧。权贵子弟及好利夸侈者率不好此职。流俗以监为宰相病坊，少监为给事中中书舍人病坊，丞及著作郎为尚书郎病坊，秘书郎及著作佐郎为监察御史病坊。言从职不任繁剧者，当改入此省。"③ 但到了中唐，秘书省社会地位相对来说要高得多。杜佑曾说："（校书郎）掌雠校典籍，为文士起家之良选。其弘文、崇文馆，著作、司经局，并有校书之官，皆为美职，而秘书省为最。"④ 但从褚校书弃官归隐来看，杜佑所说也是大致情况，并非所有人都以校书郎为美职。校书郎在唐代的整体生存状态到底如何，可以从俸料钱的角度来考察。贞观初，校书郎和正字俸禄为每月1300文，乾封元年（666）1500文，开元二十四年（736）1917文，大历十二年（773）6000文，贞元四年

---

① 《全唐诗》卷195，第2004—2005页。
② 孙望：《韦应物诗集系年校笺》卷8，中华书局2002年版，第419页。
③ 《太平广记》卷187，第1405页。
④ 《通典》卷26，第155页。

（788）16000 文，会昌年间（841—846）16000 文。显然中晚唐时期的待遇要比初盛唐高很多。大历至会昌年间，次赤县尉每月为 25000 文，其他县尉 20000 文，幕府观察推官和巡官 30000 文、节度推官 40000 文、掌书记 50000 文。① 横向来看，校书郎和正字的俸禄远远不如同时期的县尉和幕佐。

　　俸料钱问题也反映在校书郎的诗歌中。如白居易《常乐里闲居偶题》："小才难大用，典校在秘书。三旬两入省，因得养顽疏。茅屋四五间，一马二仆夫。俸钱万六千，月给亦有馀。"② 白居易所讲的"俸钱万六千"，与表中所列文献记载是一致的。白居易初任校书郎时所作《思归》："养无晨昏膳，隐无伏腊资。遂求及亲禄，黾勉来京师。薄俸未及亲，别家已经时。"③ 此处讲的"薄俸"与"月给亦有馀"并不矛盾，因为横向比较，校书郎和正字的俸禄比县尉要低，比使府掌书记等差得更远。所以耿湋《送郭正字归邺上》说："济江篇已出，书府俸犹贫。"④ 也正是校书郎生存状态的一种反映。这种情状还可以从一位妻子写给任校书郎丈夫的诗中见出。崔氏《述怀》："不怨卢郎年纪大，不怨卢郎官职卑。自恨妾身生较晚，不及卢郎年少时。"⑤ 诗题原注："校书娶崔时年已暮，崔微有愠色，赋诗述怀。"此诗诙谐幽默，但所写却是实情。校书郎作为年轻人的起家官确是"良选"，但年暮老人还担任九品校书郎的卑职，实在怪不得妻子怨言。

本章小结

　　一、唐代校书郎和正字主要分布于秘书省、弘文馆、崇文馆、集贤院、司经局等机构。各馆所置校书郎、正字的时间和员数，随着馆

---

① 参考赖瑞和《唐代基层文官》，第 269—270 页。
② 《全唐诗》卷 428，第 4712 页。
③ 《全唐诗》卷 432，第 4775 页。
④ 《全唐诗》卷 268，第 2987 页。
⑤ 《全唐诗》卷 799，第 8990 页。

所功能和地位的变化而发生改变。校书郎和正字作为基层文官，主要职责是整理藏书，校对文字。这些官职的设置，反映出唐代官方藏书机构的基本情况。

二、校书郎和正字为文士起家之良选，职位竞争较为激烈。受职务性质影响，校书郎和正字的选任，重视科第出身和文学才能。中晚唐进一步加强了选任管理，进士出身者比例提高。这个群体，当时已备受世人青睐，今日也还是考察唐代知识精英群体的一个重要切入点。

三、校书郎和正字作为文士释褐官，其地方流动特征更加明显。其路径，主要有入幕、任县职、特别差遣、觐省等，其中入幕和转任县职最为常见，反映出唐代官员迁转基本规律。在研究过程中，要特别注意真校书郎和真正字与"试校书郎""试正字"的区别。前者是指在京城文馆任职者，后者则是幕职所带之京衔。两者名同实异。

四、校书郎和正字任职期间的文学活动往往体现出职务特点。比如诗歌，记录其间生活情状和心理状态。笔记小说的撰著，则充分利用了藏书之便。这里面，隐含了一个重要事实：唐代藏书机构与书籍编纂活动关系密切，而书籍活动又关涉知识结构和文学观念等问题。

五、校书郎和正字的送别诗具有重要文学史料价值，不仅蕴含特殊的"芸阁"意象，而且揭示出群体活动的诗歌竞赛性质。从中还可以看到这个群体的心理变化，以及在地域文化传播方面发挥的重要作用。

结语 "制度与文学"研究的成就、困境及出路

自 20 世纪 80 年代初迄今，"制度与文学"研究已走过近 40 年历程，取得令人瞩目的成绩，但也出现不少问题，产生各种困扰。如何有效突破困境，使之更好地发展，有必要进行总结和反思。笔者曾对"制度与文学"研究范式的形成及其发展问题发表过一些看法。① 本书即在原有基础上，从研究进程、学术成就、理论渊源、局限与困境、突破和发展等方面做进一步论述。

一 研究进程及学术成就

20 世纪三四十年代，唐代科举制度与诗歌的关系开始为学界关注。直接以"制度"为论题者，先后就有日本铃木虎雄《唐代考试制度与诗赋》和施子愉《唐代科举制度与五言诗之关系》等文章。② 1980 年，程千帆发表《唐代进士行卷与文学》，不仅深化了对此问题的认识，而且还创新了研究模式。不过，直接影响"制度与文学"研究格局形成的标志性著作，则是傅璇琮发表于 20 世纪 80 年代中期的《唐代科举与文学》。近 30 年学术史表明，"制度与文学"的研

---

① 参看吴夏平《"制度与文学"研究范式的形成和发展》，《贵州师范大学学报》（社会科学版）2014 年第 6 期；《关于"制度诗学"：论陈寅恪与埃斯卡皮之异趣》，《贵州师范学院学报》2010 年第 1 期。

② 日本铃木虎雄《唐代考试制度与诗赋》一文，由张我军译，载于 1929 年 3 月 30 日天津《益世报》附刊；施子愉《唐代科举制度与五言诗之关系》载于《东方杂志》第 40 卷第 8 号，1944 年。参见程千帆《唐代进士行卷与文学》，上海古籍出版社 1980 年版，第 1 页。

究，主要围绕纵通和横通两方面展开。纵通是指以唐代为基点在时段上的前后延展。横通是指以科举制度为发端，不断向其他领域拓进。

唐代文学无疑是制度与文学研究的重镇，成果非常丰硕。比如，科举与文学、幕府与文学、贬谪与文学、铨选与文学、地域与文学、科举文体、乐府制度与文学、政治与文学、文馆与文学、交通与文学、教育与文学、谏议与文学、礼制与文学、节日民俗与文学等。① 以唐代为基点，"制度与文学"在纵横两方面展开。纵向方面，比如，先秦时段，就出现了周礼与文学、上古文学制度、先秦文学制度、先秦乐制与文学等研究成果。② 也有学者从制礼作乐入手，梳理先秦文体的生成和文献编纂等问题。③ 秦汉文学领域，或对制度之下秦汉文学的精神和品格、文学发展的制度性因素、制式文章的发展等问题进行

---

① 戴伟华：《唐代使府与文学研究》，广西师范大学出版社 1998 年版；《唐方镇文职僚佐考》，天津古籍出版社 1994 年版。尚永亮：《元和五大诗人与贬谪文学考论》，台北文津出版社 1993 年版；《贬谪文化与贬谪文学——以中唐元和五大诗人之贬及其创作为中心》，兰州大学出版社 2004 年版；《唐五代逐臣与贬谪文学研究》，武汉大学出版社 2007 年版。王勋成：《唐代铨选与文学》，中华书局 2001 年版。李浩：《唐代三大地域文学士族研究》，中华书局 2002 年版。戴伟华：《地域文化与唐代诗歌》，中华书局 2006 年版。陈飞：《唐代试策考述》，中华书局 2002 年版。吴相洲：《唐代歌诗与诗歌》，北京大学出版社 2000 年版；《乐府学概论》，人民文学出版社 2015 年版。胡可先：《中唐政治与文学》，安徽大学出版社 2000 年版；《政治兴变与唐诗演化》，中国社会科学出版社 2003 年版；《唐代重大历史事件与文学研究》，浙江大学出版社 2007 年版。李德辉：《唐代文馆制度及其与政治和文学之关系》，上海古籍出版社 2006 年版。吴夏平：《唐代文馆制度与文学研究》，齐鲁书社 2007 年版；《唐代制度与文学研究述论稿》，齐鲁书社 2008 年版；《唐代文馆文士社会角色与文学》，中国社会科学出版社 2012 年版。李德辉：《唐代交通与文学》，湖南人民出版社 2003 年版。戴军：《唐代寺院教育与文学》，中国社会科学院文学所 2003 年博士毕业论文。赵楠：《唐代的教育和教育诗》，南京师范大学 2006 年博士学位论文。童岳敏：《唐代的文学与私学》，上海古籍出版社 2014 年版。王吉清：《唐代的早期教育与文学》，陕西师范大学 2012 年博士学位毕业论文。傅绍良：《唐代谏议制度与文人》，中国社会科学出版社 2003 年版。马自力：《中唐文人之社会角色与文学活动》，中国社会科学出版社 2005 年版。赵小华：《初盛唐礼乐文化与文士、文学关系研究》，广东人民出版社 2011 年版。于俊利：《唐代礼官与文学研究》，陕西师范大学 2009 年博士学位毕业论文。朱红：《唐代节日民俗与文学研究》，复旦大学 2002 年博士学位论文。严春华：《风俗文化与唐代文学的相关性研究》，华南师范大学 2008 年博士学位毕业论文。

② 丁进：《周礼考论：周礼与中国文学》，上海人民出版社 2008 年版。饶龙隼：《上古文学制度述考》，中华书局 2009 年版。罗家湘：《先秦文学制度研究》，上海古籍出版社 2011 年版。许继起：《先秦乐府制度研究》，扬州大学 2002 年博士毕业论文。

③ 过常宝：《制礼作乐与西周文献的生成》，中国社会科学出版社 2015 年版。

论述①，或从制度视域考察辞赋文体的历史变迁②，或揭示汉代仕进制度与文学的关系③，或研究汉代教育制度与文学创作④。魏晋南北朝文学，则分别从选官制度、著作郎官制度等方面入手分析文学与制度的关联。⑤唐以后，如宋代文学，出现了馆阁与文学⑥、科举与文学⑦、家族与文学⑧等研究成果。明代文学研究领域，则关注文官制度与文学⑨，书坊制度与小说的关系⑩。清代科举、选官、礼制等与文学相结合的研究也渐次增多。不仅如此，现当代文学也受古典文学研究风气影响，产生不少论述文学制度、文学奖励机制、文学机构与文学之关系的论著。⑪有学者将此学术路向称为"文史对话"，认为其价值体现在"借助于对社会文化的广阔考察，文学研究这一感性的

① 参见徐公持《"义尚光大"与"类多依采"——汉代礼乐制度下的文学精神和性格》，《文学遗产》2010年第1期；《"礼乐争辉"与"辞藻竞骛"——关于秦汉文学发展的制度性考察》，《文学遗产》2011年第1期；《论秦汉制式文章的发展及其文学史意义》，《文学遗产》2012年第1期。

② 许结：《制度下的赋学视域——论赋体文学古今演变的一条线索》，《南京大学学报》（哲学·人文科学·社会科学）2006年第4期；《科举与辞赋：经典的树立与偏离》，《南京大学学报》（哲学·人文科学·社会科学）2008年第6期；《宋代科举与辞赋嬗变》，复旦学报（社会科学版）2012年第4期。

③ 韦春喜：《论汉代人才培养、选拔对〈诗经〉的影响》，《文学遗产》2011年第6期。

④ 鞠传文：《汉代教育制度与汉代文学创作》，山东大学2008年博士毕业论文。

⑤ 王相飞：《南朝选官制度与文学》，南京师范大学2008年博士毕业论文。李猛：《魏晋南北朝著作郎制度与文学之关系研究》，上海师范大学2013年度硕士毕业论文。

⑥ 陈元锋：《北宋馆阁翰苑与诗坛研究》，中华书局2005年版。成明明：《北宋馆阁与文学研究》，中国社会科学出版社2007年版。

⑦ 祝尚书：《宋代科举与文学考论》，大象出版社2006年版；《宋代科举与文学》，中华书局2008年版。林岩：《北宋科举考试与文学》，上海古籍出版社2006年版。

⑧ 张剑等：《宋代家族与文学研究》，中国社会科学出版社2009年版。

⑨ 叶晔：《明代中央文官制度与文学》，浙江大学出版社2011年版。李军：《明代文官制度与明代文学》，南开大学2013年博士毕业论文。

⑩ 程国赋：《明代书坊与小说研究》，中华书局2008年版。

⑪ 王本朝：《中国现代文学制度研究》，西南师范大学出版社2002年版；《中国当代文学制度研究》（1949—1976），新星出版社2007年版。张均：《中国当代文学制度研究》（1949—1976），北京大学出版社2011年版。范国英：《新时期以来中国文学制度研究——以茅盾文学奖为中心的考察》，巴蜀书社2010年版。万安伦：《二十世纪中国文学的奖励机制研究》，北京师范大学出版社2012年版。李秀萍：《文学研究会与中国现代文学制度》，中国传媒大学出版社2010年版。

事业获得了某种史学的坚韧和扎实，因而推动学科走向成熟"①。

毋庸置疑，在"制度与文学"研究进程中，傅璇琮发挥了重要的引领作用。《唐代科举与文学》出版以后，先后有好几位中青年学者仿其写作格局，撰写类似的选题。② 戴伟华曾直引傅璇琮原话："如果可能，还可以从事这样两个专题的研究，一是唐代士人怎样在地方节镇内做幕府的，二是唐代的翰林院和翰林学士。"③ 可见，使府与文学研究也受此影响。④ 在傅璇琮的倡导和力行之下，"制度与文学"逐渐形成一种新的学术范式。从现阶段硕、博士学位论文选题来看，此范式依然显示出极其强大的学术生命力。综观近30年研究成果，"制度与文学"的研究主要取得以下学术成就。

其一，改变古典文学研究格局，成为现代学术史中不可或缺的一环。近百年来学术历程大致有四个阶段：一是"五四"至新中国成立，二是"十七年"时期，三是"文化大革命"时期，四是改革开放至今。第一阶段，学术总体上呈现出旧学与新知交汇的特点。此期另一个重要特点是马克思文艺思想逐渐作用于中国学术。比如，毛泽东同志提出文艺不仅要"百花齐放，百家争鸣"，而且要为大众服务，为政治服务。⑤ 再如，郭沫若于1944年2月发表的《从周代农事诗论到周代社会》一文，自觉运用社会学方法研究中国古代史。⑥ 但此期马克思文艺理论在学术上还属于"潜流"。第二阶段最突出的特点，是马克思理论的社会分析方法成为学术主流。此阶段出版的几部代表性文学史著作，大都遵循这样的学术原则。比如，社科院文学所

---

① 李怡：《文史对话与中国现当代文学研究》，《中国社会科学》2016年第3期。
② 傅璇琮：《唐代科举与文学·重印题记》，陕西人民出版社2003年第2版，第1—2页。
③ 戴伟华：《唐代使府与文学研究》，第3页。
④ 关于傅先生的学术贡献，参看卢燕新等编《傅璇琮先生学术研究文集》，商务印书馆2012年版。
⑤ 毛泽东：《在延安文艺座谈会上的讲话》，人民出版社1975年版。
⑥ 郭沫若：《郭沫若全集》（历史编第一卷），人民出版社1982年版，第405—433页。

所编《中国文学史》，明确表示："力图遵循马克思列宁主义的观点。"① 游国恩等人的《中国文学史》也直接说："力图遵循马克思列宁主义、毛泽东思想的原则。"② 这些文学史著作，作为高校文科教材曾产生广泛影响。但正如学者所批评的，此期文学研究的主体倾向是"庸俗社会学"③。第三阶段的文学研究，总体成绩虽不足称道，但从另一角度看，其学术导向及研究成果，为现代学术的反观自省提供了重要参照，郭沫若的《李白与杜甫》即其著例。④ 第四个阶段的文学研究，大致又可分为两个小的阶段。20 世纪 80 年代，一方面是学术"拨乱反正"，另一方面，是对西方理论饥渴式的学习，并由此产生大量文学选本、鉴赏辞典之类的著作。借助西方理论分析作品已然成为 80 年代学术基本导向。90 年代至今，则如上所述，"制度与文学"逐渐成为古典文学主要研究范式之一，改变了以往以作品分析为主的格局，呈现出现代性转换的学术特质。

其二，构建新的文史理论，具有重要的方法论意义。文史结合的方法主要是"诗史互证"。"以诗证史"是将文学作品看作历史史料。"以史证诗"是把文学还原到历史时空中去。严格来讲，作为一种学术方法，"以诗证史"发端于刘师培⑤，至陈寅恪而蔚为大观。不过，陈氏虽然强调从人、事、地等要素来研究诗歌，但所关注的还只是具体作家和作品，并未在宏观视野下展开诗人的群体性研究。

作为方法的"制度与文学"，改变了这种研究路向，从宏观上把握文学史发展脉络，将历史与文学进行充分而全面的结合。由此建立的研究范式，是在对历史时期各种制度的充分理解之下，考察文人在

① 中国社会科学院文学所中国文学史编写组：《中国文学史》，人民文学出版社 1962 年版，第 1 页。

② 游国恩等：《中国文学史》，人民文学出版社 1963 年版，第 1 页。

③ 冯其庸：《关于古典文学人民性研究中的庸俗社会学》，《教学与研究》1956 年第 12 期。袁世硕等：《古典文学研究中的庸俗社会学的倾向》，《山东大学学报》1959 年第 3 期。

④ 郭沫若：《李白与杜甫》，人民文学出版社 1972 年版。

⑤ 早在陈寅恪之前，刘师培曾提出以唐诗证史。参考卞孝萱《现代国学大师记》，中华书局 2006 年版，第 53—54 页。

历史时空的生存状态、生活方式、精神面貌、心理历程以及文学创作，其中最重要的是揭示制度之下文学演进规律和特点，以及制度与文学的各种关联性。这种研究，一方面借鉴参考相关史学成果，另一方面，在一定程度上又丰富了历史研究。相比之下，这种研究比"诗史互证"更具有全局性和整体性，因而也更加具有重要的方法论价值。

其三，解决了文学史研究中的相关问题，一些重要问题得到进一步深入认识。以唐代为例，比如，以往认为科举是唐诗繁荣的重要原因，但经考证，科举试诗赋的时间，大概出现于武周垂拱二年（686），这距李唐立国已有近70年的时间。[①] 通过研究发现，初唐诗歌的发展主要有两条线路，一是宫廷中的"准近体"创作，一是古体写作，两种诗体构成对立的两元。近体诗的定型和成熟，不仅文馆文士发挥了重要作用，而且在诗歌内部，古体也起着相反相成的促进作用。再比如，科举诗、律赋、策论等文体，其体式的形成和发展都获得很好的制度性阐释。唐代方镇制度、文人幕府活动，及其如何与边塞诗发生关联等问题，也得到了合理解释。此外，运用文化地理学理论来研究士族文学，将制度与文学现象统摄于文学政治母体，运用社会角色理论分析文人角色与文学的互动关系等，都取得重要进展。

二 学术渊源

改革开放之初，学术研究呈井喷式爆发，其中最重要的一点就是大量译介西方著作，并把相关理论运用于具体研究，比如，接受美学、心理学分析、语言学分析、原型批评、集体无意识等。因此，20世纪80年代产生了大量对文学作品进行阐释的研究成果。这在当时确实能一新耳目，给读者带来全新的审美感受。但随着研究工作逐步展开，一些学者开始偏离事实、牵强附会。针对这种现象，90年代初期，学术界开始纠偏，反思"拿来"问题。

---

① 陈铁民：《梁玙墓志与唐进士科试杂文》，《北京大学学报》（哲学社会科学版）2006年第6期。

"制度与文学"的研究，正是在上述学术环境中发生和发展的。其中起重要作用的，是西方文学社会学理论。傅先生的唐代文学研究，就深受西学影响。他曾说："若干年前，我读丹纳的《艺术哲学》，印象很深刻。……由丹纳的书，使我想到唐诗的研究。"[①] 并对丹纳论艺术家与社会关系的一段名言，特别揭出：

> 艺术家不是孤立的人。我们隔了几世纪只听到艺术家的声音；但在传到我们耳边来的响亮的声音之下，还能辨别出群众的复杂而无穷无尽的歌声，像一大片低沉的嗡嗡声一样，在艺术家四周齐声歌唱。
>
> 艺术家本身，连同他所产生的全部作品，也不是孤立的。有一个包括艺术家在内的总体，比艺术家更广大，就是他隶属的同时同地的艺术宗派或艺术家家族。[②]

这种思想在《唐代科举与文学》中得到进一步实践。在该书中，先生极力强调，要通过跨学科研究，"使我们仿佛走进了那个时代，迎面所接触的是那个社会所特有的色彩和音响"[③]。

傅先生反复提到的丹纳，是19世纪法国著名思想家。丹纳认为文学受种族、时代、环境三要素影响，种族是内部根源，环境是外部压力，而时代则是后天的推动力量。在丹纳之前，斯达尔夫人于1800年和1810年先后发表《从文学与社会制度的关系论文学》及《论德意志与德意志风俗》，从历史和社会环境来系统探讨文学现象。其后孔德创建社会学，把斯达尔夫人的文学理论纳入实证主义中来。在孔德看来，文学首先是社会现象，文艺研究必须从这个角度出发，才能真正揭示作品的价值和意义。斯达尔夫人和孔德的理论，直接通向丹纳的《艺术哲学》。可以说，丹纳的文艺理论是19世纪文学社会

---

① 傅璇琮：《唐代诗人丛考》，第1—2页。
② 同上书，第1页。
③ 傅璇琮：《唐代科举与文学》，第2页。

学理论的系统总结。但是，文学社会学作为一门学科，它的建立发生于 20 世纪五六十年代，代表人物是法国的埃斯卡皮等人。埃斯卡皮先后发表《文学社会学》（1958）、《书籍的革命》（1965）、《文学性和社会性》（1970）等著作，并在法国波尔各大学建立"文学事实社会学研究中心"（1959）。其基本内容是，文学可以分成生产、发行、消费三个阶段，与之相对应的是文学的创作、传播和接受。他们认为文学事实应当包括世界、作家、作品、读者四个部分。对作家的研究，应当从其社会阶层、职业、地理、时代等层面来分析，因此提出作家世代、文学地理等问题。对文学的发行，提出发行圈子一说，并由此思考作者与读者的关系，比如，作者对话的潜在对象与事实对象之间不一致，因此要分清楚"潜在读者"和"事实读者"。此二者的不同，产生阅读的"创造性背叛"现象。也就是说，读者的理解与作者的本意之间往往难以达成一致。对于文学消费，他认为书籍（文学）不仅可以用来阅读，而且也可以作为商品来消费，比如，作为礼物予以馈赠等。总之，埃斯卡皮提出的各种观念和方法都是基于"文学事实"的，而不仅是文学的。因此，对于文学事实的研究，与以往的文学研究，无论是资料还是手段，都不大一样。他认为文学事实资料"要通过对围绕着文学事实的社会结构的研究，以及对文学事实起制约作用的各种技术手段的研究才能获得"[1]。

埃斯卡皮的文学社会学理论被译介至我国后，对当代中国学术产生了重要影响。比如，武汉大学成立"中国文学传播与接受研究中心"，就直接受此启发。王兆鹏曾自述其学，坦言"比较广泛地涉猎了文学社会学……等理论著作"[2]。他的一系列关于文学传播的研究论著，显然与此学习经历有关。至于曾大兴等人的文学地理学研究，程国赋等人的明代书坊与小说研究，毋庸置疑，也是借鉴文学社会学的结果。

---

① ［法］罗贝尔·埃斯卡皮：《文学社会学》，王美华、于沛译，安徽文艺出版社1987 年版，第 51—52 页。

② 王兆鹏：《求学之路》，《中文自学指导》1997 年第 3 期。

　　但是，"制度与文学"研究格局的形成，并非全受西方文艺思想影响，其间还有中国学术传统的作用。这就不得不说到 20 世纪 80 年代以来的"陈寅恪热"。据笔者统计，近 40 年有关陈寅恪的研究著作近百部，研究论文 900 余篇，并且呈逐年上升趋势。如何看待这个现象？究其实质，这是"文化大革命"之后学术"拨乱反正"的结果，是以批判郭沫若《李白与杜甫》为开端的。从 1978 年开始，萧涤非、谭其骧等人发表大量文章，批评郭著的各种失误。在"陈寅恪热"过程中，傅璇琮也发表了一系列研究陈氏学术思想的论文。① 可以说，傅璇琮对"制度与文学"研究的思考，在丹纳《艺术哲学》之外，还与陈寅恪有关。从傅璇琮对陈寅恪的学习及具体研究实践中，可以看到中国传统学术对他的影响。由此可见，"制度与文学"研究的学术渊源，既有西方文学社会学的一面，又有中国学术自身传统的一面。其研究格局的形成，实际上是 80 年代以来中西文化碰撞与交融的结果。

三　研究困境

　　经过近 40 年发展，"制度与文学"研究取得较大成就，但也产生了不少问题，归纳起来主要有以下几方面。

　　其一，对"与"的义涵认识不够清晰。"制度与文学"到底研究什么？是制度？文学？还是制度与文学的关联性？这个问题往往困扰着研究者，以致有一段时间曾比较热烈地讨论历史本位与文学本位问题。② 确切来讲，"制度与文学"作为文学史研究的一种新方法和新视域，应从制度入手解决文学问题，最终落脚点应是文学，而不是历史。但"制度与文学"的研究，又非简单的作家和作品研究，其重

---

　　① 傅璇琮：《一种文化史的批评——兼谈陈寅恪的古典文学研究》，《中华文化》1989年第 1 期；《陈寅恪思想的几点探讨》，《清华大学学报》1990 年第 2 期；《陈寅恪文化心态与学术品味的考察》，《社会科学战线》1991 年第 3 期；《略谈陈三立——陈寅恪思想的家世渊源试测》，《中国文化研究》1993 年第 1 期。

　　② 赵义山：《历史本位与文学本位》，《文学遗产》2007 年第 2 期。袁行霈：《走上宽广通达之路——新时期古代文学研究的趋向》，《文学遗产》2008 年第 1 期。

心是揭示和解释制度与文学的互联互动。所以，在重视"制度""文学"之外，还必须思考"与"的内涵。"与"不是"和"，也不是"及"，它所表示的不是两个事物的并列或综合关系，而是事物之间的内外关联。程千帆曾注意到这个问题，他认为唐代进士行卷对文学的作用，包括"促退"和"促进"两种。① 也就是说，既要研究行卷风气，也要研究文学，但最重要的还不是这二者本身，而是二者之间的"进""退"关系。

从已有成果来看，对"与"字义涵理解偏差的主要表现有三种。一是"制度＋文学"。这种研究，制度考辨往往做得比较好。但其中的文学研究却似乎与制度毫无关联，把"制度"和"文学"当作两个毫不相干的事物。因此，这种研究并不能真正揭示事物的关联性。二是制度多而文学少。有些论著甚至并未就制度与文学展开论述，但却标之以"某某制度与文学"的论题。因此，难免使人怀疑，这到底是历史研究还是文学研究？相对来说，上述两种现象比较容易发现。三是事物关联性研究的缺失被遮蔽。这种遮蔽来自于主题先行，也就是先存某种观念，在假设中认为某种制度对文学产生影响和作用，为了证明判断的正确，而在论述中作一些牵强附会、似是而非的解说。上述情况的前两种，研究者忽视了"与"的意涵。后一种，研究者本想解决"与"的问题，但本末倒置，未能真正解决好这个问题。

其二，"制度与文学"研究较好地解决了文学发生发展的外部问题，但对文学内部的审美研究却很难发挥作用。以唐代制度与文学研究为例，已有成果比较好地解释了制度对唐诗的影响，也比较好地分析了各种文体的生成和发展问题。但是，很难解释为什么盛唐会出现李、杜这样的大诗人，也无法对诗歌等作品进行艺术性阐发。这就是"制度与文学"研究的最大局限。它能在宏观上，从全局性和整体性上去揭示文学史发展的社会动因，也能够在一定程度上梳理文学史演进脉络，但在分析具体作家的个性特征、具体作品的审美艺术上，似

---

① 程千帆：《唐代进士行卷与文学》，第88页。

乎无能为力。

当然，也不乏从制度分析作品的成功例子。比如，从军事制度切入，以杜佑《通典》所载"举火"及"烧柴笼"的不同含义，来解释"大漠孤烟直"的真实含义，从而得出报平安和颂边将的诗歌主题。① 再比如，通过对"督邮"官职的具体考察，发现该职本为汉晋州郡所设监察官，负责对属县官吏进行督察，从而重新检视陶渊明辞官的真实原因。② 此外还有一种情况，即对诗歌反映出来的各种制度进行具体阐述，比如，邓小军等人所著《唐诗说唐史》。③ 上述种种情况，实际上都未脱离"以史证诗"和"以诗证史"的范围。

"制度与文学"虽与"诗史互证"有密切的渊源关系，但本质上二者还是不同的。这是因为在"制度与文学"学术范式中，还有一个西方文学社会学的源头。"制度与文学"关注的对象是作家群体性的社会活动，以及这个群体活动与文学的关系，属于群体诗学的范畴。这一点，西方文学社会学研究者已经注意到。德国文艺理论家托菲认为，文学本质的概念和文学功能的概念是无法沟通的。他要求严格区分普遍意义上的文学与文学社会学之特殊意义上的文学。社会学探讨的是人的社会行为亦即人际关系，文学只有在它展示特殊的人际交流的地方，在它关系到人的文学活动时，在它呈现文学参与者之间的相互作用时，才具有社会学研究的意义。德国社会学家曼海姆指出，文学作品的阐释说到底仅有两种不同的主要方式，也就是内涵阐释与功能阐释。内涵观察方法视作品为艺术领域内的精神形式，并试图解读它的特殊构造（素材、结构、内容）。功能观察则将视线对准作品所依托的个体和群体的存在，对准作品之"存在的功能"。曼海姆虽然指出两种阐释方式不能绝对地强调其中的一种，两者的关系是互补的，但是对于文学社会学来说，这两者之间似乎天然存在着不可调和的矛盾。④ 相对来说，中国传统的"诗史互证"偏重于内涵阐

---

① 吴夏平：《唐代制度与文学研究述论稿》，第1页。
② 王青：《陶渊明辞官归隐原因新探》，《博览群书》2002年第9期。
③ 邓小军、鲍远航：《唐诗说唐史》，中华书局2008年版。
④ 方维规：《文学社会学的历史、理论和方法》，《社会科学论坛》2010年第13期。

释,而"制度与文学"则偏向于功能阐释。因此,两者虽可互补,但要弥合隙漏,泯缝疆界则是很难的。

上述看似不能调和的矛盾,或者说目前研究中存在的缺憾,似乎不仅是方法和视野的问题,还与文学社会学本身的特点和局限性有关。"制度与文学"如何能够将宏观研究与微观研究、外部研究与内部研究、群体研究与个体研究更好地结合起来,需要更加深入的理论探讨。

其三,制度与文学之关系的论述过于简单化。事物发展往往一果多因。从逻辑上来说,新事物的出现必须同时具备必要和充分两个条件,而充分条件只是促使新事物产生的可能性要素。当前"制度与文学"的研究,比较重视在制度上论述文学史的可能性,而没有很好地论证必然性。因此,所得出的结论也呈现出由此至彼的简单对应,既单一又片面,难以令人信服。比如,前文所述科举与近体诗的关系,科举试诗赋固然激发了应考举子学习近体诗的兴趣,这个现象诚然也是近体诗发展的一个重要原因,但科举与诗歌之间并非直接对应关系,其中还有教育等其他制度的桥接作用。如果没有对初盛唐官学教育进行系统研究,就很难真正揭示科举与唐诗的关系。同时,还有一个长期被忽略的古近二体相互作用的问题。从诗歌演进内部来讲,古近诗体的二元对立,是促进近体诗发育的重要原因。因此,只有把科举、教育、古近二体对立等错综复杂的关系讲清楚,才能揭示近体诗发展的真正动因。

再如,唐代史官与碑志文体的关系,以往研究也偏于简单化。根据史书记载,贞观三年(629)唐太宗别设史馆,把国史修纂职能从秘书省著作局中分离出来,从此著作郎被罢史职,而专掌碑志、祭祝之文。依据这些记载,是否就能推论出碑志文的变化与秘书郎官职能转变有关呢?考察某种制度的存在与否,不能仅看文献记载,还需从具体史实中看其执行情况。有些制度在文献中有记载,但现实中并未真正实施。这就提示我们,必须考察著作郎官职务变动的实际执行情况。根据笔者研究,初盛唐时期,著作郎官兼任史职的现象比较普遍,也就是说"安史之乱"爆发之前近130年的时间里,还比较好地延续了著作郎官修史的传统。但中晚唐却未发现一个著作郎官担任史职的例子。① 这个现象很值得注意。另外，墓志中所载署名著作郎官的，也大都属于私人修撰性质。所以，著作郎官到底是否像史书所说那样专司碑志文，在找到确切依据之前，尚应存疑。不过，两《唐书》关于著作郎官专掌碑志文的记载还是有价值的，因为它反映出唐代碑志文存在官修和私撰两种情况，作者身份值得注意。从墓志所载张说、张九龄等曾以朝廷重臣身份修撰碑志，以及中晚唐多有翰林学士撰制碑文等情况来看，可知私撰之外确有官修。据此，从墓志官私共修来研究其文体发展路向，还是可行的。② 但要得出著作郎专修碑志的结论，尚需更多的证据。

其四，知识性的缺陷和错误。由于研究者对制度本身的认识还不够准确，以致出现不少失误。比如，傅璇琮曾指出，白居易所任翰林学士是职，而同时担任的周至县尉、左拾遗、京兆府户曹参军等是官。"凡翰林学士，都须带有官衔。……这是因为，翰林学士本身是一种职务，他必须带有其他正式的官职名称，这样才有一定的品位，一定的薪俸。而同时，不管所带的是什么官衔，他仍在内廷供职，承担翰林学士的职能，并不去做所带官衔的职务"③。由此可见，职是实际从事的职务，官则是俸禄之所寄。有些学者搞不清楚官和职的区别，认为白居易思想由积极转为消极的分水岭，发生于元和五年（810）由左拾遗改任京兆府户曹参军之时。这种看法是错误的，因为白居易元和五年前后任职翰林学士，并不存在左拾遗卸不卸任的问题。在其他各朝代的研究中也存在类似问题。有学者已经注意到这个现象，指出个别研究者没有弄清楚明清时期官职中的虚衔、实授、散阶、勋级、封赠的区别，对官名的各种简称和别称也不了解，因而出现把职官名的全称和省称混用，将一个职官名割裂为两个或多个职官

---

① 吴夏平：《唐代中央文馆制度与文学研究》，第 432—454 页。
② 吴夏平：《从行状和墓碑文看唐代骈文的演进》，《文学遗产》2007 年第 4 期。
③ 傅璇琮：《从白居易研究中的一个误点谈起》，《文学评论》2002 年第 2 期。

名等失误。①

四 对未来研究的一些思考

如何解决"制度与文学"研究中出现的各种问题，怎样突破困境，笔者有以下思考。

其一，反思中体西用问题。此虽是老话题，但在"制度与文学"中有其特殊性，因此，也还有特别讨论的必要。其重点在对理论起源、适用疆界、中西制度差异性等方面的认识上。

从起源上来说，西方文学社会学是建立在对资本主义社会批判之上的。18世纪中后期，法国思想家卢梭先后发表《论科学和艺术》（1750）和《论人类不平等的起源和基础》（1755），将矛头指向商业资本向工业资本过渡期间所产生的各种社会不公问题，对艺术与社会的关系进行思考，提出没有奢侈哪来艺术、科学与艺术稳固了皇冠等著名论断。卢梭认为作家的创作如果要得到社会的认可，就必须从他所处的社会环境和相应的社会阶层出发，反映真实的社会状况。他还进一步指出，即使是非功利性的审美活动，也同样受审美者所接受的教育和生活环境影响。② 这样就把文学艺术同社会联系起来，对后来文学社会学的发展起到了重要启蒙作用。其后，德国哲学家黑格尔在《美学》一书中提出"时代精神"问题，认为艺术家无可避免地都受到时代精神的影响。③ 此后经由斯达尔夫人、孔德、丹纳、埃斯卡皮等人努力，对文学与社会的思考逐渐演变为文学社会学理论。由此可见，文学社会学理论源于对资本主义社会的批判。基于这样的事实，在研究实践时，就必须审慎地对待文化移植中的适应性问题。

在"制度与文学"研究过程中，必须清醒地认识到西方理论中所指的文学与中国文学之间的界限。也就是说，西方文学社会学研究者所理解的文学和中国文学其实并不是一回事。埃斯卡皮认为："文学

---

① 周明初：《明清文学研究者的职官制度学养问题》，《中国文化研究》2013年夏之卷。

② ［法］卢梭：《爱弥儿》，李平沤译，商务印书馆1999年版，第501页。

③ ［德］黑格尔：《美学》（第一卷），朱光潜译，商务印书馆1996年版，第14页。

出现在我们面前的形态主要有三种：书、读物和文学作品。"① 在他们看来，文学、书、读物三者很难清楚区分，或者说文学必须附属于书和读物。因此，文学至少可以从三个层面加以理解。第一是作为交际的文学，文学不仅是物品，同时也是意义。文学只有当它被阅读时才成为文学，正是作者和读者联合一致的努力才使这种具体而又假想的精神作品得以问世。第二是作为过程的文学，带有一种设想、一种中介物和一种活动的特性。设想即作家构思、期望并完成的那部作品的粗坯。中介物就是书籍，或至少是书面文献。活动则包括阅读和反馈。第三是作为机构的文学。作为机构，文学包括生产、市场和消费。文学社会学把文学与书籍等同起来，文学和书籍同样作为商品在社会上流通。因此，他们把书籍生产者当作"一种精神上的结丝工人"②，称作家群体为文学人口，研究作家就必须研究文学人口、世代、地理、职业等。他们关注作为商品的书籍，肯定印刷技术对出版的贡献。他们关注书籍的消费，在消费中讨论文学阅读。这些理论，渊源于资本主义文化，同时也适用于该文化，但与中国文学相距甚远。比如，中国古代作家固然也有地域、职业、世代等群体性问题，但他们不是产业工人，甚至可以说没有一个专门从事文学创作的职业作家。研究中国古代的文学传播，不仅要注意技术革新——造纸、雕版印刷等——发挥的重要作用，同时还要注意历史深远的口头传统。中国文学的阅读，或许也存在"创造性背叛"现象，但更应关注评点、批注、札记等固有传统。

同时还要注意，在制度的理解上也存在中西差异性。比如，西方文艺生产中的寄食制，对研究中国古代文学集团具有一定启发性。但同时要看到，西方文艺家与贵族和商人的依附关系，总体上是松散自由的。中国古代的门客、宫廷文人、馆阁文士等，其人身依附，始终无法摆脱与官方的联系。特别是唐以后的馆阁文人，他们所有活动都

① ［法］罗贝尔·埃斯卡尔皮：《文学社会学》，符锦勇译，上海译文出版社 1988 年版，第 16 页。

② ［法］罗贝尔·埃斯卡皮：《文学社会学》，于沛译，浙江人民出版社 1987 年版，第 116 页。

纳入整个官僚体系的运作之中。可见，中国古代文士与政治的关系非常紧密，而西方文人则与社会的关联更为密切。因此，两者在文艺创作过程中的价值取向和艺术手段都大不一样，所呈现出来的文艺形态也不尽相同。这些都是在研究中必须注意的。

其二，从制度的起源和特质来理解制度与文学的关系。关于制度起源，中西学者都曾有过积极探索。章学诚认为，远古社会人口日增，事务渐繁，"既非一身，则必有分任者矣。……至于什伍千百，部别班分，亦必各长其什伍，而积至于千百，则人众而赖于干济，必推才之杰者理其繁，势纷而须于率俾，必推德之懋者司其化，是亦不得不然之势也"[1]。在章氏看来，制度是为了适应人类的分工合作、均平秩序之需而产生的。卢梭认为，人类发展到一定阶段，仅凭个体力量难以生存，必须聚合众力才能获得生存。为了保证汇合众力的过程中每个个体的利益不受侵害，必须要有相互的约定。这就是契约，也就是制度的原始形态。[2] 摩尔根在《古代社会》中描述了人类发展进程中的蒙昧、野蛮和文明三种形态。在他看来，如果将各种制度按照其出现的顺序向上逆推，就会看到制度是不断扩展的，是从为数不多的原始思想幼苗中发展出来的。[3] 恩格斯认为制度的产生，是原始社会高级阶段经济条件发生变化，迫使氏族社会解体所导致的。[4]

从中西学者论述来看，制度源于人类发展需要。制度所面向的对象是人，具有制约、规范、引导人的思想和行为的功能。无论是政治、经济、文化等正式制度，还是传统、习惯、风俗等非正式制度，都具有权威性、集体性和公约性。制度本身含有人性的全部内容。作为人学的文学，在这一点上与制度是契合的。从文学发生来看，制度与文学是同条共贯的。以"文本于经"为例：比如，《尚书》是对不同政令的记录和整理。《诗经》是娱神与娱人活动的载录。《春秋》

---

① 《文史通义校注》，第119页。
② ［法］卢梭：《社会契约论》，何兆武译，商务印书馆2003年版，第18—19页。
③ ［美］路易斯·亨利·摩尔根：《古代社会》，杨东莼等译，商务印书馆1997年版，第4页。
④ ［德］恩格斯：《家庭、私有制和国家的起源》，人民出版社1972年版，第155页。

的修纂，不仅为保存历史记忆，更重要的是借此推求政教之道。《仪礼》记载了不同群体的各种活动规则。《易》则是对远古以来人类生活经验和生存智慧的总结。总而言之，"五经"不过是先民活动的记录，制度在其中，文学也在其中。从这一点来说，制度与文学是共生的。

人的一切活动都受制度的影响，文学活动也莫不如此。对于制度的约束和引导，文人主要有三种行为方式：顺应、对抗和逃避。逃避其实也是对抗的一种形式，只不过其性质是消极的。与此相应，文学也呈现出三种基本形态：一种是顺从的，表现出义尚光大，辞藻竞鹜的特征；一种是对抗的，表现为批判、复古的特征；一种是逃避的，表现为隐逸的、萧散的特征。这三种基本形态，既可能是某一群体的，也可能是某个个体的。因此，在研究制度与文学的关系时，应有一个统摄全局的观念，并借以揭示文学与制度联动的复杂性。

其三，尽可能避免知识性错误。"制度与文学"研究的基本前提是对制度的正确认识。从方法论角度来说，"制度与文学"实际上对研究者提出了非常高的要求。多学科交叉研究，要求从业者必须具备历史、文学、社会学，甚至教育学、心理学、计量学等各学科的系统知识。这对人文学者来说，难度是比较大的，因而研究中容易出现各种缺陷。

上述现象的产生，不仅是知识结构问题，还与数字化时代环境有关。网络时代获得知识并不困难，但要把知识形成系统，使之有用，却不容易。笔者曾对技术与学术关系有过思考，认为在中国学术进程中，技术对学术产生影响的三个重要节点，分别是纸张的发明和应用、雕版印刷，以及近 30 年来的数字技术。古籍数字化是一把"双刃剑"，一方面为研究者提供了各种便利，另一方面又带来信息干扰。如何在海量数据中捕捉有用信息，仅仅依靠关键词检索很难做到。这需要研究者独特的思考以及专业化训练。① 各种知识性错误的出现，

---

① 参看吴夏平《数据库与古代文学研究》，《光明日报》2004 年 9 月 29 日理论版；《古籍数字化与文献利用》，《中国社会科学院报》2007 年 9 月 18 日版（总第 71 期）；《谁在左右学术？——论古籍数字化与现代学术进程》，《山西师大学报》（社会科学版）2010 年第 3 期。

主要是因为研究者相关学科知识储备不足,对检索到的信息不能有效甄别和合理利用。数字化时代的另一个学术难题,是"伪学术"问题,比如,"伪校点""伪学术"等现象时有发生。不过,这个问题,不只是"制度与文学"研究须尽力避免的,恐怕还需要整个学术界共同面对。

附 录

说明：

1. 任职时期按朝代次序排列，每一朝代之内，大致按时间先后排列。

2. 科第出身主要依据徐松《登科记考》、孟二冬《登科记考补正》等。

3. 资料出处采用简称。如：旧——《旧唐书》，新——《新唐书》，全文——《全唐文》，全诗——《全唐诗》之类。

4. 资料出处注明卷数。

一 唐代学官迁转表

（一）国子祭酒

任职时期	学官	科第出身	迁入	迁出	出处（卷）
高祖	韦澄	未详		绵州刺史	旧 75
	杨师道	未详			全文 138
	萧璟	未详			全唐文补遗第 1 辑
	孔颖达	隋明经	国子司业	侍讲东宫	旧 73
太宗	张后胤	明经	燕王府司马	散骑常侍	旧 189 上、墓志汇编开元 519
	窦诞	未详			全文 297
	赵弘安	未详			新 106、全文 590
	张复裔	未详			会要 35

任职时期	学官	科第出身	迁入	迁出	出处（卷）
高宗	赵弘智	未详	陈王师	卒	旧 188
	令狐德棻	未详	太常卿兼弘文馆学士	致仕	旧 73
	杨思玄	未详	吏部尚书		旧 62
	陆敦信	未详	左侍极	致仕	新 198、通鉴 201
武周	郭正一	进士	中书侍郎	检校陕州刺史	旧 190 中、新 106
	沈伯仪	进士	太子右谕德	修文馆学士	新 199
	李峤	进士	相	文昌左丞	旧 94
	韦嗣立	进士	相	魏州刺史	旧 88
	李重福	未详		左散骑常侍	旧 86
	李峤	进士	相	豫州刺史	旧 94
	杨温玉	未详	户部侍郎		旧 119、新 71 下
	朱敬则	未详	相	冬官侍郎	新 115、旧 90
	武三思	未详		鸿胪卿	全文 962
中宗	叶静能	未详			新 118、通鉴 208
	崔挹	未详			旧 74
	祝钦明	明经	申州刺史	饶州刺史	旧 189 下
	于惟谦	明经		罢知政事	旧 7
	韦叔夏	明经	太常少卿		旧 189 下
	祝钦明	明经			旧 189 下
	李道坚	明经	果·陇·吉·冀·洺·汾·沧等七州刺史	汴州刺史	旧 64、新 79
	史崇恩	未详			通鉴 209
	陆颂	未详			旧 183、新 206
睿宗	宋璟	进士	楚州刺史	京兆尹	旧 96
	阳峤	进士	魏州刺史		旧 185 下
	褚无量	明经			旧 21、新 13
	武崇行	未详			旧 183

续表

任职时期	学官	科第出身	迁入	迁出	出处（卷）
玄宗	褚无量	明经	国子司业	郯王傅	旧 21、102、册府 601
	韦嗣立	进士	许州刺史	太子宾客	旧 88
	元行冲	明经	左散骑常侍	太子宾客	旧 102
	徐坚	进士	秘书监	左散骑常侍	全文 291
	杨玚	进士	华州刺史	大理卿	旧 185 下
	刘瑗	未详	邠王傅		全文 309、会要 35
	李钦宪	未详			新 93
	张浣	未详			旧 68
	李齐古	未详			全文 377
	李祗	未详			旧 24
	班景倩	未详			旧 24
	李麟	未详	御史大夫	河东太守	旧 112
	武忠	未详			旧 51、新 76
	赵冬曦	进士	州刺史		新 200、墓志续集天宝 068
	张光	未详		怀州刺史	全文 312、新 72 下
	崔沔	进士	魏州刺史	充东都副留守	全文 338、墓志汇编大历 060
	李讷（嗣韩王）	进士	左牵牛将军	太子少詹事	墓志续集开元 093
	司马贞	未详			会要 77
	李仲思	未详	右武卫大将军		全文 309、新 70 上
	李峤（嗣濮王）	未详		邓州别驾	旧书 76、墓志续集开元 064
	源匡讚	未详			新 75 上
	李偕	未详			旧 107
	李健	举宗室异能科			旧 107

任职时期	学官	科第出身	迁入	迁出	出处（卷）
肃宗	刘秩	未详	尚书右丞		旧 102、新 132
	于休烈	进士	工部侍郎	右散骑常侍	旧 149
	徐浩	进士	尚书右丞	庐州长史	旧 137
	李侠	未详			新 82
	李伶	未详			新 82
	李仪	未详			新 82
	李傑	未详			新 82
代宗	王缙	制科	宪部侍郎	凤翔尹	旧 118
	刘晏	神童举	户部侍郎	相	旧 123
	萧昕	进士	秘书监	常侍	旧 146、旧 24
	鱼朝恩	两举博学宏辞	观军容使判（知、领）国子监事		旧 184、8、119、131
	杨绾	进士	吏部侍郎	太常卿	旧 119
	乔琳	神童举	大理少卿	怀州刺史	旧 127
	郑令璀	未详	左司郎中		新 75 上、全文 785
	王拱	未详			全文 590
德宗	李揆	进士	睦州刺史	礼部尚书	旧 12、126
	董晋	进士	华州刺史	左金吾卫大将军	旧 142、145
	包佶	明经	秘书监		新 149、14、旧 12
	赵昌	进士	安南都护		旧 151、13
	韩洄	未详	兵部侍郎		旧 129、新 126
	李约	未详			旧 150
	李惠登	未详			旧 185 下、新 197
	杨昱	未详		湖州刺史	全文 514
	李兼	未详	江西观察使	卒	全文 508、522
	史播	未详			全文 747
	张光朝	未详			全文 788
	裴佶	进士	吏部侍郎	工部尚书	旧 98、新 127

续表

任职时期	学官	科第出身	迁入	迁出	出处（卷）
顺宗	冯伉	进士	兵部侍郎	同州刺史	旧 189 下、14
	郭鏦	未详			新 137
宪宗	郑馀庆	登五经秀才科、博学三史科	太子宾客	河南尹	旧 158、14、15
	王权	进士	河南尹		新 72 中、全诗 325
	李元素	进士	浙西节度使	户部尚书	旧 132、新 147
	冯伉	进士	左散骑常侍	卒	旧 189 下、14
	孔戣	进士	大理卿	广州刺史、岭南节度使	旧 154
	李逊	进士	京兆尹	许州刺史	旧 155
	郑馀庆	登五经秀才科、博学三史科	太子少师	检校司徒	旧 158、15
	归登	进士	兵部侍郎兼判国子监事	工部尚书	旧 149
	张奉国	未详			全文 654
	窦常	进士	抚州刺史	致仕	旧 155、新 175
	窦牟	进士	泽州刺史	卒	旧 155、全文 761
	刘宗经	未详			全文 63、新 71 上
	杨宁	明经	太仆卿	致仕	新 175、墓志汇编元和 105
	韩愈	进士	袁州刺史	兵部侍郎	旧 160、16
穆宗	韦乾度	进士			会要 66、册府 604
	窦常	进士	郡守		旧 155
敬宗	卫中行	进士		福建观察使	旧 17 上

续表

任职时期	学官	科第出身	迁入	迁出	出处（卷）
文宗	裴通	拔萃科			会要 66
	高重	明经	侍讲学士	鄂岳观察使	新 95、旧 17 下
	皇甫镛	明经	太子右庶子	太子宾客	旧 135
	郑覃	进士	尚书右仆射、兼判	相	旧 173
	杨敬之	进士	国子司业	大理卿	新 160、册府 592
	冯审	进士	桂州刺史、桂管观察使	秘书监	旧 168、18 下、会要 66
	包陈	未详	某王傅	致仕	墓志汇编大和 011
武宗	柳公权	进士	左常侍	工部尚书	旧 165、新 163
宣宗	封敖	进士	太常卿	太常卿	会要 65、旧 168、新 177
	裴谂	未详			旧 18 下
	张简真	未详			旧 18 下
	杨汉公	进士	秘书监	同州刺史	新 175、旧 176
懿宗	刘允章	进士	礼部侍郎	东都留守	新 160
僖宗	萧岘	未详	秘书监		旧 19 下
	郑綮	进士	左散骑常侍	常侍	旧 179
	杨绶	未详	左散骑常侍	太子宾客	旧 176
昭宗	孔纬	进士	司空兼领国子监事		旧 179、20 上
	李涪	诸科	太仆卿		全文 831
	卢渥	进士	礼部侍郎	御史丞兼左丞	全文 809
哀帝	崔澄	进士		陈州司户	旧 20 下

续表

任职时期	学官	科第出身	迁入	迁出	出处（卷）
待考	李建元	未详			全文 632
	沈伯藏	未详			墓志汇编久视 020
	杜良杞	未详			全文 395
	温琯	进士			墓志汇编咸通 105
	王仲周	进士	台州刺史	□□刺史	墓志续集景福 001
	杨顼	未详			全文 609
	张直方	未详			全文 788
	张得辅	未详			全文 788
	韦瑝	未详			新 74 上
	崔倬	未详			墓志汇编咸通 116
	裴巽	进士			新 71 上
	李馀庆	进士			新 70 上
	卢瑀	未详			新 73 上
	张讷之	未详	德州刺史	常州刺史	朝野佥载 5

（二）国子司业

任职时期	学官	科第出身	迁入	迁出	出处（卷）
太宗	孔颖达	隋明经	给事中	太子右庶子	旧 73
	盖文达	未详	谏议大夫	蜀王师、崇贤馆学士	旧 189 上、全文 145
	朱子奢	未详	谏议大夫		旧 189
	赵弘智	未详	光州刺史	国子祭酒	新 15

续表

任职时期	学官	科第出身	迁入	迁出	出处（卷）
高宗	于立政	未详	吏部郎中	太子率更令	全文 137、全文 206
	孙处约	进士	司礼少常伯	致仕	旧 81、墓志汇编咸亨 068
	李行伟	未详		光禄卿（兼）	旧 23、墓志汇编开元 234
	郑祖玄	未详			通鉴 202
	孔志	未详		太子谕德	新 198
	孔惠元	未详			新 198
武周	韦叔夏	明经	国子博士	春官侍郎	旧 189 下
	韦奉先	未详			墓志汇编开元 307
	崔哲	未详			墓志汇编天宝 178
	阳大经	未详		坊州刺史	墓志汇编天宝 187
	崔挹	未详	博州刺史	国子祭酒	全文 242、旧 74
中宗	崔融	未详	袁州刺史		旧 94、新 114
	郭山恽	未详	成均博士	括州长史	旧 189 下、22、102、会要 10 上
	褚无量	明经	国子博士	郯王傅（兼）	旧 102、21、97
	杜慎盈	未详			旧 183、新 196
	王思泰	未详			墓志续集天宝 026
	阳峤	八科举	右台侍御史	尚书右丞	旧 185 下
睿宗	郭山恽	未详			旧 21
	岑献	未详			旧 70、新 102
	褚无量	明经		太子侍读（兼）	旧 102

任职时期	学官	科第出身	迁入	迁出	出处（卷）
玄宗	刘知柔	进士	户部侍郎	鸿胪卿	旧102、新201
	李元瓘	未详			旧24、会要35、75
	韦绍	未详		知太常礼仪事（兼）	会要37、旧21
	侯行果	未详		国子博士	旧102、23、新200
	李林甫	未详	太子中允	御史中丞	旧106
	韦述	进士	起居舍人	太子左庶子	旧102
	郑长裕	未详		颍川太守	旧158、全文993
	韦斌	未详	秘书丞	中书舍人兼集贤院学士	旧92
	韩倩	未详			金石萃编87
	张倜	明经			金石萃编87
	李畬	未详	监察御史		旧185上、新197
	蒋挺	未详		湖州刺史	新128
	韦迪	进士	考工员外郎	卒	旧102
	郭山恽	未详	括州长史	卒	旧189下
	郑諲	未详	宋王府长史		全文251
	裴巨卿	未详	著作郎		全文309
	李珣	未详			全文25、唐大诏令集38
	张俳	未详	集贤院判官	免	新89、新72下
	康希铣	明经	饶州刺史	房州刺史	全文335、全文344
	陆善经	未详			全文678、旧118
	开修元	明经	国子博士	卒	墓志汇编开元390、墓志汇编开元389
	韩择木	未详			墓志汇编天宝211
	赵楚宾	未详			墓志汇编天宝211
	苏源明	进士	东平太守		全文356、全诗255
	侯某	未详			墓志续集开元139
	张休	未详			全诗211
	杨玄璬	未详			旧51、新71下
	李叔璩	未详			旧64、新79

续表

任职时期	学官	科第出身	迁入	迁出	出处（卷）
肃宗	苏源明	进士		考功郎中	新 202、143
	蒋将明	未详	左司郎中	集贤殿学士、副知院事	旧 149
	于可封	未详	礼部员外郎		全文 621、新 72 下、翰林学士壁记注补 2
	颜允南	未详	司封郎中		全文 339、全文 341
代宗	归崇敬	明经	仓部郎中兼御史中丞	饶州司马	旧 149、会要 35、66、新 164
	张参	进士			新 150、墓志续集咸通 008
德宗	裴胄	明经	少府少监	潭州刺史	旧 122、12
	阳城	进士	谏议大夫	道州刺史	旧 192、13、会要 55
	裴澄	进士			会要 36、旧 12
	裴肃	未详		浙东观察使	旧 177、会要 75
	薛之舆	未详	谏议大夫		会要 55
	归崇敬	明经	饶州司马	左散骑常侍	旧 149、新 164
	杜确	茂才异行科			墓志续集贞元 030
	严某	未详			全文 784
	王宰	未详			新 72 中
	元固	未详			全文 622
	武某	未详			全文 556

续表

任职时期	学官	科第出身	迁入	迁出	出处（卷）
宪宗	韦聿	未详	卫尉少卿	太子右庶子	全文 506、新 158
	李藩	未详	著作郎	给事中	旧 148、会要 54
	裴莅	未详		摄太常博士	旧 14、175、会要 65
	窦牟	进士	泽州刺史	卒	旧 155、韩集 7
	王洁	未详			全文 608、新 72 中
	杜信	未详			新 58
	卫俌	未详			全文 435
	武少仪	进士		大理卿	全文 613、全诗 331
	李逊	进士	京兆尹		全文 546
	陆某	未详			全诗 384
	韩群	未详			新 126、全文 975
	马宇	未详	将作少监	秘书少监	全文 639
穆宗	杨巨源	进士		河中少尹	全文 556、唐才子传校笺 5
敬宗	韩群	未详			会要 19
	冯定	进士	郓州刺史	河南少尹	旧 168
文宗	杨敬之	进士	连州刺史	国子祭酒兼太常少卿	新 160、册府 592
	韦殷裕	未详			旧 19 上
	万俟镕	未详	大理正		旧 19 上
宣宗	郑諴	未详		郓州刺史	新 60
僖宗	裴拙	未详		洋州刺史	旧 19 下
昭宗	段安节	未详			新 89
	薛昌祚	未详			通鉴 263
	卢玭	未详			全文 837

任职时期	学官	科第出身	迁入	迁出	出处（卷）
待考	陶禹	未详			墓志汇编开元 320
	卢某	未详			墓志汇编大中 106
	阴某	未详		邠王府长史	全文 408
	严士元	未详			全文 603
	刘迥	进士	著作郎	侍御史	全文 520
	裴齐闵	未详			新 71 上
	裴胜	未详			新 71 上
	杨元表	未详			新 71 下
	李孚	未详			全文 502
	萧遇	未详			新 71 下
	崔令钦	未详			新 72 下
	苏虔	进士			新 74 上

（三）国子博士

任职时期	学官	科第出身	迁入	迁出	出处（卷）
高祖	徐文远	未详	国子助教		旧 189 上
	盖文懿	未详	国子助教		旧 189 上
	孔颖达	隋明经	太学助教	给事中	旧 73
太宗	盖文达	经明行修、孤标独秀科	国子助教	谏议大夫	旧 189 上
	陆德明	未详	国子助教		旧 189 上
	刘伯庄	未详	国子助教	崇贤馆学士	旧 189 上、23、会要 7
	谷那律	未详		谏议大夫	旧 189
	马嘉运	未详	太学博士	卒	旧 73
	魏哲	志烈秋霜科		左翊卫北门长	全文 194
	朱子奢	未详		谏议大夫	新 15、旧 189 上

任职时期	学官	科第出身	迁入	迁出	出处（卷）
高宗	王德韶	未详			全文 136
	范义頵	未详			旧 191
武周	韦叔夏	明经	春官员外郎	成均司业	旧 189 下、21
	祝钦明	明经		太子率更令	旧 189 下、21
	吴扬吾	未详			旧 22、册府 587
	郭山恽	未详			旧 189 下、会要 77
	唐绍	未详			旧 21
	范颐	未详			全文 313
中宗	褚无量	明经	成均助教	国子司业	旧 102、全文 258
睿宗	尹知章	未详	礼部员外郎		旧 189 下
玄宗	司马贞	未详			册府 604
	尹知章	未详	礼部员外郎		旧 189 下
	王道珪	未详			新 200
	郄恒通	未详		王子侍读	旧 102
	郭谦光	未详			旧 102
	侯行果	未详	右威卫参军	国子司业	旧 102、23、新 200、会要 64
	康子元	文史兼优科			新 200、会要 64
	范行恭	未详			旧 102、新 200
	王希夷	未详	处士	还山	旧 192、新 196
	开修元	明经	国子助教	国子司业	墓志汇编开元 390
	留元鼎	未详			金石萃编 87
代宗	张涉	制科			旧 127
	孔述睿	未详	协律郎	司勋员外郎	旧 192
	窦叔向	进士			全诗 242
德宗	袁颐	未详			册府 601
	陆质	明经	左司郎中	信州刺史	全文 626、旧 189 下

任职时期	学官	科第出身	迁入	迁出	出处（卷）
宪宗	韩愈	进士	江陵法曹	都官员外郎	旧160
	李翱	进士	京兆府司录参军	考功员外郎	旧160、会要18
	郑澣	进士	考功员外郎	考功郎中	旧158
	张籍	进士	广文博士	水部郎中	旧160
	崔立之	进士			唐诗纪事43、全诗350
文宗	李训	进士	国子助教	兵部郎中知制诰	旧169、168、174、17
	赵君旨	明经	连州刺史	兼领立石经事	《墓志汇编》大和087
	严厚本	未详			册府601
	令狐绪	未详			全771、全诗359
	张次宗	未详	起居舍人	兼史馆修撰	旧129
宣宗	李浔	未详		郴州司马	旧18下
	杨思愿	未详			墓志续集咸通008
	张顼	未详			墓志汇编大中042
	雍陶	进士			新60
	韩昶	进士		襄阳别驾	全文小传
	牛蔚	进士	吏部郎中	吏部郎中	旧172、新174
	房千里	进士		高州刺史	全文小传
	杨松年	未详	著作郎	河南县令	墓志汇编大中137
懿宗	卢玄禧	进士			旧163、新73上
	李隐	进士			墓志汇编咸通093
	崔璩	进士			墓志汇编乾符019
	薛坚石	未详			通鉴253

续表

任职时期	学官	科第出身	迁入	迁出	出处（卷）
昭宗	朱朴	诸科		谏议大夫	旧 179、20 上
	欧阳特	未详			旧 20 上
	崔德雍	未详			墓志汇编乾宁 007、新 72 下
	卢渥	进士	辟置	侍御史	全文 809
	孙伉	未详			新 73 下
待考	谭知几	未详			全文 355
	诸葛君尚	未详	赤县尉	漠州长史	墓志汇编天宝 037
	杨峻	未详			墓志汇编会昌 014
	苏缕	未详			墓志汇编会昌 033
	崔庭晦	未详			新 72 下
	卢铤	未详			新 73 上
	朱仁范	未详			新 74 下
	柏晶	未详			全文 828
	阴宏道	未详			全文 408

（四）国子助教

任职时期	学官	科第出身	迁入	迁出	出处（卷）
高祖	盖文达	未详		国子博士	全文 145
	盖文懿	未详		国子博士	旧 189 上
	朱子奢	未详		国子博士	旧 189 上
	陆德明	未详	太学博士	国子博士	旧 189 上、金石萃编 41

任职时期	学官	科第出身	迁入	迁出	出处（卷）
太宗	刘伯庄	未详		国子博士	旧 189 上、22、会要 11、册府 585
	司马才章	未详			旧 73
	李善信	未详			全文 146、新 57
	贾公彦	未详			新 57
	柳士宣	未详			新 57
	范义頵	未详			新 57
	史卿	未详			墓志汇编开元 305
高宗	史士宏	未详			全文 136
	贾冲思	未详	洛州博士	太学博士	墓志汇编垂拱 007
武周	孔玄义	未详			新 199、会要 9 上、册府 586
	高子贡	明经			旧 189 下、64
中宗	褚无量	明经	成均直讲	国子博士	全文 258
玄宗	开修元	明经	辟置	国子博士	墓志汇编开元 390
	崔智	未详			墓志汇编贞元 071
代宗	褚冲	明经			全文 339
德宗	瞿日智	未详			全文 995
宪宗	李绅	进士		使府从事	旧 173
	薛公达	进士	辟置	卒	韩集 6
	张籍	进士	太常寺太祝	秘书郎	旧 160
	赵君旨	明经	右监门录事参军	国子丞	墓志汇编大和 087
文宗	李训	进士	四门助教	国子周易博士	旧 168
武宗	裴沆	未详			墓志汇编大中 010
宣宗	杨宇	进士		卒	墓志汇编大中 059
	卢知宗	未详			墓志汇编大中 083
	卢当	明经	辟置		墓志汇编大中 088
懿宗	崔充虞	未详			墓志续集咸通 053

（五）太学博士

任职时期	学官	科第出身	迁入	迁出	出处（卷）
高祖	陆德明	未详		国子助教	旧 189 上、新 102
	孔颖达	隋明经	太学助教	国子博士	旧 73、新 102
太宗	王恭	未详			旧 73
	马嘉运	未详	越王东阁祭酒	兼弘文馆学士	旧 73、会要 77
	王德韶	未详			全文 146
	贾公彦	未详			全文 146、旧 189 上
	陆士季	未详			新 195
	谷那律	未详			新 122
高宗	史道玄	未详			新 122、会要 13
	贾公彦	未详			全文 136
	范义頵	未详			全文 136
	齐威	未详			全文 136
	孔志约	未详			全文 136
	史玄璨	未详			新 122、会要 13
	罗道琮	明经			旧 189 上
武周	郭山恽	未详		成均博士	旧 189 下、22
玄宗	郗恒通	未详			册府 604
	余钦	未详			新 199
	敬会真	未详			新 200
	萧郢客	未详			金石萃编 87
代宗	杜冀	未详			新 72 上
德宗	陈京	进士			新 13
	施士丏	未详	太学助教	国子助教	全文 566
宪宗	韦公肃	未详			会要 19、23
	陈舒	未详			新 200
	韩愈	进士	都官员外郎	比部郎中	全文 661
	滕珦	进士			全诗 253
穆宗	吴武陵	进士		韶州刺史	新 203
	李于	未详			韩集 7

任职时期	学官	科第出身	迁入	迁出	出处（卷）
敬宗	李涉	未详		流康州	旧 17 上、167
文宗	萧孜	未详		著作佐郎	全文 749
武宗	郑遂	未详		直弘文馆	旧 26、会要 16
宣宗	李商隐	进士	徐州府书记	东蜀节度判官	旧 190 下
昭宗	邱光庭	未详			全文 867
待考	张某	未详			全文 597
	张格	未详			新 72 下
	韦从易	未详			新 74 上

（六）太学助教

任职时期	学官	科第出身	迁入	迁出	出处（卷）
高祖	盖文达	未详		国子助教	新 102
太宗	侯孝遵	未详			会要 64
	赵乾叶	未详			全文 146
	随德素	未详			全文 146
	王士雄	未详			全文 146
	周玄达	未详			全文 146
	王谈	未详			新 57
	于志宁	未详			新 57
高宗	郑祖元	未详			全文 136
	随德素	未详			全文 136
	周元达	未详			全文 136
	王真儒	未详			旧 79
	康国安	明经			旧 189 上
玄宗	余钦	未详		集贤院直学士	会要 64
	张知谦	未详			全文 207

续表

任职时期	学官	科第出身	迁入	迁出	出处（卷）
德宗	施士丐	未详			全文 566
	李则之	未详			新 79
宪宗	侯继	进士			全文 568
文宗	李训	进士			新 179
宣宗	刘蜕	进士			墓志汇编大中 130
懿宗	贾洮	诸科			墓志汇编咸通 105

（七）四门博士

任职时期	学官	科第出身	迁入	迁出	出处（卷）
太宗	李子云	未详			全文 146
	杨士勖	未详			全文 146
	齐威	未详			全文 146
	朱长才	未详			全文 146
	赵弘智	未详			新 57
	赵君赞	未详			新 57
	苏德融	未详			全文 146
高宗	赵君赞	未详			全文 136
武周	王元感	明经	左卫率府录事兼直弘文馆	太子司议郎	旧 189 下、会要 77
玄宗	张星	未详			旧 98
	贺知章	进士		太常博士	旧 190 中
	赵玄默	未详		集贤院学士	会要 64
	敬会真	未详		侍讲学士	会要 64、新 200
	帅夜光	上书拜官			新 204
	刘齐会	未详			金石萃编 87
	归崇敬	明经	四门助教	左拾遗	旧 149、新 164

续表

任职时期	学官	科第出身	迁入	迁出	出处（卷）
德宗	韩渠牟	未详		太常卿	旧 135
	韩愈	进士			旧 160、16
宪宗	周况	进士			韩集 7
穆宗	孔温质	未详			全文 563
懿宗	温庭筠	未详		方城尉	全文 872
昭宗	黄滔	进士			新 60、全文 826
待考	薛谌	未详			新 73 下

（八）四门助教

任职时期	学官	科第出身	迁入	迁出	出处（卷）
太宗	杨士勋	未详			全文 146
	贾普曜	未详			全文 146
	赵君赞	未详			全文 146
	李子云	未详			新 57、全文 146
	赵弘智	未详			新 57
	王真儒	未详			新 57
	王德韶	未详			新 57
	王士雄	未详			新 57、全文 146
	隋德素	未详			全文 146
高宗	李元植	未详			全文 136
	王真儒	未详			全文 136

续表

任职时期	学官	科第出身	迁入	迁出	出处（卷）
玄宗	赵玄默	未详			旧 199 上
	王直	未详			新 199
	施敬本	未详			新 200、旧 23、102、会要 77
	尹愔	明经			新 200
	梁德裕	未详			金石萃编 87
	缺历直	未详			金石萃编 87
	王思礼	未详			金石萃编 87
	刘大均	未详			金石萃编 87
	秦龟从	未详			金石萃编 87
	胡鞘	未详			金石萃编 87
	许子真	未详			全文 403
	归崇敬	明经	国子直讲	四门博士	旧 149
代宗	归登	诸科			旧 149
德宗	柳立	进士			柳集 26
	武儒衡	进士			柳集 26
	欧阳詹	进士			柳集 26、韩集 5
文宗	李训	进士		国子助教	旧 174、169、17 下
待考	韦礭	未详			全文 755
	王源蒙	未详			新 72 中

二　唐代史馆史官迁转表

任职时期	史官	科第出身	本职	史职	迁出	出处（卷）
太宗	许敬宗	隋秀才	著作郎	兼修国史	中书舍人	旧 82、新 223 上
	颜师古	未详	中书舍人	史官	中书侍郎	新 58、新 198
	孔颖达	未详	太子右庶子兼国子司业	史官	进位散骑常侍	新 58、旧 73
	于志宁	未详	左仆射	史官		新 58、史通 12

续表

任职时期	史官	科第出身	本职	史职	迁出	出处（卷）
	韦安仁	未详	著作郎	史官		新58、史通12
	赵弘智	未详	詹事府主簿	史官	太子舍人	新58、旧188
	许敬宗	隋秀才	给事中	兼修国史	黄门侍郎	旧82、新223上
	令狐德棻	未详	礼部侍郎	兼修国史	太子右庶子	旧73、新102
	岑文本	诸科	秘书郎	史官	中书舍人	旧73、70
	李百药	未详	中书舍人	史官	礼部侍郎	旧73、72
	姚思廉	未详	著作郎	史官	进位散骑常侍	旧73、新102
	魏征	未详	秘书监	史官	进封郑国公	旧73、71
	来济	进士	中书舍人	史官	中书侍郎	旧66、80
	陆元仕	未详	著作郎	史官		旧66
	刘子翼	未详	雍州刺史	史官		旧66
	李义府	进士	太子舍人	史官	中书舍人	旧66、82
	薛元超	未详	太子舍人	史官		旧66、墓志续集垂拱003
太宗	上官仪	进士	秘书郎	史官	起居郎	旧66、80
	李淳风	未详	太史丞	史官	太史令	旧66、79
	许敬宗	隋秀才	太子左庶子	史官	礼部尚书	旧66、82
	崔仁师	应制及第	殿中侍御史	兼修国史	度支郎中	旧74、新102
	邓世隆	未详	国子主簿	兼修国史	著作佐郎	旧73、新102
	慕容善行	未详		兼修国史		新102
	刘顗	未详		兼修国史		新102
	庾安礼	未详		兼修国史		新102
	顾胤	未详		史官		旧73
	李延寿	未详	御史台主簿	兼直国史	符玺郎	旧73、新102
	李仁实	未详		史官		旧73、墓志续集开耀001
	敬播	进士	太子校书	史官	著作郎	旧189上
	李严	未详		史官		旧189上
	孙处约	进士	齐王府记室	史官	韩王府记室	墓志汇编咸亨068

任职时期	史官	科第出身	本职	史职	迁出	出处（卷）
太宗	阳仁卿	未详	光禄寺主簿	史官		旧189上、新58
	卢承基	未详	主客郎中	史官		会要63、新58
	辛邱驭	未详	刑部员外郎	史官		会要63、新58
	刘允之	未详	著作郎	史官		会要63、新58
	李安期	未详	主客员外郎	史官		会要63、新58
	崔行功	未详	主客员外郎	史官		会要63、新58
	张文恭	未详	校书郎	史官		会要63、新58
	李怀俨	未详	屯田员外郎	史官		会要63、新58
	令狐德棻	未详	雅州刺史	史官		会要63、新58
高宗	令狐德棻	未详	礼部侍郎	兼修国史	太常卿	旧190上、新201
	刘胤之	未详	著作郎	兼修国史	中州刺史	旧190上、新201
	阳仁卿	未详	著作郎	兼修国史		旧189上、新201、会要63
	敬播	进士	谏议大夫	兼修国史	给事中	旧189上
	许敬宗	隋秀才	卫尉卿	兼修国史	礼部尚书	旧82
	许圉师	进士	相	兼修国史	封平恩县男	旧59
	李义府	进士	中书舍人	兼修国史	兼弘文馆学士	旧82、新223上
	顾胤	未详	起居郎	兼修国史	司文郎中	旧73、新102
	刘应道	制科	秘书少监			墓志续集开耀001
	刘景先	未详	给事中	修国史	黄门侍郎	新106、旧5、新106
	刘景先	未详	黄门侍郎	修国史	相	新106、旧5、新106
	李仁实	未详	左史			墓志续集开耀001
	崔知温	未详	黄门侍郎	修国史	相	旧185上、新106
	薛元超	未详	中书舍人	兼修国史	黄门侍郎	旧73、新98
	张大素	未详	东台舍人	兼修国史	上州长史	旧68、新89
	裴敬彝	未详	著作郎	兼修国史	中书舍人	旧188、新195
	李淳风	未详	太史令	修国史	秘阁郎中	旧79、新204
	张文恭	未详	秘书郎	修国史		会要63

任职时期	史官	科第出身	本职	史职	迁出	出处（卷）
武周	王方庆	未详	麟台监	修国史	太子左庶子	旧89、新61
	吴兢	未详	直史馆、修国史	右拾遗	旧102、新132	新132、新58
	刘子玄	进士	左史	兼修国史	凤阁舍人	旧102、新132
	魏知古	进士	著作郎	兼修国史	凤阁舍人	旧98、新126
	刘之宏	未详	著作郎	兼修国史	亲王司马	旧189上、新198
	路敬淳	进士	太子司议郎	兼修国史	坐狱死	旧189下、新190
	苗神客	优素科	著作郎	兼修国史		旧190中
	敬播	进士	著作佐郎	兼修国史	太子司议郎	旧189上、新198
	朱敬则	未详	冬官侍郎	兼修国史	中州刺史	旧90、新115
	韦承庆	进士	秘书员外少监	兼修国史	相	旧88、新116
	刘允济	进士	著作佐郎	兼修国史	凤阁舍人	旧190中、新202
中宗	吴兢	未详	右补阙	史官	起居郎	旧102、新58
	徐彦伯	制科	太常少卿	兼修国史	下州刺史	旧94、新114
	柳冲	贤良方正科	左散骑常侍	修国史	太子詹事	旧189下、新99
	韦承庆	进士	秘书员外少监	兼修国史	黄门侍郎	旧92、新58
	崔融	词殚文律科	国子司业	兼修国史	病卒	旧94
	岑羲	进士	秘书少监			旧92、新58
	徐坚	进士	太子左庶子	修国史	黄门侍郎	旧102、新199
	刘子玄	进士	太子率更令	兼修国史	秘书少监	旧102、新58
	魏知古	进士	吏部侍郎	兼修国史	丁忧罢	旧98、新126
	张锡	未详	工部尚书	兼修国史		旧85、新113
	刘宪	进士	太仆少卿	兼修国史	太子詹事	旧94、新114
睿宗	魏知古	进士	黄门侍郎	兼修国史	右散骑常侍	旧98、新126
	刘子玄	进士	太子左庶子	兼修国史	左散骑常侍	旧102、新58

任职时期	史官	科第出身	本职	史职	迁出	出处（卷）
玄宗	张说	词标文苑科	御史大夫	兼修国史	相	旧97、新125
	刘子玄	进士	左散骑常侍	兼修国史	中都督府别驾	旧102、新58
	尹愔	未详	谏议大夫	监修国史		新200
	吴兢	未详	谏议大夫	修国史	卫尉少卿	旧102、新58
	刘贶	未详	起居郎	修国史		旧102、新132
	刘餗	未详	右补阙	修国史		旧102、新132
	李融	未详	起居舍人	史官		旧194上
	唐颖	未详		史官		新58
	韦述	进士	起居舍人	兼知史官事	屯田员外郎	旧102、新132
	贾登	手笔俊拔，超越流辈科	起居舍人	史官		新132
	李锐	未详	著作佐郎	史官		新132
	韦述	进士	屯田员外郎	兼知史官事	职方郎中	旧102、新132
	韦述	进士	职方郎中	兼知史官事	国子司业	旧102、新132
	韦述	进士	国子司业	兼知史官事	太子右庶子	旧102、新132
	李玄成	哲人奇士，隐渝屠钓科	考功郎中	兼知史官事	中书舍人	全文308
	萧颖士	进士		史馆待制	免	旧190下、新200
	赵冬曦	进士	监察御史	兼知史官事	考功员外郎	新200

任职时期	史官	科第出身	本职	史职	迁出	出处（卷）
肃宗	柳芳	进士	永宁尉	直史馆	拾遗	旧149、新132
	柳芳	进士	左金吾卫骑曹参军	史馆修撰	左司郎中	旧149、新132
	归崇敬	明经	赞善大夫	史馆修撰	上州司马	旧149、新164
	于休烈	进士	太常少卿	兼修国史	工部侍郎	旧149、新104
	蒋镇	贤良方正，能言直谏科	左拾遗	史馆修撰	司封员外郎	毗陵集16
	崔儒	未详		史馆修撰		毗陵集16
代宗	于休烈	进士	国子祭酒	兼修国史	右散骑常侍	旧149、新104
	归崇敬	明经	主客员外郎	史馆修撰	膳部郎中	旧149、新164
	于邵	进士	礼部侍郎	史馆修撰	中州长史	旧137、新203
	孔述睿	未详	司勋员外郎	史馆修撰	谏议大夫	旧192、新196
	柳冕	未详	右补阙	史馆修撰	下州司户参军	旧149、新132
	杨炎	未详	吏部侍郎	史馆修撰	中州司马	旧118、新145
	张荐	未详	阳翟尉	史馆修撰	左拾遗	旧149、新161
	令狐峘	进士	华原尉	直史馆	右拾遗	旧149、新102
	令狐峘	进士	起居舍人	史馆修撰	刑部员外郎	旧149、新102
	杨绾	进士	中书舍人	兼修国史	礼部侍郎	旧119、新142
	陆鼎	未详	左补阙	史馆修撰		全文412
	荀尚	未详	下邽县尉	史馆修撰		全文412
	李从实	未详	咸阳县尉	史馆修撰		新70
	李书	未详	万年尉	直史馆		新70
	沈既济	进士	左拾遗	史馆修撰	上州司户参军	旧149、新132

任职时期	史官	科第出身	本职	史职	迁出	出处（卷）
德宗	令狐峘	进士	太子右庶子	史馆修撰	上州别驾	旧 149、新 102
	张荐	未详	谏议大夫	史馆修撰	秘书少监	旧 149、新 161
	孔述睿	未详	太子右庶子	史馆修撰	太子宾客	旧 192、新 196
	蒋乂	未详	右拾遗	史馆修撰	起居舍人	旧 149、新 132
	郑絪	进士	补阙	史馆修撰	起居郎	旧 159、新 165
	徐岱	未详	给事中	史馆修撰	卒	旧 189 下、新 161
	梁肃	文词清丽科	右补阙	史馆修撰	卒	新 202
	崔元受	进士	高陵尉	直史馆	行营判官	旧 163、新 160
顺宗	归登	诸科	兵部员外郎	史馆修撰	给事中	旧 149、新 164
宪宗	卫次公	进士	中书舍人	史馆修撰	兵部侍郎	旧 159、新 164
	李吉甫	未详	中书舍人	史官	相	旧 14、旧 148
	蒋武	未详	右拾遗	史官	谏议大夫	旧 14、旧 25
	蒋乂	未详	秘书少监	史馆修撰	右谏议大夫	旧 149、新 132
	韦处厚	进士	咸阳尉	直史馆	右拾遗	旧 159、新 142
	独孤郁	进士	右拾遗	史馆修撰	右补阙	旧 168、新 163
	独孤郁	进士	考功员外郎	史馆修撰	驾部郎中	旧 168、新 163
	路随	明经	左补阙	史馆修撰	起居郎	旧 159、新 142
	郑澣	进士	国子博士	史馆修撰	考功郎中	旧 158、新 165
	韩愈	进士	比部郎中	史馆修撰	考功郎中	旧 160、新 176
	宇文籍	进士	咸阳县尉	直史馆	监察御史	旧 160
	李翱	进士	国子博士	史馆修撰	考功员外郎	旧 160、新 177
	独孤朗	未详	殿中侍御史	史馆修撰	都官员外郎	旧 168、新 162
	高钺	进士	右补阙	史馆修撰	起居郎	旧 168、新 177
	高钺	进士	起居郎	史馆修撰	兵部员外郎	旧 168、新 177
	郭求	未详	蓝田尉	史馆修撰	左拾遗	翰林学士壁记注补 6
	沈传师	进士	鄠县尉	直史馆	左拾遗	旧 149、新 132、新 58
	马宇	未详	秘书少监	史馆修撰	卒	新 58

任职时期	史官	科第出身	本职	史职	迁出	出处（卷）
宪宗	韦瓘	进士	右补阙	史馆修撰		新162
	樊绅	进士		史馆修撰		新58
	林宝	未详		史馆修撰		新58、会要64
	王起	进士	司勋员外郎	直史馆	比部郎中	旧164、新167
	杨嗣复	进士	右拾遗	直史馆	太常博士	旧176、新174
穆宗	沈传师	进士	左拾遗	史馆修撰	左补阙	白居易集54
	刘徵		蓝田尉	直史馆		新71
	韦表微	进士	左补阙	史馆修撰	库部员外郎	旧189下、旧160
	路随	明经	司勋员外郎	史馆修撰		旧16、旧160、翰林学士壁记注补6
	李翱	进士	考功员外郎	史馆修撰	朗州刺史	旧16
	郑澣	进士	司封郎中	史馆修撰	中书舍人	旧158
	杨虞卿	进士	礼部员外郎	史馆修撰	吏部员外郎	旧176、新175
敬宗	薛廷老	进士	右拾遗	史馆修撰	中县令	旧153、新162
文宗	苏景胤	未详		史馆修撰		旧159、新58、旧189下
	韦处厚	进士	中书舍人	史馆修撰	兵部侍郎	旧168、新163
	蒋係	未详	昭应尉	直史馆	右拾遗	旧149、新132
	蒋係	未详	右拾遗	史馆修撰	工部员外郎	旧149、新132
	沈传师	进士	左补阙	史馆修撰	司门员外郎	旧149、新132、新58
	郑澣	进士	司封郎中	史馆修撰	中书舍人	旧158
	陈夷行	进士	起居郎	史馆修撰	司封员外郎	旧173、新181
	李汉	进士	屯田员外郎	史馆修撰	兵部员外郎	旧171、新78
	李让夷	进士	左拾遗	史官		翰林学士壁记注补9
	裴素	进士	司封员外郎	史官		翰林学士壁记注补9
	敬皓	未详	兵部员外郎	史官		翰林学士壁记注补9
	张次宗	未详	国子博士	史馆修撰	下州刺史	旧129、新127
	王彦威	明经	谏议大夫	史馆修撰	河南少尹	旧157、新164、会要63

续表

任职时期	史官	科第出身	本职	史职	迁出	出处（卷）
文宗	苏涤	未详	祠部员外郎	史馆修撰		新58、会要63、旧189下
	裴休	进士	右补阙	史馆修撰	尚书郎	旧177、新182、新58、会要63
	杜顗	进士	咸阳县尉	直史馆	辞罢	新166
	杨汉公	进士	户部郎中	史馆修撰	司封郎中	旧176、新175、新58、会要63
	令狐绹	进士	左补阙	史馆修撰	库部员外郎	旧172、新166
	崔龟从	进士	考功郎中	史馆修撰	司勋郎中	旧176、新160
	吴武陵	进士		直史馆	尚书员外郎	旧173、新203
	刘轲	进士	尚书膳部员外郎	直史馆		旧173、新58、墓志汇编大和100
	裴坦	进士	左拾遗	史馆修撰	中州刺史	新182、新71上
武宗	杜牧	进士	左补阙	史馆修撰	膳部员外郎	旧147、新166
	郑亚	进士	兵部郎中	史馆修撰判馆事	元帅判官	旧178、旧18、会要63
	韦琮	进士	起居舍人	史官		翰林学士壁记注10
	陈商	进士	司封郎中	史馆修撰	礼部郎中	新58、全文725
	郑畋	进士	渭南尉	直史馆		旧178、新185
宣宗	卢耽	进士	给事中	史馆修撰		旧18、旧176、新58
	蒋偕	未详	左拾遗	史馆修撰	补阙	旧149、新132
	王沨	未详	司勋员外郎	史馆修撰		旧18、旧176、新58
	卢告	未详	右补阙	史馆修撰		旧18、旧176、新58、70
	牛丛	未详		史馆修撰	司勋员外郎	新174、旧176、新58
	崔龟从	进士		史馆修撰		新132
	韦澳	进士	考功员外郎	史馆修撰	户部侍郎	旧158、新169
	李荀	未详		史馆修撰		新58
	张彦远	未详		史馆修撰		新58、72下
	李涣	未详	库部员外郎	史馆修撰	长安令	旧18

任职时期	史官	科第出身	本职	史职	迁出	出处（卷）
宣宗	蒋伸	进士	右补阙	史馆修撰	中书舍人	旧149、新132
	王龟	未详	祠部郎中	史馆修撰	兵部郎中	旧164、新167
	牛蔚	进士	吏部郎中	史馆修撰	谏议大夫	旧172、新174
	崔瑄	未详		史馆修撰		新58、72下
	张范	未详	万年尉	直史馆		会要64
	李节	进士	泾阳尉	直史馆		会要64
	孟驾	未详	户部郎中	史馆修撰		会要64
懿宗	令狐滈	进士	右拾遗	史馆修撰	詹事府司直	旧172、新166
	卢知猷	进士	右补阙	史馆修撰	员外郎	旧163、新177
僖宗	李磎	进士	吏部郎中	史馆修撰	中书舍人	旧157、新146
	卢知猷	进士	户部侍郎	判史馆	尚书右丞	旧163、新177
	杜让能	进士	礼部郎中	史馆修撰	中书舍人	旧177、新96
	刘崇龟	进士	兵部员外郎	史馆修撰	节度判官	旧179、旧158、通鉴253
	赵崇	进士	司勋员外郎	史馆修撰	节度判官	旧158、通鉴253、新73下
	崔凝	进士	司勋员外郎兼侍御史知推事	史馆修撰	吏部员外郎	墓志续集乾宁003
	郑璘	未详	考功员外郎	史馆修撰		全文837、新75上
	卢择	进士	司勋员外郎	史馆修撰		全文837、新75上
	颜荛	未详	中书舍人	判史馆		旧179、新223
	毕绍颜	进士	渭南尉	直史馆		新75下
	王荛	未详	吏部郎中	史馆修撰	中书舍人	旧157、新146
	陆宸	进士	校书郎	直史馆	丁忧免	旧179、新183
昭宗	王溥	进士	礼部员外郎	史馆修撰	刑部郎中	新182
	柳璨	进士		直史馆	左拾遗	旧179、新223、会要63
	李浚	未详	校书郎	直史馆		全文816
	崔璆	进士	拾遗	史馆修撰		北梦琐言15
	顾云	进士		史馆修撰		摭言12
	羊昭业	进士		史馆修撰		摭言12
	柳玭	明经	吏部侍郎	修国史	御史大夫	旧165、新163

续表

任职时期	史官	科第出身	本职	史职	迁出	出处（卷）
昭宗	裴庭裕	未详	右补阙	修国史		会要 63
	孙泰	未详	左拾遗	修国史		会要 63
	李允	未详	驾部员外郎	修国史		会要 63
	郑光庭	未详	太常博士	修国史		会要 63、新 75
哀帝	张策	未详	职方郎中	史馆修撰		旧 20 下
	裴璩	未详	左拾遗	史官		旧 20 下
	裴格	进士	长安尉	直史馆	符离尉	旧 20、新 71 上
	杨凝式	进士		直史馆		通鉴 266
待考	刘徽	未详	蓝田尉	直史馆		新 71 上
	李贞耀	未详	万年尉	直史馆		新 70 上
	崔周桢	进士	右补阙	史官		墓志汇编大中 117
	寇景初	未详	崇贤馆直学士	史官		墓志汇编大中 031

三　唐代秘书监、少监迁转表

（一）秘书监

任职时期	人名	科第出身	迁入	迁出	出处（卷）	备注
高祖	夏侯端	未详		梓州刺史	旧 187 上、新 191、通鉴 187	
	窦琎	未详	镇益州	太子詹事	旧 61、新 95	
太宗	魏征	未详	尚书左丞	侍中	旧 71、新 97	
	虞世南	未详	秘书少监	致仕	旧 72、新 102	
	颜师古	未详	秘书少监	免	旧 73、通鉴 194	
	萧璟	未详			旧 63 通鉴 193	
	段纶	未详			墓志续集永徽 008	
	韦云表	未详			新 74 上	

任职时期	人名	科第出身	迁入	迁出	出处（卷）	备注
高宗	长孙冲	未详		流岭外	旧65、通鉴200	
	贺兰敏之	未详	左侍极（左散骑常侍）	卒	旧183	
武周	武承嗣	未详	尚辇奉御	礼部尚书	旧183	
	郭正一	进士	晋州刺史	检校陕州刺史	旧190中	
	李勣				新70上	
	薛克构	未详		流岭南卒	旧185上、新73下	
	王方庆	未详	中书侍郎	太子左庶子	旧89、新116	
	张昌宗	学综古今科	右散骑常侍		旧102	
中宗	张易之	未详	奉宸令	被诛	旧6、旧78	
	郑普思	未详		流儋州	旧7、旧91	
	杨睿交	未详		太子宾客	旧86、新100	
	刘宪	进士			墓志汇编景龙011	
	李邕	未详		汴王	旧7、旧64	
	姚珽	明经	右散骑常侍	户部尚书	旧89、新102	
睿宗	李业	未详		宗正卿	旧95、新81	
	薛玉	未详			全文988	
	吴师道	未详			全文988	检校
	李玢	未详			旧95	员外同正
玄宗	李业	未详			旧8、全文21	
	马怀素	明经	户部侍郎	卒	旧8、旧102、新199	
	姜皎	未详	太常卿	流钦州卒	旧8、旧59、新91	
	徐坚	进士	绛州刺史	国子祭酒	旧102、全文291	
	陆坚	未详	给事中	卒	新200	
	崔涤	明经		卒	旧74、新99	
	武信	未详			旧51、新76	

续表

任职时期	人名	科第出身	迁入	迁出	出处（卷）	备注
玄宗	康子元	文史兼优科	宗正少卿	致仕	新200、全文344	
	崔沔	进士	左散骑常侍兼国子祭酒	太子宾客	全文338、墓志汇编大历060	
	慕容珣	未详	同州刺史	致仕	墓志续集开元149	
	沈易直	未详			旧52	
	李成裕	未详			旧126、新150	
	王迥质	未详			全文309	
	贺知章	进士	工部侍郎	免	旧190中、新196	兼官
	潘肃	未详			新109	
	李璀	未详	邠州刺史	太子詹事	旧86、新70下	
	陈希烈	进士			旧9、全文33	充官
	崔秀	未详			旧24、墓志汇编元和053	
	班景倩	未详			旧123	
	李休	未详			旧107	同正
	李僎	未详			旧107	同正
	裴齐丘	未详			新71上	
	赵自勤	未详		水部员外郎	新59、全文408	
	独孤明	未详			墓志续集天宝101	
	陈兼	未详			全文356	
	安庆长	未详			新225	
	李倬	未详			旧107	同正
	李偃	未详			新70下、新82	
	李偾	未详			新70下、新82	
	杨铦	未详			长安志8	
肃宗	萧昕	进士		国子祭酒	旧146、新159	
	崔涣	未详	常州刺史	太子宾客		

续表

任职时期	人名	科第出身	迁入	迁出	出处（卷）	备注
代宗	韩颖	未详	司天监	流岭南	旧 11、新 208	
	窦锷	未详			新 71 下	
	郑审	未详			墓志续集咸通 008、全诗 222	
	姚子彦	进士		卒	全文 391、墓志续集大中 055	
	李滮	未详			全文 412、墓志汇编大历 003	
	裴清	未详			新 71 上	
	郑赍	未详		司农卿	全文 412	
	李友信	未详		蜀王府司马	全文 412	
	韦之晋	未详			全文 413	检校
	独孤问俗	未详			全文 413	朝衔
	李昌岠	未详			全文 413	朝衔
	崔某	未详		致仕	全文 418	
	李抱真	未详	殿中少监		全文 446	朝衔
	元怀晖	未详			墓志续集建中 002	
	韦建	未详		致仕	新 74 上、长安志 9	
	王承俊	未详			全文 713	
	李揆	进士	歙州刺史	睽州刺史	旧 126、新 150	虚衔
德宗	崔汉衡	未详	鸿胪卿	兵部尚书	旧 122、新 143	
	刘秦	未详			墓志续集建中 005	
	刘太真	进士	刑部侍郎	礼部侍郎	全文 538	
	包佶	进士	国子祭酒	致仕	新 149、墓志汇编大和 011	
	卢群	未详			旧 140	朝衔
	李纾	未详			旧 150、新 82	
	王遇	未详			旧 52	
	韩洄	未详	刑部侍郎	兵部侍郎	全文 507	
	穆宁	明经	太子右庶子	致仕	旧 155、新 163	

任职时期	人名	科第出身	迁入	迁出	出处（卷）	备注
德宗	张荐	未详	秘书少监	工部侍郎兼御史大夫	旧13、全文506	
	齐抗	未详	河南尹	太常卿	旧136	
	韦丹	明经			全文754	朝衔
宪宗	董叔经	未详		京兆尹	旧14	
	卢虔	进士	汝州刺史	致仕	旧132、全文681	
	元瑜	未详			旧199下	朝衔
	蒋乂	未详	太常少卿	致仕	旧149、新132	
	李益	进士	秘书少监	太子宾客	旧137	
	阎济美	进士	华州刺史	工部尚书	旧185下、新159	
穆宗	许季同	进士	大理卿	华州刺史	旧16、全文662	
	严譬	未详		桂州刺史	旧16、全文657	
	崔群	进士	检校兵部尚书	华州刺史	旧16、新165	
	皇甫镈	进士	太子宾客	检校左散骑常侍	旧135、全679	
	李上公	未详			新72上	
文宗	白居易	进士	苏州刺史	刑部侍郎	旧17、新119	
	李虞仲	进士	华州刺史		旧163	
	王申伯	未详			墓志汇编大和059	
	崔威	未详		卒	旧17下	
	崔咸	进士	陕州大都督府长史	卒	旧190下、新177	
	郑覃	未详	户部尚书	刑部尚书	旧17下、新165	
	韦缜	进士		工部尚书	旧17下	
	张仲方	进士	华州刺史	致仕	旧171、新126	
	吴士矩	未详		蔡州别驾	册府元龟520下	
	归融	进士	京兆尹	兵部侍郎	旧17下、旧149	

续表

任职时期	人名	科第出身	迁入	迁出	出处（卷）	备注
文宗	刘禹锡	进士	太子宾客	检校礼部尚书	全文 610	分司东都
	姚合	进士	陕虢观察使	致仕	新 124	
武宗	李践方	未详			新 83	
	狄兼谟	进士	天平节度使	东都留守	新 115	
	卢弘宣	未详	工部尚书	义武节度使	通鉴 248、新 197	
宣宗	柳仲郢	进士	户部侍郎	河南尹	旧 165、新 163	
	李拭	未详	凤翔节度使	卒		
	杨汉公	进士	荆南节度使	国子祭酒	新 175、墓志续集咸通 008	
	陈商	进士	礼部侍郎		旧 18 下、新 58	
	吕让	进士	濮王傅	致仕	墓志汇编大中 107	
	崔谦	未详			墓志汇编大中 157	
	郑颢	进士	户部侍郎		通鉴 249	
	田广	未详			墓志续集大中 064	
	窦周余	未详			旧 155、新 71 下	
	张仲	未详			长安志九	
	薛逢	进士	给事中	卒	旧 190 下、新 203	
懿宗	郑裔绰	未详	商州刺史	浙东观察使	新 165	
	冯审	进士	国子祭酒	卒	旧 168、新 177	
	韦澳	进士	邠州刺史	免	旧 58、墓志续集咸通 038	
僖宗	萧岏	未详		国子祭酒	旧 19 下	
	王凝	进士	兵部侍郎	河南尹	旧 19 下、全文 810	
	杨授	进士	户部侍郎	刑部尚书	旧 176、新 175	
	崔凝	进士	户部侍郎	吏部侍郎	墓志续集乾宁 003	
	郑畯	未详			新 75 上	
昭宗	冯渥	未详			旧 20 下	
	崔昌遐	未详	峡州刺史		全文 837	
	朱朴	诸科	中书侍郎		新 183、通鉴 261	

续表

任职时期	人名	科第出身	迁入	迁出	出处（卷）	备注
哀帝	崔仁鲁	未详		密州司户	旧 20 下	
待考	卢虔灌	进士			旧 163、新 177	
	郑茂休	进士	绛州刺史		旧 158	
	诸葛恐	未详	苏州刺史		全文 329	
	刘会	未详			墓志汇编景龙 005	
	杨博物	未详			墓志汇编大中 137	
	裴埴	未详			新 71 上	
	杨仁赡	进士			新 71 下	
	杜鹗	未详			新 72 上	
	温西华	未详			新 72 中	
	于汪	未详			新 72 下	
	陆齐望	未详			新 73 下	
	武信忠	未详			新 74 上	
	朱禀	未详			新 74 下	
	独孤霖	未详			新 75 下	
	崔枢	进士			新 72 下	

（二）秘书少监

任职时期	人名	科第出身	迁入	迁出	出处（卷）	备注
太宗	虞世南	未详	著作郎	秘书监	旧 72、通鉴 194	
	颜师古	未详	通直郎	秘书监	旧 73、新 198	
	令狐德棻	未详	雅州刺史	礼部侍郎	旧 73、新 102	
	萧德言	未详	著作郎	致仕	旧 189 上、新 198	
高宗	上官仪	进士	起居郎	西台侍郎（中书侍郎）	旧 80、新 105	
	李怀俨	未详		郇州刺史	旧 59、旧 190 上	

任职时期	人名	科第出身	迁入	迁出	出处（卷）	备注
高宗	崔行功	学宗古今科	司文郎中	卒	旧190上、新201	
	徐太玄	未详			旧81、新106	
	刘应道	制科	礼部郎中	卒	墓志续集开耀001	
	郭正一	进士	中书舍人	相	旧109中、通鉴203	
	柳行满	未详			墓志汇编永淳025	
	韦方直	未详			墓志汇编开元074	
武周	王绍宗	未详	太子文学	废	旧189下、墓志汇编垂拱022	
	周思茂	未详	太子舍人	杀	旧190中	
	邓玄挺	未详	晋州刺史	天官侍郎（吏部侍郎）	旧190上	
	李峤	进士	天官侍郎	相	旧6、旧94	
	阎朝隐	进士	给事中	流	旧190中	
	王知敬	未详			旧192、新196	
	岑景倩	未详			新72中	
中宗	岑羲	进士	中书舍人	吏部侍郎	旧70、新102	
	韦利器	未详			全文923	
	韦承庆	进士	相	卒	旧88、新116	
	贾膺福	未详			墓志续集景龙020	
	李祢	未详			旧76	
	刘知几	进士	太子率更令	太子左庶子	新132、旧02	
玄宗	阎朝隐	进士	著作郎	通州别驾	旧90中、新202	
	王珣	进士			旧102、新111	
	王瑨	未详			新111	
	齐澣	拔萃科	中书舍人	汴州刺史	旧190中、新128	
	崔涵	未详			全文卷304	
	卢俌	未详			新199、新200	

任职时期	人名	科第出身	迁入	迁出	出处（卷）	备注
玄宗	贺知章	进士	太常博士	太常少卿	旧 190、新 200	
	卢粲	进士	陈州刺史	卒	旧 189 下、新 199	
	康子元	文史兼优		宗正少卿	旧 102、新 200	
	李祎	未详			全文卷 22	
	王晃	进士			墓志汇编开元 304	
	陈希烈	进士	中书舍人	工部侍郎	旧 97、新 223	
	张九龄	进士	桂州都督	工部侍郎	旧 99、全文 440	
	王迥质	未详			旧 191、新 204	
	郑万钧	未详			全文卷 225	
	崔沔	进士	著作郎	太子左庶子	全文 338、墓志汇编大历 060	
	韦绳	明经	郦州刺史	陈王傅	新 118	
	李诚	进士	中书舍人	卒	全文 391	
	皇甫彬	未详			新 60、全文 388	
	崔峋	未详			旧 51、新 77	
	裴泆	未详			新 71 上	
	陆泛	未详			新 73 下	
	卢虚舟	未详			全文 628	
肃宗	萧华	未详	魏州刺史	尚书右丞	旧 99、新 101	
	赵煜	未详	左补阙		全文 330	
	苏源明	进士	中书舍人		新 202、通鉴 220	
	王翊	才兼文武科	辰州刺史	朗州刺史	新 143	朝衔
	柳杲	未详			墓志续集贞元 078	
	李皋	未详			旧 131	
	裴倩	未详	司勋郎中	信州刺史	全文 500	

任职时期	人名	科第出身	迁入	迁出	出处（卷）	备注
代宗	马燧	未详			旧 134、全文 507	朝衔
	李永	未详			全文 412	朝衔
	李季卿	明经		吏部侍郎	全文 391	
	于颀	未详	户部侍郎	京兆尹	旧 146	
	赵晔	进士	仓部郎中		旧 187 下	
	鲜于炅	未详			全文 343	朝衔
	萧定	未详			旧 185 下、全文 434	朝衔
	李泌	诸科			旧 130、新 139	朝衔
	某曰勋	未详			全文 391	
	董晋	明经	司勋郎中	太府少卿	旧 145、新 151	
	郑旷	未详			全文 679	朝衔
	穆宁	明经			旧 155、新 163	朝衔
	陈如	明经			墓志续集兴元 001	朝衔
	韦肇	进士	中书舍人	吏部侍郎	旧 11、新 169	
	邵说	进士	长安令	吏部侍郎	旧 137、新 203	
	李兼	未详			全文 455	朝衔
	房乘	未详			全文 563	
德宗	沈震	未详			旧 52	
	赵骅	进士	比部员外郎	卒	旧 167、新 151	
	郑叔则	明经			旧 12、全文 784	朝衔
	穆宁	明经	太子右谕德	太子右庶子	旧 155、全文 784	
	韦宥	未详			新 83	
	郑濡	未详			墓志汇编长庆 008	朝衔
	孔述睿	未详	谏议大夫	太子宾客	旧 192、新 196	
	王士平	未详			旧 142	同正
	郑云逵	未详		给事中	旧 137、旧 167	
	孙昌胤	未详			旧 167	
	雷咸	未详			全文 52	
	王表	进士			全文 653	

任职时期	人名	科第出身	迁入	迁出	出处（卷）	备注
德宗	王础	未详		黔中经略观察使	旧 13、墓志续集元和 076	
	张荐	未详	谏议大夫	秘书监	旧 149、新 161	
	杨於陵	进士	中书舍人	华州刺史	旧 164、全文 639	
	陈京	进士	给事中	卒	新 200、全文 591	
	薛钊	未详			新 83	
顺宗	令狐峘	进士	衢州别驾	卒	旧 149、全文 560	
	周渭	进士	祠部郎中	卒	全文 506	
宪宗	郑何	未详			全文 631	
	蒋乂	未详	兵部郎中	谏议大夫	旧 149、新 132	
	蒋武	未详			全文 616	
	李益	进士	幽州刘济幕	降居散秩	旧 137	
	陆亘	进士	户部郎中	太常少卿	旧 162	
	独孤郁	进士	驾部郎中	卒	旧 168	
	田泊	未详		郴州司户	旧 196	
	马宇	未详			新 58	
穆宗	李随	进士			旧 16、新 72 上	
	窦巩	进士			旧 155	朝衔
敬宗	崔玄亮	进士	湖州刺史	太常少卿	全文 679	
文宗	王会	未详			通鉴 245	
	韦同靖	未详		金部员外郎	墓志续集咸通 005	
武宗	吕述	进士			全文 707	
	史重厚	未详			全文 791	
	邢恂	未详			墓志汇编会昌 038	
僖宗	李貺	进士		谏议大夫	旧 19 下	
	皇甫镈	未详		绵州刺史	旧 19 下	
昭宗	殷盈孙	未详	太常博士	大理卿	旧 164、新 164	
	卢光启	进士		中书舍人	全文 831	

任职时期	人名	科第出身	迁入	迁出	出处（卷）	备注
哀帝	裴鈇	未详		鄆州司户	旧20下	
	王宗懿	未详			通鉴266	

四 唐代著作郎、佐郎迁转表

（一）著作郎

任职时期	人名	科第出身	迁入	迁出	出处（卷）	备注
高祖	殷闻礼	未详			旧73	
	祖孝孙	未详		太常少卿	旧79	
太宗	虞世南	未详	太子中舍人	秘书少监	旧72	
	姚思廉	未详	太子洗马	散骑常侍	旧73、新102	
	萧德言	未详	太子洗马		旧4、旧189上	
	许敬宗	未详	著作佐郎	中书舍人	旧82、新223上	
	邓世隆	未详	著作佐郎	卒	旧73	
	陆元仕	未详			旧66	
	刘子翼	未详	吴王府功曹		旧87、新117	
高宗	颜勤礼	未详	曹王友	夔州都督府长史	全文341	
	刘胤之	未详		楚州刺史	旧190上、新201	
	杨仁卿	未详			旧82、旧190上	
	敬播	进士	著作佐郎	谏议大夫	旧189上	
	孟利贞	未详	司议郎	卒	旧190上	
	顾胤	未详	起居郎	卒	旧73、新102	
	贺颐	未详			旧185上、新106上	
	苗神客	幽素科			旧190中、新201	
	崔行功	学综古今科	游安令	秘书少监	旧190上	
	裴敬彝	未详	监察御史	中书舍人	旧188、新195	

续表

任职时期	人名	科第出身	迁入	迁出	出处（卷）	备注
高宗	刘祎之	未详			全唐文补遗第1辑	
	许彦伯	未详		流岭表	旧82	
	元万顷	未详	流岭南	中书舍人	旧190中	
	李鼎祚	未详			全文202	
	颜欣期	未详			全文339	
武周	崔詧	未详	监察御史	正谏大夫，相	通鉴203、新4	
	祝钦明	明经	东台典仪	太子率更令	新109、旧189下	
	崔融	词殚文律科	右史（起居舍人）	凤阁舍人（中书舍人）	旧94、全文242	
	刘允济	进士	左史（起居郎）	大庚尉	旧190中	
	岑景倩	未详			全文405	
	郭某	未详	监察御史	主客郎中	墓志续集天宝028	
	贾膺福	未详			旧22、墓志汇编神功009	
	魏知古	进士		凤阁舍人（中书舍人）	旧98	
	刘之宏	未详		相王府司马	旧189上、新198	
	杨安期	未详			全文173	
中宗	张漪	进士	著作佐郎	卒	墓志汇编开元381	
	刘知几	进士	中书舍人	太子中允	全文274	
	阎朝隐	进士	流崖州	秘书少监	新202	
睿宗	魏晃	未详			旧92	
玄宗	崔沔	进士	御史中丞	秘书少监	旧188、墓志汇编大历060	
	薛南金	未详		苏州别驾	旧189上、墓志续集开元014	
	吴兢	未详	谏议大夫		旧102、全文251	
	胡皓	未详	秘书丞		全文251	

续表

任职时期	人名	科第出身	迁入	迁出	出处（卷）	备注
玄宗	姚昌润	未详	泽州别驾		全文 252	
	綦毋潜	进士	右拾遗		新 60	
	司马利宾	未详	著作佐郎		全文 309	
	裴巨卿	未详		国子司业	全文 309	
	程谏	进士			全文 374	
	严损之	未详	宰氾水		全文 392	
	杜某	未详			全文 360	
	崔杰	明经			墓志续集天宝 057	
	王曾	未详			新书 204	
	李贲	未详			墓志汇编天宝 126	
	韦子春	未详		端溪尉	旧 9	
	郑虔	未详	广文博士		新 202	
	田梁丘	未详			全诗 211	
	孔崇道	未详			墓志汇编天宝 255	
	孔至	未详			新 199	
	马恬	未详			全文 639	
	卢侑	未详			全文 784	
	岑尹	未详			新 72 中	
	韩份	未详			新 73 上	
肃宗	秦立信	未详			墓志汇编至德 003	
	权皋	进士	起居舍人	卒	全文 486	朝衔
	刘迥	进士			全文 520	朝衔
代宗	严从桌	未详			全文 337、全文 343	
	吕季重	未详			全文 381	朝衔
	马燧	未详			旧 134、全文 507	朝衔
	元结	进士			全文 344	朝衔
	蔡十四	未详			全诗 220	
	崔祐甫	进士			墓志汇编建中 004	朝衔
	甄济	未详			旧 187 下	朝衔

续表

任职时期	人名	科第出身	迁入	迁出	出处（卷）	备注
代宗	李昂	进士			墓志汇编大历 009	
	严士良	未详			全文 392	
	王寅	未详			全文 412	朝衔
	韦儇	未详			全文 391	
	王惟	未详			墓志汇编大历 024	
	钱庭篠	未详			墓志汇编大历 034	
	郑宝	未详			全文 392	
	韦永	未详			全文 506	
	常皆	未详			全文 418	
	韩秀荣	未详			墓志续集元和 064	
	高魍	未详			全文 764	
德宗	常愿	未详		秘书少监	旧 150	
	路应	未详		虔州刺史	全文 620、新 138	
	杨於陵	进士			全文 639	朝衔
	顾况	进士	秘书郎	饶州司户	旧 130	
	裴延龄	未详	昭应令	太府少卿	旧 135	
	崔述	未详		虞部员外郎	全文 503	
	董全道	明经			全文 499、全文 567	
	王翔	未详	三原县令	太子仆	全文 499	
	王遇	未详			新 72 中	
	赵涉	进士			墓志汇编咸通 022	朝衔
宪宗	李藩	未详	吏部郎中	国子司业	旧 148、新 169	
	杜师损	未详			全文 602	
	李位	未详			柳河东集卷十	朝衔
	李渤	未详		右补阙	旧 171、新 118	
	宇文籍	进士			旧 160	朝衔
	韦端	未详			墓志汇编元和 141	
穆宗	郭行余	进士			全文 649	
敬宗	韦公肃	未详			旧 17 上	

任职时期	人名	科第出身	迁入	迁出	出处（卷）	备注
文宗	杜中立	未详	太子通事舍人	光禄少卿	新 172	
	舒元舆	进士	刑部员外郎	右司郎中	旧 169	
	陈夷行	进士	吏部郎中	谏议大夫	翰林学士壁记注补 9	
	贾𫗧	进士			新 75 下	
	韩昶	进士			全文 741	朝衔
武宗	贺凭	未详		永新令	全文 765	
	李浑	未详		比部员外郎	全文 726	
宣宗	杨松年	未详		国子博士	墓志汇编大中 137	
	柳璞	未详			新 163	
懿宗	卢肇	进士		仓部员外郎	全文 768	
僖宗	卢陟	未详			墓志汇编乾符 022	
	柏宗回	未详			全文 828	
	罗隐	未详			罗隐集附录	朝衔
昭宗	朱朴	诸科	京兆府司录参军	国子毛诗博士	新 183	
待考	成灵璲	未详			墓志续集建中 010	
	刘颖	未详			新 71 上	
	窦权	未详			新 71 下	
	陈伯宣	未详			新 71 下	
	韦鉴	未详			新 74 上	
	韦师庄	未详			新 74 上	
	韦伟	未详			新 74 上	
	郑士林	贤良方正，能言直谏科			新 75 上	
	韩某	未详			全文 590	

（二）著作佐郎

任职时期	人名	科第出身	迁入	迁出	出处（卷）	备注
高祖	许敬宗	未详	宋州总管府户曹	著作郎	旧72、全文147	
	薛元敬	未详	天策府参军	太子舍人	旧72、全文147	
太宗	刘孝孙	未详	虞州录事参军	吴王府谘议参军	旧72、新102	
	邓世隆	未详	国子主簿	卫尉丞	旧73、通鉴195	
	敬播	进士	太子校书	太子司议郎	旧189上、新198	
	郝处俊	进士		滕王友	旧84、新115	
	孙德	未详			墓志汇编光宅002	
高宗	孙处约	进士	韩王府记室	礼部员外郎	墓志汇编咸亨068	
	王义方	明经	云阳县丞	侍御史	旧187上	
	王浚	未详	宫门郎	秘书郎	墓志汇编开元304	
	刘祎之	未详			全唐文补遗第1辑	
	严善思	销声幽薮科			新204	
	郎余令	进士			旧189下	
	姚节	未详			墓志汇编开元354	
武周	刘允济	进士	下邽尉	左史（起居郎）	旧190中、新202	
	路敬淳	进士			墓志汇编长寿002	
	崔融	词殚文律科	魏州司功参军	右史（起居舍人）	旧94	
	刘允济	进士	大庾尉	凤阁舍人（中书舍人）	旧190中、新202	
	刘子玄	进士	获嘉主簿	左史（起居郎）	全文274	
	杜审言	进士	吉州司户参军	膳部员外郎	旧190上、新201	

任职时期	人名	科第出身	迁入	迁出	出处（卷）	备注
中宗	张漪	进士	左补阙	著作郎	墓志汇编开元 381	
	洪子舆	绝伦科		起居舍人	全文 250	
睿宗	颜元孙	进士	洛阳丞	太子舍人	全文 341	
玄宗	杜鹏举	未详		太子左赞善大夫	全文 422	
	徐峻	未详			墓志续集开元 056	
	王敬从	文擅词场科			全文 258、全文 313	
	司马利宾	未详			旧 84、全文 309	
	李锐	未详	左拾遗		新 132	
	崔令钦	未详			全文 396	
	李霞光	贤良方正科	长安县丞	太子舍人	墓志汇编天宝 099	
	崔众甫	明经	麟游县令		墓志汇编大历 059	
代宗	郭映	未详			全文 331	
德宗	田季安	未详			册府 436	朝衔
	许仲舆	进士			全诗 317、全诗 323	
	孔岑父	未详			旧 179	
	张囧	未详			墓志续集永贞 001	
	韦温	明经	监察御史		全文 755	
	李听	未详			全文 623	
宪宗	樊宗师	军谋弘达，材任将帅科	国子主簿	金部郎中	新 159	
宣宗	孔戡	未详			墓志汇编大中 024	
	萧岘	未详		太常博士	全文 748	
	石贺	未详			全文 749	
	萧孜	未详	太学博士		全文 749	
	冯颛	进士	监察御史		东观奏记卷下	

续表

任职时期	人名	科第出身	迁入	迁出	出处（卷）	备注
懿宗	杨譚	诸科			墓志续集咸通008	
	高彬	未详			墓志续集乾符014	
昭宗	皮日休	进士		太常博士	郡斋读书志18	
	张道	未详		右拾遗	全文831	
待考	江泳	未详			墓志汇编仪凤018	
	高彪	未详			新71下	
	李郯	未详			新72上	
	薛退	未详			新73下	
	郑文	未详			新75上	

五　唐代校书郎、正字迁出表

（一）校书郎

文士姓名	所属文馆	任职时期	科第出身	迁出	出处（卷）	备注
杨炯	崇文馆	高宗	诸科	詹事司直	旧190上、新201	
于邵	崇文馆	玄宗	进士	使府	旧137、新203	
李某	崇文馆	玄宗	未详		全文426	
王端	崇文馆	玄宗	制科	监察御史	全文500、506	
寇子美	崇文馆	玄宗	未详	尉氏尉	墓志汇编天宝025	
崔杰	崇文馆	玄宗	明经	临汾县尉	墓志汇编天宝178	
凌准	崇文馆	代宗	制科	邠宁节度掌书记	全文589	
卢元辅	崇文馆	代宗	进士	左拾遗	旧135、新191	
周宽饶	崇文馆	德宗	未详		新74下	
裴墐	崇文馆	德宗	进士	京兆府参军	全文588	
李商卿	崇文馆	穆宗	进士		册府元龟644	
锺辂	崇文馆	文宗	未详		全文741	
崔干	崇文馆	文宗	未详		墓志汇编大和013	
康骈	崇文馆	僖宗	进士		唐文拾遗33	

文士姓名	所属文馆	任职时期	科第出身	迁出	出处（卷）	备注
黄璞	崇文馆	昭宗	进士		新 225、全文 817	
张择	弘文馆	玄宗	明经	杭州录事参军	全文 678	
王利器	弘文馆	玄宗	未详		墓志汇编开元 518	
刘眘虚	弘文馆	玄宗	进士		唐才子传 1	
李舟	弘文馆	肃宗	洞晓玄经科	湖南从事	全文 521、全诗 200	
赵宗儒	弘文馆	代宗	进士	陆浑主簿	旧 167、新 151	
崔处仁	弘文馆	德宗	未详	渭南尉	全文 490	
卫从周	弘文馆	德宗	未详	渭南尉	全文 490	
令狐楚	弘文馆	德宗	进士		全文 605、全诗 333	朝衔
奚陟	弘文馆	德宗	进士	大理评事	旧 149、新 164	
董侹	弘文馆	德宗	未详	大理评事	全文 610	
李虞仲	弘文馆	宪宗	进士	从事荆南	旧 163	
庞严	弘文馆	宪宗	进士	左拾遗	册府元龟 644	
令狐绹	弘文馆	文宗	进士	左拾遗	旧 172	
韩昶	弘文馆	文宗	进士		全文 741	朝衔
杜牧	弘文馆	文宗	进士	江西团练巡官	旧 147、全文 754	
杜宣猷	弘文馆	文宗	未详		墓志汇编大和 051	
李群玉	弘文馆	宣宗	上书拜官		新 60、全文 793	
郑颢	弘文馆	宣宗	进士	右拾遗	旧 159	
郑覃	弘文馆	待考	未详	拾遗	旧 173、新 165	
李融	弘文馆	玄宗	未详		全文 812	朝衔
刘绩	弘文馆	待考	未详		墓志汇编景福 002	
李仁峻	弘文馆	待考	未详		新 70 上	
颜勤礼	秘书省	高祖	未详	右领左右府铠曹参军	全文 339、全文 341	
岑文昭	秘书省	太宗	未详		旧 70、通鉴 197	
孙处约	秘书省	太宗	进士	齐王府记室	墓志汇编咸亨 068	
李元轨	秘书省	高宗	进士		墓志汇编永淳 009	

续表

文士姓名	所属文馆	任职时期	科第出身	迁出	出处（卷）	备注
沈齐文	秘书省	高宗	进士	右领军卫仓曹参军	墓志汇编垂拱 061、神龙 024	
赵越宝	秘书省	高宗	幽素科	右司御率府录事参军	墓志汇编长安 009、开元 276	
梁皎	秘书省	高宗	明经	嘉州参军	墓志汇编开元 133	
李尚贞	秘书省	高宗	进士	并州武兴尉	墓志汇编开元 156	
康希铣	秘书省	高宗	明经	左金吾卫录事参军	全文 344	
苏诜	秘书省	高宗	贤良方正科		新 125	
崔沔	秘书省	武周	进士	陆浑主簿	全文 315、墓志汇编大历 060	
张九龄	秘书省	中宗	进士	左拾遗	全文 290、全文 440	
宋鼎	秘书省	中宗	未详		全诗 113	
卫凭	秘书省	玄宗	制科	越州剡县尉	墓志汇编天宝 240、全文 312	
孟晓	秘书省	玄宗	未详		新 199	
源幼良	秘书省	玄宗	未详	协律郎	新 199	
房琯	秘书省	玄宗	上书拜官	同州冯翊尉	旧 111	
王昌龄	秘书省	玄宗	进士	汜水尉	旧 190 下、新 203	
白履忠	秘书省	玄宗	未详		旧 192、全文 23	
李纾	秘书省	玄宗	未详	左补阙	旧 137、新 161	
颜真卿	秘书省	玄宗	进士	尉醴泉	全文 394、全文 514	
宋儋	秘书省	玄宗	未详		全文 346、全文 447	
任华	秘书省	玄宗	未详	桂州刺史参佐	全文 376	
钱起	秘书省	玄宗	进士	蓝田尉	旧 168	
寇某	秘书省	玄宗	未详		全诗 237	
李华	秘书省	玄宗	进士	伊阙尉	全文 388、全文 315	
卢象	秘书省	玄宗	进士	右卫仓曹掾	全文 605	

文士姓名	所属文馆	任职时期	科第出身	迁出	出处（卷）	备注
王弼	秘书省	玄宗	未详		墓志汇编天宝005、墓志续集天宝001	
李琚	秘书省	玄宗	进士	右骁卫仓曹参军	墓志汇编天宝124	
张阶	秘书省	玄宗	进士	千牛胄曹	墓志汇编天宝124	
韩液	秘书省	玄宗	进士		墓志汇编天宝124	
张椅	秘书省	玄宗	未详		墓志汇编天宝155	
崔成甫	秘书省	玄宗	进士	冯翊尉	全文338、墓志汇编大历062	
崔祐甫	秘书省	玄宗	进士	寿安尉	全文315、墓志汇编建中004	
陈某	秘书省	玄宗	未详		全诗114	
殷遥	秘书省	玄宗	未详		全诗138	
魏季龙	秘书省	玄宗	未详		全诗199	
郭某	秘书省	玄宗	未详		全诗214	
岑至	秘书省	玄宗	未详		新72中	
董晋	秘书省	肃宗	明经	卫尉寺丞	新151、全文567	
杜亚	秘书省	肃宗	上书拜官	入河西幕	旧146、新172	
颜烦	秘书省	肃宗	未详		全文344	
苏瀚	秘书省	肃宗	未详	入桂管幕	全文376	
韩计	秘书省	肃宗	未详		全文516	
郎士元	秘书省	肃宗	进士	渭南尉	全诗238	
柳伉	秘书省	代宗	进士		翰林学士壁记补注3	
元季能	秘书省	代宗	未详		旧118、新145	
元伯和	秘书省	代宗	未详		旧118、全诗187	
刘从一	秘书省	代宗	进士	渭南尉	旧125	
崔损	秘书省	代宗	进士	咸阳尉	旧136	
郑絪	秘书省	代宗	进士	鄠县尉	旧159	
卢纶	秘书省	代宗	未详	陕府户曹	旧163	
卢少康	秘书省	代宗	未详		全文344	

续表

文士姓名	所属文馆	任职时期	科第出身	迁出	出处（卷）	备注
卫辉	秘书省	代宗	未详		全文 412	
仲子陵	秘书省	代宗	进士	同官尉	全文 502	
畅当	秘书省	代宗	进士	入山南节度幕	全诗 187	
李端	秘书省	代宗	进士	杭州司马	旧 163、全诗 277	
吉中孚	秘书省	代宗	未详	万年尉	新 60、全诗 206	
孟云卿	秘书省	代宗	未详	入南海幕府	全诗 241、230	
李畅	秘书省	德宗	未详	江陵松滋主簿	全文 506、全诗 322	
秦系	秘书省	德宗	未详		新 196、全诗 190	
卢文若	秘书省	德宗	未详		全诗 293	朝衔
顾况	秘书省	德宗	进士		旧 130、全文 528	
姚系	秘书省	德宗	进士		全诗 269	
杨凝	秘书省	德宗	进士	入为山南东道节度使掌书记	全诗 282	
夏侯审	秘书省	德宗	军谋越众科	宁国丞	全诗 187、237	
独孤某	秘书省	德宗	未详		墓志续集建中 001	
霍正叔	秘书省	德宗	未详		墓志续集贞元 012	
卢益	秘书省	德宗	未详		墓志汇编贞元 010	
皇甫阅	秘书省	德宗	未详		墓志汇编贞元 051	
房次卿	秘书省	德宗	进士		墓志汇编贞元 086	
李道古	秘书省	德宗	进士	司门员外郎	新 80、墓志汇编贞元 093	
齐暤	秘书省	德宗	未详		墓志汇编贞元 119	
陈昌卿	秘书省	德宗	未详	房州司马	墓志汇编元和 087	
崔廷	秘书省	德宗	未详	监察御史	墓志汇编长庆 026	
窦常	秘书省	德宗	进士		旧 155、全文 761	朝衔
独孤绶	秘书省	德宗	进士		全文 761	
于敖	秘书省	德宗	进士	入杨凭湖南幕	旧 149、新 104	
孔戢	秘书省	德宗	未详	阳翟尉	旧 154、新 163	
许孟容	秘书省	德宗	进士	入武宁张建封府	旧 154、全文 479	

文士姓名	所属文馆	任职时期	科第出身	迁出	出处（卷）	备注
窦牟	秘书省	德宗	进士	入东都留守幕为巡官	旧155	
李建	秘书省	德宗	进士	右拾遗	旧155、翰林学士壁记注补4	
郑澣	秘书省	德宗	进士	长安尉	旧158	
崔群	秘书省	德宗	进士	右补阙	旧159、新165	
韦辞	秘书省	德宗	明经	入东都留守韦夏卿幕	旧160	
李绛	秘书省	德宗	进士	渭南尉	旧164、全文605	
柳公绰	秘书省	德宗	贤良方正能言直谏科	渭南尉	旧165、新163	
元稹	秘书省	德宗	明经	左拾遗	旧166、全文679	
吕炅	秘书省	德宗	博学宏词科		全诗412、全诗411	
白居易	秘书省	德宗	进士	盩厔县尉	旧166、全文656	
白行简	秘书省	德宗	进士	入东川卢坦幕为掌书记	旧166、全文680	
袁某	秘书省	德宗	未详		全文690	
窦易直	秘书省	德宗	进士	蓝田尉	旧167、新151	
薛贻谋	秘书省	德宗	未详	入昭义军为掌书记	全文488	
李博	秘书省	德宗	进士	入张建封幕为掌书记	全文557	
独孤申叔	秘书省	德宗	进士		全文588、新75下	
路凭	秘书省	德宗	未详		全文620	
韩弇	秘书省	德宗	进士		全文639、墓志汇编贞元121	朝衔

文士姓名	所属文馆	任职时期	科第出身	迁出	出处（卷）	备注
刘颇	秘书省	德宗	未详	入鄜州幕	全文 654	
崔玄亮	秘书省	德宗	进士	入宣州幕	全文 679	
孟简	秘书省	德宗	进士	入浙东观察使皇甫政幕	全诗 379、全诗 372	
杨嗣复	秘书省	德宗	进士	右拾遗	旧 176	
庾敬休	秘书省	宪宗	进士	入宣州幕	旧 187 下	
韦处厚	秘书省	宪宗	进士	咸阳县尉	旧 159	
柳仲郢	秘书省	宪宗	进士	入牛僧孺江夏幕	旧 165、新 163	
柳公权	秘书省	宪宗	进士	入李听夏州幕为掌书记	旧 165	
高鈇	秘书省	宪宗	进士	右补阙	旧 168	
马植	秘书省	宪宗	进士		旧 176、全文 663	朝衔
卢商	秘书省	宪宗	进士	入范传式宣歙幕	旧 176	
李德裕	秘书省	宪宗	未详	入幕为从事	新 180、全文 731	
韦温	秘书省	宪宗	明经	咸阳尉	旧 168、全文 755	
于方	秘书省	宪宗	未详		墓志汇编元和 008	
郗弘度	秘书省	宪宗	未详		墓志汇编元和 043	
孙保衡	秘书省	宪宗	未详		墓志汇编元和 058	
卢卓	秘书省	宪宗	未详		墓志汇编元和 100	
崔筥	秘书省	宪宗	未详		墓志汇编元和 142	
吕让	秘书省	宪宗	进士	入李程鄂岳幕为支使	墓志汇编大中 107	
杨汉公	秘书省	宪宗	进士	入华州幕为判官	墓志续集咸通 008	
窦巩	秘书省	宪宗	进士		全诗 406、全文 671	朝衔
吕述	秘书省	穆宗	进士	右拾遗	册府元龟 644	
姚中立	秘书省	穆宗	进士		册府元龟 644	
李躔	秘书省	穆宗	进士		册府元龟 644	
崔碬	秘书省	穆宗	进士		册府元龟 644	

文士姓名	所属文馆	任职时期	科第出身	迁出	出处（卷）	备注
李方元	秘书省	敬宗	未详	入江西裴谊幕为支使判官	全文 755	
郑处诲	秘书省	文宗	进士	监察御史	旧 158	
魏謩	秘书省	文宗	进士		旧 176	朝衔
袁德文	秘书省	文宗	进士		旧 91	
赵元方	秘书省	文宗	未详		全文 749	朝衔
崔周冕	秘书省	文宗	未详		墓志汇编大和 007	
崔谠	秘书省	文宗	贤良方正，能言直谏科		墓志汇编大和 046	
韦某	秘书省	文宗	未详		墓志汇编开成 039	
郑当	秘书省	文宗	进士	入幕为节度巡官	墓志汇编开成 039	
赵璘	秘书省	文宗	进士		墓志汇编开成 045	
郑从谠	秘书省	武宗	进士	左补阙	旧 158	
郑畋	秘书省	武宗	进士		旧 178	朝衔
薛逢	秘书省	武宗	进士	入河中崔铉幕为从事	旧 190 下	
康某	秘书省	武宗	未详		全文 795	
李宣晦	秘书省	武宗	未详		墓志汇编会昌 008	朝衔
苗绅	秘书省	武宗	进士		墓志汇编会昌 031	
崔隋	秘书省	武宗	进士		墓志汇编会昌 053	朝衔
高瀚	秘书省	武宗	未详	京兆府兴平县尉	墓志汇编大中 105	
赵璜	秘书省	武宗	进士	鄠县尉	墓志汇编咸通 022	
李推贤	秘书省	武宗	未详		墓志汇编乾符 013	朝衔
李频	秘书省	宣宗	进士	南陵主簿	新 203	
于琮	秘书省	宣宗	未详	左拾遗	旧 18 下、通鉴 249	
王徽	秘书省	宣宗	进士	入幕为巡官	旧 178、新 185	
孔纬	秘书省	宣宗	进士	入崔慎由梓州幕为从事	旧 179	

文士姓名	所属文馆	任职时期	科第出身	迁出	出处（卷）	备注
徐商	秘书省	宣宗	进士	侍御史	旧 179	
吴发	秘书省	宣宗	未详		墓志汇编大中 047	
孙纾	秘书省	宣宗	进士		墓志汇编大中 095	朝衔
李昼	秘书省	宣宗	明经	入郑涯山南西道幕	墓志汇编大中 115	
卢邺	秘书省	宣宗	进士		新 73 上	
孙徽	秘书省	宣宗	进士		墓志汇编大中 151	
刘邺	秘书省	懿宗	进士		旧 177	朝衔
顾云	秘书省	懿宗	进士	入高骈淮南幕	嘉定镇江志 15、全文 815	
裴枢	秘书省	懿宗	进士		旧 113	朝衔
李庄	秘书省	懿宗	未详		墓志汇编咸通 098	
杨擢	秘书省	懿宗	进士		墓志汇编咸通 104	
孔纾	秘书省	懿宗	进士		墓志汇编咸通 115	朝衔
白承孙	秘书省	懿宗	未详		墓志续集咸通 005	
钱璩	秘书省	懿宗	未详		墓志汇编乾符 028	朝衔
崔保谦	秘书省	僖宗	未详		旧 19 下	
李溻	秘书省	僖宗	未详		全文 816	
赵颀	秘书省	昭宗	进士		旧 20 上	
刘明济	秘书省	昭宗	进士		旧 20 上	
窦专	秘书省	昭宗	进士		旧 20 上	
崔舣	秘书省	昭宗	进士		墓志汇编乾宁 007	朝衔
杨玢	秘书省	哀帝	未详		全文 831	朝衔
段成式	秘书省	待考	以荫补官		旧 167	
宋申锡	秘书省	宪宗	进士	入湖南韦贯之幕为从事	旧 167	
郑叔敖	秘书省	待考	未详	长安尉	全文 555	
裴敬	秘书省	待考	未详		全文 764	
李羲叟	秘书省	宣宗	进士	河南府参军	全文 777	
郑甫	秘书省	待考	未详	蓝田尉	全文 785	

续表

文士姓名	所属文馆	任职时期	科第出身	迁出	出处（卷）	备注
赵熙	秘书省	待考	未详		全文 854	
冯吉	秘书省	待考	未详		全文 857	
郑称	秘书省	待考	明经		墓志汇编大和 062	
寇坦	秘书省	待考	未详		墓志汇编大中 031	
苏巢	秘书省	待考	未详		墓志汇编咸通 022	
孙宿	秘书省	待考	制科	入河东幕为掌书记	墓志汇编残志 015	
白崇儒	秘书省	待考	未详		墓志续集咸通 005	
虞某	秘书省	待考	未详	虞乡丞	全诗 200	
刘宽夫	秘书省	待考	进士		新 71 上	朝衔
张寀	秘书省	待考	未详		新 72 下	
崔实	秘书省	待考	未详		新 72 下	朝衔
孙洽	秘书省	待考	未详		新 73 下	
陆嵩	秘书省	待考	未详		新 73 下	
王播	集贤院	德宗	进士	左拾遗	全文 714、全文 679	
张仲方	集贤院	德宗	进士	秘书省正字	全文 679	
崔郾	集贤院	德宗	进士	入陕虢观察使崔琮幕为观察巡官	旧 155、全文 756	
韦温	集贤院	德宗	明经	左拾遗	全文 605	
王启	集贤院	德宗	未详		全文 631	
吕温	集贤院	德宗	进士	左拾遗	墓志续集贞元 059、贞元 060	
范传正	集贤院	德宗	进士	渭南尉	新 172	
王起	集贤院	德宗	进士	蓝田尉	全文 679	
丁公著	集贤院	宪宗	明经	太子文学	旧 188、新 164	
韦处厚	集贤院	宪宗	进士	咸阳尉	新 142、全文 605	
崔滔	集贤院	宣宗	进士		全文 749	
敬播	太子校书	太宗	进士	著作郎	旧 189 上	

续表

文士姓名	所属文馆	任职时期	科第出身	迁出	出处（卷）	备注
盖畅	太子校书	高宗	进士	雍州栎阳尉	墓志汇编永徽 108、神功 013	
骞思泰	太子校书	高宗	明经	遂州方义县尉	墓志续集开元 034	
张说	太子校书	武周	制举	右补阙	旧 97	
王泠然	太子校书	玄宗	进士	右威卫兵曹参军	墓志汇编天宝 002	
蒋洌	太子校书	玄宗	未详		墓志汇编开元 102	
崔杰	太子校书	玄宗	明经	临汾尉	墓志汇编大历 070	
晁衡	太子校书	玄宗	未详		全诗 138	
殷寅	太子校书	玄宗	进士	永宁尉	新 199	
姚南仲	太子校书	肃宗	制举	高陵尉	旧 153	
梁肃	太子校书	德宗	诸科	右补阙	新 203	
李观	太子校书	德宗	进士		新 203、墓志汇编残志 008	
李虚中	太子校书	德宗	进士	伊阙尉	全文 564	
许尧佐	太子校书	德宗	进士		新 200	
刘禹锡	太子校书	德宗	进士	入杜佑幕	刘宾客文集外集卷 9	

文士姓名	所属文馆	任职时期	科第出身	迁出	出处（卷）	备注
邢涣思	太子校书	宪宗	进士	入幕	全文 755	
沈传师	太子校书	宪宗	进士	鄠县尉	旧 149	
韦正贯	太子校书	穆宗	诸科	华原尉	新 158	
崔郿	太子校书	穆宗	进士		新 158	
丁居重	太子校书	宣宗	未详		墓志汇编大中 156	朝衔
崔戎	太子校书	待考	明经	蓝田主簿	旧 162	
王嗣琳	太子校书	待考	未详		新 200	
蒋清	太子校书	待考	明经	巩县尉	旧 187 下	
苑咸	太子校书	待考	上书拜官	中书舍人	新 60	
吕刚	太子校书	待考	未详	华原县尉	墓志续集宝历 005	
韦知人	无领属	太宗	进士		新 118	
王玄度	无领属	太宗	明经		旧 74、新 99	
王知敬	无领属	太宗	未详		全文 432	
张道本	无领属	太宗	未详		全文 923	
赵礼辕	无领属	武周	未详		全文 215	
孔季翊	无领属	武周	贤良方正科	国子主簿	全文 225、新 199	
元希声	无领属	武周	进士	右金吾兵曹	全文 280	
李梭	无领属	中宗	未详		旧 187 上、通鉴 208	

续表

文士姓名	所属文馆	任职时期	科第出身	迁出	出处（卷）	备注
韩覃	无领属	中宗	未详		墓志汇编景龙004	
赵冬曦	无领属	睿宗	进士	右拾遗	旧98、新126	
李伯鱼	无领属	玄宗	进士	青州司功	全文232	
薛播	无领属	玄宗	进士		旧146	
杨浚	无领属	玄宗	未详		新59	
陈庭玉	无领属	玄宗	上书拜官		新59	
帅夜光	无领属	玄宗	上书拜官		新59	
张晕	无领属	玄宗	进士		新60	
陈齐卿	无领属	玄宗	进士		全文344	
贾至	无领属	玄宗	进士	单父尉	全文368	
樊系	无领属	玄宗	进士	泾县尉	全文395	
李汇	无领属	玄宗	明经	殿中丞	全文738	
孙季良	无领属	玄宗	未详		墓志汇编开元187、新200	
韦良嗣	无领属	玄宗	未详		墓志汇编开元219	
崔珪璋	无领属	玄宗	进士		墓志汇编开元317	
马某	无领属	玄宗	未详		全诗139	
沈某	无领属	玄宗	未详		全诗139	
吕令问	无领属	玄宗	未详		国秀集·目录	
敬括	无领属	玄宗	进士	右拾遗	国秀集·目录	
荆冬倩	无领属	玄宗	进士		国秀集·目录	
徐浩	无领属	肃宗	明经		新57	
殷亮	无领属	代宗	明经	寿安尉	旧114、新144	
徐岱	无领属	代宗	未详	河南府偃师县尉	新161	
权器	无领属	代宗	未详		全文339、全文514	
裴修	无领属	代宗	未详		全文340、	
于申	无领属	代宗	进士	栎阳尉	墓志汇编贞元055	
侯钊	无领属	代宗	未详		全诗269	
裴佶	无领属	代宗	进士	蓝田尉	旧98、新127	
贾弇	无领属	代宗	进士		全诗283、全文588	

文士姓名	所属文馆	任职时期	科第出身	迁出	出处（卷）	备注
姜公辅	无领属	德宗	进士	右拾遗	旧 138、新 152	
刘涉	无领属	德宗	未详		旧 145	朝衔
韦贯之	无领属	德宗	未详	伊阙尉	旧 158、新 169	
李翱	无领属	德宗	进士	京兆府司录参军	旧 160、新 177	
段文昌	无领属	德宗	未详	集贤校理	旧 167、新 89	
袁滋	无领属	德宗	未详	入何士干武昌幕	旧 185 下、新 151	
王茂元	无领属	德宗	未详	太子赞善大夫	新 170	
裴度	无领属	德宗	进士	河阴尉	新 173	
韦渠牟	无领属	德宗	未详	左武卫骑曹掾	全文 506、新 167	
张署	无领属	德宗	未详	武功尉	全文 565、全诗 337	
韦丹	无领属	德宗	明经	咸阳尉	全文 566	
陈苌	无领属	德宗	未详	渭南尉	全文 590	
裴堪	无领属	德宗	未详		全诗 317	
林藻	无领属	德宗	进士		全诗 375	
邵楚苌	无领属	德宗	进士		全诗 305	
狄兼谟	无领属	宪宗	进士		旧 89、全文 605	朝衔
冯定	无领属	宪宗	进士		旧 168	朝衔
卢钧	无领属	宪宗	进士	入幕	旧 177	
罗让	无领属	宪宗	进士	咸阳县尉	全文 506	
侯喜	无领属	宪宗	进士		全文 556	
李景让	无领属	宪宗	进士	入幕为东畿防御巡官	全文 658	
王绩	无领属	宪宗	进士		全文 659	朝衔
廖有方	无领属	宪宗	进士		全文 713	
郭求	无领属	宪宗	未详		翰林学士壁记注补 6	
李绅	无领属	宪宗	进士		全诗 481、全诗 419	朝衔
杨虞卿	无领属	宪宗	进士		新 175	
元佑	无领属	穆宗	进士		全文 649	
李戴	无领属	穆宗	进士		墓志汇编大和 016	

续表

文士姓名	所属文馆	任职时期	科第出身	迁出	出处（卷）	备注
杨发	无领属	文宗	进士	入幕为湖南观察推官	旧 177	
卫洙	无领属	文宗	进士	著作郎	新 172	
陆宾虞	无领属	文宗	进士		全文 679	
樊仁宗	无领属	文宗	未详		墓志汇编大和 054	
孙备	无领属	文宗	进士		墓志汇编会昌 004	朝衔
李烨	无领属	文宗	未详		墓志汇编咸通 016	朝衔
杨收	无领属	武宗	进士		旧 177	朝衔
顾陶	无领属	宣宗	进士		新 60	
孙珺	无领属	宣宗	进士		墓志汇编大中 054	朝衔
刘蜕	无领属	宣宗	进士		墓志汇编大中 130	
虞鼎	无领属	懿宗	进士		全文 819	
刘覃	无领属	僖宗	进士		新 71 上	
陆宸	无领属	僖宗	进士	蓝田尉	旧 179	
姚顗	无领属	昭宗	进士		旧 20 上	
曹松	无领属	昭宗	进士		新 60	
孔邈	无领属	昭宗	进士	万年尉	全文 843	
沈颜	无领属	昭宗	进士		全文 868	
殷保晦	无领属	昭宗	未详		新 205	
王宗仁	无领属	哀帝	未详		通鉴 266	
王季琰	无领属	待考	未详		新 179	
卢惟清	无领属	待考	未详		新 205	
颜元淑	无领属	待考	未详		全文 339	
颜邻几	无领属	待考	制科		全文 339	
颜景灵	无领属	待考	未详		全文 339	
颜颖	无领属	待考	未详		全文 339	
殷令言	无领属	待考	未详	淄川令	全文 344	
韦绚	无领属	待考	未详		全文 679	
李存穆	无领属	待考	未详		墓志汇编大中 131	朝衔

文士姓名	所属文馆	任职时期	科第出身	迁出	出处（卷）	备注
刘胄	无领属	待考	未详		墓志续集开元 033	
时某	无领属	待考	未详		全诗 238	
陈允初	无领属	待考	未详		全诗 258	
胡某	无领属	待考	未详		全诗 268	
王某	无领属	待考	未详		全诗 269	
宋某	无领属	待考	未详		全诗 276	
张元正	无领属	待考	未详		全诗 279	
邢某	无领属	待考	未详	入幕	全诗 282	
崔某	无领属	待考	未详	入幕	全诗 292	
孔某	无领属	待考	未详		全诗 313	
魏某	无领属	待考	未详		全诗 315	
赵某	无领属	待考	未详		全诗 333	
王伦	无领属	待考	未详		新 72 中	
陆翊	无领属	待考	未详		新 73 下	
陆甚夷	无领属	待考	未详		新 73 下	
韦邈	无领属	待考	未详		新 74 上	
徐练	无领属	待考	未详		新 75 下	

（二）正字

文士姓名	所属文馆	任职时期	科第出身	迁出官职	出处（卷）	备注
任希古	秘书省	太宗	明经	秘书郎	新 195	
盖畅	秘书省	太宗	进士	太子校书	墓志汇编神功 013	
高子贡	秘书省	高宗	明经	成均助教	旧 189 下、新 106	
魏元忠	秘书省	高宗	上封拜官	监察御史	旧 92、新 122	
杨约	秘书省	高宗	制科		墓志汇编永淳 026	
陈子昂	秘书省	武周	进士	右拾遗	旧 50、全文 238	
王无兢	秘书省	武周	制举	右卫仓曹	旧 190 中、全文 313	

续表

文士姓名	所属文馆	任职时期	科第出身	迁出官职	出处（卷）	备注
裴耀卿	秘书省	武周	诸科	相王府典签	全文 479、全文 326	
胡秀	秘书省	武周	以文材征		全文 562	
马怀素	秘书省	武周	明经	左鹰扬卫兵曹参军	全文 995、墓志汇编开元 074	
倪若水	秘书省	武周	八道使举	右骁尉兵曹参军	墓志汇编天授 044、墓志续集开元 028	
谷倚相	秘书省	玄宗	未详		全文 501、新 198	
于休烈	秘书省	玄宗	进士	右补阙	旧 149、新 104	
王翰	秘书省	玄宗	进士	通事舍人	旧 190 中、新 202	
左光允	秘书省	玄宗	未详		全文 403	
孙逖	秘书省	玄宗	进士	左拾遗	旧 190 中	
萧颖士	秘书省	玄宗	进士	河南参军	全文 315、新 202	
万齐容	秘书省	玄宗	未详	昆山令	全文 335	
刘晏	秘书省	玄宗	神童举	夏县令	旧 123、全文 370	
左光胤	秘书省	玄宗	进士	河南府河清主簿	墓志汇编天宝 037	
王伯伦	秘书省	玄宗	未详		墓志汇编天宝 169、全诗 200	
王邕	秘书省	玄宗	进士		墓志汇编天宝 230	
宇文暹	秘书省	玄宗	未详		墓志汇编天宝 254	
窦寅	秘书省	玄宗	明经	华原县尉	墓志汇编大历 080	
卫晋	秘书省	玄宗	未详		墓志续集开元 103	
是光义	秘书省	玄宗	上书拜官	集贤院修撰	新 59	
李嘉祐	秘书省	玄宗	进士	监察御史	全诗 293	
裴冑	秘书省	肃宗	明经	秘书郎	旧 122	
张从申	秘书省	肃宗	进士		全文 393、全文 995	
李廊	秘书省	代宗	进士	入李怀光幕	旧 157、新 146	
吴通玄	秘书省	代宗	举神童	左骁卫兵曹	旧 190 下、新 145	
徐申	秘书省	代宗	进士	入江西幕为巡官	全文 502、全文 639	
戴叔伦	秘书省	代宗	进士		全文 502	朝衔

文士姓名	所属文馆	任职时期	科第出身	迁出官职	出处（卷）	备注
房凛	秘书省	代宗	未详		全文 520	
崔程	秘书省	代宗	进士	河南府参军	墓志汇编贞元 096	
张仲方	秘书省	德宗	进士	咸阳县尉	旧 171、全文 679	
张聿	秘书省	德宗	进士		旧 13	
颜硕	秘书省	德宗	未详		全文 340	
陈讽	秘书省	德宗	未详		墓志续集贞元 031	
某挚	秘书省	德宗	未详	会昌县主簿	全文 451	
李虚中	秘书省	德宗	进士	太子校书	全文 564、墓志汇编元和 065	
吴丹	秘书省	德宗	进士	协律郎	全文 678	
裴求已	秘书省	德宗	未详		全文 783	
某濛	秘书省	德宗	未详		墓志续集元和 008	
高元裕	秘书省	宪宗	进士	入山南西道幕为掌书记	全文 764	
张复元	秘书省	德宗	进士		全诗 365	
王质	秘书省	宪宗	未详		新 164、全文 609	朝衔
萧某	秘书省	宪宗	未详		全文 677	
章孝标	秘书省	宪宗	进士	校书郎	全文 683、唐才子传 6	
沈亚之	秘书省	宪宗	进士	栎阳尉	全文 734	
卢钧	秘书省	宪宗	进士	入山南幕为推官	新 182、全文 759	
韩复	秘书省	宪宗	进士		墓志汇编元和 104	朝衔
王衮	秘书省	宪宗	拔萃科	伊阙主簿	墓志汇编大和 054	
李蟾	秘书省	宪宗	进士		墓志汇编大和 058	朝衔
孙简	秘书省	宪宗	进士	入赵宗儒河中幕为观察推官	墓志续集宝历 010	
崔知白	秘书省	穆宗—敬宗	贤良方正，能言直谏科		册府元龟 644	
周墀	秘书省	穆宗—敬宗	进士		全文 755	朝衔

续表

文士姓名	所属文馆	任职时期	科第出身	迁出官职	出处（卷）	备注
杜颙	秘书省	文宗	进士		全文 755、新 166	朝衔
崔慎由	秘书省	文宗	进士	入剑南东川幕为节度推官	墓志续集咸通 053	
康僚	秘书省	武宗	进士	入幕	全文 795	
李坤	秘书省	宣宗	未详		墓志汇编大中 130	
辛裕	秘书省	宣宗	未详		墓志汇编大中 145	
卢知猷	秘书省	宣宗	进士	入萧邺荆南幕为记室	旧 163、新 177	
柳玭	秘书省	懿宗	明经	入高湜幕为度支推官	旧 165、新 163	
欧阳琳	秘书省	懿宗	进士		墓志汇编咸通 065	
陈诡	秘书省	僖宗	进士	泾阳尉	墓志汇编残志 023	
徐寅	秘书省	昭宗	进士	入闽中王审知幕	全文 826	
林嵩	秘书省	昭宗	进士	入观察使李晦幕为团练巡检官	全文 829	
苏弁	秘书省	待考	进士	奉天主簿	旧 189 下	
某华	秘书省	待考	未详	右卫骑曹	全文 458	
李毗	秘书省	待考	未详	蓝田县尉	全文 726	
余从周	秘书省	待考	明经	鄠县尉	墓志汇编大中 060	
王錬	秘书省	待考	未详		新 72 中	
薛季童	秘书省	待考	未详		新 73 下	
崔晋	秘书省	待考	未详		新 72 下	
柳宗元	集贤院	德宗	进士	蓝田尉	全文 563、全文 573	
陆亘	集贤院	宪宗	进士	华原县尉	旧 162	
卢某	太子正字	高宗	明经	射洪尉	全文 292	
杨绾	太子正字	玄宗	进士	右拾遗	旧 119	

文士姓名	所属文馆	任职时期	科第出身	迁出官职	出处（卷）	备注
常衮	太子正字	玄宗	进士	补阙	旧 119	
赵晔	太子正字	玄宗	进士	大理评事	旧 187 下	
杨极	太子正字	玄宗	进士	右骁卫骑曹参军	全文 315	
毕耀	太子正字	玄宗	未详		全文 338	
鲍防	太子正字	玄宗	进士	入幕	全文 783	
包何	太子正字	玄宗	进士		墓志汇编天宝 254	
阎宽	太子正字	玄宗	未详		全诗 178	
刘滋	太子正字	代宗	门荫	涟水令	旧 136	
卢迈	太子正字	代宗	明经	蓝田尉	旧 136	
陈京	太子正字	代宗	进士	咸阳尉	全文 591	
严绶	太子正字	代宗	进士	栎阳尉	全文 655	
冷朝阳	太子正字	德宗	进士		全文 513	
韦某	太子正字	德宗	未详	高陵主簿	全文 630	
郑高	太子正字	德宗	进士	入幕	墓志续集贞元 079	

续表

文士姓名	所属文馆	任职时期	科第出身	迁出官职	出处（卷）	备注
韦冰	太子正字	德宗	明经	荥阳郡司户	墓志续集大和002	
李础	太子正字	宪宗	进士		全文628	朝衔
沈师黄	太子正字	宪宗	进士	入南海幕	墓志汇编大中084	
任畹	太子正字	穆宗	进士	京兆府兴平尉	册府元龟644	
张元孙	太子正字	武宗	未详		墓志续集会昌024	朝衔
卢某	太子正字	待考	未详	入幕	全文996	
岑某	无领属	高宗	未详		全文191	
毕彦雄	无领属	玄宗	未详		全文306、墓志汇编开元199	
殷佐明	无领属	代宗	未详		全文339	
申屠某	无领属	代宗	未详		全诗276	
谭某	无领属	德宗	未详		全文427	
郑群	无领属	德宗	进士	鄠县尉	全文563	
綦毋诚	无领属	德宗	未详		全诗678	
晁朴	无领属	宪宗	未详		全文659	朝衔
程昔范	无领属	宪宗	进士		全文663	朝衔
卢就	无领属	文宗	进士	入幕	墓志汇编大中064	
余某	无领属	宣宗	未详		全文894	
杜某	无领属	待考	未详		全文376	朝衔
马某	无领属	待考	未详		全文493	

主要参考文献及征引书目

一 基本古籍及近人著述

B

白居易:《白居易集》,顾学颉校点,中华书局1979年版。

班固:《汉书》,中华书局1962年版。

北京大学古文献研究所:《全宋诗》,北京大学出版社1998年版。

卞孝萱:《唐传奇新探》,江苏教育出版社2001年版。

卞孝萱:《元稹年谱》,齐鲁书社1980年版。

卞孝萱:《现代国学大师记》,中华书局2006年版。

C

曹之:《唐代秘书省群僚考略》,《图书与情报》2003年第5期。

岑仲勉:《唐史余渖》,中华书局2004年版。

岑仲勉:《郎官石柱题名新考订》(外三种),中华书局2004年版。

长孙无忌:《唐律疏议》,中华书局1983年版。

陈飞:《唐代试策考述》,中华书局2003年版。

陈鸿墀:《全唐文纪事》,中华书局1959年版。

陈建华:《十四至十七世纪中国江浙地区社会意识与文学》,学林出版社1992年版。

陈金凤:《江西通史》(隋唐五代卷),江西人民出版社2008年版。

陈尚君:《全唐诗补编》,中华书局1992年版。

陈尚君：《全唐文补编》，中华书局 2005 年版。

陈尚君：《唐代文学丛考》，中国社会科学出版社 1997 年版。

陈铁民：《论律诗定型于初唐诸学士》，《文学遗产》2000 年第 1 期。

陈贻焮等：《增订注释全唐诗》，文化艺术出版社 2001 年版。

陈寅恪：《讲义及杂稿》，三联书店 2002 年版。

陈寅恪：《金明馆丛稿初编》，上海古籍出版社 1980 年版。

陈寅恪：《金明馆丛稿二编》，上海古籍出版社 1980 年版。

陈寅恪：《隋唐制度渊源略论稿》，上海古籍出版社 1982 年版。

陈寅恪：《唐代政治史述论稿》，上海古籍出版社 1997 年版。

陈寅恪：《元白诗笺证稿》，上海古籍出版社 1978 年版。

陈元锋：《北宋馆阁翰苑与诗坛研究》，中华书局 2005 年版。

陈振孙：《直斋书录解题》，上海古籍出版社 1987 年版。

陈子昂：《陈伯玉文集》，四部丛刊初编本。

程国赋：《明代书坊与小说研究》，中华书局 2008 年版。

程国赋：《论唐五代小说的历史化倾向》，《南京师大学报》（社会科
　学版）2002 年第 2 期。

成明明：《北宋馆阁与文学研究》，中国社会科学出版社 2007 年版。

程千帆：《唐代进士行卷与文学》，上海古籍出版社 1980 年版。

程章灿：《唐代墓志丛考》，《古籍整理研究学刊》1995 年第 4 期。

褚斌杰：《中国古代文体概论》，北京大学出版社 1984 年版。

D

戴伟华：《从贞元、元和墓志谈韩愈研究中的三个问题》，《华南师范
　大学学报》（社会科学版）2002 年第 4 期。

戴伟华：《地域文化与唐代诗歌》，中华书局 2006 年版。

戴伟华：《唐代使府与文学研究》，广西师范大学出版社 1998 年版。

戴伟华：《唐方镇文职僚佐考》，天津古籍出版社 1994 年版。

戴伟华：《出土墓志与唐代文学研究》，《传统文化与现代化》1998 年
　第 4 期。

戴伟华：《独白：中国诗歌的一种表现形态》，《中国社会科学》2003

年第 3 期。

戴伟华：《唐代文学综论》，商务印书馆 2006 年版。

董诰等：《全唐文》，中华书局 1983 年版。

邓小军、鲍远航：《唐诗说唐史》，中华书局 2008 年版。

丁进：《周礼考论：周礼与中国文学》，上海人民出版社 2008 年版。

杜晓勤：《初盛唐诗歌的文化阐释》，东方出版社 1997 年版。

杜晓勤：《从永明体到沈宋体——五言律体形成过程之考察》，《唐研究》1996 年第 2 期。

杜佑：《通典》，中华书局 1984 年版。

　　　　F

范晔：《后汉书》，中华书局 1965 年版。

方维规：《文学社会学的历史、理论和方法》，《社会科学论坛》2010 年第 13 期。

房玄龄等：《晋书》，中华书局 1974 年版。

冯其庸：《关于古典文学人民性研究中的庸俗社会学》，《教学与研究》1956 年第 12 期。

封演：《封氏闻见记校注》，赵贞信校注，中华书局 1958 年版。

傅绍良：《唐代谏议制度与文人》，中国社会科学出版社 2003 年版。

傅璇琮：《唐才子传校笺》（一至五册），中华书局 1987、1989、1990、1995 年版。

傅璇琮：《唐代科举与文学》，陕西人民出版社 2003 年版。

傅璇琮：《唐代诗人丛考》，中华书局 1980 年版。

傅璇琮：《唐人选唐诗新编》，陕西人民教育出版社 1996 年版。

傅璇琮：《一种文化史的批评——兼谈陈寅恪的古典文学研究》，《中华文化》1989 年第 1 期。

傅璇琮：《陈寅恪思想的几点探讨》，《清华大学学报》1990 年第 2 期。

傅璇琮：《陈寅恪文化心态与学术品味的考察》，《社会科学战线》1991 年第 3 期。

傅璇琮：《略谈陈三立——陈寅恪思想的家世渊源试测》，《中国文化研究》1993 年第 1 期。

傅璇琮：《从白居易研究中的一个误点谈起》，《文学评论》2002 年第 2 期。

G

高棅：《唐诗品汇》，上海古籍出版社 1982 年版。

葛晓音：《王维前期事迹新探》，《晋阳学刊》1982 年第 4 期。

顾建国：《张九龄年谱》，中国社会科学出版社 2005 年版。

顾颉刚：《秦汉的方士与儒生》，上海人民出版社 1962 年版。

过常宝：《制礼作乐与西周文献的生成》，中国社会科学出版社 2015 年版。

郭沫若：《郭沫若全集》（历史编第一卷），人民出版社 1982 年版。

郭沫若：《李白与杜甫》，人民文学出版社 1972 年版。

郭绍虞：《照隅室古典文学论集》，上海古籍出版社 1983 年版。

郭绍虞、富寿荪：《清诗话续编》，上海古籍出版社 1983 年版。

H

韩结根：《明代徽州文学研究》，复旦大学出版社 2006 年版。

韩愈：《韩昌黎文集校注》，马其昶校注，上海古籍出版社 1987 年版。

韩愈：《韩昌黎诗系年集释》，钱仲联集释，上海古籍出版社 1984 年版。

何格恩：《张九龄年谱》，《岭南学报》第四卷第 1 期。

何格恩：《张九龄年谱补正》，《岭南学报》第六卷第 1 期。

何宁：《淮南子集释》，中华书局 1998 年版。

胡戟、张弓、李斌城等：《二十世纪唐研究》，中国社会科学出版社 2002 年版。

胡可先：《中唐政治与文学》，安徽大学出版社 2000 年版。

胡可先：《政治兴变与唐诗演化》，中国社会科学出版社 2003 年版。

胡可先：《唐代重大历史事件与文学研究》，浙江大学出版社 2007
　　年版。

胡应麟：《少室山房笔丛》，上海书店出版社 2001 年版。

黄永年：《唐史史料学》，上海书店出版社 2002 年版。

J

纪昀：《阅微草堂笔记》，上海古籍出版社 1980 年版。

计有功：《唐诗纪事》，冯葭卿点校，贝叶山房依张氏藏版原刊本排
　　印，1948 年版。

贾岛：《长江集新校》，李嘉言校，河南大学出版社 2008 年版。

贾晋华：《唐代集会总集与诗人群研究》，北京大学出版社 2001
　　年版。

蒋寅：《大历诗人研究》，中华书局 1995 年版。

K

康骈：《剧谈录》，古典文学出版社 1958 年版。

L

乐史：《太平寰宇记》，中华书局 2000 年版。

李白：《李白集校注》，瞿蜕园、朱金城校注，上海古籍出版社 1980
　　年版。

李白：《李太白全集》，王琦注，中华书局 1977 年版。

李百药：《北齐书》，中华书局 1972 年版。

李德辉：《唐代文馆制度及其与政治和文学之关》，上海古籍出版社
　　2006 年版。

李德辉：《唐代交通与文学》，湖南人民出版社 2003 年版。

李昉等：《太平广记》，中华书局 1961 年版。

李昉等：《太平御览》，中华书局 1960 年版。

李昉等：《文苑英华》，中华书局 1966 年版。

李福长：《唐代学士与文人政治》，齐鲁书社 2005 年版。

李浩:《唐代三大地域文学士族研究》,中华书局 2002 年版。

李锦绣:《试论唐代的弘文、崇文馆生》,《文献》1997 年第 2 期。

李吉甫:《元和郡县图志》,中华书局 1983 年版。

李林甫等:《唐六典》,中华书局 1991 年版。

李庆甲:《瀛奎律髓汇评》,上海古籍出版社 1986 年版。

李胜:《初唐史家文论特色检讨》,《四川师范大学学报》(社会科学版)2001 年第 3 期。

李万健:《唐代目录学的发展及成就》,《文献》1995 年第 1 期。

李贤等:《明一统志》,景印文渊阁四库全书本,上海古籍出版社 1987 年版。

李延寿:《北史》,中华书局 1974 年版。

李延寿:《南史》,中华书局 1975 年版。

李怡:《文史对话与中国现当代文学研究》,《中国社会科学》2016 年第 3 期。

李肇:《唐国史补》,古典文学出版社 1957 年版。

廖健琦:《唐代广文馆考论》,《南昌大学学报》(人文社会科学版)2004 年第 6 期。

令狐德棻等:《周书》,中华书局 1971 年版。

林岩:《北宋科举考试与文学》,上海古籍出版社 2006 年版。

刘开荣:《唐代小说研究》(修订本),商务印书馆 1955 年版。

刘师培:《中国中古文学史讲义》,刘跃进讲评,凤凰出版社 2011 年版。

刘肃:《大唐新语》,许德楠、李鼎霞点校,中华书局 1984 年版。

刘餗:《隋唐嘉话》,程毅中点校,中华书局 1979 年版。

刘熙载:《艺概》,上海古籍出版社 1978 年版。

刘昫等:《旧唐书》,中华书局 1975 年版。

刘恂:《岭表录异校补》,商璧、潘博校,广西民族出版社 1988 年版。

刘知几:《史通通释》,浦起龙释,上海古籍出版社 1978 年版。

柳宗元:《柳河东集》,上海人民出版社 1974 年版。

鲁迅：《中国小说史略》，上海古籍出版社 1998 年版。

陆庆夫：《唐代秘书述略》，《秘书之友》1985 年第 1 期。

逯钦立：《先秦汉魏晋南北朝诗》，中华书局 1983 年版。

卢燕新等：《傅璇琮先生学术研究文集》，商务印书馆 2012 年版。

罗根泽：《中国文学批评史》，上海古籍出版社 1982 年版。

罗家湘：《先秦文学制度研究》，上海古籍出版社 2011 年版。

罗时进：《唐诗演进论》，江苏古籍出版社 2001 年版。

罗宗强：《隋唐五代文学思想史》，上海古籍出版社 1986 年版。

M

马端临：《文献通考》，中华书局 1986 年版。

马自力：《中唐文人之社会角色与文学活动》，中国社会科学出版社
　2005 年版。

毛泽东：《在延安文艺座谈会上的讲话》，人民出版社 1975 年版。

毛蕾：《唐代翰林学士》，社会科学文献出版社 2000 年版。

毛礼锐：《中国古代教育史》，山东教育出版社 1979 年版。

孟二冬：《登科记考补正》，燕山出版社 2003 年版。

孟浩然：《孟浩然集校注》，徐鹏校注，人民文学出版社 1989 年版。

莫休符：《桂林风土记序》，丛书集成初编本，商务印书馆 1936
　年版。

N

聂永华：《初唐宫廷诗风流变考论》，中国社会科学出版社 2002
　年版。

宁欣、张天虹：《汉唐时期中央官学的演变与社会流动》，《河北学
　刊》2003 年第 4 期。

宁欣：《唐代选官研究》，台湾文津出版社 1995 年版。

牛致功：《唐代的学士》，《社会科学战线》1987 年第 1 期。

O

欧阳修、宋祁等：《新唐书》，中华书局 1975 年版。

欧阳询：《艺文类聚》，上海古籍出版社 1965 年版。

P

潘德舆：《养一斋诗话》，朱德慈辑校，中华书局 2010 年版。

彭定求等：《全唐诗》，中华书局 1960 年版。

皮锡瑞：《经学历史》，周予同注释，中华书局 1959 年版。

皮锡瑞：《经学通论》，中华书局 1957 年版。

Q

钱志熙：《论初盛唐时期古体诗体制的发展》，《南开学报》（哲学社会科学版）2011 年第 5 期。

钱志熙：《歌谣、乐章、徒诗——论诗歌史的三大分野》，《中山大学学报》（社会科学版）2011 年第 1 期

钱志熙：《论齐梁陈隋时期诗坛的古今分流现象》，《河南师范大学学报》（哲学社会科学版）2011 年第 1 期。

钱志熙：《唐诗近体源流》，北京大学出版社 2015 年出版。

钱易：《南部新书》，黄寿成点校，中华书局 2002 年版。

邱江波：《从舆论学角度看中国古代谏诤现象》，《社会科学家》1991 年第 3 期。

瞿蜕园：《刘禹锡集笺证》，上海古籍出版社 1989 年版。

R

饶龙隼：《上古文学制度述考》，中华书局 2009 年版。

S

尚永亮：《元和五大诗人与贬谪文学考论》，台北文津出版社 1993 年版。

尚永亮：《贬谪文化与贬谪文学——以中唐元和五大诗人之贬及其创作为中心》，兰州大学出版社 2004 年版。

尚永亮：《唐五代逐臣与贬谪文学研究》，武汉大学出版社 2007 年版。

沈括：《梦溪笔谈》，中华书局 1985 年版。

沈佺期、宋之问：《沈佺期宋之问集校注》，陶敏、易淑琼校注，中华书局 2001 年版。

史念海：《唐代历史地理研究》，中国社会科学出版社 1998 年版。

司马光：《资治通鉴》，中华书局 1956 年版。

司马迁：《史记》，中华书局 1959 年版。

宋敏求：《唐大诏令集》，商务印书馆 1959 年版。

苏轼：《苏轼文集》，孔凡礼点校，中华书局 1986 年版。

苏兴：《以白居易、元稹为核心的中唐小说集团述论》，《明清小说研究》1997 年第 3 期。

孙逢吉：《职官分纪》，中华书局 1988 年版。

孙国栋：《唐代中央重要文官迁转途径研究》，上海古籍出版社 2009 年版。

孙望：《韦应物诗集系年校笺》，中华书局 2002 年版。

T

谭优学：《唐诗人行年考》，四川人民出版社 1981 年版。

陶敏、李一飞：《隋唐五代文学史料学》，中华书局 2001 年版。

陶敏、陶红雨校注：《刘禹锡全集编年校注》，岳麓书社 2003 年版。

陶敏：《〈景龙文馆记〉考》，《文史》1999 年（总第 48 期）。

陶敏：《全唐诗人名考证》，陕西人民出版社 1996 年版。

童岳敏：《唐代的文学与私学》，上海古籍出版社 2014 年版。

脱脱等：《宋史》，中华书局 1977 年版。

W

汪辟疆：《唐人小说》，上海古籍出版社 1978 年版。

王存:《元丰九域志》,中华书局 1984 年版。

王谠:《唐语林校正》,周勋初校正,中华书局 1987 年版。

王定保:《唐摭言》,上海古籍出版社 1978 年版。

王立群:《晋宋地记与山水散文》,《文学遗产》1990 年第 1 期。

王夫之:《姜斋诗话笺注》,戴鸿森笺注,人民文学出版社 1981
　　年版。

王溥:《唐会要》,中华书局 1955 年版。

王钦若等:《册府元龟》,景印文渊阁四库全书本,上海古籍出版社
　　1987 年版。

王青:《陶渊明辞官归隐原因新探》,《博览群书》2002 年第 9 期。

王拾遗:《白居易生活系年》,宁夏人民出版社 1981 年版。

王士禛:《居易录》,景印文渊阁四库全书本,上海古籍出版社 1987
　　年版。

王先谦:《荀子集解》,中华书局 1988 年版。

王行:《墓铭举例》,景印文渊阁四库全书本,上海古籍出版社 1987
　　年版。

王勋成:《唐代铨选与文学》,中华书局 2001 年版。

王应麟:《玉海》,江苏古籍出版社 1987 年版。

王兆鹏:《求学之路》,《中文自学指导》1997 年第 3 期。

韦春喜:《论汉代人才培养、选拔对〈诗经〉的影响》,《文学遗产》
　　2011 年第 6 期。

魏收:《魏书》,中华书局 1974 年版。

魏征等:《隋书》,中华书局 1973 年版。

翁方纲:《石洲诗话》,人民文学出版社 1981 年版。

闻一多:《唐诗杂论》,上海古籍出版社 1998 年版。

吴承学:《唐诗中的“留别”与“赠别”》,《文学遗产》1996 年第
　　4 期。

吴兢:《贞观政要》,上海古籍出版社 1978 年版。

吴讷、徐师曾:《文章辨体序说·文体明辨序说》,人民文学出版社
　　1962 年版。

吴相洲：《唐代歌诗与诗歌》，北京大学出版社 2000 年版。

吴相洲：《乐府学概论》，人民文学出版社 2015 年版。

吴夏平：《唐代中央文馆制度与文学研究》，齐鲁书社 2007 年版。

吴夏平：《唐代制度与文学研究述论稿》，齐鲁书社 2008 年版。

吴夏平：《唐代文馆文士社会角色与文学》，中国社会科学出版社 2012 年版。

吴夏平：《"制度与文学"研究范式的形成和发展》，《贵州师范大学学报》（社会科学版）2014 年第 6 期。

吴夏平：《关于"制度诗学"：论陈寅恪与埃斯卡皮之异趣》，《贵州师范学院学报》2010 年第 1 期。

吴夏平：《从行状和墓碑文看唐代骈文的演进》，《文学遗产》2007 年第 4 期。

吴夏平：《数据库与古代文学研究》，《光明日报》2004 年 9 月 29 日理论版。

吴夏平：《古籍数字化与文献利用》，《中国社会科学院院报》2007 年 9 月 18 日版（总第 71 期）。

吴夏平：《谁在左右学术？——论古籍数字化与现代学术进程》，《山西师大学报》（社会科学版）2010 年第 3 期。

　　　X

萧统：《文选》，李善注，中华书局 1977 年版。

萧子显：《南齐书》，中华书局 1972 年版。

谢安祖修、苏玉贤纂：民国《宜春县志》，江苏古籍出版社 1996 年版。

熊飞：《张九龄集校注》，中华书局 2008 年版。

徐坚等：《初学记》，中华书局 2004 年第 2 版。

徐俊：《敦煌诗集残卷辑考》，中华书局 2000 年版。

徐公持：《"义尚光大"与"类多依采"——汉代礼乐制度下的文学精神和性格》，《文学遗产》2010 年第 1 期。

徐公持：《"礼乐争辉"与"辞藻竞骛"——关于秦汉文学发展的制

度性考察》,《文学遗产》2011 年第 1 期。

徐公持:《论秦汉制式文章的发展及其文学史意义》,《文学遗产》
　2012 年第 1 期。

许结:《制度下的赋学视域——论赋体文学古今演变的一条线索》,
　《南京大学学报》(哲学·人文科学·社会科学) 2006 年第 4 期。

许结:《科举与辞赋:经典的树立与偏离》,《南京大学学报》(哲
　学·人文科学·社会科学) 2008 年第 6 期。

许结:《宋代科举与辞赋嬗变》,复旦学报(社会科学版) 2012 年第
　4 期。

徐松:《登科记考》,赵守俨点校,中华书局 1984 年版。

徐松:《唐两京城坊考》,丛书集成初编本,商务印书馆 1936 年版。

徐永明:《元代至明初婺州作家群研究》,中国社会科学出版社 2005
　年版。

　　　　Y

严可均:《全上古三代秦汉三国六朝文》,中华书局 1958 年版。

严羽:《沧浪诗话》,郭绍虞校释,人民文学出版社 1983 年版。

颜昌峣:《管子校释》,岳麓书社 1996 年版。

杨伯峻:《孟子译注》,中华书局 1962 年版。

杨军:《元稹集编年笺注》(诗歌卷),三秦出版社 2002 年版。

姚名达:《中国目录学史》,上海古籍出版社 2005 年版。

姚思廉:《陈书》,中华书局 1972 年版。

姚思廉:《梁书》,中华书局 1973 年版。

叶晔:《明代中央文官制度与文学》,浙江大学出版社 2011 年版。

永瑢等:《四库全书总目》,中华书局 1965 年版。

游国恩等:《中国文学史》,人民文学出版社 1963 年版。

虞世南:《北堂书钞》,天津古籍出版社 1988 年版。

元结、殷璠等:《唐人选唐诗》(十种),上海古籍出版社 1978 年版。

袁世硕等:《古典文学研究中的庸俗社会学的倾向》,《山东大学学
　报》1959 年第 3 期。

袁行霈：《走上宽广通达之路——新时期古代文学研究的趋向》，《文学遗产》2008 年第 1 期。

元稹：《元稹集》，冀勤点校，中华书局 1982 年版。

岳纯之：《唐代官方史学研究》，天津人民出版社 2003 年版。

　　　　Z

曾楚楠：《韩愈在潮州》，文物出版社 1993 年版。

曾大兴：《中国历代文学家之地理分布》，湖北教育出版社 1995 年版。

张剑等：《宋代家族与文学研究》，中国社会科学出版社 2009 年版。

张金亮：《白居易闲适诗创作心态刍议》，《浙江大学学报》（人文社会科学版）1995 年第 6 期。

张鷟：《朝野金载》，赵守俨点校，中华书局 1979 年版。

章学诚：《文史通义校注》，叶瑛校注，中华书局 1985 年版。

赵伯雄：《春秋学史》，山东教育出版社 2004 年版。

赵昌平：《初唐七律的成熟及其风格溯源》，《中华文史论丛》1986 年第 4 期。

赵殿成：《王维年谱》，上海古籍出版社 1961 年版。

赵殿成：《王右丞集笺注》，中华书局 1961 年版。

赵小华：《初盛唐礼乐文化与文士、文学关系研究》，广东人民出版社 2011 年版。

赵彦卫：《云麓漫钞》，傅根清点校，中华书局 1998 年版。

赵翼：《廿二史札记校证》，王树民校证，中华书局 1984 年版。

赵翼：《瓯北诗话》，人民文学出版社 1963 年版。

赵义山：《历史本位与文学本位》，《文学遗产》2007 年第 2 期。

赵永东：《唐代集贤殿书院考论》，《南开学报》1986 年第 4 期。

赵永东：《谈谈唐代的秘书省》，《文献》1987 年第 1 期。

郑处海：《明皇杂录》，田廷柱点校，中华书局 1994 年版。

郑樵：《通志》，浙江古籍出版社 1988 年版。

郑伟章：《唐集贤院考》，《文史》第 19 辑，1983 年。

中国社会科学院文学所中国文学史编写组：《中国文学史》，人民文学出版社 1962 年版。

周明初：《明清文学研究者的职官制度学养问题》，《中国文化研究》2013 年夏之卷。

周绍良、赵超：《唐代墓志汇编》，上海古籍出版社 1992 年版。

周绍良、赵超：《唐代墓志汇编续集》，上海古籍出版社 2001 年版。

周振甫：《文心雕龙今译》，中华书局 1986 年版。

周祖譔：《中国文学家大辞典》（唐五代卷），中华书局 1992 年版。

朱金城：《白居易年谱》，上海古籍出版社 1982 年版。

朱偰：《集贤注记辑校》，"国立"中山大学《文史研究所月刊》1934 年第 1 期。

祝尚书：《宋代科举与文学考论》，大象出版社 2006 年版。

祝尚书：《宋代科举与文学》，中华书局 2008 年版。

朱彝尊：《明诗综》，景印文渊阁四库全书本，上海古籍出版社 1987 年版。

二　港台及域外文献

［香港］陈祖言：《张说年谱》，香港中文大学出版社 1984 年版。

［香港］邝健行：《初唐五言律体律调完成过程之观察及其相关问题之讨论》，《中国文化研究所学报》1990 年（总第 21 期）。

［台湾］方师铎：《传统文学与类书之关系》，天津古籍出版社 1986 年版。

［台湾］高明士：《唐代学制之渊源及其演变》，《台湾大学历史系学报》1977 年（总第 4 期）。

［台湾］赖瑞和：《唐代基层文官》，中华书局 2008 年版。

［台湾］赖瑞和：《唐代中层文官》，中华书局 2011 年版。

［台湾］马铭浩：《唐代社会与元白文学集团关系之研究》，台湾学生书局 1991 年版。

［台湾］任育才：《唐代官学教育的改革》，《台湾兴大历史学报》

1998 年（总第 8 期）。

［台湾］任育才：《唐代官学体系的形成》，《台湾文史学报》1997 年（总第 28 期）。

［台湾］任育才：《唐型官学体系之研究》，台湾五南图书出版有限公司 2007 年版。

［台湾］王梦鸥：《初唐诗学著述考》，台湾商务印书馆 1977 年版。

［台湾］杨承祖：《张九龄年谱》，台湾精华印书馆 1964 年版。

［台湾］曾守正：《唐初史官文学思想及其形成》，《台湾师范大学国文研究所集刊（第 38 号）》，台湾师范大学国文研究所 1994 年版。

［台湾］张荣芳：《唐代的史馆与史官》，台湾私立东吴大学中国学术著作奖助委员会 1984 年版。

［法］罗贝尔·埃斯卡皮：《文学社会学》，王美华、于沛译，安徽文艺出版社 1987 年版。

［法］罗贝尔·埃斯卡尔皮：《文学社会学》，符锦勇译，上海译文出版社 1988 年版。

［法］罗贝尔·埃斯卡皮：《文学社会学》，于沛译，浙江人民出版社 1987 年版。

［法］卢梭：《社会契约论》，何兆武译，商务印书馆 2003 年版。

［法］卢梭：《爱弥儿》，李平沤译，商务印书馆 1999 年版。

［德］黑格尔：《美学》（第一卷），朱光潜译，商务印书馆 1996 年版。

［德］恩格斯：《家庭、私有制和国家的起源》，人民出版社 1972 年版。

［美］路易斯·亨利·摩尔根：《古代社会》，杨东莼等译，商务印书馆 1997 年版。

［日］池田温：《唐研究论文选集》，中国社会科学出版社 1999 年版。

［日］遍照金刚：《文镜秘府论》，人民文学出版社 1975 年版。

后 记

假如从读研究生算起，我的"学术生涯"已有 17 个年头。17 年，不长也不短，但所做的工作能够称得上是"学术"的，好像还没有。这很正常，因为从根本上说，我既无家学底子，亦无显赫的第一学历。我的祖上，是鄱阳湖边上的渔民，据说也出过一两个秀才，但都默默无闻。我的第一学历是中师，1993 年毕业于老家县城一所中等师范学校，原本是一名小学教师，教过一段时间的书。后来因为家庭变故，微薄的工资实在难以担负沉重的开支，不得不到广州打工。1998 年考入江西教育学院中文系，才重新回到学校读书，耽误了 5 年青春。其实也不能完全说是"耽误"，几年间做过电镀工和电焊工，教过私立学校，承包过食堂，开过小餐馆，深深体会到打工和做小买卖的艰辛。考上江西教育学院后，开始拼命读书，目的很简单，就是不想再过那种生活。但要过上另一种生活，又谈何容易。读书和考研，哪里是为了什么学术呢，似乎一点都不沾边。

2000 年，我考上贵州大学研究生，开始跟随房开江教授读书。在先生的指导下，完成毕业论文《北宋雅词流变论》。2002 年年底，在先生的鼓励下继续考博士，因学费未缴清，恐怕难以按时入学。幸得先生解囊相助，才有机会继续读书。因为是春季入学，毕业论文必须提前答辩，又多亏先生四处周旋，一切方才如愿。先生厚恩，难以回报，永远铭记在心。

2003 年春，开始在华南师大跟随戴伟华教授读书。先生不仅在生活上关怀备至，在学习上更是严格要求。先生常说，一切学问皆从材料中来。所以，指导我做的第一步工作，便是熟悉唐代文献。但又不是漫无目的地浏览，须有一条明确的主线。这条主线就是"唐文馆文士考"。做这个工作用去两年时间，考得文士2500余人次，考证文字近50万字。以此为基础，完成毕业论文《唐代中央文馆制度与文学研究》。以后的工作，都是在此基础上的延伸。毕业论文虽也出版了，但并不令人满意。原因是写论文时，对"制度与文学"的认识还不深入，研究偏于静态。实际上，制度本身是动态变化的，文士也是不断变化的，或在朝，或在野。这样想来，似乎还可以就这个问题做更深层次的讨论。于是以"唐代文馆文士朝野迁转与文学互动"为题，申请国家社科基金项目。本书就是该项目的结项成果。毕业论文所述过于笼统，各馆文士所从事的职业各有特点，比如，国子监专事教育，史馆纂修史籍，秘书省庋藏图籍等。每个文馆都还可以进一步发掘。事实上，有不少研究生论文选题，专以某一文馆或某一馆职为题，比如，国子监、秘书省、史馆，或国子祭酒、国子博士、秘书监、秘书少监、校书郎等。有几位研究生还专门通过电话和邮件，向我询问某个题目能否做，怎么做合适。我自己的研究，也以此展开。曾以"唐代官学教育与文学"为题，申请到教育部规划项目。又以"唐代书籍活动与文学之关系"为题，申请到第二个国家社科基金项目。在北京大学中文系做博士后期间，还以"唐代官学与文学"为题，申请到博士后基金资助。我所理解的官学，包括经史之学与艺文之学，既是制度层面的，也是思想层面的。"制度与文学"的研究，不仅要动态考察，还应上升到思想史层面来考察。甚至可以说，制度和文学同源异流，就像一块硬币的两面，形态虽异，本质相通。

　　研究古人，其实是在研究我们自己。唐代文士，为改变命运四处奔波。有成功、有失败，有微笑、有眼泪，活生生的一个现实世界。他们也有学术江湖，有文学江湖，有自己的朋友圈。他们的文学生活，也离不开大环境。在宫廷，写应制诗，作"俳优"状，出了京城，才较理性，回归传统。他们在京城与地方之间来来回回，跌宕起伏。虽有无数不确定性，但始终未忘记诗人身份，用诗歌记录离愁别绪、喜怒哀乐，留下一幅幅多姿多彩的生活画卷。今天的我们，能留给后人什么呢？这本小书，与其说是学术研究，倒不如说是对这些问题的思考。书中展示的，既有唐代文士群体的命运，也有不同个体的人生。

小书虽不尽如人意，得到的帮助却很多。假如没有房先生帮助，也许没有机会读研究生，更不用说继续读博士。没有戴先生指导，根本就不会有这个题目。没有傅璇琮先生点拨，也许要走更多的弯路。2005 年冬，傅先生担任博士论文答辩主席，审阅论文极为细致，用红笔作了很多批注。先生批改过的论文，后来被母校图书馆收藏。2012 年，拙著《唐代文馆文士社会角色与文学》出版，敬呈先生批评，先生回了一封长信，鼓励有加。假如没有钱志熙先生教导，对"制度与文学"的思考，恐怕很难通向思想史层面。这对本书后来的修改，意义尤为重要。假如没有刘跃进先生的开悟，本书的文献收集、整理和利用，一定会逊色很多。要感谢的师长和朋友还有很多很多，无法一一列举。我是幸运的！这本小书同样也是幸运的！书稿在电脑中沉睡多年，一直不敢示人。这次借了学校"双一流"建设的东风，"丑媳妇终究见了公婆面"。唐代诗人朱庆馀描写进士考试："昨夜洞房停红烛，待晓堂前拜舅姑。妆罢低声问夫婿，画眉深浅入时无？"此时心情，亦复如此。

2017 年 8 月 1 日

记于贵阳寓所